KB091455

카프카 스트림즈와
ksqlDB 정복

카프카 스트림즈와 ksqlDB 정복

실시간 데이터 처리

오세봉 옮김   미치 시모어 지음

i!i
에이콘

 에이콘출판의 기틀을 마련하신 故 정완재 선생님 (1935-2004)

이벤트는 기업에서 어떤 일이 발생하는지 기록하는 실시간 활동 데이터이다. 이 이벤트들을 중심으로 비즈니스는 점점 더 성장한다. 그럼 이벤트들의 힘을 제대로 활용하려면 어떤 기술을 사용하는 것이 좋을까?

이 질문은 링크드인에서 아파치 카프카를 시작한 2009년쯤부터 고민해오던 것이다. 이에 대한 완벽한 대답을 찾기 위해 나는 2014년 '컨플루언트Confluent'를 공동 설립했다.

이벤트 스트리밍 플랫폼은 각 이벤트들을 저장하고 조회하는 방법만이 아니라 수많은 외부 시스템과 연결할 수 있는 수단도 제공해야 한다. 또한 전역 스키마 관리, 메트릭과 모니터링 시스템도 갖춰야 한다. 그러나 무엇보다 가장 중요한 것은 무한히 흐르는 데이터 스트림 위에서 지속적으로 연산을 수행할 수 있는 스트림 처리이다. 스트림 처리가 없는 이벤트 스트리밍 플랫폼은 불완전하다고 할 수 있다.

스트림 처리는 비즈니스가 세상과 소통하는 데 있어 그 어느 때보다 핵심 역할을 하고 있다. 2011년 마크 안드레센Marc Andreessen은 〈소프트웨어가 세계를 집어삼키고 있는 이유Why Software Is Eating the World〉라는 제목의 기사를 썼다. 핵심 내용은 소프트웨어로 옮겨 갈 수 있는 모든 처리는 결국 모두 이동할 것이라는 것이다. 마크의 선견지명은 현실이 됐고, 확실히 소프트웨어는 상상 가능한 모든 산업 영역에 침투했다.

모두 파악할 수는 없으나 중요한 현상은 소프트웨어로 정의하는 비즈니스가 점점 더 늘어나고 있다는 것이다. 제품을 생산하는 것부터 소비자와 소통하고 서비스를 전달하는 것까지 소프트웨어는 비즈니스를 실행하고 규격화하며 감시하고 있다. 이러한 역동성으로 인해 바뀐 것은 무엇인가? 이 새로운 세계의 소프트웨어는 인간과 직접 상호 동작하는 것이 아닌, 그 목적이 비즈니스를 직접 수행하는 다른 소프트웨어를 프로그래밍적으로 작동시키거나 이에 반응하는 것에 더 가깝다.

이는 다음과 같은 질문을 던진다. 데이터베이스 중심의 전통적 애플리케이션 아키텍처가 급변하는 세계의 문제를 충분히 감당할 수 있을까? 많은 곳에서 구축해 사용 중인 관계형 데이터베이스부터 최신의 키-값 저장소key-value stores까지 모든 데이터베이스는 거의 수동적으로 데이터를 저장하고 조회, 갱신 명령을 기다리는 패러다임을 따른다. 사용자 인터페이스에서 인간의 동작을 데이터베이스 쿼리로 변환하는 인간-대면형 애플리케이션human-facing applications이 이런 패러다임을 이끌었다.

이는 절반의 문제만 해결할 뿐이고, 이제는 이벤트에 반응하고 처리하는 방식을 통해 데이터를 저장하고 처리하는 방식을 보완해야 한다. 이벤트와 스트림 처리는 새로운 세계에서 성공할 수 있는 핵심 기술이다. 이벤트는 비즈니스 전반에 지속적으로 흐르는 데이터를 나타내며, 스트림 처리는 모든 세부 수준의 변화에 자동으로 반응하는 코드를 실행한다. 스트림 처리는 이전에 도착한 모든 변경을 기억하고 이런 지식을 다른 스트림 데이터와 결합할 수 있다. 카프카 스트림즈와 ksqlDB와 같은 최신 스트림 처리 시스템은 소프트웨어를 최우선으로 여기는 곳에서 애플리케이션을 쉽게 구축할 수 있도록 해준다.

이 책의 저자 미치 시모어Mitch Seymour는 원리부터 시작해 이런 최신 시스템까지 쉽게 설명한다. 이 책은 이 시스템들의 핵심 개념을 살펴보고, 각 시스템의 미묘한 동작 방식 차이를 상세히 설명한다. 그리고 실제 세계 비즈니스에서 이런 시스템들을 어떻게 사용할 수 있는지 보여주는 실습 예제를 제공한다. 스트림 처리는 이제 필수 프로그래밍의 패러다임이 됐다. 이 책은 이를 성공적으로 이끌 수 있는 길을 밝혀줄 것이다.

– 제이 크렙스Jay Kreps
아파치 카프카 공동 창시자, 컨플루언트Confluent 공동 설립자이자 CEO

옮긴이 소개

오세봉(doctorosb@gmail.com)

티맥스소프트, 넥스알 등을 거치며 WAS, 빅데이터의 기술을 경험했다. 지금은 SK 텔레콤에서 매일 수천억 건의 스트림 데이터를 카프카와 여러 스트리밍 처리 기술로 처리하고 있다.

옮긴이의 말

카프카 기반의 스트림 데이터 처리 애플리케이션을 개발하고 유지 보수한 지 어느덧 5년이 흘렀다. 처음 몇 개로 시작한 스트리밍 처리 애플리케이션은 그 증가 속도가 가파르게 빨라지고 있으며, 이 일을 함께하는 동료들도 많이 늘어났다. 스트리밍 처리 기술도 이 책의 카프카 스트림즈와 ksqlDB뿐만 아니라 아파치 플링크, 스파크 스트리밍 등 다양해지고 있다.

아마도 이 책을 선택한 독자들 중에는 이런 여러 스트리밍 데이터 처리 기술을 서로 비교해보고 싶은 분도 있을 수 있고, 스트리밍 데이터 처리 기술이 처음이라 익숙한 SQL이라는 단어에 이끌려 이 책을 선택한 분도 있을 수 있다. 이 책은 이런 두 목적을 가진 독자들을 모두 만족시킬 수 있는 내용으로 구성돼 있다.

1부에서는 스트리밍 데이터 처리의 기본 개념들과 카프카 스트림즈의 구현 원리에 관해 상세히 설명하고 있다. 1부를 읽고 나면 여러분도 "스트림 데이터에서의 시간", "윈도우", "집계", "상태가 있는 스트리밍 데이터 처리" 등 기본적인 스트림 데이터 처리에 관해 많은 지식을 쌓을 수 있다. 따라서 개발자가 아니더라도 스트림 데이터 처리에 대한 일반적인 지식이 필요한 독자라면 1부를 꼭 읽어 보길 바란다. 2부에서는 1부의 내용을 바탕으로 ksqlDB를 상세히 다루고, 3부는 상용화에 필요한 여러 준비 사항과 단계 등 실무적인 내용을 설명한다. 이 책을 모두 읽고 나면 스트리밍 데이터의 기초부터 고급까지 모두 익힐 수 있게 되며, 실습과 함께 연습하다 보면 바로 실무에 적용할 수 있는 수준까지 다다르리라 기대한다.

개인적으로 이 책을 번역하면서 아파치 플링크와 카프카 스트림즈와 ksqlDB의 차이점에 대해 비교할 수 있는 좋은 기회가 됐다. 두 기술 모두 대부분의 기본 개념은 비슷하나 구현 방법이나 데이터 추상화 개념, 상태 관리 등에서 차이가 있었다. 어느 것이 더 낫고 부족한지는 여러분의 요구 사항에 따라 다르며, 아파치 플링크와 카프카 스트림즈를 비교해보고 싶은 독자가 있다면 에이콘출판사의 『아파치 플링크로 하는 스트림 데이터 처리』(2020)를 참고하는 것도 좋다. 이 책에서는 전달 보증Delivery Guarantee과 같은 스트리밍 데이터를 처리할 때 매우 중요한 다른 개념들도 소개하고 있으므로 기회가 닿으면 꼭 읽어보길 추천한다.

서비스를 사용하는 고객은 점점 더 빠르고 정확한 반응을 원하고 있으며, 일괄 처리로는 이런 요구를 반영할 수 없다. 빅데이터 처리 분야에서 스트리밍 데이터 처리는 이제 선택이 아닌 필수가 돼 가는 느낌이다. 이 책을 선택한 여러분도 이번 기회에 변화하는 기술에 뒤처지지 않고 스트리밍 처리 분야의 전문가가 되길 희망한다.

미치 시모어 ^{Mitch Seymour}

메일침프 데이터 서비스 팀의 엔지니어이자 기술 책임자다. 카프카 스트림즈와 ksqlDB를 사용해 하루에 수십억 개의 이벤트를 초 미만의 지연 시간으로 처리하는 많은 스트림 처리 애플리케이션을 구축했다. 오픈 소스 커뮤니티에서 활동하고 있으며, 국제 콘퍼런스(카프카 서밋 런던, 2019)에서 스트림 처리 기술에 대해 발표했다. 지역 밋업에서 카프카 스트림즈와 ksqlDB에 대해 강연하고 있으며 컨플루언트 블로그에 기고하고 있다.

감사의 글

무엇보다 먼저 내 아내 엘리제와 딸 이사벨에 감사의 말을 하고 싶다. 이 책을 쓰는 작업은 많은 시간을 필요로 했으며 두 사람이 보내준 인내와 지지는 나에게 커다란 도움이 됐다. 이 책을 쓰면서 즐거움도 있었지만, 두 사람이 항상 그리웠고 앞으로는 더 많이 아내와 데이트하고 아빠와 딸로서의 시간을 가질 것이다.

고된 작업의 가치를 내게 가르쳐주고 무한한 격려의 원천이 돼 준 부모님 앤지와 가이에게도 감사의 말을 전하고 싶다. 두 분의 지지는 수년 동안 많은 역경을 이겨내는 데 도움이 됐다. 항상 감사드린다.

다음에 언급하는 분들은 이 책을 리뷰하느라 많은 시간을 헌신했으며 훌륭한 피드백과 조언을 주신 분들이다. 이분들의 도움이 없었다면 이 책의 출간은 불가능했을 것이다. 마티아스 J. 색스, 로버트 요코타, 니틴 샤르마, 로한 데사이, 제프 블레이엘, 대니 엘판바움. 여러분의 도움에 감사드린다. 이 책은 제 것이자 여러분의 것이다.

이 책의 사용 지침, 즉 튜토리얼들은 실제 비즈니스 사례로부터 영감을 얻었다. 또한 콘퍼런스, 팟캐스트, 블로그 또는 직접 인터뷰를 통해 열린 마음으로 카프카 스트림즈와 ksqlDB에 대한 자신들의 경험을 공유해준 커뮤니티의 모든 분들께 커다란 빚을 졌다. 여러분들의 경험은 실용적인 스트림 처리 애플리케이션에 특히 중점을 둔 이 책을 만드는 데 도움이 됐다. 니틴 샤르마는 넷플릭스에서 영감을 얻은 ksqlDB 튜토리얼에 대한 아이디어를 제공했고, 라메시 스링게리는 애틀랜타의 어린이 헬스케어에서 겪은 자신의 스트림 처리 경험을 공유했다. 이는 예측 가능한 헬스케어 튜토리얼에 영감을 주었다. 두 사람 모두에게 감사의 마음을 전한다.

아이디어 수준의 골격만 있었음에도 큰 지원자가 돼 준 마이클 드로칼리스에게 특별히 감사한다. 이 책에 수많은 리뷰어들을 연결해주고 추천의 글을 써 준 제이 크렙스와 연락할 수 있게 도와준 것도 감사한다. 예바 비젝과 빌 베젝의 기술 문서도 이 책이 어떠해야 하는지에 대한 높은 기준을 설정해줬다. 두 분 모두 이 부분에 기여해줘서 감사의 말을 전한다.

현재까지 나의 경력에 많은 도움을 주신 분들이 있다. 마크 콘데와 톰 스탠리, 소프트웨어 엔지니어로서 나의 경력의 문을 열어줘서 감사드린다. 내가 더 나은 엔지니어가 되도록 도와주고 훌륭한 멘토가 돼 준 배리 보우든, 에린 후사로. 내가 힘들 때마다 무슨 말을 해야 할지 정확히 알고 있었고 항상 나에게 큰 버팀목이 돼 준 것에 대해 감사한다. 저스틴 이사시, 끝없는 격려와 나의 노력이 헛되지 않도록 도와준 것에 대해 감사한다. 숀 소여의 제안으로 몇 년 전 통제 불능 상태에 빠져 있었던 "카프카 스트림즈"라는 새로운 기술에 도전하게 됐다. 토마스 홈즈와 맷 파머는 많은 기술 전문 지식을 공유하고 더 나은 엔지니어가 되도록 도와줬다. 그리고 메일침프의 데이터 서비스 팀은 어려운 문제를 해결하는 데 도움을 줄 뿐만 아니라 자신들의 경험을 공유해 영감을 준 것에 대해 고맙게 생각한다.

마지막으로 새로운 프로젝트 때문에 내가 수개월 동안 보이지 않음에도 항상 내 곁을 지켜준 나의 친구들과 가족에게 항상 곁에 있어줘서 고맙다고 전하고 싶다. 정말 긴 시간이었다.

차례

추천의 글 5

옮긴이 소개 7

옮긴이의 말 8

지은이 소개 11

감사의 글 12

들어가며 27

1부 | 카프카

1장   카프카 빠르게 소개하기   37

통신 모델 38

스트림은 어떻게 저장되는가? 43

토픽과 파티션 47

이벤트 49

카프카 클러스터와 브로커 50

컨슈머 그룹 53

카프카 설치 54

안녕? 카프카 56

요약 60

2장   카프카 스트림즈 시작하기   63

카프카 생태계 64

    카프카 스트림즈 이전 65

    카프카 스트림즈 이후 66

한눈에 보는 카프카 스트림즈 특징 68

운영 특성 69

    확장성 69

    신뢰성 71

    유지 보수성 71

다른 시스템과 비교 72

    배치 모델 72

    처리 모델 73

    카파 아키텍처 74

카프카 스트림즈 적용 사례들 76

프로세서 토폴로지 77

    서브 토폴로지 81

    깊이−우선 처리 82

    데이터 흐름 프로그래밍의 이점 85

    태스크와 스트림 스레드 86

상위−수준 DSL 대 하위−수준 Processor API 89

튜토리얼 소개: Hello, Streams 91

    프로젝트 설치 91

    새 프로젝트 생성 92

    카프카 스트림즈 의존 라이브러리 추가 93

    DSL 95

    Processor API 98

스트림과 테이블 101

스트림/테이블 이중성 105

KStream, KTable, GlobalKTable 106

요약 107

3장   상태가 없는 처리   **109**

상태가 없는 처리 대 상태가 있는 처리 110

튜토리얼 소개: 트위터 스트림 처리 111

프로젝트 설치 114

KStream 소스 프로세서 추가 115

직렬화/역직렬화 119

커스텀 Serdes 만들기 121

데이터 클래스 정의 122

커스텀 Deserializer 구현 124

커스텀 Serializer 구현 125

트윗 Serdes 구현 125

데이터 필터링 127

데이터 가지치기 129

트윗 번역 132

스트림 병합 135

트윗 보강 136

Avro 데이터 클래스 136

감정 분석 139

Avro 데이터 직렬화 142

레지스트리 없는 Avro Serdes 143

스키마 레지스트리-인식 Avro Serdes 144

싱크 프로세서 추가 146

코드 실행 147

실제 검증 147

요약 151

상태가 있는 처리의 이점 154

상태가 있는 연산자 훑어보기 156

상태 저장소 157

    공통 특성 158

    영구 저장소 대 인-메모리 저장소 161

튜토리얼 소개: 비디오 게임 전광판 162

프로젝트 설치 164

데이터 모델 165

소스 프로세서 추가 167

    KStream 167

    KTable 168

    GlobalKTable 170

스트림즈와 테이블 등록 172

조인 173

    조인 연산자들 175

    조인 종류 175

    코-파티셔닝 176

    ValueJoiner 180

    KStream을 KTable로 조인(players 조인) 183

    KStream을 GlobalKTable과 조인(products 조인) 184

레코드 그룹핑 185

    스트림즈 그룹핑 185

    테이블 그룹핑 187

집계 188

    스트림 집계 189

    테이블 집계 192

모두 합치기 193

대화형 쿼리 196

    저장소 물리화 196

읽기–전용 상태 저장소 접근 197

비윈도우 키–값 저장소 쿼리하기 198

로컬 쿼리 202

원격 쿼리 202

요약 212

5장   윈도우와 시간   213

튜토리얼 소개: 환자 모니터링 애플리케이션 214

프로젝트 설치 217

데이터 모델 217

시간 의미 218

타임스탬프 추출자 221

내장 타임스탬프 추출자 222

커스텀 타임스탬프 추출자 224

타임스탬프 추출자와 함께 스트림 등록하기 225

스트림 윈도잉 227

윈도우 종류 227

윈도우 선택 232

윈도우 집계 233

윈도우 결과 내보내기 235

유예 기간 237

중간 결과 제거 238

윈도우 KTable 필터링과 키 재생성 241

윈도우 조인 243

시간–기반 데이터 흐름 244

알림 싱크 246

윈도우 키–값 저장소 쿼리하기 246

요약 250

영구적인 저장소 디스크 레이아웃 252

내고장성 254

    변경 로그 토픽 255

    대기 복제본 258

리밸런싱: 상태(저장소)의 적 258

상태 이관 방지 260

    StickyTaskAssignor 260

    고정 멤버십 263

리밸런싱 영향 줄이기 264

    점진적 협력 리밸런싱 265

    상태 크기 제어 267

레코드 캐시로 쓰기 중복 제거 275

상태 저장소 모니터링 277

    StateListener 추가 277

    StateRestoreListener 추가 279

내장 메트릭 281

대화형 쿼리 281

커스텀 상태 저장소 283

요약 284

7장   Processor API   285

Processor API는 언제 사용해야 할까? 286

튜토리얼 소개: IoT 디지털 트윈 서비스 287

프로젝트 설치 292

데이터 모델 292

소스 프로세서 추가 295

상태가 없는 스트림 프로세서 추가 297

상태가 없는 프로세서 생성 298

상태가 있는 프로세서 생성 302

구두점으로 주기적인 함수 호출 307

레코드 메타데이터 접근 310

싱크 프로세서 추가하기 312

대화형 쿼리 313

모두 조립하기 314

Processor API와 DSL 결합 318

프로세서와 트랜스포머 319

모두 조립하기: 리팩토링 324

요약 326

3부 | ksqlDB

8장   ksqlDB 시작하기   331

ksqlDB는 무엇인가? 332

언제 ksqlDB를 사용할까? 334

새로운 데이터베이스로 진화 336

　　카프카 스트림즈 통합 336

　　카프카 커넥트 통합 340

ksqlDB와 전통적인 SQL 데이터베이스 비교 방법 342

　　유사점 342

　　차이점 344

아키텍처 347

　　ksqlDB 서버 347

　　ksqlDB 클라이언트 350

배치 모드 352

　　대화형 모드 352

　　헤드리스 모드 353

튜토리얼 354

    ksqlDB 설치 355

    ksqlDB 서버 실행 356

    토픽 사전 생성 357

    ksqlDB CLI 사용하기 357

요약 360

9장   ksqlDB로 데이터 통합   361

카프카 커넥트 개요 362

외부 모드와 임베디드 모드 364

    외부 모드 364

    임베디드 모드 366

커넥트 워커 설정 367

    컨버터와 직렬화 포맷 369

튜토리얼 372

커넥터 설치 373

    커넥터 생성 374

    커넥터 보기 376

    커넥터 설명 377

    커넥터 삭제 378

소스 커넥터 검증 379

카프카 커넥트 클러스터와 직접 상호 동작 380

관리형 스키마 검사 381

요약 381

10장   ksqlDB 스트림 처리 기초   383

튜토리얼: 넷플릭스의 변경 내용 모니터링 384

프로젝트 설정 386

소스 토픽 387

데이터 타입 389
    커스텀 타입 390
컬렉션 392
    소스 컬렉션 생성 394
    WITH 절 396
스트림과 테이블로 작업하기 397
    스트림과 테이블 보기 397
    스트림과 테이블 설명 보기 399
    스트림과 테이블 변경 400
    스트림과 테이블 삭제 401
기본 쿼리 402
    값 삽입 402
    간단한 셀렉트(일시적인 내보내기 쿼리) 404
    프로젝션 406
    필터링 407
    복합 구조체의 평평화/중첩 구조 해제 410
조건식 411
    COALESCE 411
    IFNULL 412
    CASE문 412
카프카로 결과 쓰기(영구적인 쿼리) 413
    파생 컬렉션 생성 414
모두 합치기 418
요약 420

11장   ksqlDB 중급, 고급 스트림 처리   **421**

프로젝트 설정 422
SQL 파일로 환경 설정하기 422
데이터 보강 425
    조인 425

　　　　윈도우 조인 431

　　집계 435

　　　　집계 기초 436

　　　　윈도우 집계 439

　　물리화된 뷰 446

　　클라이언트 448

　　가져오기 쿼리 448

　　　　CURL 451

　　내보내기 쿼리 452

　　　　CURL로 내보내기 쿼리 실행 453

　　함수와 연산자 454

　　　　연산자 454

　　　　함수 목록 보기 455

　　　　함수 설명 456

　　　　커스텀 함수 생성 458

　　　　추가 참고 자료 465

　　요약 466

4부 | 상용화

12장　테스트, 모니터링, 배포　469

　　테스트 470

　　　　ksqlDB 쿼리 테스트 470

　　　　카프카 스트림즈 테스트 473

　　　　행동 테스트 482

　　　　벤치마킹 486

　　　　카프카 클러스터 벤치마킹 489

　　　　테스트 자동화 491

모니터링 492

    모니터링 점검 목록 492

    JMX 메트릭 추출 493

배포 496

    ksqlDB 컨테이너 497

    카프카 스트림즈 컨테이너 499

    컨테이너 오케스트레이션 501

운영 502

    카프카 스트림즈 재설정 502

    애플리케이션 출력 속도 제한 505

    카프카 스트림즈 업그레이드 506

ksqlDB 업그레이드 507

요약 508

부록 A   스트림즈 설정 **509**

부록 B   ksqlDB 설정 **517**

찾아보기 523

들어가며

데이터 엔지니어와 데이터 과학자들에게 주목을 끄는 기술은 항상 넘쳐났다. 좋아하는 서브레딧subreddit을 찾아보고, 〈해커 뉴스Hacker News〉를 훑어보며, 기술 블로그를 읽거나 기술 콘퍼런스에 참석하는 등 과도하다고 느낄 정도로 무수한 기술들이 차고 넘쳤다.

그러나 집중할 수 있는 조용한 곳에서 모든 잡음을 제거하면, 소음으로부터 패턴을 구분할 수 있다. 우리는 폭발적으로 증가하는 데이터 시대를 살고 있고, 대규모 데이터를 저장하고 처리하기 위해 많은 기술이 만들어졌다. 이런 최신 솔루션이 최신 문제를 해결할 수 있다고 하고 혁신적인 것인 양 '빅데이터'를 논하고 있지만, 이야기의 절반은 데이터의 볼륨에 초점을 맞추고 있다.

데이터 볼륨 문제를 해결하는 기술들은 데이터를 처리할 때 배치 지향적batch-oriented인 경향이 있다. 여기에는 일정 기간 동안 쌓인 데이터를 대상으로 잡을 실행하는 것도 포함한다. 어떤 면에서 이는 바다의 모든 물을 한 번에 마시려고 시도하는 것과 같다. 최신 컴퓨팅 파워와 패러다임을 사용하는 몇몇 기술들은 긴 지연 시간을 희생함에도 불구하고 실제로 이를 달성하고자 시도하고 있다.

한편 최신 데이터는 이 책에서 초점을 맞추고 있는 바와 또 다른 속성을 가지고 있다. 데이터는 네트워크를 통해 안정적이며 무한한 스트림으로 움직이고 있다. 카프카 스트림즈와 ksqlDB와 같은 기술들은 이런 지속적인 데이터 스트림을 실시간으로 처리하도록 특별히 설계돼 있으며, 배치 처리를 뛰어넘는 경쟁적 우위를 제공한다. 만약 데이터를 보강enrich하거나 변환transform, 또는 데이터가 들어오는 순간 가능한 한 빨리 반응하고 싶다면 이 책이 쉽고 효과적으로 알려줄 것이다.

카프카 스트림즈와 ksqlDB를 학습하는 것은 스트림 처리에 포함된 좀 더 큰 개념을 배울 수 있는 좋은 계기가 되기도 한다. 여기에는 데이터를 여러 방식(스트림 또는 테이블)으로 모델링하고, 상태가 없는 데이터 변환, 고급 연산(조인, 집계)에 로컬 상태local state 사용, 시간 버킷buckets/윈도우windows로 데이터를 그룹핑할 때 사용하는 여러 시간 의미semantics와 방식에 대한 이해 등을 포함하고 있다. 다시 말해, 카프카 스트림즈와 ksqlDB에 대한 지식은 현존하는 또는 미래 혹은 언젠가 존재할 수 있는 여러 스트림 처리 솔루션을 비교 평가할 때 도움이 될 것이다.

나의 경력에 큰 영향을 미치고 내 자신의 능력 이상으로 기술적 업적에 도달할 수 있도록 도와준 이런 기술을 여러분에게 공유할 수 있게 돼 매우 흥분된다. 사실 여러분이 이 글을 읽을 때쯤 나의 카프카 스트림즈 애플리케이션 중 하나는 이미 9백만 개의 이벤트를 처리했을 것이다. 이 기술을 배우기 위해 많은 시간을 투자하지 않고도 실제 비즈니스에 어떤 가치를 줄 수 있다는 것을 알게 된다면, 앞으로 몇 년 동안 비즈니스 문제 해결에 이 기술을 사용하게 될 것이다. 또한 간결하고 표현력이 풍부한 스트림 데이터 처리 언어는 이런 처리를 노동보다는 예술처럼 느끼게 할 것이다. 인생을 바꾸는 노래 또는 아름다운 그림과 같은 여타 예술적 형식과 마찬가지로, 이를 공유하고자 하는 행위는 인간의 본성이다. 따라서 이 책은 여러분에게 즐거움을 제공하기 위해 스트림 처리 공간에서 내가 가장 좋아하는 것만 편집해 놓은 믹스 테이프(카프카 스트림즈와 ksqlDB 정복, 1집)라고 생각하기 바란다.

이 책의 대상 독자

실시간으로 대용량 데이터를 움직이고 보강하며 변환하는 대규모의 스트림 처리 애플리케이션을 구축하는 방법을 배우고자 하는 데이터 엔지니어를 위한 것이다. 이런 기술들은 종종 비즈니스 인텔리전스 이니셔티브, 분석 파이프라인, 위협 탐지, 이벤트 처리 등을 지원해야 한다.

실시간 데이터 스트림을 분석해 자신의 기술력을 향상시키고자 하는 데이터 과학자와 분석가에게도 유용하다. 이는 데이터 처리 분야를 지배하고 있는 배치 처리 공간으로부터 벗어날 수 있는 새로운 출발점이 될 것이다. 아파치 카프카에 대한 사전 경험은 필수가 아니며, 자바 프로그래밍 언어가 어느 정도 친숙하다면 카프카 스트림즈 사용 지침을 좀 더 쉽게 따라갈 수 있다.

이 책의 구성

이 책은 대략 다음과 같이 구성돼 있다.

- **1장** 카프카 소개와 단일 노드 카프카 클러스터를 실행하는 사용 지침을 제공한다.

- **2장** 카프카 스트림즈에 대한 소개로 카프카 스트림즈의 배경지식과 아키텍처, 그리고 간단한 카프카 스트림즈 애플리케이션 실행을 다룬다.

- **3장, 4장** 카프카 스트림즈의 상위 수준 DSL^Domain-Specific Language(도메인 특화 언어)에 있는 상태가 없는 또는 상태가 있는 연산자를 살펴본다. 각 장은 비즈니스 문제를 풀 때 이 연산자를 어떻게 사용하는지 보여주는 사용 지침을 포함하고 있다.

- **5장** 스트림 처리 애플리케이션에서 시간이 어떤 역할을 하는지 알아보고 윈도우 조인과 집계와 같은 고급스러운 연산인 상태가 있는 연산을 수행할 때의 윈도우 사용 방법을 다룬다.

- **6장** 상태가 있는 처리가 내부적으로 어떻게 동작하는지 설명하고 상태가 있는 카프카 스트림즈 애플리케이션을 운영할 때 필요한 몇 가지 팁을 알려준다.

- **7장** 카프카 스트림즈의 하위 수준 Processor API를 깊이 있게 다룬다. 이 API는 주기적인 함수 호출을 스케줄링할 때 사용할 수도 있고, 애플리케이션 상태와

레코드의 메타데이터를 좀 더 세분화된 단위로 접근하는 방법을 제공한다. 7장의 사용 지침은 IoT^{Internet of Things}의 사례에서 영감을 받았다.

- **8장** ksqlDB를 소개하고 이 기술의 역사와 아키텍처에 대해 알아본다. 8장의 튜토리얼은 ksqlDB 서버 인스턴스를 설치하고 실행하고 ksqlDB CLI로 작업하는 방법을 보여준다.

- **9장** ksqlDB의 데이터 통합 기능을 알아본다. 이 기능은 카프카 커넥트^{Kafka Connect}의 도움을 받아 동작한다.

- **10장, 11장** ksqlDB SQL을 자세히 알아보고, 여러 가지 컬렉션^{Collection} 타입을 이용해 어떻게 작업을 하는지 보여준다. 또한 데이터 내보내기 쿼리^{push query}와 데이터 가져오기 쿼리^{pull query} 등을 수행한다. 이 개념들을 소개할 때 넷플릭스 사례를 기반으로 하는 튜토리얼을 이용한다. 여러 가지 쇼와 영화의 변경 내용을 추적하고, 이런 변경들을 다른 애플리케이션에서 사용 가능할 수 있도록 만든다.

- **12장** 카프카 스트림즈와 ksqlDB 애플리케이션을 상용 환경에 배포할 때 필요한 정보를 제공한다. 여기에는 모니터링, 테스트 그리고 애플리케이션을 컨테이너화하는 것을 포함한다.

소스 코드

이 책의 소스 코드는 깃허브(https://github.com/mitchseymour/mastering-kafka-streams-and-ksqldb)에서 찾을 수 있다. 각 튜토리얼의 빌드와 실행에 대한 설명도 이 저장소에 포함돼 있다. 코드 예제를 사용할 때 기술적 질문이나 문제가 있으면 bookquestions@oreilly.com으로 보내주기 바란다.

에이콘출판사 도서정보 페이지인 http://www.acornpub.co.kr/book/kafka-ksqldb에서도 동일한 예제 코드를 다운로드할 수 있다.

카프카 스트림즈 버전

이 책을 쓰고 있을 때쯤 최신 카프카 스트림즈 버전은 2.7.0이었다. 대부분이 그렇지만 이 책의 소스 코드는 이전 버전 또는 최신 버전의 카프카 스트림즈 라이브러리에서 잘 동작할 것이다. 갑작스러운 변경이 발생하면 가급적 빨리 소스 코드를 수정할 것이고 이 변경 내용을 전용 브랜치(예: kafka-streams-2.8)에 올릴 것이다.

ksqlDB 버전

이 책을 쓰고 있을 때쯤 가장 최신의 ksqlDB 버전은 0.14.0이었다. ksqlDB의 오래된 버전과 최신 버전의 호환성은 잘 보장되지 않는데, 이는 이 기술이 매우 빠르게 진화하고 있을 뿐만 아니라 이 책을 쓰고 있을 때조차 메이저 버전(예: 1.0)이 없기 때문이다. 갑작스러운 변경이 발생하면 소스 코드를 수정하려 노력할 것이고, 이 변경 내용을 전용 브랜치(예: ksqldb-0.15)에 올릴 것이다. 그러나 이 책의 예제를 실행할 때 0.14.0 버전 이하의 버전은 피하길 권장한다.

편집 규약

다음은 이 책에서 사용하는 표기법이다.

고정폭

　　프로그램 코드를 보여주거나 문장 안에서 변수나 함수 이름, 데이터베이스, 데이터 타입, 환경변수, 실행문, 키워드와 같이 프로그램 요소를 참조할 때 사용한다.

 이 그림은 팁이나 제안을 의미한다.

이 그림은 일반적인 알림을 의미한다.

 이 그림은 경고나 주의를 의미한다.

문의

이 책과 관련해 질문이 있다면 bookquestions@oreilly.com으로 문의하길 바란다. 한국어판에 관한 질문은 에이콘출판사 편집 팀(editor@acornpub.co.kr)이나 옮긴이의 이메일로 문의하길 바란다.

표지 설명

『카프카 스트림즈와 ksqlDB 정복』 표지에 있는 동물은 투어^{Macropodus opercularis}이다. 투어는 대부분의 종류가 동아시아 민물의 야생에서 발견된다. 그리고 이 물고기는 수족관에서 인기가 많으며, 서양의 수족관에서 사육 가능한 최초의 관상용 물고기 중 하나이다.

이 공격적인 작은 물고기는 꼬리가 갈라져 있고 빨간색이나 주황색 줄무늬가 파란색이나 녹색과 번갈아 가며 선명한 색깔로 띠를 두르고 있다. 이 무늬는 물고기가 싸울 때 또는 다른 자극에 노출될 때 색이 변할 수 있다. 이 물고기의 배 지느러미는 항상 주황색이다. 몸길이는 6.7cm까지 자랄 수 있지만, 몸길이는 5.5cm 정도이다. 식물이 밀집한 얕은 물에서 가장 흔하게 발견되지만, 여러 조건의 물에서도 생존할 수 있다.

투어는 포식자로 곤충, 무척추 동물, 유어를 먹는다. 이 물고기는 투쟁적이며 작은 물고기뿐만 아니라 서로 괴롭히고 공격한다. 이 물고기의 공격적인 행동은 집에서 멀리 이동할수록 강해지는 것으로 관찰됐다. 여전히 흔한 수족관 물고기이며, 강 오염으로 일부

지역 개체군이 위협을 받았지만, 투어의 보존 상태는 "관심 대상종"이다. 오라일리 표지에 있는 많은 동물들은 멸종 위기에 처해 있다. 모든 동물은 지구 생태계에 중요한 역할을 한다.

표지 삽화는 카렌 몽고메리가 그린 것으로, 『디히스토어 네이처렐 백과사전Encyclopedie D'Histoire Naturelle』의 흑백 탁본을 기반으로 그렸다. 표지의 폰트는 길로이 세미볼드와 가디언 샌즈이다. 텍스트 글꼴은 어도비 미니언 프로, 제목 글꼴은 어도비 무어드 콘덴티드, 코드 글꼴은 돌턴 마그의 우분투 모노이다.

## 1부

카프카

## 1장

카프카 빠르게 소개하기

전 세계의 데이터는 기하급수적으로 늘고 있다. 월드 이코노미 포럼(https://oreil.ly/Avd2n)에 따르면 이미 전 세계에서 저장하는 바이트가 우주에서 관찰 가능한 별의 개수를 훨씬 초과했다고 한다.

데이터라 하면 데이터 웨어하우스와 관계형 데이터베이스 또는 분산 파일 시스템에 쌓여 있는 바이트 더미를 떠올릴 수 있다. 이러한 시스템들은 데이터가 휴지 상태^{resting state}에 있다고 생각하게 만들었다. 다시 말해 데이터는 휴지 상태로 어딘가에 자리 잡고 있으며, 이를 처리할 필요가 있을 때 바이트 더미에 대고 쿼리를 실행한다.

이런 세계관은 데이터에 대한 전통적 사고 방식이다. 그러나 데이터는 어딘가에 쌓여 있기만 하지 않고 이동할 때가 많다. IoT 센서, 의료 정보 센서, 금융 시스템, 사용자와 소비자 분석 소프트웨어, 애플리케이션과 서버 로그 등과 같이 지속적으로 데이터 스트림을 생성하는 여러 시스템을 봤을 것이다. 언젠가는 쉴 수 있는 장소를 찾을 데이터라도 영원한 안식처를 찾기 전에 중간중간에는 네트워크를 타고 이동하게 된다.

데이터가 어딘가에 쌓일 때까지 기다렸다가 일정 간격으로 쿼리나 잡을 돌려서는 데이터가 이동하는 중에 실시간으로 데이터를 처리할 수 없다. 이런 접근 방식으로는 특정 비즈니스 사례들만 처리할 수 있고, 그 외에 더 많은 사례를 처리하려면 데이터에 접근 가능하자마자 즉시 증분적으로 데이터를 보강, 변환, 반응해야 한다. 따라서 데이터에 대한 또 다른 세계관이 필요하다. 흐르는 데이터에 접근하고 지속적이고 무한한 데이터 스트림을 빠르고 효과적으로 처리하는 기술, 그것이 바로 아파치 카프카^{Apache Kafka}이다.

아파치 카프카(또는 줄여서 카프카)는 스트림 데이터를 인입, 저장, 접근하고 처리하는 스트리밍 플랫폼이다. 카프카 플랫폼 전체가 매우 흥미로운 주제이지만, 이 책은 카프카에서 가장 매력적인 부분인 스트림 처리 계층^{Stream Processing Layer}에 집중할 것이다. 카프카 스트림즈와 ksqlDB(둘 다 이 계층에서 동작하고 ksqlDB는 인입 계층^{Ingestion Layer}에서도 동작한다)를 이해하고 스트림 데이터를 처리하려면, 카프카가 플랫폼으로써 어떻게 동작하는지 반드시 알고 있어야 한다.

1장은 이 책의 나머지 부분에서 꼭 알아야 하는 몇 가지 중요한 개념과 용어를 소개할 것이다. 이미 카프카에 대한 지식을 충분히 갖추고 있는 독자라면 1장을 그냥 넘겨도 괜찮다. 그렇지 않다면 계속 읽기 바란다.

1장에서는 다음과 같은 질문들에 답할 것이다.

- 카프카는 시스템 간의 통신을 어떻게 단순화하는가?

- 카프카 아키텍처의 주요 컴포넌트에는 무엇이 있는가?

- 어떤 저장소 추상화가 스트림에 가장 적합한가?

- 카프카는 어떻게 내결함성과 내구성을 유지하며 데이터를 저장하는가?

- 데이터 처리 계층에서 고가용성과 내결함성을 달성하는 방법은 무엇인가?

1장은 카프카를 설치하고 실행하는 튜토리얼로 마무리할 것이다. 그 전에 카프카의 통신 모델을 살펴보자.

통신 모델

대다수의 시스템 간 통신 패턴은 일반적으로 동기적^{synchronous}인 클라이언트–서버 모델^{client-server model}이다. 이 모델에서 시스템이란 애플리케이션, 마이크로서비스, 데이터베이스와 네트워크를 통해 데이터를 읽고 쓰는 모든 시스템을 의미한다. 클라이언트-서버 모델은 그림 1-1처럼 처음에는 단순하며 시스템들은 직접 통신한다.

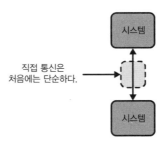

그림 1-1 점대점 통신은 유지 보수가 쉽고 적은 수의 시스템에 적합하다.

예를 들어 데이터를 가져가기 위해 데이터베이스를 동기 방식으로 쿼리하는 애플리케이션이라든지 서로 직접 대화하는 마이크로서비스들이 있을 수 있다.

그러나 점대점 통신을 하는 시스템들이 많아지면 확장이 점점 힘들어진다. 이렇게 되면 시스템 간의 통신은 비합리적이고 유지 보수가 어려운 복잡한 거미줄처럼 돼 버린다. 그림 1-2는 상대적으로 적은 수의 시스템들임에도 얼마나 통신이 복잡한지 보여준다.

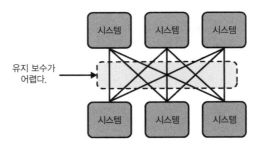

그림 1-2 시스템을 더 많이 추가하면 통신 채널은 거미줄처럼 복잡해지고 유지 보수가 어려워진다.

클라이언트-서버 모델은 몇 가지 단점을 가지고 있다.

- 시스템들이 강하게 결합돼 있어 서로 통신하려면 상대방에 대해 많은 정보를 알고 있어야 한다. 이런 방식은 유지 보수와 시스템 업데이트를 필요 이상으로 어렵게 만든다.

- 동기적인 통신은 한쪽 시스템이 오프라인이 됐을 때 전달을 보증^{Delivery Guarantee}하지 않으므로 오류가 발생할 여지가 있다. 시스템들이 서로 다른 통신 프로토콜을 사용할 뿐만 아니라, 증가하는 부하에 대응하기 위해 서로 다른 확장 전략, 장애 처리 전략 등을 사용할 수 있다. 결과적으로, 다양한 종류의 시스템을 유지 보수하게 될 것이고, 이는 유지 보수를 어렵게하고 애플리케이션을 애완동물처럼 소중히 다루기보다는 소처럼 방목해야 한다는 일반적인 통념에 어긋난다.

- 수신 시스템들이 쉽게 과부하가 걸릴 수 있다. 새로운 요청이나 데이터가 들어오는 속도를 수신 시스템이 제어하기 힘들기 때문이다. 요청 버퍼가 없다면 수신 시스템은 요청을 보내는 애플리케이션의 변덕스런 행동에 큰 영향을 받는다.

- 시스템 간의 통신에 대한 강력한 개념이 없다.

- 클라이언트-서버 모델이란 명칭은 요청과 응답에 대해 많은 강조를 하고 있지만 데이터 자체에 대해서는 충분히 강조하지 않고 있다. 데이터는 데이터-주도 시스템에서 중심이 돼야 한다.

- 통신이 재생 불가능하다. 이는 시스템의 상태 재구축을 어렵게 만든다.

카프카는 중앙화된 통신 허브(종종, 중추 신경계로 비유한다)로 동작해 시스템 간 통신을 단순화한다. 이 중앙화된 통신 허브를 통해 시스템들이 서로에 대해 알지 않고도 데이터를 주고 받을 수 있다. 이렇게 구현한 통신 패턴을 발행-구독^{publish-subscribe} 패턴(또는 단순히 pub/sub^{펍/섭})이라 부르고 그림 1-3에서 보는 것처럼 통신 모델이 매우 단순해진다.

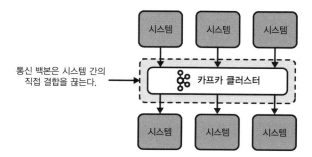

그림 1-3 카프카는 시스템 간의 통신 허브로 동작해 점대점 통신의 복잡성을 제거한다.

앞의 다이어그램에 좀 더 자세한 정보를 추가하면, 그림 1-4처럼 카프카 통신 모델의 주요 컴포넌트들을 볼 수 있다.

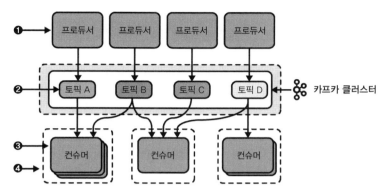

그림 1-4 카프카 플랫폼의 주요 컴포넌트들을 보여주도록 좀 더 자세한 정보를 추가해 다시 그린 카프카 통신 모델

❶ 프로듀서Producer는 여러 시스템과 직접 통신하지 않고 누가 읽을지 신경쓰지 않으며, 하나 이상의 토픽에 데이터를 내보낸다publish.

❷ 토픽은 카프카 클러스터에서 관련 있는 데이터들을 하나의 장소에 저장하는 이름 있는 스트림(또는 채널)이다. 토픽은 데이터베이스의 테이블과 비슷한 서비스를 제공한다(예를 들어 서로 관련 데이터들을 그룹화). 그러나 데이터베이스 테이블과 다르게 토픽은 특정 스키마를 강제하지 않고, 데이터의 원시 바이트들raw bytes[1]을 저장한다.

❸ 컨슈머Consumer는 하나 이상의 토픽으로부터 데이터를 읽는 (또는 구독하는) 프로세스다. 컨슈머는 프로듀서와 직접 통신을 하지 않고 관심 있는 스트림으로부터 데이터가 들어오기를 기다린다.

❹ 컨슈머 프로세스들을 분산시켜 동작하도록 하나의 그룹(컨슈머 그룹consumer group이라 부른다)으로 묶을 수 있다.

---

1 3장에서 바이트 배열을 JSON 객체나 Avro 레코드로 역직렬화하는 처리뿐만 아니라 토픽에 저장되는 원시 바이트 배열에 대해 알아볼 것이다. - 옮긴이

여러 프로세스에서 쉽게 읽고 쓸 수 있는 데이터 흐름에 초점을 맞춘 카프카의 통신 모델은 다음과 같은 이점을 준다.

- 시스템들이 다른 시스템에 대해 알지 않고도 데이터의 생산과 소비가 가능하므로 서로 분리되며 유지 보수가 더 쉬워진다.

- 비동기 통신은 더 강력한 전달 보증을 제공한다. 만약 컨슈머가 다운됐다면, 컨슈머가 온라인으로 다시 돌아왔을 때 단순히 마지막 떠난 위치에서부터 데이터를 읽으면 된다(또는 여러 컨슈머가 하나의 컨슈머 그룹에서 실행되고 있었다면, 다른 컨슈머로 작업을 재분배할 수 있다).

- 시스템들의 확장 전략과 내결함성 메커니즘(컨슈머 그룹을 이용해 가능) 외에도, 통신 프로토콜을 표준화할 수 있다(카프카 클러스터와 대화할 때 고성능의 바이너리 TCP 프로토콜을 사용한다). 이로 인해 일관성을 보장해야 하는 거의 모든 소프트웨어 작성이 가능해진다.

- 컨슈머들이 자신이 처리 가능한 속도로 데이터를 처리할 수 있다. 처리되지 않은 데이터는 컨슈머가 처리할 준비가 될 때까지 견고하며 내결함성을 갖춘 카프카 저장소에 저장한다. 다시 말해 컨슈머가 읽고 있는 스트림에 갑자기 데이터 양이 늘어나게 되면 카프카 클러스터는 컨슈머들에게 과도한 부하가 걸리지 않도록 버퍼로 동작하게 된다.

- 이벤트 형태의 강력한 개념으로 데이터 통신을 한다. 이벤트는 특정 구조의 데이터 뭉치로 49페이지 '이벤트'에서 알아볼 것이다. 여기서 중요한 것은 클라이언트-서버 모델에서 하듯이 통신 계층을 분리하는 데 너무 많은 시간을 보내지 않고도 스트림을 통해 데이터를 흘려보내는 데 집중할 수 있다.

- 토픽의 이벤트들을 재생^{replay}함으로써 언제든지 시스템의 상태를 재구축할 수 있다.

펍/섭 모델과 클라이언트-서버 모델의 중요한 차이점 하나는 카프카의 펍/섭 모델은 양방향 통신이 아니라는 것이다. 다시 말해 스트림은 한 방향으로 흐른다. 만약 어떤 시스

팀이 데이터를 카프카 토픽으로 보내고, 또 다른 시스템은 이 데이터에 대해 어떤 처리 (예를 들어 보강 또는 변환)를 하며, 처음 데이터를 보낸 시스템이 이 처리에 의존한다면, 처리한 데이터를 또 다른 토픽에 써야하며 최종적으로 처음 데이터를 보낸 시스템이 이를 다시 소비한다. 이는 단순한 구성이지만 통신에 대한 우리들의 사고방식을 바꾼다.

통신 채널(토픽)은 원래 스트림과 같으므로(예를 들어 단방향으로 흐르며 여러 소스와 여러 하위 스트림 컨슈머를 가질 수 있다), 관심 있는 데이터가 흐르는 어떤 스트림이든 단순히 기다리기만 하면 되고, 하나 이상의 시스템과 데이터를 공유하고자 할 때마다 데이터를 토픽(이름이 붙은 스트림)에 보내면 되므로 시스템을 설계하는 것이 쉬워진다. 앞으로 보게 될 여러 장에서 많은 카프카 토픽을 사용할 것이다(앞으로 만들 각 카프카 스트림과 ksqDB 애플리케이션은 하나 이상의 카프카 토픽에서 데이터를 읽거나 쓸 것이다), 따라서 이 책을 다 읽을 때쯤 여러분도 카프카 토픽에 매우 친숙해질 것이다.

지금까지 카프카의 통신 모델이 어떻게 시스템 간 통신을 단순화하는지 봤고, 시스템 간의 통신 매체로 동작하며 이름이 붙은 스트림을 토픽이라 부른는 것을 알게 됐다. 이제 스트림이 카프카 저장 계층에서 어떻게 동작하는지 깊이 살펴보자.

스트림은 어떻게 저장되는가?

링크드인 엔지니어 팀[2]이 스트림-주도 데이터 플랫폼의 잠재력을 봤을 때, 중요한 질문에 답해야 했다. 바로 무한하고 지속적인 데이터 스트림의 저장 계층을 어떻게 모델링해야 할 것인가?

결과적으로는 링크드인 엔지니어 팀이 찾은 저장소 추상화(https://oreil.ly/Y2Fe5)는 전통적인 데이터베이스, 키-값 저장소, 버전 관리 시스템 등 많은 데이터 시스템에서 이미 사용하고 있는 것이었다. 이 추상화는 단순하지만 매우 강력한 커밋 로그[commit log](또는 단순히 로그)이다.

---

2   제이 크렙스. 네하 나르헤데 그리고 준 라오가 초기에 이 팀을 이끌었다.

이 책에서 로그에 관해 말할 때 실행 중인 프로세스(예를 들어 HTTP 서버 로그)가 내보내는 정보인 애플리케이션 로그를 가리키지 않는다. 대신, 다음 절들에서 설명할 특정 데이터 구조를 가리킨다.

로그는 순서가 있는 일련의 이벤트들을 저장하는 *추가-전용*$^{append-only}$ 데이터 구조다. 이 탤릭체로 돼 있는 이 속성들을 좀 더 자세히 살펴보고 명령행에서 단순 로그를 생성해 로그란 어떤 것인지 감을 가져보도록 하자. 예를 들어 user_purchases라는 로그를 생성하고 다음 명령으로 가상의 데이터를 생성해 로그를 채워보자.

```
# 로그 파일 생성
touch users.log

# 로그에 네 개의 더미 데이터를 생성
echo "timestamp=1597373669,user_id=1,purchases=1" >> users.log
echo "timestamp=1597373669,user_id=2,purchases=1" >> users.log
echo "timestamp=1597373669,user_id=3,purchases=1" >> users.log
echo "timestamp=1597373669,user_id=4,purchases=1" >> users.log
```

생성한 로그를 들여다보면 한 건씩 구매한 네 명의 사용자가 있다.

```
# 로그 내용 출력
cat users.log

# 결과
timestamp=1597373669,user_id=1,purchases=1
timestamp=1597373669,user_id=2,purchases=1
timestamp=1597373669,user_id=3,purchases=1
timestamp=1597373669,user_id=4,purchases=1
```

위 로그들의 첫 번째 속성은 추가-전용 방식으로 기록됐다는 것이다. 이것은 만약 user_id=1인 고객이 두 번째 구매를 하게 되면, 첫 번째 레코드를 갱신할 수 없다는 것을 의미한다. 로그의 레코드는 변경 불가능하기 때문이다. 대신, 로그의 끝에 새로운 레코드를 추가만 한다.

```
# 로그에 새 레코드를 추가
echo "timestamp=1597374265,user_id=1,purchases=2" >> users.log

# 로그의 내용 출력
cat users.log

# 결과
timestamp=1597373669,user_id=1,purchases=1 ❶
timestamp=1597373669,user_id=2,purchases=1
timestamp=1597373669,user_id=3,purchases=1
timestamp=1597373669,user_id=4,purchases=1
timestamp=1597374265,user_id=1,purchases=2 ❷
```

❶ 레코드를 로그에 한 번 쓰면, 불변이라 생각해야 한다. 그래서 갱신을 수행할 필요가 있으면(예를 들어 사용자의 구매 개수를 변경하려 할 때), 원래 레코드는 변경하지 않고 그대로 둔다.

❷ 갱신을 모델링하려면, 로그의 끝에 새 값을 추가하면 된다. 로그는 오래된 레코드와 새 레코드 모두를 포함할 것이고, 둘 다 불변이다.

각 사용자별로 구매 건수를 세어 보려는 시스템은 로그의 각 레코드를 순서대로 읽을 것이다. user_id=1인 마지막 레코드는 최신 구매량을 포함하고 있다. 우리는 여기에서 로그의 두 번째 속성을 알 수 있다. 로그는 정렬돼 있다.

앞에서 예시로 보여준 로그는 타임스탬프 순서로 발생했으나, 우리가 말하는 정렬은 이 정렬이 아니다. 사실 카프카는 레코드와 타임스탬프를 로그에 같이 저장한다. 그러나 레코드는 타임스탬프 순서로 존재하지 않는다. 로그가 정렬돼 있다는 것은 로그에서 레코드의 위치가 고정돼 있다는 것을 의미하며 절대 변하지 않는다. 라인 번호와 함께 위 로그를 다시 출력하면, 첫 번째 컬럼에 라인 번호를 볼 수 있다.

```
# 라인 번호와 함께 로그 내용 출력
cat -n users.log

# 결과
1    timestamp=1597373669,user_id=1,purchases=1
```

```
2    timestamp=1597373669,user_id=2,purchases=1
3    timestamp=1597373669,user_id=3,purchases=1
4    timestamp=1597373669,user_id=4,purchases=1
5    timestamp=1597374265,user_id=1,purchases=2
```

이제 정렬이 보장되지 않는 시나리오를 상상해보자. 여러 프로세스가 user_id=1인 사용자의 변경 내용을 다른 순서로 읽게 되면 실제 구매 건수와 불일치가 발생할 수 있다. 로그는 정렬돼 있다는 것을 보장함으로써, 여러 프로세스가 결정적[3]으로 데이터를 처리할 수 있게 된다.[4]

또한 앞의 예제에서 각 로그 엔트리의 위치로 라인 번호를 사용하는 반면, 카프카는 분산 로그에 있는 각 엔트리의 위치, 즉 오프셋offset을 참조한다. 오프셋은 0으로 시작하고 중요한 역할을 한다. 같은 로그로부터 여러 컨슈머 그룹이 읽는 것을 허용하고, 컨슈머 그룹은 각자 자신들이 읽은 로그/스트림의 위치를 유지한다. 그림 1-5는 이 내용을 보여준다.

지금까지 명령행에서 로그를 생성해봄으로써 카프카의 로그 기반 저장 계층에 대해 어느 정도 감을 잡을 수 있게 됐으니, 이 아이디어들을 카프카 통신 모델에서 봤던 상위 레벨 구조물들과 연관지어 보자. 이어서 토픽을 더 알아보고 파티션에 대해서도 배워볼 것이다.

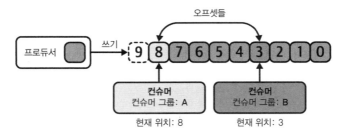

그림 1-5 여러 컨슈머 그룹이 자신이 읽거나 처리한 로그의 오프셋 기반 위치를 유지하므로 같은 로그를 동시에 읽을 수 있다.

---

3   결정적이란 말은 같은 입력은 같은 결과를 생성한다는 의미이다.

4   이것이 바로 전통적인 데이터베이스에서 복제할 때 로그를 사용하는 이유이다. 데이터베이스는 리더 데이터베이스의 각 쓰기 연산을 캡처할 때 로그를 사용하고 다른 장비에 있는 복제 데이터베이스에서 동일 데이터 셋을 결정적으로 재생산할 때 로그에 기록된 순서대로 쓰기 연산을 처리한다.

토픽과 파티션

카프카 통신 모델에서 봤듯이, 카프카는 이름이 있는 스트림, 즉 토픽을 가지고 있다. 또한 카프카 토픽은 그 안에 무엇이든 저장할 수 있는 매우 큰 유연성을 가지고 있다. 예를 들어 한 가지 종류의 데이터만 포함하는 단일종homogeneous의 토픽이 될수도 있고, 여러 종류의 데이터 타입을 포함하는 이기종heterogeneous의 토픽도 될 수 있다.[5] 그림 1-6은 이런 전략들을 보여준다.

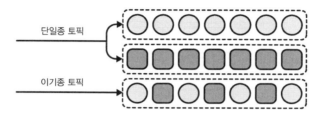

그림 1-6 이벤트를 토픽에 저장할 때 여러 전략을 사용한다. 단일종 토픽은 일반적으로 하나의 이벤트 타입(예를 들어 클릭)을 포함하는 반면 이기종의 토픽은 여러 이벤트 타입을 포함한다(예를 들어 클릭과 페이지 뷰).

앞에서 카프카 저장 계층에서 스트림을 모델링하기 위해 추가-전용 커밋 로그를 사용한다고 배웠다. 이것이 각 토픽은 하나의 로그 파일만 사용한다는 의미일까? 그렇지 않다. 카프카는 분산 로그이고 로그 파일 하나를 분산시키는 것은 어렵다. 또한 일정 수준의 병렬 처리를 달성하려면 로그들을 분산시켜 처리해야 하며 이를 위해 여러 로그를 생성해야 한다. 이런 이유 때문에 카프카의 토픽을 더 작은 단위인 파티션Partition으로 나눈다.

파티션은 데이터를 생산하고 소비하는 개별 로그(예를 들어 이전에 알아봤던 데이터 구조)이다. 커밋 로그 추상화는 파티션 수준에서 구현하기 때문에, 정렬은 파티션 수준에서 보장하고 각 파티션은 각각의 오프셋 집합을 가지고 있다. 토픽 수준에서의 전역 정렬은 아직 지원하지 않고 있다. 프로듀서가 관련 레코드들을 동일 파티션으로 라우팅하는

---

5   마틴 클레프맨은 이 주제에 대해 흥미로운 기사를 작성했다. 이 기사는 https://oreil.ly/tDZMm에서 볼 수 있다. 마틴은 다양한 트레이드 오프와 왜 둘 중 하나의 전략을 선택해야 하는지 이야기하고 있다. 또한 로버트 요코타의 후속 기사(https://oreil.ly/hpScS)는 스키마 관리와 진화에 사용하는 컨플루언트 스키마 레지스트리(Confluent Schema Registry)가 여러 이벤트 타입을 어떻게 지원할 수 있는지 좀 더 깊이 다룬다.

것은 이런 이유 때문이다.[6] 이어지는 여러 장에서 이것에 대해 상세히 알아볼 것이다.

이상적인 상황에서는 데이터를 토픽의 모든 파티션으로 비교적 균등하게 분산시킨다. 그러나 파티션들의 크기가 서로 달라 차이가 발생하는 경우도 있다. 그림 1-7은 서로 다른 크기의 세 개의 파티션을 가지고 있는 토픽을 보여준다.

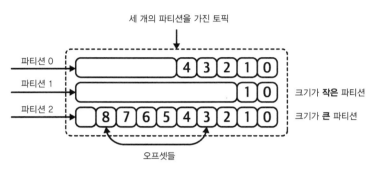

그림 1-7 세 개의 파티션으로 설정한 카프카 토픽

토픽의 파티션 수는 설정 가능하고, 많은 파티션을 설정하면 약간의 트레이드 오프가 발생하긴 하나, 토픽에 파티션을 더 추가한다는 것은 병렬화와 처리량이 증가하는 것으로 해석할 수 있다.[7] 이것에 대해서는 이 책 전반에서 더 알아볼 것이나, 꼭 기억해야 하는 것은 컨슈머 그룹 안에서 단 하나의 컨슈머만 하나의 파티션을 소비할 수 있다는 것이다(그러나 그림 1-5에서 보는 것처럼 다른 컨슈머 그룹에 속하는 컨슈머는 동일 파티션을 소비할 수 있다).

따라서 만약 처리 부하를 같은 컨슈머 그룹에 속하는 N개의 컨슈머로 분산시키려면, N개의 파티션이 필요하다. 컨슈머 그룹에 속하는 컨슈머의 수가 소스 토픽(예를 들어 데이터를 읽을 토픽)의 파티션보다 적다면 문제가 없다. 하나의 컨슈머가 여러 파티션을 처리할 수 있다. 만약 컨슈머 그룹이 소스 토픽의 파티션보다 많은 컨슈머를 가지고 있다면, 일

6 　파티션 전략은 설정 가능하나, 많이 사용하는 전략은 레코드 키(레코드 키는 레코드의 페이로드(payload)에서 추출하거나 명시적으로 설정할 수 있다)에 따라 파티션을 선택하는 것으로 카프카 스트림즈와 ksqlDB에 이미 포함돼 있다.

7 　트레이드 오프에는 특정 실패 시나리오에서 복구 시간이 증가하거나, 리소스(파일 디스크립터, 메모리) 사용율 증가 그리고 단대단 지연 시간 증가가 있다 .

부 컨슈머는 휴면 상태가 될 것이다.

이 사실을 이용해, 토픽에 대한 정의를 좀 더 확장할 수 있다. 토픽은 이름이 붙은 스트림이고 여러 파티션으로 구성돼 있다. 그리고 각 파티션은 정렬돼 있고 추가 전용 형태로 데이터를 저장하는 커밋 로그로 모델링돼 있다. 그럼 토픽 파티션에 저장되는 것은 정확히 무엇인가? 이에 대해서는 이어지는 절에서 살펴볼 것이다.

이벤트

지금까지 토픽에서 데이터를 어떻게 처리하는지 이야기하는 데 많은 시간을 보냈다. 그러나 카프카 토픽(좀 더 구체적으로는 토픽의 파티션)에 저장되는 데이터가 무엇인지는 아직 충분히 이해하지 못했다.

카프카 공식 문서를 포함해서 카프카에 대한 많은 글들에서 토픽의 데이터를 가리키기 위해 메시지, 레코드, 이벤트 등 다양한 용어를 사용한다. 이런 용어는 종종 서로 바꿔서 사용할 수 있다. 그러나 이 책에서 선호하는(갑자기 다른 용어를 사용할 수도 있지만) 용어는 이벤트[event]이다. 이벤트는 타임스탬프 정보를 가진 키-값 쌍으로 어떤 사건을 기록한다. 한 토픽 파티션에서 캡처한 이벤트를 해부하면 기본적으로 그림 1-8과 같다.

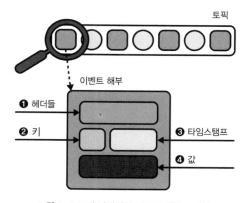

그림 1-8 토픽 파티션에 저장한 이벤트 해부

❶ 애플리케이션 수준의 헤더들은 선택 사항으로 이벤트의 메타데이터를 포함한다. 이 책에서는 이것에 대해 많이 다루지 않는다.

❷ 키 또한 선택 사항이나, 데이터를 여러 파티션으로 분배할 때 중요한 역할을 한다. 이어지는 장들에서 이에 대해 알아볼 것이다. 일반적으로 키는 관련 레코드를 식별하는 데 사용한다.

❸ 각 이벤트는 타임스탬프와 연관이 있다. 5장에서 타임스탬프에 대해 좀 더 자세히 배울 것이다.

❹ 값은 실제 메시지의 내용을 바이트 배열로 인코딩해 갖고 있다. 원시 바이트들을 역직렬화해 좀 더 의미 있는 구조로 변환하는 것은 클라이언트의 책임이다(예를 들어 JSON 객체 또는 Avro 레코드). 바이트 배열의 역직렬화는 119페이지 '직렬화/역직렬화'에서 자세히 알아볼 것이다.

토픽에 저장되는 데이터는 알아봤고, 이제 카프카의 클러스터 배치^{deployment} 모델을 살펴보자. 이를 학습하고 나면 카프카가 데이터를 물리적으로 저장하는 방법에 대해 좀 더 자세히 알게 될 것이다.

카프카 클러스터와 브로커

중앙화된 통신 허브를 가진다는 것은 신뢰성과 내결함성이 매우 중요함을 의미한다. 이것은 통신 백본이 확장 가능해야 함을 의미하기도 한다(예를 들어 증가하는 부하를 처리할 수 있는). 이것이 바로 카프카가 클러스터로 동작하는 이유이며, 브로커^{broker}라 부르는 장비는 데이터 저장과 조회를 책임진다.

카프카 클러스터를 매우 크게 만들 수 있다. 그리고 여러 데이터 센터와 지역에 걸쳐 만들 수도 있다. 그러나 이 책의 예제에서 사용하는 카프카 스트림즈와 ksqlDB는 단일 노드로도 충분히 동작 가능하므로 보통 단일 노드 카프카 클러스터만 사용할 것이다. 상용 환경에서는 최소 세 대의 브로커가 필요하며 카프카 토픽에 복제^{replication} 설정을 해야 한다. 그렇게 하면 데이터는 여러 브로커에 걸쳐 복제된다(이것에 대해서는 1장의 튜토리얼에서 살펴볼 것이다). 이로 인해 고가용성이 가능하고, 한 대의 장비가 다운되더라도 데이터 유실이 발생하지 않는다.

여러 브로커에 데이터를 저장하고 복제하는 것을 이야기할 때, 실제로는 토픽의 각 파티션에서 발생하는 것을 말하고 있는 것이다. 예를 들어 그림 1-9의 토픽은 세 대의 브로커에 분산돼 있는 세 개의 파티션을 가진다.

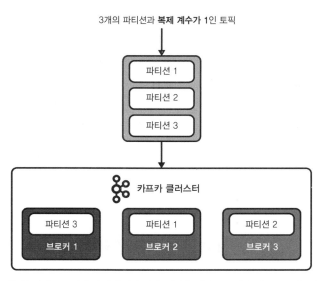

그림 1-9 파티션들은 가능한 여러 브로커에 걸쳐 흩어져 있다. 이것은 하나의 토픽이 카프카 클러스터의 여러 장비에 분산될 수 있다는 것을 의미한다.

카프카 토픽은 단일 머신 이상의 매우 큰 크기로 확장할 수 있다. 내결함성과 고가용성을 달성하려면 토픽을 설정할 때 복제 계수$^{replication factor}$를 지정해야 한다. 복제 계수 2는 두 개의 서로 다른 브로커에서 파티션을 저장하도록 한다. 그림 1-10은 이를 보여준다.

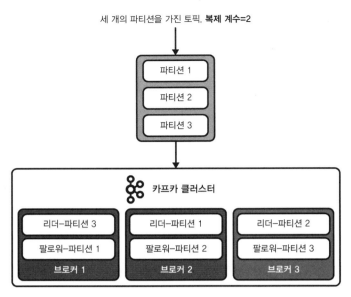

세 개의 파티션을 가진 토픽. **복제 계수=2**

파티션 1
파티션 2
파티션 3

카프카 클러스터

리더-파티션 3	리더-파티션 1	리더-파티션 2
팔로워-파티션 1	팔로워-파티션 2	팔로워-파티션 3
브로커 1	브로커 2	브로커 3

그림 1-10 복제 계수를 2로 늘리면 두 개의 다른 브로커에 파티션을 저장하게 된다.

파티션이 여러 브로커로 복제될 때마다, 하나의 브로커는 리더[leader]로 선정될 것이고, 이는 해당 파티션으로 오는 모든 프로듀서와 컨슈머의 읽기 쓰기 요청을 처리하는 것을 의미한다. 복제 파티션을 가지고 있는 다른 브로커들은 팔로워[follower]라 부르고 이들은 단순히 리더로부터 데이터를 복사하기만 한다. 만약 리더가 실패하면 팔로워 중 하나가 새로운 리더로 선출될 것이다.

또한 시간이 지나면서 클러스터의 부하가 늘어나면, 브로커를 추가하고 파티션을 재할당해 카프카 클러스터를 확장할 수 있다. 이렇게 하면 오래된 머신의 데이터를 새로운 장비로 이전할 수 있게 된다.

마지막으로 브로커들은 컨슈머 그룹의 컨슈머 목록을 관리하는 역할도 한다. 이에 대해서는 다음 절에서 알아볼 것이다.

컨슈머 그룹

카프카는 높은 처리량과 저지연에 최적화돼 있다. 컨슈머에서 이를 활용하려면, 여러 프로세스에 걸쳐 작업을 병렬화할 필요가 있다. 이는 컨슈머 그룹으로 가능하다.

이를 활용하려면, 모든 컨슈머 그룹은 그룹 코디네이터^{group coordinator}라는 특별한 브로커에 할당돼야 한다. 이 브로커는 컨슈머들로부터 하트비트^{heartbeats}를 수신하고 컨슈머가 죽은 것으로 판단됐을 때 리밸런스^{rebalance}를 작동시키는 역할을 한다. 그림 1-11은 컨슈머들이 그룹 코디네이터로 하트비트를 보내는 것을 보여준다.

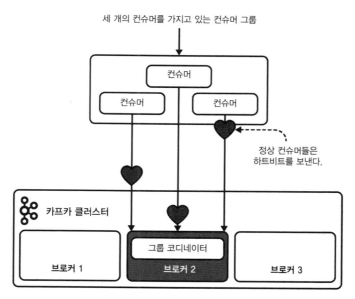

그림 1-11 하나의 컨슈머 그룹에 속한 세 개의 컨슈머가 그룹 코디네이터로 하트비트를 보내고 있다.

컨슈머 그룹의 모든 정상 컨슈머는 파티션 할당을 받을 자격이 있다. 예를 들어 세 개의 정상 컨슈머들에게 작업을 분배하는 것은 그림 1-12와 같다.

그림 1-12 세 개의 컨슈머가 세 개 파티션을 가진 토픽의 읽고/처리하는 작업을 분할

그러나 한 컨슈머 인스턴스가 비정상이 돼 하트비트를 클러스터에 보낼 수 없다면, 해당 작업은 정상 컨슈머들로 자동으로 재할당된다. 예를 들어 그림 1-13에서 비정상 컨슈머가 처리하던 파티션을 가운데 컨슈머가 할당받았다.

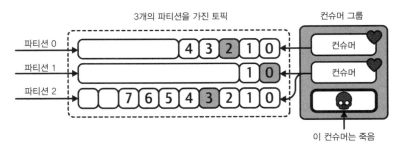

그림 1-13 컨슈머 프로세스가 실패하면 작업은 재분배된다.

컨슈머 그룹은 고가용성과 데이터 처리 계층에서의 내결함성을 달성하는 데 있어 매우 중요하다. 이런 개념을 잘 기억하고, 이제 카프카 설치 방법에 대해 알아보자.

카프카 설치

카프카를 직접 설치하는 방법은 공식 문서(https://oreil.ly/rU-j_)에 자세히 설명돼 있다. 그러나 이 책의 대부분의 튜토리얼은 도커(https://docker.com)를 사용한다. 도커로 컨테이너화된 환경 안에서 카프카와 스트림 처리 애플리케이션을 설치할 수 있다.

따라서 이 튜토리얼에서는 도커 컴포즈Docker Compose를 이용해 카프카를 설치하고 컨플루언트에서 제공하는 도커 이미지들[8]을 사용할 것이다. 첫 번째 단계는 도커 설치 웹 페이지(https://oreil.ly/1kS0h)에서 도커를 다운로드하고 도커를 설치하는 것이다. 그런 다음 docker-compose.yml이라는 설정 파일을 저장하자.

```
---
version: '2'

services:
  zookeeper: ❶
    image: confluentinc/cp-zookeeper:6.0.0
    hostname: zookeeper
    container_name: zookeeper
    ports:
      - "2181:2181"
    environment:
      ZOOKEEPER_CLIENT_PORT: 2181
      ZOOKEEPER_TICK_TIME: 2000
  kafka: ❷
    image: confluentinc/cp-enterprise-kafka:6.0.0
    hostname: kafka
    container_name: kafka
    depends_on:
      - zookeeper
    ports:
      - "29092:29092"
    environment:
      KAFKA_BROKER_ID: 1
      KAFKA_ZOOKEEPER_CONNECT: 'zookeeper:2181'
      KAFKA_LISTENER_SECURITY_PROTOCOL_MAP: |
          PLAINTEXT:PLAINTEXT,PLAINTEXT_HOST:PLAINTEXT
      KAFKA_ADVERTISED_LISTENERS: |
          PLAINTEXT://kafka:9092,PLAINTEXT_HOST://localhost:29092
      KAFKA_OFFSETS_TOPIC_REPLICATION_FACTOR: 1
      KAFKA_TRANSACTION_STATE_LOG_REPLICATION_FACTOR: 1
```

---

8   카프카를 실행할 수 있는 도커 이미지는 굉장히 많다. 그러나 컨플루언트 이미지들은 이 책에서 사용할 ksqlDB나 컨플루언트 스키마 레지스트리와 같은 다른 기술들도 제공하고 있어 편리하다.

❶ zookeeper라 이름 붙은 첫 번째 컨테이너는 주키퍼 설치가 포함될 것이다. 아직 주키퍼에 대해 얘기한 적은 없지만, 이 글을 읽는 시점에 카프카 배포판에서 조금씩 제거되고 있는 중이다. 주키퍼는 토픽 설정과 같은 메타데이터를 저장하는 중앙화된 서비스이다. 곧, 카프카에서 제거될 것이지만, 이 책을 쓰는 시점에서는 아직 카프카로부터 주키퍼를 완전히 제거하지 않은 상태이기 때문에 여기에 포함돼 있다.

❷ kafka라 부르는 두 번째 컨테이너는 카프카 설치를 포함하고 있다. 이 컨테이너는 브로커를 실행하고 카프카 클러스터와 작업을 할 때 카프카 콘솔 스크립트를 실행하기 위해 사용한다.

마지막으로 다음 명령을 실행해 로컬 카프카 클러스터를 실행해보자.

```
docker-compose up
```

카프카 클러스터가 실행되면, 이제 튜토리얼을 진행할 준비가 됐다.

안녕? 카프카

이 간단한 튜토리얼에서는 카프카 토픽을 생성하는 방법과 프로듀서를 이용해 토픽에 데이터를 어떻게 쓰고 컨슈머를 이용해 토픽으로부터 데이터를 어떻게 읽는지 보여줄 것이다. 첫 번째로 할 것은 카프카가 설치돼 있는 컨테이너에 로그인하는 것이다. 다음 명령을 실행해 로그인 가능하다.

```
docker-compose exec kafka bash
```

이제, users라는 토픽을 생성해보자. 카프카에 포함돼 있는 콘솔 스크립트 중 하나인 kafka-topics를 사용할 것이다. 다음 명령은 어떻게 이를 실행하는지 보여준다.

```
kafka-topics \ ❶
   --bootstrap-server localhost:9092 \ ❷
   --create \ ❸
```

```
        --topic users \ ❹
        --partitions 4 \ ❺
        --replication-factor 1 ❻

# output
Created topic users.
```

❶ kafka-topics는 카프카에 포함돼 있는 콘솔 스크립트이다.

❷ bootstrap-server는 하나 이상의 브로커의 호스트 이름 또는 IP이다.

❸ 카프카 토픽 작업을 할 때 --list, --describe, --delete와 같은 여러 플래그를 사용할 수 있다. 여기서는 새 토픽을 생성하기 때문에 --create 플래그를 사용한다.

❹ 토픽 이름은 users이다.

❺ 토픽을 네 개의 파티션으로 나눈다.

❻ 단일 노드 클러스터를 실행하기 때문에, 복제 계수는 1로 설정할 것이다. 상용 환경에서는 고가용성을 보장하기 위해 이 값을 (3처럼) 더 높게 설정할 수 있다.

 이 절에서 사용하는 콘솔 스크립트들은 카프카 소스 배포판에 포함돼 있다. 바닐라 카프카 설치에는 이 스크립트들에 .sh 확장자가 붙어 있다(예를 들어 kafka-topics.sh, kafka-console producer.sh, 등). 그러나 컨플루언트 플랫폼에는 파일 확장자가 빠져 있다(이는 이전 코드에서 kafka-topics.sh 대신 kafka-topics를 실행한 이유이다).

토픽이 생성되면 다음 명령을 실행해 토픽 설정을 포함해 토픽에 대한 설명을 출력할 수 있다.

```
kafka-topics \
    --bootstrap-server localhost:9092 \
    --describe \ ❶
    --topic users

# output
Topic: users PartitionCount: 4 ReplicationFactor: 1 Configs:
        Topic: users  Partition: 0  Leader: 1  Replicas: 1  Isr: 1
```

```
Topic: users    Partition: 1    Leader: 1    Replicas: 1    Isr: 1
Topic: users    Partition: 2    Leader: 1    Replicas: 1    Isr: 1
Topic: users    Partition: 3    Leader: 1    Replicas: 1    Isr: 1
```

❶ --describe 플래그는 해당 토픽의 설정 정보를 보여준다.

이제, 내장돼 있는 kafka-console-producer 스크립트를 이용해 토픽에 데이터를 보내
보자.

```
kafka-console-producer \ ❶
    --bootstrap-server localhost:9092 \
    --property key.separator=, \ ❷
    --property parse.key=true \
    --topic users
```

❶ 카프카에 포함돼 있는 kafka-console-producer 스크립트는 토픽에 데이터를 보낼
   때 사용할 수 있다. 그러나 카프카 스트림즈와 ksqlDB를 사용하면 프로듀서 프로세
   스는 자바 라이브러리에 포함되므로, 테스트나 개발 목적이 아니라면 이 스크립트
   를 사용할 필요는 없다.

❷ users 토픽에 키-값 쌍을 보낼 것이다. 이 속성은 키와 값이 ',' 문자로 구분되는 것
   을 의미한다.

이전 명령을 실행하면 대화형 프롬프트로 들어간다. 여기서부터 users 토픽에 데이터를
보낼 키-값 쌍들을 입력할 수 있다. 끝나면, 키보드에서 Control + C를 눌러 프롬프트를
끝낸다.

```
>1,mitch
>2,elyse
>3,isabelle
>4,sammy
```

토픽에 데이터를 보낸 후에, kafka-console-consumer 스크립트를 사용해 데이터를 읽
을 수 있다. 다음 명령은 이를 보여준다.

```
kafka-console-consumer \ ❶
    --bootstrap-server localhost:9092 \
    --topic users \
    --from-beginning ❷

# output
mitch
elyse
isabelle
sammy
```

❶ kafka-console-consumer 스크립트도 카프카 배포판에 포함돼 있다. 이전에 **kafka-console-producer**에서 언급했던 것처럼 이 책 대부분의 튜토리얼은 독립형 콘솔 스크립트(테스트 목적으로 유용) 사용 대신, 카프카 스트림즈와 ksqlDB에 내장돼 있는 컨슈머 프로세스를 사용할 것이다.

❷ **--from-beginning** 플래그는 카프카 토픽의 시작부터 데이터를 소비하고 싶다고 지시한다.

기본적으로, kafka-console-consumer는 메시지의 값만 출력한다. 그러나 앞에서 배웠듯이 이벤트는 키, 타임스탬프, 헤더처럼 실제로 더 많은 정보를 가지고 있다. 콘솔 컨슈머에 몇 가지 속성을 넘겨보면 타임스탬프와 키 값도 볼 수 있다.[9]

```
kafka-console-consumer \
    --bootstrap-server localhost:9092 \
    --topic users \
    --property print.timestamp=true \
    --property print.key=true \
    --property print.value=true \
    --from-beginning

# output
CreateTime:1598226962606    1    mitch
CreateTime:1598226964342    2    elyse
```

---

9   2.7 버전부터 메시지 헤더를 출력하기 위해 —property print.headers=true 플래그를 사용할 수 있다.

```
CreateTime:1598226966732    3    isabelle
CreateTime:1598226968731    4    sammy
```

다 됐다! 지금까지 카프카 클러스터에 대한 기본적인 작업을 어떻게 수행하는지 배웠다. 마지막 단계는 다음 명령으로 로컬 카프카 클러스터를 중지시키는 것이다.

```
docker-compose down
```

요약

카프카 통신 모델은 여러 시스템의 통신을 쉽게 만들어주고, 빠르고 견고하며, 추가-전용 저장 계층을 통해 빠르게 움직이는 데이터 스트림 처리 작업을 쉽게 만들어준다. 카프카를 클러스터로 설치하면 저장 계층에서 데이터를 브로커라 부르는 여러 장비로 복제해 고가용성과 내결함성을 달성할 수 있다. 또한 컨슈머 프로세스들로부터 하트비트를 수신하고 컨슈머 그룹의 멤버십을 갱신하는 기능은 고가용성과 내결함성 그리고 스트림 처리와 소비 계층의 작업 부하의 수평 확장이 가능하게 해준다. 이런 모든 기능 덕분에 카프카는 현존하는 가장 인기 있는 스트림 처리 플랫폼이 됐다.

카프카 스트림즈와 ksqlDB를 배울 때 필요한 카프카 배경지식을 충분히 학습했다. 2장에서는 광범위한 카프카 생태계에서 카프카 스트림즈가 어떤 위치를 차지하고 있는지 알아보고, 스트림 처리 계층에서 데이터 작업을 할 때 이 라이브러리를 어떻게 사용해야 하는지 배울 것이다.

## 2부

카프카 스트림즈

카프카 스트림즈 시작하기

카프카 스트림즈는 경량이지만 강력한 자바 라이브러리로 실시간 스트림 데이터를 보강enrich, 변환transform, 처리process한다. 2장에서는 상위 수준에서 카프카 스트림즈를 소개할 것이다. 먼저 카프카 스트림즈의 배경지식부터 배우고, 이어서 카프카 스트림즈의 여러 특징을 차례로 훑어볼 것이다.

2장을 마치게 되면 다음과 같은 내용을 이해할 수 있게 될 것이다.

- 카프카 생태계에서 카프카 스트림즈의 위치

- 카프카 스트림즈의 탄생 배경

- 카프카 스트림즈 라이브러리의 특징과 운영 특성

- 카프카 스트림즈의 이용 대상자

- 카프카 스트림즈와 다른 스트림 처리 솔루션과의 차이점

- 기본적인 카프카 스트림즈 애플리케이션 생성과 실행 방법

우선, 카프카 스트림즈가 카프카 생태계에서 어디에 위치하고 있는지 살펴보자.

카프카 생태계

카프카 스트림즈는 통칭 카프카 생태계Kafka Ecosystem라 불리는 기술 그룹 내에 존재한다. 1장에서 아파치 카프카는 분산 환경에 배치돼 있고 추가-전용 로그를 통해 메시지를 생산하고 소비하는 것이 핵심이라고 배웠다. 또한 카프카 코드에는 로그(메시지들의 그룹인 토픽으로 분리한다)와 상호 동작하는 API도 포함하고 있다. 표 2-1은 데이터 이동 관점에서 카프카 생태계의 세 가지 API를 요약했다.

표 2-1 카프카 데이터 이동 API

API	토픽과의 상호 동작 방식	사용 예시
Producer API	카프카 토픽으로 메시지를 보낸다.	• Filebeat • rsyslog • 커스텀 프로듀서
Consumer API	카프카로부터 메시지를 읽는다.	• kafkacat • 커스텀 컨슈머
Connect API	외부 데이터 저장소, API 그리고 파일 시스템을 카프카 토픽과 연결한다. 토픽으로부터 데이터를 읽거나(소스 커넥터) 토픽으로 데이터를 내보낸다(싱크 커넥터).	• JDBC 소스 커넥터 • 일래스틱 서치 싱크 커넥터 • 커스텀 커넥터

데이터 파이프라인을 생성할 때 카프카를 통한 데이터 이동도 중요하지만 일부 비즈니스는 카프카에 데이터가 도착하자마자 즉시 처리하고 반응하기를 원한다. 이것을 "스트림 처리"라 하며 카프카를 이용해 스트림 처리 애플리케이션을 구축하는 방법에는 여러가지가 있다. 따라서 카프카 스트림이 나오기 전에 스트림 처리 애플리케이션을 어떻게 구현했고, 카프카 생태계에서 전용 스트림 처리 라이브러리가 다른 API와 어떻게 공존하게 됐는지 살펴보자.

카프카 스트림즈 이전

카프카 스트림즈가 존재하기 전에, 카프카 생태계[1]에는 공백 기간이 있었다. 아침에 기분을 상쾌하고 밝게 해주는 명상 때 느끼는 그런 마음의 공백이 아니라, 예전에 스트림 처리 애플리케이션을 구축하려면 필요 이상으로 어려움을 겪었던 때의 공백을 가리킨다. 카프카 토픽의 데이터 처리를 지원하는 라이브러리가 부족했던 기간을 말하고 있는 것이다.

카프카 생태계의 초창기, 카프카 기반 스트림 처리 애플리케이션 구축에는 두 가지 큰 선택 사항이 있었다.

- Consumer와 Producer API를 직접 사용
- 별도 스트림 처리 프레임워크 사용(예를 들어 아파치 스파크 스트리밍Apache Spark Streaming과 아파치 플링크Apache Flink)

다양한 프로그래밍 언어(파이썬, 자바, 고, C/C++, Node.js 등)에서 Consumer와 Producer API를 사용해 이벤트 스트림을 직접 읽거나 쓸 수 있고, 바닥부터 코드를 작성하려는 의지만 있다면 다양한 데이터 처리 로직도 직접 구현할 수 있다. 이 API들은 매우 기본적인 기능만 제공하기 때문에 아래처럼 스트림 처리 API로서 갖춰야 할 기본적인 요소가 많이 부족하다.

- 로컬 내결함성 상태[2]
- 데이터 스트림을 변환할 다양한 연산자들
- 고급 스트림 표현[3]
- 정교한 시간 처리[4]

---

1. 여기서는 아파치 카프카 프로젝트에서 유지 보수하는 컴포넌트들이 포함된 공식 생태계를 가리킨다.
2. 아파치 카프카의 원 제작자 중 한 명인 제이 크렙스는 2014년 오라일리 블로그(https://oreil.ly/vzRH-)에서 이에 대해 자세히 다뤘다.
3. 여기에는 2장 후반에 이야기할 집계 스트림과 테이블(aggregated streams/tables)을 포함하고 있다.
4. 시간 처리에 대해 자세히 다루는 장이 있긴 하지만, 2019년 카프카 서밋에서 마티아스 J. 색스가 발표한 자료(https://oreil.ly/wr123)를 보는 것도 좋다.

만약 레코드 집계, 두 데이터 스트림 조인, 윈도우 시간 버킷으로 이벤트 그룹핑, 임의 스트림 쿼리 실행처럼 단순하지 않은 작업을 Consumer와 Producer API로 실행하고자 한다면, 구현의 복잡함으로 인해 큰 벽에 부딪힐 것이다. Consumer와 Producer API는 이런 종류의 작업에 도움이 되는 추상화가 포함돼 있지 않다. 따라서 이벤트를 조금이라도 복잡하게 처리하고자 한다면 우리 모두 컴퓨터를 붙잡고 밤새 씨름해야 할 지도 모른다.

아파치 스파크나 아파치 플링크처럼 모든 기능을 갖춘 스트리밍 플랫폼 도입도 불필요하게 많은 복잡성을 야기시킨다. 72페이지 '다른 시스템과 비교'에서 이 방식의 단점에 대해 얘기할 것이나, 여기서는 간단히만 살펴보자. 만약 단순하면서 강력한 스트림 처리 시스템으로 최적화 중이라면, 클러스터를 관리하는 오버헤드 없이 스트림 처리의 기본 기능에만 충실한 솔루션이 필요할 것이다. 특히 카프카 소스와 싱크 토픽이 외부 시스템과의 중간 채널 역할을 한다면 카프카와 더욱 잘 통합돼야 한다.

운이 좋게도 카프카 커뮤니티는 카프카 생태계에서 스트림 처리 API가 필요하다는 것을 인지하고 카프카 스트림즈를 만들기로 결정했다.[5]

카프카 스트림즈 이후

2016년 카프카 스트림즈(스트림즈 API라고도 부른다) 첫 번째 버전이 릴리스됐을 때, 카프카 생태계는 큰 전환기를 맞았다. 초기 수작업에 크게 의존했던 스트림 처리 애플리케이션 개발 풍경은 커뮤니티에서 개발한 실시간 이벤트 스트림 변환, 처리 패턴과 추상화를 이용해 좀 더 고급스런 애플리케이션을 개발할 수 있도록 바뀌었다.

Producer, Consumer와 Connect API와 달리 카프카 스트림즈는 카프카로 혹은 카프카로부터 단순히 데이터만 이동시키는 것이 아닌, 실시간 데이터 스트림 처리에 특화돼 있다.[6]

---

5   카프카 스트림즈 개발에서 핵심 역할을 수행했던 구오장 왕은 이후 카프카 스트림즈가 될 최초의 KIP(Kafka Improvement Proposal)를 제출한 공을 인정받을 자격이 있다. https://oreil.ly/l2wbc 참조

6   카프카 커넥트(Kafka Connect)는 단일 메시지 변환 처리(Single Message Transforms) 지원을 추가해 이벤트 처리 영역으로 진출했으나, 이는 카프카 스트림즈가 할 수 있는 기능에 비하면 굉장히 제한적이다.

그림 2-1은 스트림 처리 계층에서 작동하는 카프카 스트림즈와 함께, 이전에 카프카 생태계에서 봤던 API들을 보여준다.

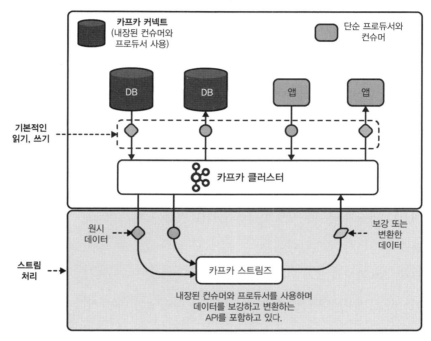

그림 2-1 카프카 스트림즈는 이벤트 스트림으로부터 레코드를 소비하고, 데이터를 처리하며 때로는 레코드를 보강하고 변환해 카프카로 내보내는 카프카 생태계의 "두뇌"이다.

그림 2-1의 그림을 보면, 카프카 스트림즈는 카프카 생태계에서 여러 원천의 데이터가 한곳으로 모이는 매우 흥미로운 계층에서 동작한다. 이곳은 정교한 데이터 보강, 변환, 처리가 일어나는 계층이다. 카프카 스트림즈 이전에 스트림 처리를 추상화를 직접 작성하려고 했거나(Consumer와 Producer API를 사용하는 방식으로) 복잡한 문제를 풀기 위해 별도의 프레임워크를 사용했던 곳과 동일한 위치다. 이제, 이 계층에서 쉽고 효율적인 방식으로 데이터 처리를 가능하게 해주는 카프카 스트림즈의 여러 특징에 대해 알아보자.

한눈에 보는 카프카 스트림즈 특징

카프카 스트림즈는 여러 가지 특징을 제공한다. 최신 기술을 이용한 스트림 처리 애플리케이션을 구축할 때 카프카 스트림즈를 사용하는 것은 좋은 선택이다. 이어지는 장들에서 이들에 대해 자세히 알아볼 것이나, 여기에서는 앞으로 살펴볼 여러 특징을 간단히 소개할 것이다.

- 자바 스트리밍 API처럼 느껴지는 상위-수준의 DSL. 이 DSL은 데이터 스트림 처리에 특화돼 있고 함수적인 접근을 제공하며 쉽게 배워서 사용할 수 있다.

- 세세한 제어가 필요할 때 사용하는 하위-수준의 Processor API

- 스트림이나 테이블처럼 데이터를 모델링해주는 편리한 추상화

- 데이터 변환과 보강에 유용한 스트림과 테이블의 조인 기능

- 상태가 없거나 상태가 있는 모든 스트림 처리 애플리케이션 구축에 사용 가능한 연산자와 도구들

- 윈도우 처리와 주기적인 함수^{periodic functions} 등을 포함하는 시간-기반 연산 지원

- 쉬운 설치. 카프카 스트림즈는 단순 라이브러리이므로 어떤 자바 애플리케이션에서라도 사용할 수 있다.[7]

- 확장성, 신뢰성, 유지 보수성

이 특징들을 알고 나면, 왜 카프카 스트림즈 라이브러리가 널리 사용되고 사랑을 받는지 금방 알 수 있을 것이다. 상위-수준의 DSL과 하위-수준의 Processor API는 둘 다 사용하기 쉬울 뿐만 아니라 매우 강력하다. 고급 스트림 처리 작업(이동 중인 데이터 스트림들을 조인하는 것 같은)은 적은 코드로도 구현이 가능하고 이는 개발 경험을 매우 즐겁게 해준다.

---

7   카프카 스트림즈는 스칼라나 코틀린 같은 JVM 기반의 언어에서도 동작하지만 이 책에서는 자바만 사용할 것이다.

특징 목록 중 마지막 항목은 스트림 처리 애플리케이션의 장기간 운영 안전성과 관련이 있다. 많은 기술들이 처음에는 배우는 게 재미있겠지만, 중요한 것은 실제로 이 라이브 러리를 장기간 운영할 때 복잡성이 증가함에도 불구하고 좋은 선택이 될 수 있는지 여부이다. 따라서 장기간 운영하다 안정성 문제를 발견하기보다는, 카프카 스트림즈의 장기간 운영 가능성을 먼저 평가해보는 것이 합리적이다. 이를 위해 먼저 카프카 스트림즈의 운영 특성에 대해 살펴보자.

운영 특성

마틴 클레프만의 저서인 『데이터 중심 애플리케이션 설계Designing Data-Intensive Applications』 (위키북스, 2018)에서 저자는 데이터 시스템의 세 가지 주요 목적을 강조했다.

- 확장성Scalability

- 신뢰성Reliability

- 유지 보수성Maintainability

이 목적들은 카프카 스트림즈를 평가하는 합리적 기준을 제시한다. 따라서 이 절에서는 이 용어들에 대해 정의하고 카프카 스트림즈가 이것들을 어떻게 달성했는지 알아볼 것이다.

확장성

시스템이 부하가 증가하더라도 이에 대처하고 성능을 잘 유지할 때 확장 가능성이 있다고 생각할 수 있다. 1장에서 카프카 토픽을 확장하려면 파티션을 추가하거나 필요에 따라 카프카 브로커를 추가해야 한다고 배웠다(후자는 토픽의 용량이 카프카 클러스터 용량을 초과할 때만 필요하다).

비슷하게, 카프카 스트림즈의 하나의 작업 단위[Unit of Work]는 하나의 토픽 파티션과 대응되고 카프카는 컨슈머 그룹[8]이라고 하는 컨슈머 협업 그룹에 작업을 자동으로 분배한다. 여기에는 두 가지 중요한 의미가 있다.

- 카프카 스트림즈의 작업 단위 하나는 하나의 토픽 파티션과 대응되고 카프카 토픽은 파티션을 추가해 확장이 가능하므로, 소스 토픽[9]의 파티션 개수를 증가시켜 카프카 애플리케이션이 처리해야 하는 작업 총량을 확장할 수 있다.

- 컨슈머 그룹을 이용하면, 카프카 스트림즈 애플리케이션의 모든 작업을 애플리케이션의 여러 협업 인스턴스로 분산시킬 수 있다.

두 번째 내용을 보충 설명하자면, 스트림 애플리케이션을 배포할 때 대부분 여러 개의 애플리케이션 인스턴스로 배포한다. 각 인스턴스는 작업의 일부분(예를 들어 소스 토픽이 32개의 파티션을 가지고 있다면, 모든 협업 컨슈머에 분산 가능한 작업 단위는 32개이다)을 처리한다. 예를 들어 각 애플리케이션 인스턴스가 8개의 파티션을 처리(4 * 8 = 32)하는 4개의 애플리케이션 인스턴스를 배포하거나 각 애플리케이션 인스턴스가 2개의 파티션을 처리(2 * 16 = 32)하는 16개의 애플리케이션 인스턴스를 배포할 수 있다.

그러나 얼마나 많은 애플리케이션 인스턴스로 배포했는지 상관없이, 증가하는 부하를 견뎌낼 수 있게 파티션(작업 단위)과 애플리케이션 인스턴스(워커)를 계속 추가할 수 있는 기능 덕분에 카프카 스트림즈를 쉽게 확장할 수 있다.

비슷하게 하나 더 추가하자면, 카프카 스트림즈는 부하에 탄력적[elastic]이기도 해서 중단 없이 (비록 수동이긴 하지만) 애플리케이션 인스턴스 개수를 확장 또는 축소할 수 있다. 최대 확장 가능한 인스턴스 개수는 애플리케이션 토폴로지를 기반으로 생성한 태스크 개수로 제한돼 있다. 태스크에 대해서는 86페이지 '태스크와 스트림 스레드'에서 자세히 다룰 것이다.

---

8 여러 컨슈머 그룹이 단일 토픽으로부터 데이터를 소비할 수 있다. 각 컨슈머 그룹은 다른 컨슈머 그룹과 독립적으로 메시지를 처리한다.

9 기존 토픽에 파티션을 추가할 때 추천하는 패턴은 새 소스 토픽을 원하는 파티션 개수로 생성하고 기존 모든 워크로드를 새 소스 토픽으로 이관하는 것이다.

신뢰성

엔지니어 관점(시스템 장애로 새벽 3시에 깨어나고 싶지 않다)뿐만 아니라, 고객의 관점(시스템이 중단되고 데이터 유실이나 오염으로부터 복구가 불가능한 시스템을 원하지 않는다)에서 데이터 시스템의 신뢰성은 매우 중요한 특징이다. 카프카 스트림즈가 여러 내결함성 특징[10]을 가지고 있지만, 53페이지 '컨슈머 그룹'에서 이미 다뤘던 가장 확실한 한 가지는 컨슈머 그룹을 이용한 자동 장애 복구와 파티션 리밸런스[rebalance]이다.

카프카 스트림 애플리케이션의 여러 인스턴스를 배포한 후 시스템의 어떤 실패(예를 들어 하드웨어 실패)로 중단됐다면, 카프카는 작업 부하를 정상 인스턴스들로 자동 재분배할 것이다. 실패가 해결되면(또는 쿠버네티스와 같은 오케스트레이션 시스템을 이용하는 아키텍처에서는 애플리케이션이 다른 정상 노드로 이동할 때), 카프카는 다시 작업 균형을 맞출 것이다. 실패를 우아하게 처리하는 이 기능은 카프카 스트림즈를 더욱 신뢰성 있게 만든다.

유지 보수성

> 소프트웨어 비용의 대부분은 초기 개발에 있지 않고 버그 수정이나 시스템을 안정적으로 운영하며 실패 원인을 찾는 지속적인 유지 보수에 있다.
>
> — 마틴 클레프만

카프카 스트림즈는 자바 라이브러리이고 독립 애플리케이션으로 동작하므로 문제 해결과 버그 수정이 상대적으로 쉽다. 자바 애플리케이션은 문제 해결과 모니터링을 위한 체계가 잘 갖춰져 있으며, 아마도 여러분의 조직에서도 이미 사용 중일 것이다(애플리케이션 로그 수집 분석, 애플리케이션과 JVM 메트릭 수집, 프로파일링과 추적 등).

또한 카프카 스트림즈 API는 간결하고 직관적이므로 다른 스트림 처리 라이브러리 코드보다 유지 보수에 드는 시간이 덜 소요되며, 초보자나 전문가 모두 매우 이해하기 쉽다.

---

10 4장에서 다룰 상태가 있는 애플리케이션에 특화된 일부 특징들을 포함한다.

카프카 스트림즈 애플리케이션을 개발하면 수개월 간 손을 대지 않은 후 일반적으로 겪는 프로젝트 기억상실증으로 고통받지 않으며, 이전에 작성한 코드를 이해하느라 소요되는 준비 시간이 필요 없다. 같은 이유로, 새 프로젝트 유지 보수 관리자도 기존 카프카 스트림즈 애플리케이션에 빨리 적응할 것이며 이는 유지 보수성을 더욱 향상시킨다.

다른 시스템과 비교

이쯤에서 카프카 스트림즈와의 긴 관계를 시작하는 것에 대해 안정감을 느끼기 시작해야 한다. 그러나 카프카 스트림즈를 사용하기로 최종 결정을 하기 전에 바다에 또 어떤 물고기가 있는지 궁금할 것이다. 사실 가끔 어떤 기술을 경쟁자들과 비교할 때 어떤 관점에서 비교해야 할지 모른다면 평가하기가 쉽지 않다. 지금부터 스트리밍 처리 분야에서 카프카 스트림즈를 다른 기술들과 어떻게 비교할지 같이 살펴보자.[11] 먼저 카프카 스트림즈의 배치^{deploy} 모델을 다른 유명 시스템과 비교할 것이다.

배치 모델

카프카 스트림즈는 스트림 처리에 있어서 아파치 플링크나 아파치 스파크 스트리밍과 같은 기술과 다른 접근 방식을 취한다. 다른 시스템들은 스트림 처리 프로그램을 제출하고 실행할 때 전용 클러스터를 필요로 한다. 이는 많은 복잡성과 오버헤드를 발생시킨다. 잘 확립된 회사의 숙련된 엔지니어라도 처리 클러스터로 인한 오버헤드는 늘 발생한다는 것에 동의한다. 넷플릭스의 니틴 샤르마는 인터뷰에서 아파치 플링크 도입과 높은 수준의 신뢰성을 갖춘 상용 아파치 플링크 애플리케이션과 클러스터 구축에만 6개월 가량 소요됐다고 전했다.

한편, 카프카 스트림즈는 자바 라이브러리로 구현됐고, 클러스터 관리가 필요 없으므로 처음 시작할 때 훨씬 쉽다. 단순히 독립형 프로그램으로서 자바 애플리케이션에 카프카

---

11 스트림 처리 분야의 빠른 변화는 카프카 스트림즈와 다른 기술들의 비교를 어렵게 만든다. 따라서 이 글을 쓰는 시점에 가장 유명하고 성숙한 스트림 처리 솔루션들과 비교하는 데 집중하기로 했다.

스트림즈 의존 라이브러리만 추가하면 된다. 독립형 프로그램으로 스트림 처리 애플리케이션을 구축할 수 있다는 것은 모니터링, 패키징, 코드 배치에 있어 자유도가 높다는 것을 의미한다. 예를 들어 메일침프^{Mailchimp}에서는 다른 내부 자바 애플리케이션과 동일한 패턴과 도구를 사용해 카프카 스트림즈 애플리케이션을 배치한다. 기존 시스템과의 빠른 통합 능력은 카프카 스트림즈의 큰 장점이다.

다음으로, 카프카 스트림즈의 처리 모델을 다른 시스템과 비교해보자.

처리 모델

카프카 스트림즈와 아파치 스파크 스트리밍 또는 트라이던트^{Trident}와의 가장 큰 차이점은 카프카 스트림즈는 한 번에 한 이벤트^{event-at-a-time} 방식으로 구현했다는 것이다. 따라서 이벤트는 들어오자마자 한 번에 하나씩 즉시 처리된다. 이는 진정한 스트리밍으로 여길 수 있으며 마이크로-배치^{Micro-Batch}라 하는 다른 접근 방식에 비해 낮은 지연 시간을 제공한다. 마이크로-배치는 메모리에 버퍼링 후 나중에 일정 간격(예를 들어 500밀리초)으로 내보내는 작은 그룹으로 레코드들을 묶는다. 그림 2-2는 한 번에 한 이벤트와 마이크로-배치 처리와의 차이를 보여준다.

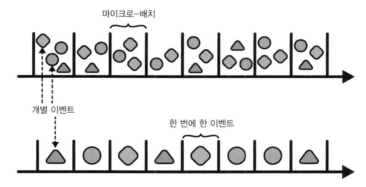

그림 2-2 마이크로-배치는 레코드들을 작은 배치로 묶고 고정 간격으로 다음 스트림 처리자로 레코드들을 내보낸다. 마이크로-배치 처리에서 배치 데이터가 완성되기까지 기다리는 것과 달리 한 번에 한 이벤트 처리는 이벤트가 들어오자마자 바로 처리한다.

마이크로–배치를 사용하는 프레임워크들은 종종 긴 지연 시간을 희생해 높은 처리율을 얻도록 최적화한다. 카프카 스트림즈에서는 데이터를 여러 파티션으로 나누는 방식으로 높은 처리율을 유지하면서 초저지연을 달성할 수 있다.

마지막으로, 카프카 스트림즈의 데이터 처리 아키텍처에 대해 알아보고 다른 시스템에 비해 스트리밍의 어떤 점에 집중하고 있는지 살펴보자.

카파 아키텍처

카프카 스트림즈를 다른 솔루션들과 비교할 때 고려해야 하는 중요한 점 한 가지는 일괄 처리와 스트림 처리 모두 필요한지 여부이다.

이 글을 쓰는 시점에, 카프카 스트림즈는 스트리밍 처리[12]에만 초점을 맞추고 있지만(이를 카파^{Kappa} 아키텍처라 부른다) 아파치 플링크나 아파치 스파크는 일괄 처리와 스트림 처리 모두를 지원한다(이를 람다^{Lambda} 아키텍처라 부른다). 그러나 일괄 처리와 스트리밍 처리를 모두 지원하는 아키텍처도 단점이 없지 않다. 제이 크렙스는 카프카 스트림즈가 카프카 생태계에 도입되기 거의 2년 동안 하이브리드 시스템의 단점에 대해 얘기했다 (https://oreil.ly/RwkNi).

> 두 시스템의 실행과 디버깅의 운영 부담은 매우 높아지고 있다. 그리고 어떤 새로운 추상화라도 두 시스템의 공통 영역에서 지원하는 특징들만 제공할 수 있다.

이런 도전 정신 때문에 일괄 처리와 스트림 통합 처리 프로그래밍 모델 정의로 최근 인기를 얻고 있는 아파치 빔$^{Apache\ Beam}$과 같은 프로젝트가 계속 진행되고 있다. 그러나 아파치 빔을 아파치 플링크와 같은 방식으로 카프카 스트림즈와 비교할 수 없다. 카프카 스트림즈와 달리 아파치 빔은 대부분의 작업을 실행 엔진에 의존하는 API 계층이다. 예를 들어 아파치 빔에서 아파치 플링크와 아파치 스파크 모두를 실행 엔진으로 사용할 수 있다. 따라서 카프카 스트림즈를 아파치 빔과 비교할 때, 아파치 빔 API 외에 실행엔

---

12 좀 지나긴 했지만, 카프카 스트림즈에서 일괄 처리를 지원하는 공개 제안(https://oreil.ly/v3DbO)도 있었다.

진도 고려해야 한다.

또한 아파치 빔으로 구성한 파이프라인들은 카프카 스트림즈에서 제공하는 중요한 특징들을 모두 지원하지 못한다. 실험적으로 카프카 스트림즈 빔 러너Kafka Streams Beam Runner (https://oreil.ly/h0Hdz)를 구현하고 카프카 생태계의 여러 혁신적인 프로젝트[13]를 유지보수하고 있는 로버트 요코타는 다른 스트리밍 프레임워크와의 비교에서 다음과 같은 의견을 제시했다(https://oreil.ly/24zG9).

두 시스템의 차이점을 다음과 같이 얘기할 수 있다.

- 카프카 스트림즈는 스트림-관계형Stream-Relational 처리 플랫폼이다.
- 아파치 빔은 스트림-전용Stream-Only 처리 플랫폼이다.

스트림-관계형 처리 플랫폼은 스트림-전용 처리 플랫폼에는 없는 다음과 같은 기능들을 가지고 있다.

- 관계Relation(또는 테이블)는 일급 시민first-class citizens이다. 예를 들어 각 관계는 독립적인 정체성을 가지고 있다.
- 관계는 다른 관계로 변환 가능하다.
- 임의로 관계를 쿼리할 수 있다.

이어지는 장들에서 위 각 특징이 어떻게 동작하는지 보여줄 것이다. 그러나 지금은 아파치 빔을 비롯해 일반적으로 많이 사용하는 스트림 프레임워크들은 아직 카프카 스트림즈의 강력한 특징들(스트림 상태 질의 포함)을 제공하지 않는다는 정도만 알고 있어도 충분하다.[14] 또한 카파 아키텍처는 좀 더 단순하고 특별한 접근 방식을 스트림 데이

---

13   카프카를 기반으로하는 관계형 데이터베이스인 KarelDB, 카프카 스트림즈 위에서 구현한 그래프 분석 라이브러리 등이 있다. 자세한 것은 링크(https://yokota.blog)를 참고길 바란다.

14   이 글을 쓸 때쯤 아파치 플링크도 쿼리 가능한 상태(Queryable State) 기능의 베타 버전을 최근에 릴리스했다. 이 기능은 아직 미성숙 상태이며 공식 문서에 다음과 같이 경고하고 있다. "쿼리 가능한 상태 클라이언트 API는 현재 계속 개발 중이며 제공하는 인터페이스의 안정성을 보장할 수 없다. 이후 플링크 버전에서 갑작스런 클라이언트 쪽 API 변경이 있을 수 있다". 비록 아파치 플링크 팀이 이 격차를 줄이려 노력하고 있지만, 카프카 스트림즈는 이미 성숙돼 있고 상용에서 바로 사용 가능할 수 있게 준비돼 있는 쿼리 가능한 상태 API를 제공하고 있다.

터 처리에 제공함으로, 개발 경험의 향상과 소프트웨어 운영과 유지 보수를 단순화시켜 준다. 일괄 처리가 필요 없는 시스템에서 하이브리드 시스템은 불필요한 복잡성만 야기시킨다. 지금까지 다른 시스템과의 비교 관점에서 카프카 스트림즈를 살펴봤고 이제 카프카 스트림즈의 적용 사례들에 대해 살펴보자.

카프카 스트림즈 적용 사례들

카프카 스트림즈는 무한 데이터 셋을 빠르고 효과적으로 처리하는 데 최적화돼 있으므로 저지연과 시간이 중요한 영역의 문제 해결에 잘 맞는 솔루션이다. 다음은 몇 가지 예제 사례를 보여준다.

- 금융 데이터 처리(플립카트(https://oreil.ly/dAcbY)), 구매 모니터링, 사기 감지
- 알고리듬 거래
- 주식 시장/암호 화폐 거래 모니터링
- 실시간 재고 추적과 보충(월마트(https://oreil.ly/ VoF76))
- 이메일 전달 추적과 모니터링(메일침프)
- 비디오 게임 원격 측정 처리(액티비전, 콜 오브 듀티(https://oreil.ly/Skan3))
- 검색 색인(옐프(https://oreil.ly/IhCnC))
- 지리 공간 추적/계산(거리 비교, 거리 예측)
- 스마트 홈/IOT 센서 처리(AIOT 또는 사물 인공지능이라고도 부른다)
- 변경 데이터 캡처(레드햇(https://oreil.ly/INs3z))
- 스포츠 방송/실시간 위젯(그래이스노트(https://oreil.ly/YeX33))
- 실시간 광고 플랫폼(핀터레스트(https://oreil.ly/cBgSG))
- 의료 예측, 생명 유지 장치 모니터링(애틀랜타 어린이 헬스케어(https://oreil.ly/4M YLc))

- 챗 인프라(슬랙(https://oreil.ly/_n7sZ)), 챗봇, 가상 비서

- 머신 러닝 파이프라인(트위터(https://oreil.ly/RuPPV))와 플랫폼(카프카 그래프스 (https://oreil.ly/8IHKT))

위 목록에 있는 예제 사례들은 공통적으로 실시간 의사결정이나 데이터 처리를 요구하고 있다(또는 최소한 도움을 받고 있다). 위 예제 사례들을 포함해 앞으로 여러분이 실제 경험할 사례들을 생각해보면 카프카 스트림즈의 스펙트럼이 매우 넓고 매력적이라는 것을 느낄 수 있다. 여러분 중에도 취미로 이런 스펙트럼 중 하나로 스마트 홈 장비에서 발생하는 센서 데이터 스트림을 처리하고 분석하고 있을지도 모른다. 다른 한편에선 애틀랜타 어린이 헬스케어처럼 의료 현장에서 카프카 스트림즈를 사용해 외상 환자의 상태 변화를 모니터링하고 대응하고 있을 수도 있다.

실시간 이벤트 스트림즈 위에서 마이크로서비스를 구축할 때도 카프카 스트림즈가 좋은 선택이 될 수 있다. 전형적인 스트림 연산들(필터링, 조인, 윈도잉 그리고 데이터 변환)을 단순화할 뿐만 아니라, 196페이지 '대화형 쿼리'에서 보게 될 대화형 쿼리^{Interactive query}라 부르는 기능을 이용해 스트림의 상태를 노출할 수도 있다. 스트림의 상태는 이벤트 스트림에서 집계(일례로 스트리밍 플랫폼에서 각 영상의 총 시청 수)나 빠르게 변화하는 개체의 최신 상태(일례로 어떤 주식 기호의 최근 주가)일 수 있다.

이제 여러분도 누가 카프카 스트림즈를 사용하고 어디에 사용해야 하는지 감을 잡았을 것이다. 실제 스트림 처리 코드를 작성하기 전에 카프카 스트림즈의 아키텍처부터 빠르게 살펴보자.

프로세서 토폴로지

카프카 스트림즈는 데이터 흐름 프로그래밍^{DFP, DataFlow Programming}이라 하는 프로그래밍 패러다임을 이용한다. 이 패러다임은 입력과 출력, 처리 단계를 조합해 프로그램을 표현하는 데이터 중심적^{data-centric} 방법이다. 이 패러다임 덕분에 스트림 처리 프로그램을 매

우 자연스럽고 직관적으로 작성할 수 있게 됐으며, 초보자들이 카프카 스트림즈를 쉽게 선택할 수 있는 이유 중 하나가 됐다.

 카프카 스트림즈 아키텍처를 조금 깊게 파고들 것이므로, 만약 카프카 스트림즈를 먼저 살짝 맛보고 싶다면 이 절은 나중에 읽고 91페이지 '튜토리얼 소개: Hello, Streams'로 넘어가도 괜찮다.

카프카 스트림즈 애플리케이션에서는 스트림 처리 로직을 연속된 단계들로 구축하는 것이 아니라, 방향성 비순환 그래프^{DAG, Directed Acyclic Graph} 구조로 구축한다. 그림 2-3은 데이터가 어떻게 스트림 프로세서들을 흐르는지 보여주는 DAG 예제이다. 노드^{Node}(다이어그램 중 사각형)은 처리 단계 또는 프로세서를 표현하고 엣지^{Edge}(다이어그램에서 노드들을 연결하는 선)는 입력과 출력 스트림(데이터는 하나의 프로세서에서 다른 프로세서로 흐른다)을 표현한다.

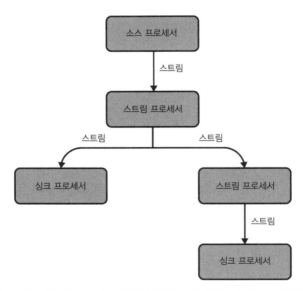

그림 2-3 카프카 스트림즈는 데이터 흐름 프로그래밍으로부터 설계 철학을 일부 빌려왔으며 스트림 처리 프로그램을 데이터가 흐르는 프로세서의 그래프로 구조화한다.

카프카 스트림즈에는 세 가지 기본 프로세서가 있다.

소스 프로세서(Source Processor)

소스는 카프카 스트림즈 애플리케이션으로 정보를 흘려보내는 곳이다. 카프카 토픽으로부터 데이터를 읽고 하나 이상의 스트림 프로세서로 전송한다.

스트림 프로세서(Stream Processor)

이 프로세서는 데이터 처리/변환 로직 적용을 담당한다. 상위-수준 DSL에서, 이 프로세서는 카프카 스트림즈 라이브러리가 노출한 내장 연산자들을 이용해 정의한다. 이에 대해서는 이어지는 장들에서 자세히 다룰 것이다. 연산자의 예로 `filter`, `map`, `flatMap`과 `join`이 있다.

싱크 프로세서(Sink Processor)

싱크는 보강, 변환, 필터링 등으로 처리한 레코드를 카프카로 다시 내보내는 역할을 하며, 이 데이터는 다른 스트림 처리 애플리케이션에서 처리되거나 카프카 커넥트와 같은 것을 통해 데이터 저장소로 내려보내게 된다. 소스 프로세서처럼, 싱크 프로세서도 카프카 토픽과 연결한다.

프로세서들은 프로세서 토폴로지^{Processor Topology}를 형성하며, 이 책이나 여러 카프카 스트림즈 커뮤니티에선 종종 단순히 토폴로지라 부른다. 이어지는 이 책의 모든 튜토리얼은 소스, 스트림, 싱크 프로세서를 연결하는 DAG를 생성하는 토폴로지 설계를 항상 제일 먼저 시작할 것이다. 그러고 나서 자바 코드로 토폴로지를 단순하게 구현할 것이다. 이를 이해하기 위해 프로젝트 요구 사항을 프로세서 토폴로지(DAG로 표현)로 변환하는 연습을 해보자. 이 과정을 통해 여러분은 카프카 스트림즈 개발자처럼 사고하는 방법을 배울 것이다.

시나리오

우리는 카프카 스트림즈로 챗봇을 만들 것이다. @StreamsBot이라고 챗봇을 언급한 모든 슬랙 메시지는 slackmetions라는 토픽에 보관한다. 각 @StreamsBot 언급 뒤에는 @StreamsBot restart myservice처럼 명령어가 올 것을 기대한다.

이 슬랙 메시지의 전처리/유효성 검사를 수행하는 기본적인 프로세서 토폴로지를 구현하고자 한다. 첫 번째, 소스 토픽의 각 메시지를 소비하고 명령어가 유효한지 여부를 판단해야 한다. 만약 명령어가 유효하다면 valid-mentions이라는 토픽으로 슬랙 메시지를 보내야 한다. 만약 명령어가 유효하지 않다면(예를 들어 봇을 언급할 때 @StreamsBot restart serverrr처럼 철자 오류가 있을 수 있다) invalid-mentions라는 토픽으로 슬랙 메시지를 보낸다.

이 시나리오의 요구 사항을 아래 그림 2-4와 같은 토폴로지로 변환할 것이다.

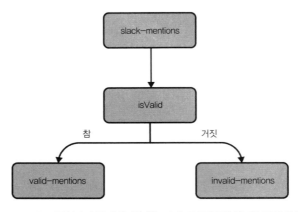

그림 2-4 카프카(slack-mentions)로부터 슬랙 메시지를 읽는 소스 프로세서와 각 메시지의 유효성 검사를 수행하는 스트림 프로세서(isValid) 그리고 이전의 유효성 검사를 바탕으로 두 출력 토픽(valid-mentions,invalid-mentions) 중 하나로 메시지를 라우팅하는 두 개의 프로세서들을 포함하는 예제 프로세서 토폴로지

이어지는 튜토리얼에서는 카프카 스트림즈 API를 사용해 우리가 설계한 토폴로지를 구현해볼 것이다. 그러나 먼저 관련 개념인 서브-토폴로지Sub-Topology에 대해 살펴보자.

서브 토폴로지

카프카 스트림즈는 서브-토폴로지의 개념을 가지고 있다. 이전 예제에서, 단일 소스 토픽(slack-mentions)으로부터 이벤트를 소비하고 원시 챗 메시지 스트림으로 몇 가지 전처리를 수행하는 프로세서 토폴로지를 설계했다. 그러나 만약 애플리케이션이 여러 소스 토픽으로부터 이벤트를 소비해야 한다면[15] 카프카 스트림즈는 토폴로지를 더 작은 서브-토폴로지로 나눌 것이다.

예를 들어 두 개의 스트림 프로세서를 추가해 챗봇을 계속 만들어보자. 하나는 `valid-mentions`로부터 챗봇으로 보낸 메시지를 읽어 어떤 명령이든 수행하고, 또 다른 하나는 `invalid-mentions` 토픽으로부터 메시지를 읽어 슬랙으로 오류 응답을 반환한다.[16] 여기서는 시나리오 변환 목적으로 중간 토픽을 사용했다.

그림 2-5에서 보듯이, 이 튜토리얼의 토폴로지는 slack-mentions, valid-mentions, invalid-mentions 세 개의 카프카 토픽으로부터 데이터를 읽는다. 카프카 스트림즈는 하나의 소스 토픽으로 시작하여 독립적으로 실행 가능한 더 작은 부문들로 토폴로지를 나눈다. 이 챗봇 애플리케이션 예제는 세 개의 서브 토폴로지로 구성되며 그림에서 별 모양으로 서브 토폴로지를 표시했다.

---

15 여기에 예외는 토픽들을 조인할 때다. 이 경우 서브-토폴로지로 나누기보다는 단일 토폴로지가 조인에 참여하는 각 소스 토픽을 읽을 것이다. 조인을 하려면 반드시 이런 토폴로지가 꼭 필요하다. 더 많은 정보는 176페이지 '코-파티셔닝'을 참고하라.

16 이 예제에서, 두 개의 중간 토픽(valid-mentions와 invalid-mentions)에 메시지를 쓰고 각 토픽으로부터 즉시 메시지를 소비한다. 이와 같이 중간 토픽을 사용하는 것은 보통 특정 연산(예를 들어 데이터 리피티셔닝)에만 필요하다.

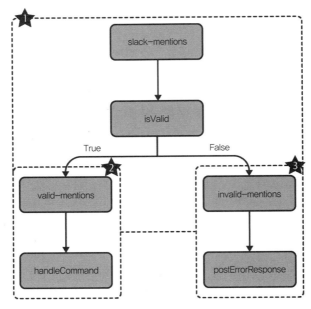

그림 2-5 서브 토폴로지들(점선으로 표시)로 나눈 프로세서 토폴로지

valid-mentions와 invalid-mentions 토픽 모두 첫 번째 서브 토폴로지의 싱크 프로세서이지만 두 번째와 세 번째 서브 토폴로지의 소스 프로세서이기도 하다. 이 토폴로지 실행 시 서브 토폴로지 간의 직접적인 데이터 교환은 일어나지 않는다. 싱크 프로세서의 카프카로 레코드들을 내보내고 소스 프로세서는 카프카로부터 레코드들을 다시 읽는다.

프로세서 토폴로지로 스트림 처리 프로그램을 표현하는 방법을 이해했을 것이다. 이제 카프카 스트림즈 애플리케이션에서 데이터가 실제로 어떻게 서로 연결된 프로세서들 사이로 흐르는지 알아볼 것이다.

깊이-우선 처리

카프카 스트림즈는 데이터를 처리할 때 깊이-우선$^{depth-first}$ 전략을 사용한다. 새 레코드를 수신하면, 다른 레코드가 처리되기 전에 토폴로지의 각 스트림 프로세서로 라우팅

된다. 카프카 스트림즈의 데이터 흐름은 그림 2-6과 같다.

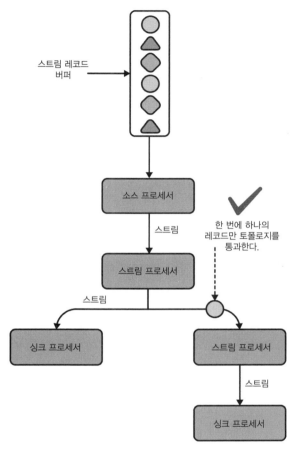

그림 2-6 깊이-우선 처리에서 레코드는 다른 레코드가 처리되기 전에 토폴로지의 모든 프로세서를 통과한다.

이 깊이-우선 전략은 데이터 흐름을 좀 더 이해하기 쉽게 만들어주나, 스트림 처리 연산이 느린 경우 동일 스레드에서 다른 레코드의 처리를 막을 수 있다. 그림 2-7은 카프카 스트림즈에서는 결코 볼 수 없는 현상을 보여준다. 한 번에 여러 레코드가 토폴로지를 통과한다.

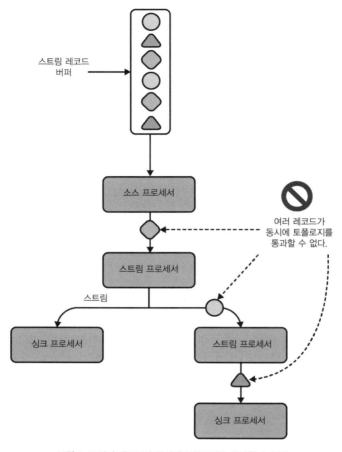

그림 2-7 여러 레코드가 동시에 토폴로지를 통과할 수 없다.

 여러 서브-토폴로지가 동작할 때 전체 토폴로지에 단일 이벤트 처리 규칙을 적용하지 않고, 서브-토폴로지 각각에 적용한다.

이제까지 프로세서 토폴로지를 어떻게 설계하고 데이터가 토폴로지를 어떻게 흐르는지 알아 봤다. 다음은 스트림 처리 애플리케이션을 만들 때 데이터 흐름 프로그래밍이 어떤 이점을 주는지 알아보자.

데이터 흐름 프로그래밍의 이점

스트림 처리 애플리케이션을 만들 때 카프카 스트림즈 사용과 데이터 흐름 프로그래밍 모델로부터 여러 이점을 얻을 수 있다. 먼저, 방향성 그래프로 프로그램을 표현하면 프로그램을 쉽게 이해할 수 있다. 애플리케이션에서 데이터가 어떻게 흐르는지 이해하려고 많은 조건문과 제어 로직을 따라갈 필요가 없다. 어디서 데이터가 들어오고 어디로 나가는지 알려면 소스와 싱크 프로세서만 찾으면 되고, 데이터가 어떻게 처리, 변환, 보강되는지 알려면 중간의 스트림 프로세서들만 따라가 보면된다.

또한 스트림 처리 프로그램의 방향성 그래프 표현은 실시간 데이터 처리의 설계 방식과 스트리밍 솔루션 구축 방식을 표준화할 수 있게 해준다. 카프카 스트림즈 라이브러리의 재사용 가능한 추상화뿐만 아니라 일반적인 문제 해결 접근 때문에(연산자(노드)와 스트림(엣지)를 사용하는 데이터 흐름 정의) 이전에 자신의 프로젝트에서 카프카 스트림즈로 작업해본 사용자라면 이 책의 카프카 스트림즈 애플리케이션을 보고 금방 친근감을 느낄 것이다. 다시 말하지만 스트림 처리 프로그램의 방향성 그래프 표현은 카프카 스트림즈 애플리케이션을 쉽게 이해하고 유지 보수할 수 있게 해준다.

방향성 그래프는 데이터 흐름을 비기술적 이해 관계자들에게 시각화해 보여줄 수 있는 직관적 방식이기도 하다. 종종 엔지니어 팀과 비엔지니어 팀 간에 프로그램 동작을 두고 이견이 있을 수 있다. 때로는 비기술적 팀이 소프트웨어를 닫혀 있는 상자로 취급할 수 있다. 이는 위험한 부작용을 일으킬 수 있다. 특히 개인 정보 데이터 법과 GDPR을 준수해야 하는 요즘은 엔지니어와 법률 팀 및 기타 이해관계자 간의 긴밀한 협업이 필요하다. 따라서 애플리케이션에서 데이터가 어떻게 처리되는지 쉽게 소통할 수 있다는 것은 다른 비즈니스 관점을 갖고 있는 사람들이 모여 애플리케이션의 설계를 이해하고 공헌할 수 있다는 것을 의미한다.

마지막으로 소스, 싱크, 스트림 프로세서를 포함하는 프로세서 토폴로지는 여러 스레드와 애플리케이션 인스턴스로 쉽게 생성되고 병렬화 할 수 있는 템플릿으로 동작한다. 데이터의 양에 따라 스트림 처리 프로그램을 쉽게 복제할 수 있기 때문에 이와 같은 방식으로 데이터 흐름을 정의하면 성능과 확장성의 이점을 십분 활용할 수 있다.

다음으로 토폴로지 작업의 복제 절차에 대해 알아볼 것인데, 그 전에 태스크, 스트림 스레드, 파티션의 관계에 대해 이해해야 한다.

태스크와 스트림 스레드

카프카 스트림즈에서 토폴로지를 정의할 때, 프로그램을 실제로 실행하지는 않는다. 그 대신 데이터가 어떻게 애플리케이션을 흘러야 하는지 정의하는 템플릿을 만든다. 이 템플릿(토폴로지)은 하나의 애플리케이션 인스턴스 내에서 여러 번 초기화되고 여러 태스크와 스트림 스레드(앞으로는 단순히 스레드라고 부르겠다[17])에 걸쳐 병렬화된다. 태스크/스레드 수와 스트림 처리 애플리케이션이 처리하는 작업량은 서로 밀접한 관련이 있다. 따라서 카프카 스트림즈로 최적의 성능을 내려면 이 절의 내용을 잘 이해해야 한다.

먼저 태스크에 대해 알아보자.

> 태스크는 카프카 스트림즈 애플리케이션에서 병렬로 수행될 수 있는 가장 작은 작업 단위이다.
>
> 조금 단순하게 말하자면 애플리케이션의 실행 가능한 최대 병렬 값은 스트림 태스크의 최대 개수로 제한된다. 스트림 태스크의 최대 개수는 애플리케이션이 읽는 입력 토픽의 최대 파티션 수로 결정한다.
>
> — 앤디 브라이언트

위 인용글을 공식으로 변환하면, 어떤 카프카 스트림즈의 서브-토폴로지[18]가 생성할 수 있는 태스크 개수를 다음과 같은 수학 공식으로 계산할 수 있다.

```
max(소스_토픽_1의_파티션_개수, ... 소스_토픽_n의_파티션_개수)
```

---

17 자바 애플리케이션은 여러 가지 종류의 스레드를 실행할 수 있다. 이 절에서는 프로세서 토폴로지를 실행을 위해 카프카 스트림즈 라이브러리가 생성하고 관리하는 스트림 스레드에 대해서만 초점을 맞출 것이다.

18 기억하겠지만 카프카 스트림즈 토폴로지는 여러 서브-토폴로지로 구성할 수 있다. 따라서 전체 프로그램의 태스크 개수를 얻으려면 모든 서브-토폴로지의 태스크 수를 총 합해야 한다.

예를 들어 16개의 파티션을 가진 하나의 소스 토픽으로부터 데이터를 읽는 토폴로지가 있다면, 카프카 스트림즈는 16개의 태스크를 생성할 것이다. 각 태스크는 각각의 프로세서 토폴로지 복사본을 인스턴스화할 것이다. 카프카 스트림즈가 모든 태스크를 생성하고 나면, 각 태스크가 읽어야 하는 소스 파티션을 태스크에 할당할 것이다.

보다시피 태스크는 프로세서 토폴로지를 인스턴스화하고 실행할 때 사용하는 논리적 단위일 뿐이다. 반면, 스레드는 태스크를 실제로 실행한다. 카프카 스트림즈에서 스트림 스레드는 고립되고 스레드-안전하게 설계돼 있다.[19] 또한 태스크와 달리 카프카 스트림즈가 애플리케이션이 실행해야 하는 스레드 개수를 계산할 때 적용하는 공식은 없다. 대신, num.stream.threads라는 속성을 통해 스레드 개수를 지정하는 책임은 사용자에게 있다. 사용 가능한 최대 스레드 개수는 태스크 수와 관련 있다. 그리고 얼마나 많은 스트림 스레드를 실행해야 하는지 결정하는데에는 여러 가지 전략이 있다.[20]

이제, 두 개의 별도 설정으로 태스크와 스레드를 어떻게 생성하는지 시각화해 이 개념을 좀 더 깊이 이해해보자. 각 예제에서 카프카 스트림즈 애플리케이션은 네 개의 파티션을 포함하는 소스 토픽으로부터 데이터를 읽고 있다(그림 2-8에서 p1-p4로 표시돼 있다).

먼저, 두 개의 스레드로 애플리케이션을 실행하도록 설정해보자(num.stream.threads = 2). 소스 토픽은 네 개의 파티션을 가지고 있으므로 네 개의 태스크가 생성되고 각 스레드에 고르게 분배된다. 그림 2-8에서 태스크/스레드의 관계를 대략적으로 그린 그림이다.

---

19 이는 생각 없이 구현한 스트림 프로세서가 동시성 문제에 안전하다는 것을 의미하는 것이 아니다. 그러나 기본적으로 스트림 스레드는 어떤 상태도 공유하지 않는다.

20 예를 들어 애플리케이션이 접근 가능한 CPU 코어 수는 실행해야 하는 스레드 개수를 결정할 때 정보로 사용될 수 있다. 만약 애플리케이션 인스턴스가 네 개의 코어를 가진 장비에서 실행되고 토폴로지가 16개의 태스크를 생성한다면, 아마도 스레드 개수를 4로 설정하려 할 것이다. 이는 각 코어에 스레드 하나씩을 할당할 것이다. 반면, 16개의 태스크를 가진 애플리케이션을 48코어 장비에서 실행한다면, 16개의 스레드만을 실행하고자 할 것이다(최대 스레드 수는 태스크 수에 제한(여기서는 16)을 받으므로, 48로는 스레드를 실행하지 않는다).

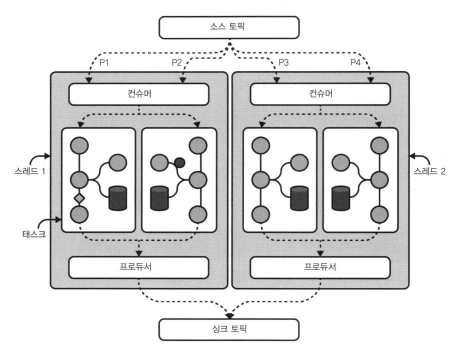

그림 2-8 두 개의 스레드에서 실행되는 네 개의 카프카 스트림 태스크

스레드당 하나 이상의 태스크 실행도 전혀 문제되지 않는다. 그러나 가용 CPU 자원을 충분히 활용하려면 좀 더 많은 스레드 개수로 프로그램을 돌릴 필요가 종종 있다. 스레드 개수를 늘린다고 태스크 수가 늘어나지는 않지만, 스레드들로 태스크를 분배하는 방식을 변경한다. 예를 들어 동일 카프카 스트림즈 애플리케이션을 두 개 대신 네 개의 스레드로 실행하도록 재설정하면, 그림 2-9의 태스크/스레드처럼 될 것이다.

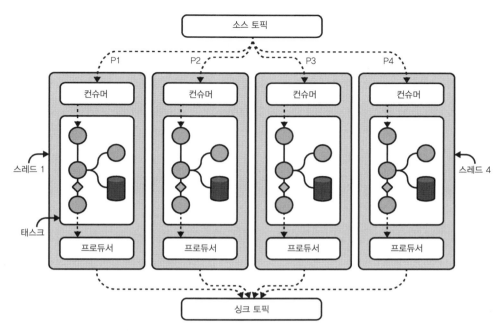

그림 2-9 네 개의 스레드에서 실행되는 네 개의 카프카 스트림즈 태스크

지금까지 카프카 스트림즈의 아키텍처를 배웠다. 다음으로 스트림 처리 애플리케이션을 생성하는 데 필요한 카프카 스트림즈 API에 대해 살펴보자.

상위-수준 DSL 대 하위-수준 Processor API

> 각 솔루션은 각각 다른 계층의 추상화를 제시한다.
>
> — 제임스 클리어[21]

소프트웨어 엔지니어 분야에서 보통 추상화는 어떤 희생을 요구한다. 상세한 내용으로부터 점점 멀리 추상화하면 할수록, 소프트웨어는 마치 "마법"같이 느껴지고 포기

---

21 첫 번째 원리: 스스로 생각하는 힘에 관한 일론 머스크(https://oreil.ly/Ry4nl) 참조

해야 하는 제어가 더 많아진다. 카프카 스트림즈로 시작할 때, 저수준의 Consumer/Producer API를 직접 사용해 구현한 솔루션이 상위-수준 라이브러리를 사용한 스트림 처리 애플리케이션을 선택할 때 어떤 제어를 포기해야 하는지 궁금할 것이다. 다행히도 카프카 스트림즈에서는 프로젝트 경험이나 개발자의 선호도에 따라 가장 잘 맞는 추상화 수준을 선택할 수 있다.

두 가지 API 중 선택해야 한다.

- 상위-수준의 DSL
- 하위-수준의 Processor API

그림 2-10은 상위-수준의 DSL과 하위-수준의 Processor API에 대한 상대적 추상화 수준을 보여준다.

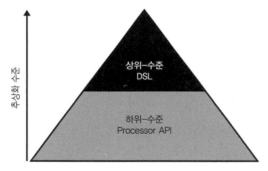

그림 2-10 카프카 스트림즈 API의 두 추상화 수준

상위-수준 DSL은 Processor API의 위에 있으나, 각각이 노출하는 인터페이스는 조금 다르다. 함수형 프로그래밍 방식으로 스트림 처리 애플리케이션을 만들고 일부 상위-수준 추상화를 이용해 데이터(스트림 또는 테이블) 작업을 하고자 한다면 DSL이 맞다.

반면 데이터를 하위-수준으로 접근(예를 들어 레코드의 메타데이터 접근)하거나 주기적인 함수 호출을 스케줄링하는 기능, 애플리케이션 상태에 대한 좀 더 상세한 접근 또는 어떤 연산의 시간 관련 동작을 좀 더 세밀하게 제어하고자 한다면 Processor API가 더 나은 선택이다. 이어지는 튜토리얼에서 DSL과 Processor API 두 가지 예제를 모두 보게 될 것이다. 이어지는 장들에서는 DSL과 Processor API에 대해 좀 더 상세히 알아볼 것이다.

이 두 추상화 수준 사이의 차이점을 확실하게 볼 수 있는 방법은 예제 코드를 보는 것이다. 첫 번째 카프카 스트림즈 튜토리얼인 Hello Streams를 살펴보자.

튜토리얼 소개: Hello, Streams

이 절에서는 카프카 스트림즈를 직접 경험해볼 것이다. 이 튜토리얼은 새로운 프로그래밍 언어나 라이브러리를 배울 때 표준처럼 자리 잡은 "Hello, world"의 변형이다. 이 튜토리얼에는 두 구현체가 있다. 첫 번째는 상위-수준 DSL을 사용하고, 두 번째는 하위-수준 Processor API를 사용한다. 두 프로그램 모두 기능적으로는 동일하며 카프카 토픽으로부터 메시지를 수신할 때마다 단순한 인사말을 출력할 것이다(예를 들면 Mitch라는 메시지를 수신하면 각 애플리케이션은 Hello, Mitch라고 출력할 것이다).

시작하기 전에 프로젝트를 어떻게 설치하는지부터 살펴보자.

프로젝트 설치

이 책의 모든 튜토리얼은 카프카 클러스터 실행이 필요하고, 각 장의 소스 코드는 도커로 개발 클러스터를 실행할 수 있게 해주는 docker-compose.yml 파일을 포함하고 있다. 카프카 스트림즈 애플리케이션은 카프카 클러스터 외부에서 실행되도록 돼 있기 때문에(예를 들어 브로커와는 다른 장비), 카프카 클러스터가 필요하긴 하지만 카프카 스트림즈 애플리케이션과는 분리돼 있는 인프라로 보는 것이 맞다.

카프카 클러스터를 시작하기 위해, 소스 코드 저장소를 클론하고 2장의 튜토리얼이 있는 디렉터리로 위치를 변경하자. 다음 명령으로 이 작업을 수행할 수 있다.

```
$ git clone https://github.com/mitch-seymour/mastering-kafka-streams-and-ksqldb.git
$ cd mastering-kafka-streams-and-ksqldb/chapter-02/hello-streams
```

그런 다음 카프카 클러스터를 실행해 시작하자.

```
docker-compose up
```

브로커는 29092 포트[22]로 대기할 것이다. 또한 이 명령은 이 튜토리얼에 필요한 users 토픽을 미리 생성하는 컨테이너를 시작할 것이다. 이제 카프카 클러스터가 실행됐으니, 카프카 스트림즈 애플리케이션을 구축할 수 있다.

새 프로젝트 생성

이 책에서는 그레이들[Gradle][23]이라는 빌드 도구를 사용할 것이다. 다른 빌드 도구들(예를 들어 메이븐[Maven])도 지원되나 빌드 파일의 가독성이 높은 그레이들을 선택했다.

코드를 컴파일하고 실행하는 것 외에, 그레이들은 카프카 스트림즈 애플리케이션을 빠르게 부트스트랩할 때 사용할 수도 있어서 이 책의 튜토리얼 외에 사용자 애플리케이션을 빌드할 때도 유용하다. 먼저 코드를 저장할 프로젝트 디렉터리를 생성하고, 다음 해당 디렉터리에서 gradle init 명령을 실행하면 이 작업을 완료할 수 있다. 이 작업 순서는 다음 예제와 같다.

```
$ mkdir my-project && cd my-project

$ gradle init \
    --type java-application \
    --dsl groovy \
    --test-framework junit-jupiter \
    --project-name my-project \
    --package com.example
```

이 책의 소스 코드는 각 튜토리얼에 필요한 초기화된 프로젝트 구조를 이미 포함하므로 새로운 프로젝트를 시작하지 않는 이상 gradle init을 실행할 필요가 없다. 언젠가 여

---

22   telnet이 설치돼 있고 이 포트를 검증하고자 한다면, run echo 'exit' | telnet localhost 29092를 실행해볼 수 있다.

23   그레이들 설치 안내서는 https://gradle.org에서 찾을 수 있다. 이 책의 튜토리얼에서는 6.6.1 버전을 사용했다.

여러분이 자신의 카프카 스트림즈 애플리케이션을 작성할 계획이 있고, 프로젝트를 빠르게 부트스트랩하길 원할 때 이 명령을 실행하기를 바란다.

다음은 카프카 스트림즈 애플리케이션의 기본적인 프로젝트 구조를 보여준다.

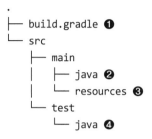

❶ 이 파일은 프로젝트의 빌드 파일이다. 이 파일은 애플리케이션에 필요한 모든 의존 라이브러리(카프카 스트림즈 라이브러리 포함)를 지정할 것이다.

❷ 소스 코드와 토폴로지 정의는 src/main/java에 저장할 것이다.

❸ src/main/resources는 설정 파일들을 저장할 때 주로 사용한다.

❹ 473페이지의 '카프카 스트림즈 테스트'에서 다룰 단위 테스트와 토폴로지 테스트는 src/test/java에 있게 될 것이다.

지금까지 새 카프카 스트림즈 프로젝트를 부트스트랩하는 방법을 배웠고 프로젝트의 초기 디렉터리 구조도 살펴봤다. 이제 카프카 스트림즈를 프로젝트에 추가하는 방법에 대해 살펴보자.

카프카 스트림즈 의존 라이브러리 추가

카프카 스트림즈로 작업을 시작할 때 빌드 파일에 카프카 스트림즈 라이브러리를 의존 라이브러리로 추가하기만 하면 된다. 다음은 예제 빌드 파일이다.

```
plugins {
    id 'java'
```

```
    id 'application'
}

repositories {
    jcenter()
}

dependencies {
    implementation 'org.apache.kafka:kafka-streams:2.7.0' ❶
}

task runDSL(type: JavaExec) { ❷
    main = 'com.example.DslExample'
    classpath sourceSets.main.runtimeClasspath
}

task runProcessorAPI(type: JavaExec) { ❸
    main = 'com.example.ProcessorApiExample'
    classpath sourceSets.main.runtimeClasspath
}
```

❶ 카프카 스트림즈 의존 라이브러리를 프로젝트에 추가

❷ 이 튜토리얼은 두 버전의 다른 토폴로지를 생성해야 하므로 다른 튜토리얼과 좀 다르다. 이 라인은 DSL 버전의 애플리케이션을 실행하는 그레이들 태스크를 추가한다.

❸ 비슷하게, 이 라인은 Processor API 버전의 애플리케이션을 실행하는 그레이들 태스크를 추가한다.

이제, 프로젝트 빌드하기 위해(빌드할 때 원격 저장소에서 이 프로젝트에 필요한 의존 라이브러리를 실제 가져올 것이다), 다음 명령을 실행한다.

```
./gradlew build
```

카프카 스트림즈를 설치하고 사용할 준비가 됐다. 튜토리얼을 계속 진행해보자.

DSL

DSL 예제는 매우 간단하다. 먼저, 프로세서 토폴로지를 구축하기 위해 StreamsBuilder
라 하는 카프카 스트림즈 클래스를 사용해야 한다.

```
StreamsBuilder builder = new StreamsBuilder();
```

다음, 77페이지 '프로세서 토폴로지'에서 배웠듯이 카프카 토픽으로부터 데이터를 읽기
위해 소스 프로세서를 추가해야 한다(이 경우 토픽은 users가 될 것이다). 데이터를 어떻게
모델링(101페이지 '스트림과 테이블'에서 여러 접근 방식에 대해 다룰 것이다)할지에 따라 사
용할 수 있는 여러 메소드가 있다. 그러나 지금은 데이터를 스트림으로 모델링하자. 다
음 라인은 소스 프로세서를 추가한다.

```
KStream<Void, String> stream = builder.stream("users"); ❶
```

❶ 3장에서 좀 더 깊이 살펴보겠지만, KStream<Void, String>의 제네릭^{Generic}은 키와
  값의 타입을 가리킨다. 이 경우 키는 Void이고 값은 String 타입이다.

이제, 스트림 프로세서를 추가할 차례다. 각 메시지마다 간단한 인사말을 출력만 할 것
이므로 간단한 람다로 foreach 연산자를 사용할 수 있다.

```
stream.foreach(
    (key, value) -> {
        System.out.println("(DSL) Hello, " + value);
    });
```

마지막으로, 토폴로지를 빌드하고 스트림 처리 애플리케이션을 시작할 차례다.

```
KafkaStreams streams = new KafkaStreams(builder.build(), config);
streams.start();
```

예제 2-1은 프로그램을 실행할 때 필요한 반복 코드를 포함한 전체 코드를 보여준다.

예제 2-1 Hello, world—DSL 예제

```java
class DslExample {

    public static void main(String[] args) {
        StreamsBuilder builder = new StreamsBuilder(); ❶

        KStream<Void, String> stream = builder.stream("users"); ❷

        stream.foreach( ❸
            (key, value) -> {
                System.out.println("(DSL) Hello, " + value);
            });

        // 지면상 생략
        Properties config = ...; ❹

        KafkaStreams streams = new KafkaStreams(builder.build(), config); ❺
        streams.start();

        // JVM이 중단될 때(예를 들어 SIGTERM) 카프카 스트림즈를 닫는다.
        Runtime.getRuntime().addShutdownHook(new Thread(streams::close)); ❻
    }
}
```

❶ 토폴로지를 구축하기 위해 builder를 사용한다.

❷ users 토픽으로부터 데이터를 읽기 위해 소스 프로세서를 추가한다.

❸ 간단한 메시지를 출력하기 위해 DSL의 foreach 연산자를 사용한다. 이후 장들에서 살펴보겠지만 DSL은 많은 연산자를 가지고 있다.

❹ 지면상 카프카 스트림즈 설정은 생략했으나, 이어지는 장들에서 이에 대해 다룰 것이다. 애플리케이션이 데이터를 읽을 카프카 클러스터와 이 애플리케이션이 속한 컨슈머 그룹을 스트림즈 속성으로 지정할 수 있다.

❺ 토폴로지를 빌드하고 스트리밍을 시작한다.

❻ JVM이 종료되면 카프카 스트림즈를 닫는다.

```
docker-compose exec kafka bash ❶

kafka-console-producer \ ❷
  --bootstrap-server localhost:9092 \
  --topic users
```

❶ 개발 클러스터에서 브로커를 실행하는 카프카 컨테이너에서 콘솔 스크립트 실행이 가능하다. 카프카 공식 배포판의 일부분인 이 스크립트들을 다운로드할 수도 있다.

❷ users 토픽으로 데이터를 쓰게 될 로컬 프로듀서를 시작한다.

프로듀서 프롬프트가 뜨면, 사용자의 이름을 입력하고 엔터 키를 쳐서 레코드들을 생성하자. 입력이 완료되면 키보드에서 Control + C를 눌러 종료한다.

```
>angie
>guy
>kate
>mark
```

카프카 스트림즈 애플리케이션은 다음과 같은 인사말을 내보낸다.

```
(DSL) Hello, angie
(DSL) Hello, guy
(DSL) Hello, kate
(DSL) Hello, mark
```

이제, 애플리케이션이 예상대로 동작함을 확인했다. 이어지는 장들에서 좀 더 흥미로운 사례를 알아볼 것이다. 그러나 토폴로지를 정의하고 애플리케이션을 실행하는 이 튜토리얼의 절차는 어떤 애플리케이션을 구축하더라도 동일하게 적용할 수 있다. 다음, 하위-수준 Processor API로 이 상위-수준 DSL과 동등한 카프카 스트림즈 토폴로지를 어떻게 생성하는지 알아보자.

Processor API

Processor API는 상위-수준 DSL만큼 추상화돼 있지 않다. 그리고 이 문법은 **Topology.**
addSource, **Topology.addProcessor**, **Topology.addSink**(이 예제에서는 사용하지 않는다)
와 같은 메소드로 프로세서 토폴로지를 직접 생성해야 한다. 프로세서 토폴로지를 사용
할 때 첫 번째 단계는 다음에서처럼 새 **Topology** 인스턴스를 생성하는 것이다.

```
Topology topology = new Topology();
```

다음, users 토픽으로부터 데이터를 읽는 소스 프로세서를 생성하고 간단한 인사말을 출
력하는 스트림 프로세서를 생성할 것이다. 스트림 프로세서는 간단히 구현할 **SayHello**
Processor라는 클래스를 참조한다.

```
topology.addSource("UserSource", "users"); ❶
topology.addProcessor("SayHello", SayHelloProcessor::new, "UserSource"); ❷
```

❶ addSource 메소드의 첫 번째 인자는 이 스트림 프로세서의 이름이다. 이 예제에서
는 이 프로세서를 UserSource라 간단히 부를 것이다. 다음 라인에서 자식 프로세서
에 연결할 때 이 이름을 참조할 것이고 이는 결국 데이터가 어떻게 토폴로지를 흘
러야 하는지 정의한다. 두 번째 인자는 이 소스 프로세서가 읽어야 할 토픽 이름(이
예제에서는 users)이다.

❷ 이 라인은 SayHelloProcessor 클래스(다음 절에서 이 클래스를 생성할 것이다)에 처
리 로직을 정의하고 있는 SayHello라 하는 하위 프로세서를 새로 생성한다. 이
Processor API에서 한 프로세서에서 다른 프로세서를 부모 프로세서 이름을 지정
해 연결할 수 있다. 이 예제에서는 UserSource 프로세서를 SayHello 프로세서의
부모로 지정했다. 이는 데이터가 UserSource에서 SayHello로 흐른다는 것을 의미
한다.

이전에 DSL 튜토리얼에서 봤듯이, 토폴로지를 구성하고 토폴로지를 실행하려면
streams.start()를 호출해야 한다.

```
KafkaStreams streams = new KafkaStreams(topology, config);
streams.start();
```

코드를 실행하기 전에 **SayHelloProcessor** 클래스를 구현해야 한다. Processor API를 사용해 커스텀 스트림 프로세서를 만들 때마다 **Processor** 인터페이스를 구현해야 한다. 이 인터페이스는 스트림 프로세서를 초기화하는 메소드(init)와 각 레코드마다 스트림 처리 로직을 적용하는 메소드(process), 정리 함수(close) 메소드를 지정한다. 초기화와 정리 함수는 이 예제에서 필요하지 않다.

다음은 이 예제에서 사용할 **SayHelloProcessor**의 간단한 구현이다. 7장에서 더욱 복잡한 예제들과 Processor 인터페이스의 모든 메소드(init, process, close)를 자세히 살펴볼 것이다.

```
public class SayHelloProcessor implements Processor<Void, String, Void, Void> { ❶
  @Override
  public void init(ProcessorContext<Void, Void> context) {} ❷

  @Override
  public void process(Record<Void, String> record) { ❸
    System.out.println("(Processor API) Hello, " + record.value());
  }

  @Override
  public void close() {} ❹

}
```

❶ Processor 인터페이스에서 첫 번째 두 제네릭(이 예제에서는 Processor<Void, String, ..., ...>)은 입력 키와 값의 타입을 가리킨다. 키는 **null**이고 값은 사용자 이름(예를 들어 텍스트 문자열)이므로, **Void**와 **String**은 적합한 선택이다. 마지막 두 제네릭 (Processor<..., ..., Void, Void>)은 출력의 키와 값의 타입을 가리킨다. 이 예제에서 **SayHelloProcessor**는 단순히 인사말을 출력한다. 여기서는 어떤 출력 키와 값을

하위 스트림으로 전달하지 않으므로, Void는 마지막 두 제네릭[24]으로 적합한 타입이다.

❷ 이 예제에서는 특별한 초기화가 필요 없으므로 메소드의 내용이 비어 있다. Processor Context 인터페이스의 제네릭은 출력 키와 값을 지정하지 않는다(다시 말하지만 이 예제에서는 메시지를 하위 스트림으로 전달하지 않으므로 둘 다 Void로 돼 있다).

❸ 처리 로직은 Processor 인터페이스의 process라는 이름의 메소드 안에 있다. 여기서는, 간단한 인사를 출력한다. Record 인터페이스의 제네릭은 입력 레코드의 키와 값의 타입을 가리키고 있다.

❹ 이 예제에서는 특별한 정리 작업이 필요 없다.

DSL 예제에서 사용했던 동일한 방식으로 명령을 실행해 코드를 실행할 수 있다.

```
./gradlew runProcessorAPI --info
```

다음과 같이 출력되면 카프카 스트림즈 애플리케이션이 예상대로 동작한 것이다.

```
(Processor API) Hello, angie
(Processor API) Hello, guy
(Processor API) Hello, kate
(Processor API) Hello, mark
```

7장에서 살펴볼 Processor API의 강력한 기능에도 불구하고, DSL 사용을 선호하는 이유는 DSL이 두 가지 강력한 추상화를 포함하고 있기 때문이다. 다음 절에서 이 추상화에 대해 살펴보자.

---

24 이 버전의 Processor 인터페이스는 카프카 스트림즈 2.7에 도입됐고 카프카 스트림즈 2.6의 인터페이스는 더 이상 사용하지 않는다. 이전 버전의 Processor 인터페이스에서는 입력 타입들만 지정했다. 이는 타입 안전성 검사 문제를 야기시켰다. 따라서 새 버전의 Processor 인터페이스 사용을 권장한다.

스트림과 테이블

예제 2-1을 자세히 보면, 카프카 토픽을 스트림으로 읽기 위해 stream이라는 DSL 연산자를 사용한 것을 눈치챘을 것이다. 관련 코드 라인은 다음과 같다.

```
KStream<Void, String> stream = builder.stream("users");
```

그러나 카프카 스트림즈는 데이터를 테이블로 보는 또 다른 방법도 제공한다. 이 절에서는 언제 스트림을 사용하고 언제 테이블을 사용하는지 알아보고 두 가지에 모두에 대해 배워 볼 것이다.

77페이지 '프로세서 토폴로지'에서 알아봤듯이, 프로세서 토폴로지 설계에는 애플리케이션 데이터를 읽고 쓸 소스와 싱크 프로세서를 지정하는 것이 포함돼 있다. 그러나 카프카 스트림즈 DSL은 카프카 토픽과 직접 작업하는 것 대신 카프카 토픽을 다른 표현으로 작업할 수 있는 기능을 제공한다. 카프카 토픽에 있는 데이터를 모델링하는 방식에는 두 가지가 있다. 스트림(레코드 스트림이라고도 부른다) 또는 테이블(변경 로그changelog 스트림으로도 알려져 있다). 이 두 데이터 모델을 비교하는 가장 쉬운 방법은 예제를 통해 알아보는 것이다.

표 2-2처럼 사용자 ID를 키로 하는 ssh 로그 레코드를 저장하는 토픽이 있다고 가정해 보자.

표 2-2 단일 파티션 토픽에 포함돼 있는 키가 있는 레코드들

키	값	오프셋

mitch	{
	"action": "login"
	}
		0

mitch	{
	"action": "logout"
	}
		1

elyse	{
	"action": "login"
	}
		2

키	값	오프셋

isabelle	{
	"action": "login"
	}
		3

이 데이터를 소비하기 전에, 스트림 또는 테이블 중 어떤 추상화를 사용할지 결정해야 한다. 추상화를 결정하려면 주어진 키의 최신 상태/표현만 추적할 것인지 전체 메시지의 이력을 모두 추적할 것인지 고려해야 한다. 두 선택 사항에 대해 각각 비교해보자.

스트림

이는 데이터베이스에서 말하는 삽입INSERT으로 생각할 수 있다. 각 레코드는 원래 로그 그대로 남아 있게 된다. 토픽의 스트림 표현은 표 2-3과 같다.

표 2-3 ssh 로그의 스트림 표현

키	값	오프셋

mitch	{
	"action": "login"
	}
		0

mitch	{
	"action": "logout"
	}
		1

elyse	{
	"action": "login"
	}
		2

isabelle	{
	"action": "login"
	}
		3

테이블

테이블은 데이터베이스의 갱신UPDATE으로 생각할 수 있다. 로그를 테이블로 표현하면 각 키의 현재 상태(어떤 키의 최신 레코드 또는 집계 값)만 남게 된다. 보통 압축된 토픽(예를 들어 카프카에게 각 키의 최신 값만 보관하고 싶다면 cleanup.policy를 compact

로 설정)으로부터 테이블을 만든다. 이 토픽의 테이블 표현은 표 2-4와 같다.

표 2-4 ssh 로그의 테이블 표현

키	값	오프셋

mitch	{
	"action": "logout"
	}
		1

elyse	{
	"action": "login"
	}
		2

isabelle	{
	"action": "login"
	}
		3

테이블은 본질적으로 상태가 있고[stateful] 카프카 스트림즈에서는 집계를 수행할 때 종종 사용한다.[25] 표 2-4는 실제 수학적 집계를 수행하지는 않고, 단지 각 사용자 ID의 최신 SSH 이벤트만 보관하고 있다. 그러나 테이블은 수학적 집계도 지원한다. 예를 들어 각 키의 최신 레코드를 추적하는 것이 아닌 레코드 개수를 계산할 수 있다. 이렇게 하면 각 키 값으로 개수를 집계한 값을 포함하는 조금 다른 테이블로 결과를 생성한다. 이 개수 집계 테이블을 표 2-5에서 볼 수 있다.

표 2-5 ssh 로그의 집계 테이블 뷰

키	값	오프셋
mitch	2	1
elyse	1	2
isabelle	1	3

---

25 사실 테이블을 종종 집계 스트림으로도 부른다. 마이클 놀((https://oreil.ly/dgSCn)의 "카프카와 스트림 처리에서의 스트림과 테이블, 1부"에서 이 주제에 대해 더 많이 다루니 참고하길 바란다.

눈치 빠른 독자라면 카프카 저장 계층(분산, 추가-전용)의 설계와 테이블 개념이 불일치함을 발견했을 것이다. 카프카로 쓴 레코드는 불변immutable인데 어떻게 카프카 토픽을 테이블로 표현해 데이터 갱신을 모델링한 것일까?

답은 간단하다. 테이블은 기본적으로 카프카 스트림즈 단에서 RocksDB[26]를 사용해 구현한 키-값 저장소에 물리화materialized된다. 정렬된 이벤트 스트림을 소비하고 각 키의 최신 레코드를 클라이언트단의 키-값 저장소에 보관함으로써(카프카 스트림즈 용어로는 일반적으로 상태 저장소라고 더 많이 부른다), 테이블 또는 맵map과 같은 데이터 표현으로 결과가 생성된다. 다시 말해 테이블은 카프카로부터 직접 소비하는 것이 아니라, 클라이언트단에 구축하는 것이다.

이를 이해하려면 약간의 자바 코드를 작성해보면 된다. 다음 코드에서, List는 정렬된 레코드 집합을 포함하므로 스트림을 표현하고[27], List(steam.forEach)를 통해 순회하면서 맵을 사용해 어떤 키의 최신 레코드만 남겨두면 테이블이 만들어진다. 다음 자바 코드는 이 기본적인 아이디어를 보여준다.

```java
import java.util.Map.Entry;

var stream = List.of(
    Map.entry("a", 1),
    Map.entry("b", 1),
    Map.entry("a", 2));

var table = new HashMap<>();

stream.forEach((record) -> table.put(record.getKey(), record.getValue()));
```

만약 이 코드를 실행한 후 스트림과 테이블을 출력하고자 한다면, 다음과 같은 출력을 보게 될 것이다.

---

26 RocksDB는 원래 페이스북에서 개발한 빠른 임베딩 키-값 저장소다. RocksDB와 키-값 저장소에 대한 것은 4~6장에서 좀 더 알아볼 것이다.

27 좀 더 깊이 분석하자면, List에서의 각 아이템의 색인 위치는 카프카 토픽에서의 레코드의 오프셋을 표현하려는 것이다.

```
stream ==> [a=1, b=1, a=2]

table ==> {a=2, b=1}
```

물론 이에 대한 카프카 스트림즈 구현은 보다 정교하며 인 메모리 맵과는 다른 내결함성을 가진 데이터 구조를 사용할 것이다. 그러나 무한 스트림을 테이블로 표현하는 기능은 스트림과 테이블 간의 좀 더 복잡한 관계 중 일부분일 뿐이다. 이에 대해서는 다음에 살펴볼 것이다.

스트림/테이블 이중성

테이블과 스트림의 이중성은 테이블은 스트림으로 표현 가능하고 스트림은 테이블을 재구성하는데 사용할 수 있다는 사실로부터 기인한다. 이전 절에서 카프카의 추가-전용, 불변 로그 특징이 데이터의 갱신을 허용하는 테이블과 개념적으로 불일치한다는 것을 논의할 때 스트림으로부터 테이블을 구축하는 것을 봤었다.

스트림으로부터 테이블을 재구축하는 기능은 카프카 스트림즈의 고유 기능이 아니다. 사실 다양한 종류의 저장소에서 이 기능을 기본적으로 제공한다. 예를 들어 MySQL의 복제 처리는 하위의 복제 테이블로 소스 테이블을 재구축할 때 이벤트 스트림을 수신(예를 들어 로우row의 변경)하는 동일 개념을 사용한다. 비슷하게, 레디스Redis는 인 메모리 키-값 저장소에 보낸 모든 명령을 캡처하는 추가-전용 파일AOF, Append-Only File 개념이 있다. 만약 레디스 서버가 오프라인이 되면, AOF의 명령 스트림은 데이터 셋을 재구축하기 위해 재생될 수 있다.

반대(스트림으로부터 테이블 표현)로 보면 어떨까? 테이블은 특정 시점의 스트림을 보는 것이다. 이전에 봤듯이 테이블은 새 레코드가 도착하면 관련 키와 값을 갱신한다. 테이블을 스트림으로 변경하면 갱신을 삽입으로 처리해 키와 값을 갱신하는 대신 새로운 레코드를 로그의 끝에 추가한다. 자바 코드를 조금 살펴보면 금방 감을 잡을 수 있을 것이다.

```
var stream = table.entrySet().stream().collect(Collectors.toList());

stream.add(Map.entry("a", 3));
```

스트림의 내용을 출력해보면, 더 이상 갱신은 사용되지 않고 삽입만 된 것을 확인할 수 있다.

```
stream ==> [a=2, b=1, a=3]
```

지금까지 스트림과 테이블에 대한 감을 잡기 위해 자바 언어로 표준 라이브러리를 이용해 작업해왔다. 카프카 스트림즈에서 스트림과 테이블로 작업할 때는 좀 더 특별한 추상화를 사용할 것이다. 이 추상화에 대해서는 다음 절에서 알아보자.

KStream, KTable, GlobalKTable

카프카 스트림즈에서 하위-수준 Processor API 넘어서는 상위-수준 DSL을 사용하는 이점 중 하나는 상위-수준 DSL이 스트림과 테이블의 사용을 매우 쉽게 해주는 추상화 집합을 포함하고 있다는 것이다.

다음은 각각에 대한 대략적인 설명이다.

KStream

KStream은 파티셔닝된 레코드 스트림의 추상화다. 이 추상화 내의 데이터는 삽입 INSERT 시멘틱을 사용해 표현한다(예를 들어 각 이벤트는 다른 이벤트와 독립적이라 간주한다).

KTable

KTable은 파티셔닝된 테이블의 추상화다(예를 들어 변경 로그 스트림). 이 추상화 내에서의 데이터는 갱신UPDATE 시멘틱을 사용해 표현한다(애플리케이션이 어떤 키의 최신 상태를 추적한다). KTable은 파티셔닝돼 있고, 각 카프카 스트림즈 태스크는 전체 테

이블의 일부분만 포함한다.[28]

GlobalKTable

GlobalKTable은 데이터의 전체 (예를 들어 파티셔닝되지 않은) 복사본을 포함하는 것만 제외하고 KTable과 비슷하다. 4장에서 언제 KTable을 사용하고 언제 Global KTable을 사용할지 배울 것이다.

카프카 스트림즈 애플리케이션은 여러 개 또는 하나의 스트림/테이블 추상화를 사용할 수 있다. 몇 개를 사용하냐는 사례마다 다르다. 이어지는 장들에서는 각각을 언제 사용하는지 배울 것이다. 이것으로 스트림과 테이블에 대한 기본적인 학습은 마치도록 하고, 3장에서 카프카 스트림즈에 대해 더욱 깊이 살펴보자.

요약

카프카 스트림즈의 첫날을 무사히 끝낸 것을 축하한다. 다음은 2장에서 어떤 것을 배웠는지 나열했다.

- 카프카 스트림즈는 카프카 생태계의 스트림 처리 계층에 존재한다. 여기에서 정교한 데이터 처리, 변환, 보강이 일어난다.

- 카프카 스트림즈는 단순하고 함수적인 API와 여러 프로젝트에서 재사용 가능한 스트림 처리의 기초적인 요소들을 가지고 스트림 처리 애플리케이션을 단순화시키기 위해 만들어졌다.

- 카프카 스트림즈는 아파치 플링크와 아파치 스파크 스트리밍과 같은 클러스터 기반의 솔루션과 비슷한 학습 곡선과 단순한 개발 모델을 가지고 있다. 진정한 스트리밍 방식으로 간주할 수 있는, 한 번에 한 이벤트 처리 개념을 지원한다.

---

28 소스 토픽이 하나 이상의 파티션을 포함하고 있다고 가정한다.

- 카프카 스트림즈는 실시간 의사결정과 데이터 처리를 요구하거나 이것들로부터 이점을 얻을 수 있는 문제를 해결할 때 최상의 선택이다. 또한 카프카 스트림즈는 신뢰성 있고, 유지 보수 가능하면서 확장 가능하고 부하에 탄력적이다.

- 카프카 스트림즈를 설치하고 실행하는 것은 단순하고 2장의 코드 예제는 https://github.com/mitch-seymour/mastering-kafkastreams-and-ksqldb에서 찾을 수 있다.

3장에서 카프카 스트림즈에서 상태가 없는stateless 처리를 어떻게 하는지 배울 것이다. 새로 소개할 DSL 연산자로 직접 경험도 해볼 것이다. 이는 좀 더 고급스럽고 강력한 스트림 처리 애플리케이션을 구축할 때 도움이 될 것이다.

상태가 없는 처리

스트림 처리의 가장 단순한 형태는 이전에 처리했던 이벤트에 대해 어떤 기억도 하지 않는 것이다. 이벤트 각각을 소비, 처리[1]한 후 잊어버린다. 이런 패러다임을 상태가 없는 처리stateless processing라 하고 카프카 스트림즈는 상태 없이도 데이터를 처리할 수 있는 다양한 연산자를 갖고 있다.

3장에서는 카프카 스트림즈에 포함돼 있는 상태가 없는 연산자를 살펴보고, 이 연산자를 사용해 일반적인 스트림 처리 작업을 쉽게 처리할 수 있는 방법에 대해 알아볼 것이다. 3장에서 알아볼 주제들은 다음과 같다.

- 레코드 필터링filter

- 필드 추가 및 삭제

- 레코드의 키 변경rekeying

- 스트림 가지치기branching

- 스트림 병합merging

- 레코드를 하나 또는 그 이상의 출력으로 변환

- 레코드를 한 번에 하나씩 보강enrich

---

1   "처리"는 다의어이다. 여기서는 굉장히 넓은 의미로 사용하며 보강, 변환, 반응, 출력 토픽으로 데이터를 내보내는 것을 가리킨다.

2장과 마찬가지로 튜토리얼을 통해 이 개념들에 대해 알아볼 것이다. 이 튜토리얼에서는 트위터로부터 암호 화폐 관련 데이터를 수집한 후, 원시 데이터를 좀 더 의미 있는 어떤 것(투자 신호)으로 변환하기 위해 상태가 없는 연산자들을 적용할 것이다. 3장을 마무리할 때면 카프카 스트림즈의 상태가 없는 연산자들을 사용해 원시 데이터를 어떻게 보강, 변환할 수 있는지 잘 알게 될 것이다. 상태가 없는 연산자는 이어지는 장들에서 배울 고급 개념들을 이해하는 데 큰 도움이 될 것이다.

튜토리얼에 들어가기에 앞서, 스트림 처리의 다른 형태인 상태가 있는 처리^{stateful processing}와 상태가 없는 처리를 비교해보면서 상태가 없는 처리를 좀 더 명확하게 이해해보자.

상태가 없는 처리 대 상태가 있는 처리

카프카 스트림즈 애플리케이션을 만들 때 가장 중요하게 생각해봐야 할 것 중 하나는 애플리케이션이 상태가 있는 처리를 필요로 하는지 여부이다. 다음은 상태가 없는 스트림 처리와 상태가 있는 스트림 처리를 어떻게 구별하는지 설명하고 있다.

- 상태가 없는 애플리케이션에서 카프카 스트림즈 애플리케이션이 처리한 각 이벤트는 다른 이벤트와 독립적으로 처리되고, 애플리케이션은 스트림(101페이지 '스트림과 테이블' 참조)으로만 작업해도 충분하다. 다시 말해 애플리케이션은 각 이벤트를 독립적인 삽입^{INSERT}으로 간주하고 이전에 처리한 이벤트에 대해서는 어떠한 기억도 하지 않는다.

- 반면, 상태가 있는 애플리케이션에서는 프로세서 토폴로지의 한두 단계 이상의 이전 단계에서 처리했던 이벤트에 대한 정보를 기억해야 한다. 상태가 있는 처리는 보통 집계^{aggregation}, 윈도잉^{windowing} 또는 이벤트 스트림들을 조인^{join}할 목적으로 사용한다. 이런 애플리케이션은 추가적인 데이터 또는 상태를 추적해야 하기 때문에 내부 처리 구조가 훨씬 더 복잡하다.

상위-수준 DSL에서는 토폴로지의 각 연산자들이 스트림 처리 애플리케이션의 최종 종류를 결정한다.[2] 연산자는 토폴로지에 흐르는 이벤트에 적용하는 스트림 처리 함수(예를 들어 filter, map, flatMap, join 등)이다. filter와 같은 연산자는 현재 레코드만 보고 어떤 동작을 수행(filter의 경우 각 레코드를 하위 프로세서로 전달할지 여부를 결정한다)하므로 상태가 없다고 간주할 수 있다. count와 같은 연산자는 이전에 처리한 이벤트에 대한 정보를 요구하므로 상태가 있다(count는 얼마나 많은 메시지들이 있었는지 추적하기 위해 지금까지 본 이벤트의 개수를 알고 있어야 한다).

카프카 스트림즈 애플리케이션이 상태가 없는 연산자만 요구한다면(그래서 이전에 처리했던 이벤트에 대해 아무런 기억을 유지할 필요가 없다면), 이 애플리케이션을 상태가 없다고 간주할 수 있다. 그러나 하나 이상의 상태가 있는 연산자(4장에서 배울 것이다)를 요구하면, 애플리케이션이 상태가 없는 연산자를 사용하든 안 하든 상태가 있는 처리로 간주한다. 상태가 있는 애플리케이션의 상태 유지, 수평 확장, 내결함성으로 인해 추가적인 복잡성이 발생한다. 이 스트림 처리 형태에 대해서는 4장에서 별도로 다룰 것이다.

모든 것이 추상적으로 들리겠지만, 걱정하지 않아도 된다. 앞으로 상태가 없는 카프카 스트림즈 애플리케이션을 구축하면서 이런 개념들을 알아볼 것이다. 또한 상태가 없는 연산자를 조금이나마 직접 경험해볼 기회도 가져볼 것이다. 일단 3장의 튜토리얼부터 소개한다.

튜토리얼 소개: 트위터 스트림 처리

이 튜토리얼에서는 알고리듬 매매algorithmic trading 사례를 살펴볼 것이다. 종종 고빈도 매매HFT, High-Frequency Trading라고도 하는 이 고수익 매매 방식은 여러 가지 시장의 신호들을 최소한의 지연으로 처리하고 반응해 자동으로 증권을 평가하고 구매하는 소프트웨어를 포함한다.

---

2   3장에서는 DSL에 초점을 맞추고, Processor API를 이용한 상태가 없는 처리와 상태가 있는 처리는 7장에서 다룰 것이다.

이 가상의 매매 소프트웨어에 도움이 되도록, 여러 종류의 암호 화폐(비트코인, 이더리움, 리플 등)에 대한 시장의 감정^{sentiment}을 측정하고 이 감정 점수를 커스텀 매매 알고리듬[3]에서 주식 투자와 매각의 신호로 사용하는 데 도움을 줄 스트림 처리 애플리케이션을 구축할 것이다.

수백만의 사람들이 암호 화폐나 기타 주제에 관한 자신들의 생각을 공유할 때 트위터를 이용한다. 우리는 트위터를 매매 알고리듬 애플리케이션의 데이터 소스로 사용할 것이다.

시작하기 전에, 이 스트림 애플리케이션을 구축할 때 어떤 단계들이 필요한지 알아보자. 그리고 상태가 없는 카프카 스트림즈 애플리케이션 구축에 사용할 프로세서 토폴로지의 요구 사항으로 다음 내용을 사용할 것이다. 각 단계의 핵심 개념은 이탤릭체로 돼 있다.

1. 특정 디지털 자산을 언급하는 트윗(#bitcoin, $ethereum)은 **tweets**라는 소스 토픽으로부터 소비해야 한다.

   - 각 레코드가 JSON으로 인코딩돼 있기 때문에, 이 레코드들을 상위-수준 데이터 클래스로 *역직렬화*^{deserialize}할 적당한 방법을 찾아야 한다.

   - 코드를 단순화하기 위해 역직렬화 과정에서 불필요한 필드들은 삭제한다. 작업할 필드 일부 집합만 선택하는 것을 *프로젝션*^{projection}이라 부르고, 이는 스트림 처리에서 많이 수행하는 작업 중 하나이다.

2. 데이터 처리에서 리트윗은 제외돼야 한다. 이를 위해 데이터 *필터링*^{filtering}을 포함할 것이다.

3. 영어로 돼 있지 않은 트윗은 번역을 위해 별도 스트림으로 *가지치기*^{branching}해야 한다.

4. 비영어 트윗은 영어로 번역해야 한다. 이를 위해 하나의 입력 값(비영어 트윗)을

---

3 이상적으로는 매매 알고리듬이 시장의 감정뿐만 아니라 다양한 신호들을 포함해야 하나(많은 돈을 잃기 싫으면), 이 튜토리얼에서는 완벽한 매매 알고리듬을 개발하지 않을 것이다.

새로운 출력 값(영어로 번역한 트윗)으로 *매핑mapping* 해야 한다.

5. 번역한 트윗을 영어 트윗 스트림과 통합해 하나의 스트림으로 생성하기 위해 두 스트림을 *병합merging* 해야 한다.

6. 각 트윗은 트위터 사용자들이 특정 디지털 자산에 대해 이야기할 때 긍정적 또는 부정적 감정을 전달하고 있는지를 나타내는 감정 점수sentiment로 보강enrich해야 한다. 하나의 트윗이 여러 암호 화폐를 언급할 수 있으므로, `flatMap` 연산자를 사용해 하나의 입력(트윗)을 여러 출력으로 변환하는 방법을 보여줄 것이다.

7. 보강한 트윗은 Avro 포맷으로 직렬화해 `crypto-sentiment`라는 이름의 출력 토픽으로 내보낼 것이다. 가상 매매 알고리듬은 이 토픽을 읽고 감정 신호를 기반으로 투자를 결정할 것이다.

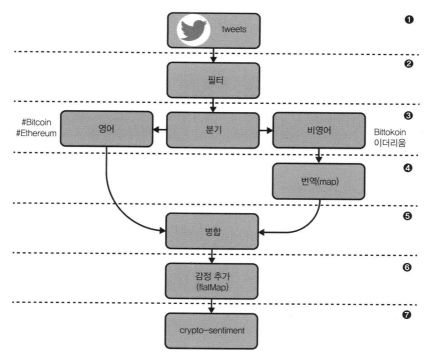

그림 3-1 트윗을 보강하는 애플리케이션이 구현할 토폴로지

요구 사항은 모두 살펴봤으니, 이제 프로세서 토폴로지 설계를 할 수 있다. 그림 3-1은 3장에서 구축할 토폴로지와 데이터가 카프카 스트림즈 애플리케이션을 어떻게 흐르는지 보여주고 있다.

이제 그림 3-1의 토폴로지 설계를 이용해 각 처리 단계(1-7 라벨이 붙어 있다)에 로직을 추가해 카프카 스트림즈 애플리케이션 구현을 시작할 수 있다. 우선 프로젝트를 설치한 후 토폴로지의 첫 번째 단계(소스 토픽으로부터 트윗 읽기)를 살펴볼 것이다.

프로젝트 설치

3장의 코드는 https://github.com/mitch-seymour/masteringkafka-streams-and-ksqldb.git에 있다.

각 토폴로지 단계의 구현 코드를 참고하려면, 코드 저장소를 클론하고 3장의 튜토리얼이 있는 디렉터리로 이동하자. 다음 명령으로 이를 수행할 수 있다.

```
$ git clone git@github.com:mitch-seymour/mastering-kafka-streams-and-ksqldb.git
$ cd mastering-kafka-streams-and-ksqldb/chapter-03/crypto-sentiment
```

다음 명령으로 프로젝트를 언제든지 빌드할 수 있다.

```
$ ./gradlew build --info
```

트윗 번역과 감정 분석(그림 3-1에서 4단계와 6단계)은 카프카 스트림즈의 상태가 없는 연산자를 보여줄 때 크게 중요하지 않으므로 상세 구현에서 생략했다. 그러나 깃허브의 소스 코드에는 완벽하게 동작하는 코드를 포함하고 있으므로, 이 구현에 대해 상세히 알고 싶으면 프로젝트의 README.md 파일을 참고하길 바란다.

이제 프로젝트 설치가 완료됐고, 카프카 스트림즈 애플리케이션을 생성해보자.

KStream 소스 프로세서 추가

모든 카프카 스트림즈 애플리케이션은 공통적으로 한 가지를 포함하고 있다. 카프카 스트림즈 애플리케이션은 하나 이상의 소스 토픽으로부터 데이터를 소비한다. 이 튜토리얼에서는 tweets라는 하나의 소스 토픽만 가지고 있다. 트위터의 스트리밍 API를 사용해 트윗들을 읽고 JSON으로 인코딩한 트윗 레코드들을 카프카로 내보내는 트위터 소스 커넥터(https://oreil.ly/yvEoX)를 이용해 이 토픽을 트윗으로 채운다. 예제 3-1에 예제 트윗 값[4]을 보여주고 있다.

예제 3-1 tweets 소스 토픽에 있는 예제 레코드 값

```
{
    "CreatedAt": 1602545767000,
    "Id": 1206079394583924736,
    "Text": "Anyone else buying the Bitcoin dip?",
    "Source": "",
    "User": {
        "Id": "123",
        "Name": "Mitch",
        "Description": "",
        "ScreenName": "timeflown",
        "URL": "https://twitter.com/timeflown",
        "FollowersCount": "1128",
        "FriendsCount": "1128"
    }
}
```

이제 데이터가 어떤 형태인지 알았으니, 첫 번째로 처리해야 하는 단계는 소스 토픽으로부터 데이터를 읽어 카프카 스트림즈 애플리케이션으로 가져오는 것이다. 2장에서 상태가 없는 레코드 스트림을 표현하기 위해 KStream 추상화를 사용할 수 있다고 배웠다. 다음 코드에서 볼 수 있듯이, 카프카 스트림즈에서 KStream 소스 프로세서를 추가하는 것은 단순하며, 단 두 줄의 코드로 가능하다.

---

4   애플리케이션에서 키 수준의 연산을 수행하지 않으므로, 3장에서는 레코드 키는 무시한다.

```
StreamsBuilder builder = new StreamsBuilder(); ❶

KStream<byte[], byte[]> stream = builder.stream("tweets"); ❷
```

❶ 상위-수준 DSL을 사용할 때, **StreamBuilder** 인스턴스로 프로세서 토폴로지를 생성
한다.

❷ **StreamBuilder.stream** 메소드에 토픽 이름을 넘기면 **KStream** 인스턴스를 생성할
수 있다. **stream** 메소드는 선택적으로 추가 파라미터를 받는다. 이에 대해서는 이후
절들에서 알아볼 것이다.

주목할 것은 위에서 생성한 KStream은 byte[] 타입을 매개변수로 받는다.

```
KStream<byte[], byte[]>
```

2장에서 이에 대해서 간단히 알아봤지만, KStream 인터페이스는 두 개의 제네릭을 사용
한다. 하나는 카프카 토픽의 키(K)의 타입이고 다른 하나는 값(V)의 타입을 지정한다.
카프카 스트림즈 라이브러리를 열어보면 다음과 같은 인터페이스를 볼 수 있을 것이다.

```
public interface KStream<K, V> {
  // 생략
}
```

따라서 KStream<byte[], byte[]>로 매개변수화한 KStream 인스턴스는 tweets 토픽으
로부터 들어오는 레코드 키와 값이 바이트 배열로 인코딩돼 있음을 가리킨다. 그러나
실제로는 소스 커넥터가 키와 값을 JSON 객체로 인코딩한다고(예제 3-1 참고) 언급했
었다. 그래서 결론적으로 어떤 것을 보내는가?

카프카 스트림즈는 기본적으로 애플리케이션으로 흐르는 데이터를 바이트 배열로 표현
한다. 이는 카프카 자체가 데이터를 원시 바이트 배열로 저장하고 전송하기 때문이다.
따라서 데이터의 바이트 배열 표현은 항상 잘 동작한다(기본값으로 바이트 배열을 사용하
는 것은 합리적이다). 원시 바이트들을 저장하고 전송하는 것은 클라이언트단에 특정 데

이터 포맷을 강요하지 않으므로 카프카를 유연하게 만들고, 원시 바이트 스트림을 네트워크로 전송할 때 브로커단에서 적은 메모리와 CPU 사이클을 요구하므로 성능이 빠르다.[5] 그러나 카프카 스트림즈 애플리케이션을 포함해 카프카 클라이언트가 상위 수준의 객체와 (구분자로 분리 또는 분리되지 않은) 문자열, JSON, Avro, Protobuf 등[6]과 같은 포맷으로 작업하려면 이 바이트 스트림을 직렬화하고 역직렬화하는 책임을 클라이언트가 갖고 있다는 것을 의미한다.

트윗 레코드를 상위 수준의 객체로 역직렬화하는 문제를 언급하기 전에, 카프카 스트림즈 애플리케이션을 실행할 때 필요한 반복적인 코드를 먼저 추가해보자. 테스트가 가능하게 할 목적으로 카프카 스트림즈 토폴로지 구축을 실제 애플리케이션 실행 코드와 분리하는 것이 좋다. 반복적인 코드는 두 클래스로 돼 있다. 먼저 예제 3-2에서 보이는 것처럼 카프카 스트림즈 토폴로지를 구축하는 클래스를 정의할 것이다.

예제 3-2 카프카 스트림즈 토폴로지를 정의하는 자바 클래스

```java
class CryptoTopology {

    public static Topology build() {
        StreamsBuilder builder = new StreamsBuilder();

        KStream<byte[], byte[]> stream = builder.stream("tweets");
        stream.print(Printed.<byte[], byte[]>toSysOut().withLabel("tweets-
        stream")); ❶

        return builder.build();
    }
}
```

---

5   카프카는 바이트 배열로 데이터를 저장하거나 전송할 때 제로-카피(zero-copy) 방식을 사용한다. 직렬화/역직렬화는 사용자 쪽에서 처리하므로 직렬화/역직렬화할 때 사용자 영역과 커널 영역의 경계를 들락거릴 필요가 없음을 의미한다. 이를 통해 카프카는 매우 큰 성능적 이점을 얻게 된다.

6   따라서 트위터 커넥터가 트윗들을 JSON으로 인코딩한다고 말할 때, 트윗 레코드가 카프카에 원시 JSON으로 저장된다는 것을 의미하는 것이 아니라, 이 카프카 토픽에 있는 트윗의 바이트 표현을 역직렬화할 때 JSON 포맷으로 변경돼야 한다는 의미이다.

❶ 이 print 연산자는 애플리케이션에 흐르는 데이터를 쉽게 볼 수 있게 해준다. 개발 용으로만 사용할 것을 권장한다.

예제 3-3의 두 번째 클래스 App은 토폴로지를 인스턴스화하고 실행한다.

예제 3-3 카프카 스트림즈 애플리케이션을 실행할 때 사용하는 자바 클래스

```
class App {
  public static void main(String[] args) {
    Topology topology = CryptoTopology.build();

    Properties config = new Properties(); ❶
    config.put(StreamsConfig.APPLICATION_ID_CONFIG, "dev");
    config.put(StreamsConfig.BOOTSTRAP_SERVERS_CONFIG, "localhost:29092");

    KafkaStreams streams = new KafkaStreams(topology, config); ❷

    Runtime.getRuntime().addShutdownHook(new Thread(streams::close)); ❸

    System.out.println("Starting Twitter streams");
    streams.start(); ❹
  }
}
```

❶ 카프카 스트림즈는 애플리케이션 ID(이는 컨슈머 그룹과 관련 있다)와 카프카 부트스 트랩 서버 목록을 기본 설정으로 요구한다.

❷ 프로세서 토폴로지와 스트림즈 설정을 이용해 KafkaStreams 객체 인스턴스를 생성 한다.

❸ 프로세서 중단 시그널을 받을 때 카프카 스트림즈 애플리케이션을 우아하게 중단하 는 셧다운 훅^{Shutdown Hook}을 추가한다.

❹ 카프카 스트림즈 애플리케이션을 시작한다. streams.start()는 블록되지 않고 백 그라운드 처리 스레드에서 토폴로지가 실행된다는 것을 명심해야 한다. 이런 이유 로 셧다운 훅이 필요하다.

애플리케이션을 실행할 준비가 됐다. 카프카 스트림즈 애플리케이션을 시작하면 **tweets** 토픽으로 데이터를 보내게 되고 원시 바이트 배열이 화면에 출력되는 것을 볼 수 있을 것이다(각 출력 열마다 쉼표 뒤에 암호 같은 것이 보인다).

```
[tweets-stream]: null, [B@c52d992
[tweets-stream]: null, [B@a4ec036
[tweets-stream]: null, [B@3812c614
```

예상하는 것처럼, 바이트 배열로는 스트림 처리 작업을 구현하는 것은 힘들다. 만약 소스 토픽의 데이터를 표현할 수 있는 다른 방법이 있다면 이후 스트림 처리 단계의 구현이 훨씬 쉬워질 것이다. 여기서 직렬화와 역직렬화가 필요하다.

직렬화/역직렬화

카프카는 바이트 입력과 출력의 스트림 처리 플랫폼이다. 이것은 카프카 스트림즈와 같은 클라이언트가 자신이 소비하는 바이트 스트림을 상위-수준의 객체로 변환하는 책임을 가지고 있다는 것을 의미한다. 이 처리를 역직렬화^{deserialize}라 한다. 비슷하게 클라이언트는 카프카로 보내는 모든 데이터를 바이트 배열로 변환해야 한다. 이 처리를 직렬화^{serialize}라 한다. 그림 3-2에는 이 처리들을 보여준다.

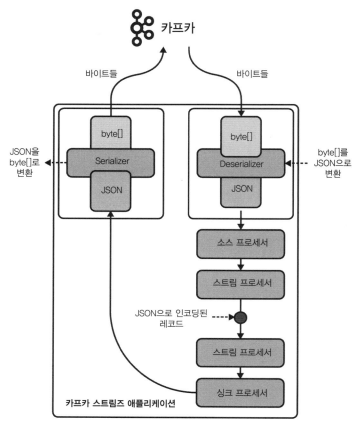

그림 3-2 카프카 스트림즈 애플리케이션에서 역직렬화와 직렬화 처리가 발생하는 위치를 보여주는 아키텍처

카프카 스트림즈에서 직렬화와 역직렬화 클래스들은 종종 Serdes[7]라는 단일 클래스에 포함돼 있고, 카프카 스트림즈 라이브러리는 표 3-1과 같이 여러 Serdes 구현체를 제공한다.[8] 예를 들어 String Serdes(`Serdes.String()`으로 접근 가능)는 문자열 직렬화와 역직렬화 클래스 모두를 포함하고 있다.

---

7   보통 "서데즈"라고 읽는다. – 옮긴이

8   좀 더 많은 Serdes들이 이후 릴리스에 포함될 것으로 보인다. 사용 가능한 전체 Serdes 클래스 목록은 공식 문서에서 확인하길 바란다(https://oreil.ly/GIsuV).

표 3-1 카프카 스트림즈에서 사용 가능한 기본 Serdes 구현체들

데이터 타입	Serdes 클래스
byte[]	Serdes.ByteArray(), Serdes.Bytes()
ByteBuffer	Serdes.ByteBuffer()
Double	Serdes.Double()
Integer	Serdes.Integer()
Long	Serdes.Long()
String	Serdes.String()
UUID	Serdes.UUID()
Void	Serdes.Void()

카프카 스트림즈에서 데이터를 역직렬화/직렬화가 필요할 때마다, 내장돼 있는 Serdes 클래스가 요구 사항에 맞는지 확인 먼저 해봐야 한다. 눈치챘듯이 카프카 스트림즈는 JSON[9], Avro, Protobuf와 같은 일반적인 포맷들의 Serdes도 배포하지 않고 있다. 그러나 필요하면 직접 Serdes를 구현할 수 있다. 트윗이 JSON 객체로 표현되므로 이 포맷을 다룰 커스텀 Serdes를 어떻게 만드는지 배워보자.

커스텀 Serdes 만들기

이전에 언급했듯이 소스 토픽의 트윗들은 JSON 객체로 인코딩돼 있으나 카프카는 원시 바이트로만 데이터를 저장한다. 따라서 첫 번째로 해야 할 것은 트윗을 상위-수준의 JSON 객체로 역직렬화해 스트림 처리 애플리케이션 내에서 쉽게 다룰 수 있도록 하는 코드를 작성해야 한다. 직접 Serdes를 구현하는 것 대신 내장돼 있는 문자열 Serdes인 Serdes.String()을 사용할 수도 있으나, 이는 트윗 객체의 각 필드를 접근[10]할 때 쉽지 않으므로 데이터 처리 구현이 어려워진다.

---

9   JSON Serdes 예제가 카프카 소스 코드에 포함돼 있으나, 이 책을 쓰는 시점에 다른 공식 Serdes처럼 Serdes 팩토리 클래스를 공식적으로 노출하지 않고 있다.

10   이를 위해 정규 표현식을 사용할 수 있으나 잘 동작하지 않을 수 있다.

JSON이나 Avro와 같은 일반적인 포맷의 데이터를 처리할 때 바닥부터 JSON 직렬화/
역직렬화 로직을 직접 구현할 필요는 없다. JSON을 직렬화하고 역직렬화하는 많은 자
바 라이브러리가 있으나, 3장에서는 그중 하나인 Gson(https://oreil.ly/C2_5K)을 사용
할 것이다. Gson은 구글에서 개발했고 JSON 바이트를 자바 객체로 변환하는 직관적인
API를 가지고 있다. 다음 코드는 카프카로부터 JSON 레코드를 읽을 때마다 유용하게
사용할 수 있는 바이트 배열의 역직렬화 방법을 보여준다.

```
Gson gson = new Gson();
byte[] bytes = ...; ❶
Type type = ...; ❷
gson.fromJson(new String(bytes), type); ❸
```

❶ 역직렬화해야 하는 원시 바이트

❷ type은 역직렬화할 레코드를 표현하는 자바 클래스이다.

❸ fromJson 메소드는 실제로 원시 바이트를 자바 클래스로 변환한다.

또한 Gson은 자바 객체를 원시 바이트 배열로 변환(직렬화)하는 반대 처리도 지원한다.
다음 코드는 Gson에서 직렬화하는 방법을 보여준다.

```
Gson gson = new Gson();
gson.toJson(instance).getBytes(StandardCharsets.UTF_8);
```

Gson 라이브러리는 JSON을 직렬화/역직렬화하기 위해 밑에서 더 복잡한 작업을 하지
만 커스텀 Serdes를 구현할 때는 Gson이 제공하는 기능만 이용하면 된다. 이제 첫 번째
로 할 것은 원시 바이트 배열을 역직렬화해 변환할 데이터 클래스를 정의하는 것이다.

데이터 클래스 정의

Gson(그리고 Jackson과 같은 여러 JSON 직렬화 라이브러리들)의 기능 중 하나는 JSON 바
이트 배열을 자바 객체로 변환해주는 것이다. 이를 위해 간단히 데이터 클래스, 또는

POJO^{Plain Old Java Object}를 정의만 하면 된다. 이 클래스는 소스 객체로부터 역직렬화하길 바라는 필드들을 포함하고 있다.

예제 3-4에서 볼 수 있듯이, 이 카프카 스트림즈 애플리케이션에서 원시 트윗 레코드를 표현하는 데이터 클래스는 굉장히 단순한다. 원시 트윗으로부터 읽고자 하는 각 필드(예를 들어 createdAt)를 클래스 속성과 각 속성을 접근할 때 필요한 getter/setter 메소드(예를 들어 getCreatedAt)를 정의만 하면 된다.

예제 3-4 트윗 레코드를 역직렬화할 때 사용할 데이터 클래스

```
public class Tweet {
  private Long createdAt;
  private Long id;
  private String lang;
  private Boolean retweet;
  private String text;

  // getters와 setters는 생략
}
```

소스 레코드에서 특정 필드들을 읽지 않으려면 데이터 클래스에서 해당 필드를 생략하면 된다. 그러면 Gson이 자동으로 해당 필드를 제외한다. 커스텀 역직렬화를 구현할 때마다, 현재 애플리케이션이나 이후 애플리케이션에서 필요하지 않은 필드들은 소스 레코드에서 제외하는 것을 고려해봐야 한다. 접근할 필드의 수를 줄이는 처리를 프로젝션이라 하고, SQL에서 관심 있는 컬럼들만 선택하는 SELECT문 사용과 비슷하다.

이제 데이터 클래스는 생성했고, 트윗 토픽으로부터 원시 바이트 배열을 상위 수준의 **Tweet** 자바 객체(작업하기 훨씬 쉬울 것이다)로 변환하는 카프카 스트림즈 Deserializer를 구현할 수 있다.

커스텀 Deserializer 구현

커스텀 Deserializer 구현에 필요한 코드는 바이트 배열을 역직렬화하는 아주 복잡한 부분을 감춘 라이브러리를 사용하면(Gson을 사용하는 것처럼) 매우 단순하다. 카프카 클라이언트 라이브러리의 Deserializer 인터페이스를 단순히 구현하기만 하면 되며, 역직렬화가 필요할 때마다 역직렬화 로직을 호출하면 된다. 다음 코드는 TweetDeserializer 구현을 어떻게 하는지 보여준다.

```
public class TweetDeserializer implements Deserializer<Tweet> {
  private Gson gson =
    new GsonBuilder()
        .setFieldNamingPolicy(FieldNamingPolicy.UPPER_CAMEL_CASE) ❶
        .create();

  @Override
  public Tweet deserialize(String topic, byte[] bytes) { ❷
    if (bytes == null) return null; ❸
    return gson.fromJson(
      new String(bytes, StandardCharsets.UTF_8), Tweet.class); ❹
  }
}
```

❶ Gson JSON 필드 이름으로 여러 가지 포맷을 지원한다. 트위터 카프카 커넥터는 낙타 표기법Camel Case을 사용하므로 JSON 객체가 정확히 역직렬화되도록 적당한 필드 이름 정책을 설정해야 한다. 이는 매우 Gson에 특화된 것이고, 여러분이 Deserializer를 직접 구현할 때는 바이트 배열의 역직렬화에 필요한 서드-파티 라이브러리와 사용자 정의 설정을 자유롭게 사용해도 된다.

❷ 여기서는 tweets 토픽의 레코드를 역직렬화할 때 필요한 로직을 deserialize 메소드로 오버라이드한다. 이 메소드는 데이터 클래스(Tweet)의 인스턴스를 반환한다.

❸ 바이트 배열이 null일 때는 역직렬화 시도를 하지 않는다.

❹ 바이트 배열을 Tweet 객체로 역직렬화하기 위해 Gson 라이브러리를 사용한다.

이제 Serializer를 구현할 준비가 됐다.

커스텀 Serializer 구현

커스텀 Serializer를 구현하는 코드 또한 매우 직관적이다. 이제 카프카 클라이언트 라이브러리에 포함돼 있는 **Serializer** 인터페이스의 **serialize** 메소드를 구현해야 한다. 이번에도 무거운 작업은 Gson의 직렬화 기능을 이용할 것이다. 다음 코드는 3장에서 사용할 트윗 Serializer이다.

```
class TweetSerializer implements Serializer<Tweet> {
  private Gson gson = new Gson();\

  @Override
  public byte[] serialize(String topic, Tweet tweet) {
    if (tweet == null) return null; ❶
    return gson.toJson(tweet).getBytes(StandardCharsets.UTF_8); ❷
  }
}
```

❶ null인 Tweet 객체를 직렬화하지 않는다.

❷ Tweet 객체가 null이 아니라면 Gson을 사용해 객체를 바이트 배열로 변환한다.

트윗 Deserializer와 Serializer가 준비됐으니 이제 두 클래스를 하나의 Serdes로 묶을 수 있다.

트윗 Serdes 구현

지금까지 Deserializer와 Serializer 구현 코드는 매우 단순했다. 비슷하게 사용 편리를 위해 Deserializer와 Serializer를 래퍼^{wrapper} 클래스로 묶는 것이 유일한 목적인 커스텀 Serdes 클래스의 구현도 매우 간단하다. 다음 코드는 커스텀 Serdes 클래스 구현이 얼마나 쉬운지 보여준다.

```
public class TweetSerdes implements Serde<Tweet> {

  @Override
  public Serializer<Tweet> serializer() {
    return new TweetSerializer();
  }

  @Override
  public Deserializer<Tweet> deserializer() {
    return new TweetDeserializer();
  }
}
```

이제 커스텀 Serdes도 준비가 됐고, 예제 3-2의 코드를 약간 변경해보자.

```
KStream<byte[], byte[]> stream = builder.stream("tweets");
stream.print(Printed.<byte[], byte[]>toSysOut().withLabel("tweets-stream"));
```

위 코드를 아래처럼 바꾼다.

```
KStream<byte[], Tweet> stream = ❶
  builder.stream(
    "tweets",
    Consumed.with(Serdes.ByteArray(), new TweetSerdes())); ❷

stream.print(Printed.<byte[], Tweet>toSysOut().withLabel("tweets-stream"));
```

❶ 값 타입이 byte[]에서 Tweet으로 바뀐 것을 볼 수 있을 것이다. 이후 절에서 보게 되겠지만 Tweet 인스턴스로 작업하면 스트림 처리 코드 작성이 훨씬 쉬워질 것이다.

❷ 카프카 스트림즈의 Consumed 클래스의 도움으로 KStream 생성에 사용할 키와 값 Serdes를 명시적으로 설정한다. 값 Serdes를 new TweetSerdes()로 설정하면, 스트림을 바이트 배열 대신 Tweet 객체로 채울 것이다. 키 Serdes는 변경하지 않는다.

키는 여전히 바이트 배열로 직렬화하고 있다는 것을 명심해야 한다. 이 애플리케이션의 토폴로지는 레코드 키로 어떠한 작업도 하지 않으므로 키를 역직렬화할 필요가 없다.[11] 이제 카프카 스트림즈 애플리케이션을 실행하고 소스 토픽으로 데이터를 보내면 Tweet 객체로 작업하는 것을 볼 수 있을 것이다. 이 객체에는 JSON의 필드를 접근할 때 도움을 주는 getter 메소드들이 포함돼 있어 이후 스트림 처리 단계들에서 사용할 수 있다.

```
[tweets-stream]: null, Tweet@182040a6
[tweets-stream]: null, Tweet@46efe0cb
[tweets-stream]: null, Tweet@176ef3db
```

이제 Tweet 데이터 클래스를 사용하는 KStream을 생성했고, 토폴로지의 나머지를 구현할 준비가 됐다. 다음 단계는 트위터 스트림에서 리트윗을 필터링하는 것이다.

카프카 스트림즈에서 역직렬화 오류 처리

애플리케이션을 만들 때 역직렬화 오류를 어떻게 처리할 것인지 명시적으로 설정해야 한다. 그렇지 않으면 소스 토픽으로 유효하지 않은 레코드가 들어올 때 반갑지 않은 현상을 보게 될 것이다. 카프카 스트림즈는 DEFAULT_DESERIALIZATION_EXCEPTION_HANDLER_CLASS_CONFIG라는 특별한 설정을 포함하고 있다. 이 설정은 역직렬화 예외 처리 클래스를 지정하는 데 사용한다. 여러분이 직접 예외 처리 클래스를 작성할 수도 있고 LogAndFailExceptionHandler(오류를 로그로 남기고 중지 시그널을 카프카 스트림즈로 보낸다)와 같은 내장돼 있는 기본 구현을 사용해도 된다.

데이터 필터링

스트림 처리 애플리케이션에서 상태가 없는 작업 중 하나가 데이터 필터링이다. 필터링은 처리할 레코드 일부만 선택하고 나머지는 버린다. 그림 3-3은 필터링의 기본적인 개념을 보여준다.

---

11   불필요한 직렬화/역직렬화는 애플리케이션에 따라 성능에 부정적인 영향을 미칠 수 있다.

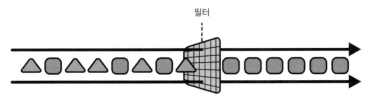

그림 3-3 데이터 필터링은 이벤트 스트림에서 필요한 데이터만 선택하게 해준다.

카프카 스트림즈에는 필터링에 사용하는 두 연산자[12]를 포함하고 있다.

- filter

- filterNot

이제 filter 연산자에 대해 알아보자. filter는 어떤 메시지의 유지 여부를 결정하기 위해 술어^{Predicate}라 부르는 부울 표현$^{Boolean expression}$만 넘겨 받는다. 만약 술어가 true를 반환하면 이벤트는 하위 스트림의 프로세서로 넘겨질 것이다. 만약 술어가 false를 반환하면 레코드는 이후 처리에서 제외될 것이다. 이 튜토리얼의 애플리케이션의 경우 리트윗을 걸러내면 되므로, 술어는 Tweet.isRetweet() 메소드를 사용할 것이다.

술어는 함수적 인터페이스$^{Functional Interface}$이므로[13] filter 연산자로 람다를 사용할 수 있다. 예제 3-5는 이 메소드를 사용해 리트윗을 어떻게 필터링해 제외하는지 보여준다.

예제 3-5 DSL의 filter 연산자를 사용하는 예제

```
KStream<byte[], Tweet> filtered =
  stream.filter(
      (key, tweet) -> {
        return !tweet.isRetweet();
      });
```

---

12 후반부에서 보겠지만 flatMap과 flatMapValues도 필터링으로 사용 가능하다. 그러나 필터링 단계에서 하나 이상의 레코드를 생성할 필요가 없다면 filter나 filterNot을 사용할 것을 권장한다.

13 자바에서 함수적 인터페이스는 단일 추상 메소드만 갖고 있다. Predicate 클래스는 test라 부르는 하나의 추상 메소드만 가지고 있다.

filterNot 연산자는 부울 로직이 반대(예를 들어 true를 반환하면 레코드가 제거될 것이다. 이는 filter 연산자와 반대이다)인 것만 제외하고 filter와 매우 유사하다. 예제 3-5에서 보듯이 필터링 조건이 부정형이다. !tweet.isRetweet(). 예제 3-6의 코드를 사용해 연산자 수준에서 쉽게 부정형으로 만들 수 있다.

예제 3-6 DSL의 filterNot 연산자를 사용하는 예제

```
KStream<byte[], Tweet> filtered =
  stream.filterNot(
      (key, tweet) -> {
        return tweet.isRetweet();
      });
```

두 접근법은 기능적으로는 동일하다. 그러나 필터링 로직에 부정형이 포함돼 있을 때, 개인적으로는 가독성을 높이기 위해 filterNot을 선호한다. 이 튜토리얼에서는 예제 3-6처럼 이후 처리에서 리트윗을 제외하기 위해 filterNot을 사용해 구현할 것이다.

 애플리케이션이 필터링 조건을 요구하면, 가능하면 빨리 필터링해야 한다. 다음 단계로 데이터를 단순하게 넘기는 변환이나 보강 단계에서는 필터링을 할 수 없다. 이벤트 처리 로직이 매우 비싼 계산을 요구할 때 특히 그렇다.

지금까지 그림 3-1 프로세서 토폴로지의 1단계와 2단계를 구현했다. 이제, 필터링된 스트림을 트윗 언어를 기반으로 여러 하위 스트림으로 분리하는 3단계를 구현할 준비가 됐다.

데이터 가지치기

이전 절에서 스트림을 필터링할 때 술어라는 부울 조건을 어떻게 사용하는지 배웠다. 카프카 스트림즈는 스트림을 분리(또는 가지치기^{Branching})할 때도 술어를 사용할 수 있다. 보통 이벤트들을 별도의 스트림 처리 단계 또는 출력 토픽으로 라우팅할 필요가 있을

때 이벤트 자체의 일부 속성을 기반으로 가지치기를 한다.

앞의 요구 사항 목록을 다시 보면, 소스 토픽의 트윗이 여러 언어로 작성될 수 있다고 돼 있다. 스트림의 일부 레코드(비영어 트윗들)를 영어로 번역하는 별도 처리 단계가 필요하므로 이 예제는 가지치기 연산의 예로 매우 적합하다. 그림 3-4의 그림은 이 튜토리얼의 애플리케이션에서 구현할 가지치기가 어떻게 동작하는지 보여준다.

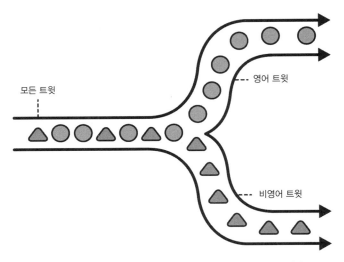

그림 3-4 가지치기 연산은 단일 스트림을 여러 스트림으로 분리한다.

두 개의 람다 함수를 생성해보자. 하나는 영어 트윗을 캡처하고, 다른 하나는 나머지를 캡처한다. 이전의 역직렬화 덕분에 가지치기 로직을 구현할 때 데이터 클래스의 getter 메소드를 사용할 수 있다. `Tweet.getLang()`. 다음 코드는 스트림을 가지치기할 때 사용할 술어들을 보여준다.

```
Predicate<byte[], Tweet> englishTweets =
  (key, tweet) -> tweet.getLang().equals("en"); ❶

Predicate<byte[], Tweet> nonEnglishTweets =
  (key, tweet) -> !tweet.getLang().equals("en"); ❷
```

❶ 이 술어는 모든 영어 트윗만 선택한다.

❷ 이 술어는 위와 반대로 비영어 트윗만 선택한다.

이제 가지치기 조건들을 모두 정의했고, 하나 이상의 술어와 각 술어와 연관돼 있는 출력 스트림 목록을 반환하는 카프카 스트림즈의 branch 연산자를 사용할 수 있다. 각 술어는 순서대로 평가되며 한 레코드는 하나의 가지^{branch}에만 추가된다. 만약 레코드가 술어와 일치하지 않으면 버린다.

```
KStream<byte[], Tweet>[] branches =
  filtered.branch(englishTweets, nonEnglishTweets); ❶

KStream<byte[], Tweet> englishStream = branches[0]; ❷

KStream<byte[], Tweet> nonEnglishStream = branches[1]; ❸
```

❶ 트윗의 언어를 평가해 하나의 스트림에서 두 개의 스트림을 생성한다.

❷ englishTweets 술어를 먼저 넘기므로, 첫 번째 반환된 목록의 첫 번째 KStream(0번 색인)은 영어 출력 스트림을 포함한다.

❸ nonEnglishTweets 술어는 마지막 가지치기 조건으로 사용됐기 때문에, 번역할 필요가 있는 트윗들은 마지막 KStream(1번 색인)이 된다.

 스트림 가지치기 방식이 향후 카프카 스트림즈 릴리스에서 변경될 가능성이 있다. 카프카 스트림즈 2.7.0 이상을 사용하고 있다면, 향후 변경될 가능성이 있는 API 확인을 위해 "KIP–418: A methodchaining way to branch KStream(https://oreil.ly/h_GvU)"을 보길 바란다. 하위 호환성을 어느 정도 예상하고 있으며, 이 글을 쓰는 시점의 최신 카프카 스트림즈(버전 2.7.0)에서는 현재 구현도 잘 동작한다.

지금까지 두 개의 하위 스트림(englishStream과 nonEnglishStream)을 생성했으며, 이후부터는 각각의 스트림에 별도의 처리 로직을 적용할 수 있다. 이 단계는 프로세서 토폴로지의 세 번째 단계(그림 3-1)이며, 다음 단계인 비영어 트윗을 영어로 번역하는 단계로 넘어가자.

트윗 번역

이제 영어로 돼 있는 트윗(englishStream) 그리고 기타 언어로 돼 있는 트윗(nonEnglish Stream) 두 개의 레코드 스트림을 갖게 됐다. 각 트윗에 대해 감정 분석을 수행하려 하나, 이 감정 분석 수행에 사용할 API가 몇 가지 언어(영어도 그 중 하나이다)만 지원한다. 따라서 nonEnglishStream에 있는 각 트윗을 영어로 번역할 필요가 있다.

비록 비즈니스 문제에 대해 얘기는 하고 있지만, 스트림 처리 관점에서 요구 사항을 살펴보자. 정말 필요한 것은 하나의 레코드를 정확히 하나의 새 출력 레코드(이 레코드의 키와 값은 입력 레코드와 같을 수도, 혹은 다를 수도 있다)로 변환하는 방법이다. 다행히 카프카 스트림즈는 이에 딱 맞는 두 연산자를 가지고 있다.

- map
- mapValues

그림 3-5는 map 연산을 시각화한 것이다.

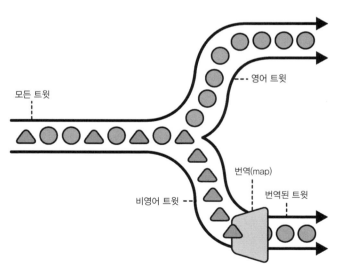

그림 3-5 map 연산은 레코드를 1:1 변환하게 해준다.

map과 mapValues 연산자는 매우 유사(둘 다 입력과 출력 레코드를 1:1 매핑한다)하고, 둘 다 같은 용도로 사용 가능하다. 유일한 차이점은 map은 새로운 레코드의 값과 키를 지정해야 하나, mapValues는 단지 새로운 값만 지정하면 된다.

먼저 map으로 트윗 번역을 어떻게 구현하는지 살펴보자. 여기서 트윗의 텍스트만 번역하는 것이 아니고, 각 레코드에서 관련 트윗의 트위터 username으로 키 변경[rekey]도 할 것이다. 트윗 번역 단계를 다음과 같은 코드로 구현할 수 있다.

```
KStream<byte[], Tweet> translatedStream =
    nonEnglishStream.map(
        (key, tweet) -> { ❶
            byte[] newKey = tweet.getUsername().getBytes();
            Tweet translatedTweet = languageClient.translate(tweet, "en");
            return KeyValue.pair(newKey, translatedTweet); ❷
        });
```

❶ 현재 레코드의 키와 값(트윗)으로 map 함수를 호출한다.

❷ map 함수는 카프카 스트림즈의 KeyValue 클래스로 표현한 새로운 키와 값을 반환해야 한다. 여기서 새로운 키는 트위터의 username으로 설정하고 새로운 값은 번역한 트윗으로 설정한다. 텍스트 번역의 실제 로직은 이 튜토리얼의 범위를 벗어나지만, 상세한 구현을 보고 싶으면 소스 코드를 확인해보자.

그러나 요구 사항에는 레코드의 키 변경을 요구하지 않고 있다. 4장에서 보겠지만 하위 스트림 처리 단계에서 상태가 있는 연산을 수행할 때 레코드의 키 변경을 종종 사용한다.[14] 따라서 앞의 코드도 잘 동작하지만 대신 이 구현을 레코드의 값 변환에만 집중하는 mapValues 연산자로 단순화할 수 있다.

---

14 키 변경은 관련 데이터가 동일 스트림 태스크로 모이는 것을 보장해준다. 이는 데이터 집계나 조인을 수행할 때 중요하다. 이에 대한 자세한 논의는 4장에서 할 것이다.

다음 코드는 mapValues 연산자를 어떻게 사용하는지 예제를 보여준다.

```
KStream<byte[], Tweet> translatedStream =
    nonEnglishStream.mapValues(
        (tweet) -> { ❶
            return languageClient.translate(tweet, "en"); ❷
        });
```

❶ 레코드 값으로만 mapValues 함수를 호출한다.

❷ mapValues 연산자를 사용하면 새로운 레코드 값만 반환하면 된다. 여기서 값은 번역된 Tweet 객체이다.

레코드의 키 변경이 필요 없으므로 mapValues 구현으로 계속 진행할 것이다.

 카프카 스트림즈가 프로그램을 더 효율적으로 실행할 가능성이 있으므로, map 연산자보다는 mapValues 연산자를 사용할 것을 권장한다.

모든 비영어 트윗을 번역한 후, 이제 영어 트윗을 포함해 두 개의 KStream이 생겼다.

- 원래 영어 트윗이 있던 englishStream

- 영어로 번역한 트윗이 있는 translatedStream

이제, 프로세서 토폴로지의 4단계(그림 3-1 참조) 구현을 마무리하겠다. 이 애플리케이션의 최종 목표는 모든 영어 트윗에 대한 감정 분석을 수행하는 것이다. 이 감정 분석 로직을 englishStream과 translatedStream 두 스트림에 중복 적용할 수 있다. 그러나 불필요한 코드 중복을 만들기보다는, 두 스트림을 병합하는 것이 낫다. 스트림들을 병합하는 방법에 대해서는 다음 절에서 살펴볼 것이다.

스트림 병합

카프카 스트림즈는 여러 스트림을 하나의 스트림으로 묶는 손쉬운 방법을 제공한다. 스트림 병합은 가지치기^{branching} 연산의 반대로 생각할 수 있고, 보통 애플리케이션에서 동일 처리 로직을 하나 이상의 스트림에 적용할 때 사용한다.

SQL에서 merge 연산자와 동등한 연산은 union 쿼리이다. 예를 들어,

```
SELECT column_name(s) FROM table1
UNION
SELECT column_name(s) FROM table2;
```

이제 비영어 스트림에 있는 모든 트윗을 번역하고, 감정 분석을 수행할 두 개의 스트림 englishStream과 translatedStream을 가지게 됐다. 감정 점수로 보강한 모든 트윗은 crypto-sentiment라는 단일 출력 토픽으로 보낼 것이다. 이것은 두 개의 데이터 스트림에 동일 스트림/싱크 프로세서를 재사용할 수 있으므로 이상적인 스트림 병합 예다.

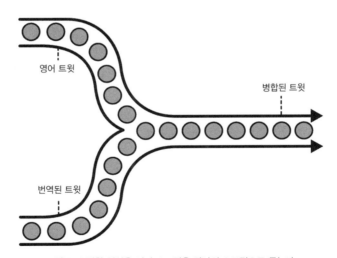

그림 3-6 병합 연산은 여러 스트림을 하나의 스트림으로 묶는다.

스트림 병합 코드는 매우 단순하다. 다음처럼 병합하려는 스트림들을 merge 연산자로 넘기기만 하면 된다.

```
KStream<byte[], Tweet> merged = englishStream.merge(translatedStream);
```

이제, 스트림들이 하나로 묶였고, 다음 단계로 넘어갈 준비가 됐다.

트윗 보강

감정 점수로 각 트윗을 보강하는 목표에 다가가고 있다. 그러나 알고 있듯이 현재 데이터 클래스인 **Tweet**은 소스 토픽으로 받은 원시 트윗의 구조만 표현한다. 이제부터는 출력 토픽(crypto-sentiment)으로 내보낼 보강 레코드를 표현할 새로운 데이터 클래스가 필요하다. 이번에는 JSON으로 데이터 직렬화하는 것 대신, Avro(https://oreil.ly/eFV8s)라는 데이터 직렬화 포맷을 사용할 것이다. 이 카프카 스트림즈 애플리케이션에서 보강된 레코드를 표현하는 Avro 데이터 클래스를 어떻게 생성하는지 깊이 있게 살펴보고 학습해보자.

Avro 데이터 클래스

Avro는 바이트 표현의 용량이 작고(처리율이 높은 애플리케이션에 유리하다), 레코드 스키마[15]를 네이티브로 지원하며 스키마 레지스트리^Schema Registry라는 스키마 관리 도구를 제공하므로 카프카 커뮤니티에서 많은 인기를 받고 있는 포맷이다. 스키마 레지스트리는 카프카 스트림즈와 잘 작동하며 시작부터 Avro 포맷을 강력하게 지원했다.[16] 일부 카프카 커넥터들은 하위 스트림 데이터 저장소의 테이블 구조를 자동으로 추론할 때 Avro 스키마를 이용한다. 따라서 이 포맷으로 출력 데이터를 인코딩하면 하위 스트림과의 데이터 통합에 많은 도움이 된다.

---

15 레코드 스키마는 레코드의 필드 이름과 데이터 타입을 정의한다. 레코드 스키마는 서로 다른 애플리케이션과 서비스 간의 데이터 포맷을 강력하게 제약한다.

16 컨플루언트 플랫폼 5.5부터 Protobuf와 JSON 스키마도 지원한다. https://oreil.ly/4hsQh 참고

Avro 포맷으로 작업할 때 일반 레코드^{Generic Record} 또는 특정 레코드^{Specific Record} 중 하나를 사용할 수 있다. 일반 레코드는 실행 시간에 레코드 스키마를 알 수 없을 때 적합하다. 이 레코드는 일반적인 getter와 setter 메소드를 이용해 필드 이름을 접근할 수 있다. 예를 들어 `GenericRecord.get(String key)`와 `GenericRecord.put(String key, Object value)`처럼 레코드 데이터를 접근할 수 있다.

반면, 특정 레코드는 Avro 스키마 파일로 생성한 자바 클래스다. 이 레코드는 레코드 데이터를 훨씬 쉽게 접근 가능한 인터페이스를 제공한다. 예를 들어 EntitySentiment라는 이름의 특정 레코드 클래스를 생성했다면, 각 필드 이름마다 있는 전용 getter/setter 메소드를 이용해 각 필드를 접근할 수 있다. 예를 들어 `entitySentiment.getSentimentScore()`[17]와 같이 접근 가능하다.

우리가 만들 애플리케이션은 출력 레코드의 포맷을 정의하므로(따라서 빌드 시점에 스키마를 알 수 있다), Avro를 사용해 특정 레코드(이후부터는 데이터 클래스로 부를 것이다)를 생성할 것이다. Avro 데이터의 스키마 정의 파일을 추가할 위치는 카프카 스트림즈 프로젝트의 src/main/avro 디렉터리다. 예제 3-7은 감정 점수로 보강한 출력 레코드에 사용할 Avro 스키마 정의를 보여준다. 이 스키마를 src/main/avro/ 디렉터리에 entity_sentiment.avsc 이름의 파일로 저장하자.

예제 3-7 보강될 트윗의 Avro 스키마

```
{
  "namespace": "com.magicalpipelines.model", ❶
  "name": "EntitySentiment", ❷
  "type": "record",
  "fields": [
    {
      "name": "created_at",
      "type": "long"
    },
    {
```

---

17 여기서 entitySentiment는 Avro로 생성한 EntitySentiment 클래스의 인스턴스로 우리도 직접 생성해볼 것이다.

```
        "name": "id",
        "type:" "long"
      },
      {
        "name": "entity",
        "type": "string"
      },
      {
        "name": "text",
        "type": "string"
      },
      {
        "name": "sentiment_score",
        "type": "double"
      },
      {
        "name": "sentiment_magnitude",
        "type": "double"
      },
      {
        "name": "salience",
        "type": "double"
      }
    ]
  }
```

❶ 원하는 데이터 클래스의 패키지 이름을 설정한다.

❷ Avro 기반의 데이터 모델을 포함할 자바 클래스 이름. 이 클래스는 이후 스트림 처리 단계들에서 사용할 것이다.

스키마 정의를 완료했고, 이제 이 정의로부터 데이터 클래스를 생성해야 한다. 이를 위해 프로젝트에 의존성 라이브러리들을 추가해야 한다. 프로젝트의 build.gradle 파일에 다음 라인들을 추가하면 이를 수행할 수 있다.

```
plugins {
  id 'com.commercehub.gradle.plugin.avro' version '0.9.1' ❶
```

```
}

dependencies {
  implementation 'org.apache.avro:avro:1.8.2' ❷
}
```

❶ 이 그레이들 플러그인은 예제 3-7와 같은 Avro 스키마 정의로부터 자바 클래스를 자동 생성할 때 사용한다.

❷ 이 의존성 라이브러리는 Avro로 작업할 때 사용할 주요 클래스들을 포함하고 있다.

이제 프로젝트를 빌드하면(114페이지 '프로젝트 설정' 참고), EntitySentiment라는 새로운 데이터 클래스가 자동으로 생성된다.[18] 생성한 데이터 클래스는 트윗의 감정을 저장하는 새 필드들(sentiment_score, sentiment_magnitude, salience) 관련 getter/setter 메소드들을 포함한다. 다음으로, 직접 생성한 데이터 클래스를 이용해 트윗에 감정 점수를 추가해보자. 이 학습에서는 데이터 변환에 매우 유용한 새로운 DSL 연산자들을 소개할 것이다.

감정 분석

앞에서 우리는 트윗을 번역하는 단계에서 map과 mapValues를 사용해 레코드 변환을 어떻게 하는지 알아봤다. map과 mapValues 모두, 수신한 각 레코드에 대해 정확히 하나의 레코드만 생성한다. 때로는 하나의 입력 레코드에 대해 0개 이상의 여러 개의 출력 레코드를 생성하길 원할 수 있다.

여러 암호 화폐를 언급한 트윗을 예로 생각해보자.

```
#bitcoin is looking super strong. #ethereum has me worried though
```

---

18 그레이들 Avro 플러그인은 자동으로 src/main/avro 디렉터리를 훑어서 찾아낸 모든 스키마 파일을 Avro 컴파일러로 건넨다.

이 가상의 트윗은 명시적으로 두 개의 암호 화폐 또는 엔티티(Bitcoion과 Ethereum)를 언급하고 서로 다른 감정(비트코인에 대해서는 긍정적 감정, 이더리움에 대해서는 부정적 감정을 표현하고 있다)을 포함하고 있다. 최신 자연어 처리[NLP] 라이브러리들과 서비스들은 텍스트 내의 각 엔티티에 대해 감정을 계산할 만큼 매우 똑똑하다. 따라서 위와 같은 단일 입력 문자열로부터 여러 레코드 생성이 가능하다. 이를테면 다음과 같다.

```
{"entity": "bitcoin", "sentiment_score": 0.80}
{"entity": "ethereum", "sentiment_score": -0.20}
```

다시 한 번 요구 사항을 비즈니스 관점에서 벗어나 스트림 처리 관점에서 생각해보자. 이 처리는 "단일 입력 레코드를 여러 출력 레코드로 변환해야 한다"는 매우 일반적인 스트림 처리 작업이다. 다행히도 카프카 스트림즈는 이 경우에 도움이 될 만한 두 개의 연산자를 갖고 있다.

- flatMap

- flatMapValues

flatMap과 flatMapValues 둘 다 호출할 때마다 0개 이상의 여러 개의 출력 레코드를 생성할 수 있다. 그림 3-7은 입력과 출력 레코드의 1:N 매핑을 시각화해 보여준다.

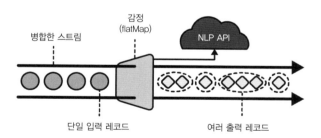

그림 3-7 flatMap 연산은 하나의 입력 레코드를 0개 이상의 출력 레코드로 변환해준다.

앞에서 봤던 map 연산과 비슷하게, flatMap은 새로운 레코드 키와 값을 요구한다. 반면, flatMapValues는 새로운 값만 지정하면 된다. 이 예제에서는 레코드 키 처리는 필요 없으므로 트윗에 대한 엔티티 수준의 감정 분석^{Entity-level sentiment analysis}[19]을 수행할 때 아래 코드처럼 (새로 만든 Avro 기반의 데이터 클래스인 EntitySentiment를 사용하고 있다) `flatMapValues`를 사용할 것이다.

```
KStream<byte[], EntitySentiment> enriched =
  merged.flatMapValues(
    (tweet) -> {
      List<EntitySentiment> results =
        languageClient.getEntitySentiment(tweet); ❶

      results.removeIf(
        entitySentiment -> !currencies.contains(
          entitySentiment.getEntity())); ❷

      return results; ❸
    });
```

❶ 트윗의 각 엔티티별로 감정 점수 목록을 얻는다.

❷ 추적 대상의 암호 화폐를 제외한 모든 엔티티를 제거한다. 제거 처리 후 엔티티 목록의 최종 크기는 다양하며(flatMap과 flatMapValues가 반환하는 값의 주요 특징), 0개 이상의 요소를 가질 수 있다.

❸ flatMap과 flatMapValues 연산자는 다양한 크기의 레코드를 반환할 수 있기 때문에, 출력 스트림으로 내보낼 레코드를 모두 포함하는 리스트^{List}를 반환할 것이다. 카프카 스트림즈는 반환할 컬렉션^{Collection}의 "평평화^{flattening}"를 처리할 것이다(예를 들어 카프카 스트림즈는 리스트의 각 요소를 개별 레코드로 분리할 것이다).

---

19 감정 분석에는 문서 수준(document-level) 감정 분석과 엔티티 수준(entity-level)의 감정 분석이 있다. 문서 수준 감정 분석은 문서의 전체적인 감정을 점수로 계산하고 엔티티 수준의 감정 분석은 특정 개체(이 예에서는 비트코인, 이더리움)에 대한 감정을 점수로 계산한다. – 옮긴이

mapValues 사용을 권장했던 것처럼, 가능하면 flatMap보다는 flatMapValues를 사용할 것을 권장한다. 이는 카프카 스트림즈가 잠재적으로 프로그램을 좀 더 효과적으로 실행할 수 있게 해준다.

이제 "보강한 데이터(감정 점수)를 새로운 토픽으로 출력"하는 최종 단계로 갈 준비가 됐다. 이를 위해 Avro로 인코딩한 EntitySentiment 레코드를 직렬화할 때 사용할 Avro Serdes를 만들어야 한다.

Avro 데이터 직렬화

앞에서 언급했듯이 카프카는 바이트 입력과 바이트 출력 스트림을 처리하는 플랫폼이다. 따라서 EntitySentiment 레코드를 출력 토픽으로 내보내려면 Avro 레코드를 바이트 배열로 직렬화해야 한다.

Avro를 사용해 데이터를 직렬화할 때, 두 가지 선택 사항이 있다.

- 각 레코드에 Avro 스키마 포함시키기

- Avro 스키마를 컨플루언트 스키마 레지스트리에 저장하고 각 레코드에는 전체 스키마가 아닌 스키마 ID만 포함한 더 작은 용량의 포맷 사용하기

그림 3-8에서 보는 것처럼 첫 번째 접근의 장점은 카프카 스트림즈 애플리케이션 외에 별도 서비스를 설치하고 실행할 필요가 없다는 것이다. 컨플루언트 스키마 레지스트리는 Avro, Protobuf, JSON 스키마를 생성하고 조회하는 REST 서비스로 별도로 설치해야 한다. 이는 유지 보수 비용 발생과 추가적인 장애 지점을 만들어낸다. 그러나 첫 번째 접근 방식을 사용하면 레코드에 스키마가 포함되므로 훨씬 큰 크기의 메시지가 생성된다.

반면, 카프카 스트림즈 애플리케이션의 성능을 최대로 끄집어내는 중이라면, 더 적은 용량의 페이로드payload 생성이 가능한 컨플루언트 스키마 레지스트리가 필요하다. 또한 레

코드 스키마와 데이터 모델의 지속적인 진화^{evolution}를 예상한다면, 스키마 레지스트리에 포함돼 있는 스키마 호환성 검사가 미래의 스키마 변경이 안전하고 비파괴적인 방식으로 될 수 있게 도와줄 것이다.[20]

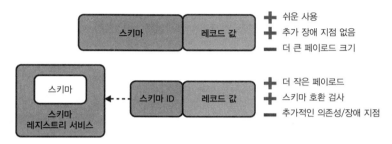

그림 3-8 각 레코드에 Avro 스키마를 포함할 때 얻는 이점과 단점

Avro Serdes 클래스는 모든 직렬화 방식에서 사용 가능하므로, 애플리케이션에 추가할 Avro 데이터 직렬화 코드의 양은 많지 않다. 이어지는 절들에서는 레지스트리가 없는 ^{registryless} Avro Serdes와 스키마 레지스트리-인식^{Registryaware} Avro Serdes 설정을 어떻게 구현하는지 보여줄 것이다.

레지스트리 없는 Avro Serdes

레지스트리 없는 Avro Serdes는 매우 쉽게 구현 가능하며, 오픈 소스인 com.mitchsey mour:kafka-registryless-avroserdes 패키지를 사용할 것이다.[21]

```
dependencies {
  implementation 'com.mitchseymour:kafka-registryless-avro-serdes:1.0.0'
}
```

---

20 스키마 호환성 검사에 대한 더 많은 정보는 고온 사피리아가 작성한 해당 주제의 2019 컨플루언트 기사(https://oreil.ly/kVwHQ)를 참고하기 바란다.

21 레지스트리 없는 Avro Serdes 코드 저장소는 https://oreil.ly/m1kk7에 있다.

카프카 스트림즈 애플리케이션에서 이 Serdes 사용이 필요할 때마다, 다음처럼 Avro Serdes.get 메소드에 Avro로 생성할 클래스를 제공하기만 하면 된다.

```
AvroSerdes.get(EntitySentiment.class)
```

결과로 받은 Serdes를 다른 카프카 내장 Serdes를 사용하는 모든 곳에서 사용할 수 있다.

스키마 레지스트리-인식 Avro Serdes

컨플루언트는 스키마 레지스트리-인식 Serdes 패키지를 배포했다. 컨플루언트 스키마 레지스트리를 사용하길 원한다면 build.gradle 파일을 다음과 같이 변경하자.

```
repositories {
  mavenCentral()

  maven {
    url "https://packages.confluent.io/maven/" ❶
  }
}

dependencies {
    implementation ('io.confluent:kafka-streams-avro-serde:6.0.1') { ❷
    exclude group: 'org.apache.kafka', module: 'kafka-clients' ❸
  }
}
```

❶ 스키마 레지스트리-인식 Avro Serdes 라이브러리가 있는 컨플루언트 메이븐 저장소를 추가한다.

❷ 스키마 레지스트리-인식 Avro Serdes 사용을 위해 필요한 라이브러리를 추가한다.

❸ kafka-streams-avro-serde에 포함돼 있는 비호환 전이transitive 라이브러리를 제외시킨다.[22]

스키마 레지스트리-인식 Avro Serdes는 몇 가지 추가 설정을 요구한다. 각 데이터 클래스에 대한 Serdes 인스턴스를 초기화할 때 사용하는 팩토리 클래스를 이 설정으로 생성해 코드의 가독성을 향상시킬 수 있다. 다음 코드는 TweetSentiment 클래스의 레지스트리-인식 Avro Serdes를 어떻게 생성하는지 보여준다.

```
public class AvroSerdes {
  public static Serde<EntitySentiment> EntitySentiment(
    String url, boolean isKey) {

    Map<String, String> serdeConfig =
      Collections.singletonMap("schema.registry.url", url); ❶
    Serde<EntitySentiment> serde = new SpecificAvroSerde<>();
    serde.configure(serdeConfig, isKey);
    return serde;
  }
}
```

❶ 레지스트리-인식 Avro Serdes를 생성하려면 스키마 레지스트리 엔드포인트endpoint 설정이 필요하다.

이제, 다음 코드처럼 카프카 스트림즈 애플리케이션에서 Serdes가 필요할 때마다 생성할 수 있게 됐다.

```
AvroSerdes.EntitySentiment("http://localhost:8081", false)❶
```

❶ 스키마 레지스트리 엔드포인트를 적절한 값으로 변경한다.

---

[22] 향후에 릴리스할 kafka-streams-avro-serde 버전에서는 이 과정이 필요 없을 수 있다. 그러나 이 글을 쓰는 시점의 가장 최신 버전(6.0.1) kafka-streams-avro-serde는 카프카 스트림즈 2.7.0과 충돌한다.

스키마를 등록, 삭제, 수정, 목록 조회를 위해 스키마 레지스트리에 직접 명령을 실행할 수 있다 (https://oreil.ly/GXBgi). 그러나 카프카 스트림즈에서 레지스트리-인식 Avro Serdes를 사용할 때는 카프카 스트림즈가 자동으로 스키마를 등록해준다. 또한 성능을 높이기 위해 레지스트리 인식 Avro Serdes는 스키마 ID와 스키마를 로컬에 캐싱해 스키마 조회 횟수를 줄인다.

이제 Avro Serdes도 있으므로, 싱크 프로세서를 생성해보자.

싱크 프로세서 추가

마지막 단계는 보강한 데이터를 출력 토픽(crypto-sentiment)으로 보내는 것이다. 이를 위한 여러 연산자가 있다.

- `to`

- `through`

- `repartition`

좀 더 많은 연산자나 스트림 처리 로직을 추가하기 위해 새 KStream 인스턴스를 반환받고 싶으면, repartition이나 through 연산자(through는 이 책이 출판되기 전에 기능에서 제외됐다. 그러나 여전히 널리 사용되므로 하위 호환성이 보장될 것으로 예상된다)를 사용해야 한다. 내부적으로 이 연산자들은 builder.stream을 다시 호출한다. 이를 사용해 카프카 스트림즈가 생성한 추가적인 서브-토폴로지들(81페이지 '서브-토폴로지' 참고)을 결과로 반환한다. 그러나 3장의 예제처럼 스트림의 최종 단계에 이르렀다면, KStream에 추가할 스트림 프로세서가 더 이상 없으므로 void를 반환하는 to 연산자를 사용해야 한다.

3장의 예제에서는 프로세서 토폴로지의 최종 단계에 왔으므로 to 연산자를 사용하고, 스키마 진화와 작은 크기의 메시지를 지원하길 원하므로 스키마 레지스트리-인식 Avro Serdes를 사용할 것이다. 다음 코드는 싱크 프로세서를 어떻게 추가하는지 보여준다.

```
enriched.to(
  "crypto-sentiment",
  Produced.with(
    Serdes.ByteArray(),
    AvroSerdes.EntitySentiment("http://localhost:8081", false)));
```

이제 이 3장 튜토리얼의 프로세서 토폴로지(그림 3-1 참고) 각 단계를 모두 구현했다. 마지막 단계는 코드를 실행하고 예상대로 동작하는지 검증하는 것이다.

코드 실행

애플리케이션 실행을 위해, 카프카 클러스터와 스키마 레지스트리 인스턴스를 띄워야 한다. 이 튜토리얼의 소스 코드는 이를 수행하는 데 도움을 줄 도커 컴포즈 환경을 포함하고 있다.[23]

```
./gradlew run --info
```

이제 테스트할 준비가 됐다. 다음 절에서는 애플리케이션이 예상대로 동작하는지 검증하는 것을 보여줄 것이다.

실제 검증

2장에서 언급했듯이 애플리케이션이 예상대로 동작하는지 검증하는 가장 쉬운 방법 중 하나는 실제 실행해보는 것이다. 이 과정은 로컬 카프카 클러스터에 데이터를 생성하고 출력 토픽으로 내보낸 데이터를 계속 관찰하는 것을 포함한다. 이를 위한 가장 쉬운 방법은 예제 트윗 레코드들을 테스트 파일에 저장하고 kafka-console-producer로 소스 토픽(tweets)에 레코드를 보내는 것이다.

---

23 카프카 클러스터와 스키마 레지스트리 인스턴스를 실행할 안내 문서는 https://oreil.ly/DEoaJ에서 찾을 수 있다.

소스 코드에 테스트에 사용할 두 개의 레코드를 가지고 있는 test.json이라는 파일이 포함돼 있다. 실제 레코드는 test.json 파일에 각각 한 줄로 돼 있으나, 가독성을 높이기 위해 예제 3-8의 각 레코드를 보기 좋게 편집했다.

예제 3-8 카프카 스트림즈 애플리케이션에서 테스트로 사용할 두 예제 트윗

```
{
  "CreatedAt": 1577933872630,
  "Id": 10005,
  "Text": "Bitcoin has a lot of promise. I'm not too sure about #ethereum",
  "Lang": "en",
  "Retweet": false, ❶
  "Source": "",
  "User": {
    "Id": "14377871",
    "Name": "MagicalPipelines",
    "Description": "Learn something magical today.",
    "ScreenName": "MagicalPipelines",
    "URL": "http://www.magicalpipelines.com",
    "FollowersCount": "248247",
    "FriendsCount": "16417"
  }
}
{
  "CreatedAt": 1577933871912,
  "Id": 10006,
  "Text": "RT Bitcoin has a lot of promise. I'm not too sure about #ethereum",
  "Lang": "en",
  "Retweet": true, ❷
  "Source": "",
  "User": {
    "Id": "14377870",
    "Name": "Mitch",
    "Description": "",
    "ScreenName": "Mitch",
    "URL": "http://mitchseymour.com",
    "FollowersCount": "120",
    "FriendsCount": "120"
  }
}
```

❶ 첫 번째 트윗(ID 10005)은 리트윗이 아니다. 이 트윗은 감정 점수로 보강될 것으로 예상한다.

❷ 두 번째 트윗(ID 10006)은 리트윗이다. 이 레코드는 무시될 것으로 예상한다.

이제 다음 명령을 사용해 예제를 레코드들을 로컬 카프카 클러스터로 전송하자.

```
kafka-console-producer \
  --bootstrap-server kafka:9092 \
  --topic tweets < test.json
```

다른 콘솔 창에서, kafka-console-consumer을 사용해 보강된 레코드를 소비해보자. 다음 명령을 실행하자.

```
kafka-console-consumer \
  --bootstrap-server kafka:9092 \
  --topic crypto-sentiment \
  --from-beginning
```

이상한 문자들로 암호화된 것 같은 결과를 볼 수 있을 것이다.

```
����[��|Bitcoin has a lot of promise.
I'm not too sure about #ethereumbitcoin`ff�?`ff�? -��?
����[��|Bitcoin has a lot of promise.
I'm not too sure about #ethereumethereum���ꞇ���ꞇ���?
```

이것은 Avro가 바이너리 포맷이기 때문에 그렇다. 스키마 레지스트리를 사용 중이라면 Avro 데이터의 가독성을 높일 컨플루언트에서 개발한 특별한 콘솔 스크립트를 사용할 수 있다. 다음처럼 kafka-console-consumer를 kafka-avroconsole-consumer로 간단히 바꿔보자.

```
kafka-avro-console-consumer \
  --bootstrap-server kafka:9092 \
  --topic crypto-sentiment \
  --from-beginning
```

마지막으로, 다음과 비슷한 결과를 볼 수 있을 것이다.

```
{
  "created_at": 1577933872630,
  "id": 10005,
  "text": "Bitcoin has a lot of promise. I'm not too sure about #ethereum",
  "entity": "bitcoin",
  "sentiment_score": 0.699999988079071,
  "sentiment_magnitude": 0.699999988079071,
  "salience": 0.47968605160713196
}
{
  "created_at": 1577933872630,
  "id": 10005,
  "text": "Bitcoin has a lot of promise. I'm not too sure about #ethereum",
  "entity": "ethereum",
  "sentiment_score": -0.20000000298023224,
  "sentiment_magnitude": -0.20000000298023224,
  "salience": 0.030233483761548996
}
```

트윗 ID 10006은 출력에서 보이지 않는다. 이 트윗은 리트윗이었으므로 그림 3-1의 두 번째 토폴로지 단계에서 필터링돼 제외됐다. 또 주목할 것은 트윗 ID 10005의 결과가 두 개의 레코드가 됐다는 것이다. 이 트윗은 두 개의 별도 암호 화폐(각각마다 감정이 있다)를 언급했으므로 예상한 결과이다. 그리고 flatMapValues 연산자(그림 3-1의 토폴로지의 6단계) 예상대로 동작하는지 검증했다.

번역 단계를 검증하고자 한다면, test.json을 외국어 트윗[24]으로 변경하면 된다. 이것은 연습 문제로 남겨두겠다.

---

24 추가적인 설정 단계가 필요하다. 3장의 튜토리얼의 README 파일(https://oreil.ly/o6Ofk)을 확인하자.

요약

3장에서는 다음처럼 상태가 없는 스트림 처리 애플리케이션을 구축할 때 카프카 스트림즈의 여러 기능들을 어떻게 사용하는지 배웠다.

- filter와 filterNot을 사용해 데이터 필터링

- branch 연산자를 이용해 스트림 가지치기

- merge 연산자를 이용해 스트림 합치기

- map과 mapValues를 이용해 1:1 레코드 변환 수행

- flatMap과 flatMapValues를 이용해 1:N 레코드 변환 수행

- to, through, repartition을 사용해 출력 토픽으로 레코드 보내기

- 커스텀 Serializer, Deserializer, Serdes 구현을 사용해 직렬화, 역직렬화, 재직렬화하기

4장에서는 스트림의 조인, 윈도잉, 집계를 포함한 상태가 있는 작업을 소개하면서 좀 더 복잡한 스트림 처리 연산들을 살펴볼 것이다.

상태가 있는 처리

3장에서는 카프카 스트림즈에서 제공하는 **KStream** 추상화와 상태가 없는 연산자들을 이용해 어떻게 레코드 스트림의 데이터를 변환하는지 배웠다. 상태가 없는 변환은 앞에서 봤던 이벤트를 기억하지 않아도 되므로 이해하기 쉽고 사용도 쉽다. 또한 상태가 없는 연산자는 모든 이벤트를 불변의 사실로 간주하고 다른 이벤트와 독립적으로 처리한다.

한편, 카프카 스트림즈는 소비 중인 이벤트의 정보를 캡처하고 기억하는 기능도 제공한다. 캡처한 정보 또는 상태를 이용하면 데이터 조인과 집계 등 좀 더 복잡한 스트림 처리 연산이 가능하다. 4장에서는 상태가 있는 스트림^{Stateful Stream}에 대해 자세히 살펴볼 것이다. 앞으로 살펴볼 주제는 다음과 같다.

- 상태가 있는 스트림 처리의 이점

- 사실^{fact}과 행동^{behavior}의 차이점

- 카프카 스트림즈에서 사용 가능한 상태가 있는 연산자 종류

- 카프카 스트림즈에서 상태를 캡처하고 쿼리하는 방법

- **KTable** 추상화로 로컬의 파티셔닝돼 있는 상태를 표현하는 방법

- **GlobalKTable** 추상화로 전역으로 복제되는 상태를 표현하는 방법

- 데이터 조인과 집계를 포함해 상태가 있는 연산을 수행하는 방법

- 상태를 노출할 때 대화형 쿼리를 사용하는 방법

3장에서와 같이 튜토리얼을 기반으로 이런 개념들에 대해 알아볼 것이다. 4장의 튜토리얼은 비디오 게임 산업에서 영감을 받았으며, 카프카 스트림즈가 제공하는 상태가 있는 연산자들을 이용해 실시간 전광판leaderboard을 구축할 것이다. 또한 상태가 있는 애플리케이션에서 조인은 가장 널리 사용하는 데이터 보강 방법 중 하나이기 때문에 조인에 많은 시간을 할애할 것이다. 튜토리얼에 들어가기 전에 먼저 상태가 있는 처리의 이점이 무엇인지 알아보자.

상태가 있는 처리의 이점

이벤트 간의 관계를 이해하고 이 관계를 이용해 복잡한 스트림 처리를 할 때 상태가 있는 처리가 도움된다. 한 이벤트가 다른 이벤트와 어떤 관계인지 이해할 수 있다면 다음과 같은 것들을 할 수 있다.

- 이벤트 스트림에서 패턴과 동작 인식

- 집계 수행

- 조인을 사용해 좀 더 상세한 정보로 데이터 보강

상태가 있는 스트림 처리의 또 다른 이점은 데이터를 표현하는 추가적인 추상화를 제공한다는 것이다. 한 번에 한 이벤트씩 이벤트 스트림을 재생하고, 내장돼 있는 키-값 저장소에 각 키의 최신 상태를 저장해 지속적이며 무한히 흐르는 레코드 스트림에서 특정 시점point-in-time의 상태를 표현할 수 있다. 이 특정 시점 상태 표현 또는 스냅숏snapshot을 테이블이라 하며, 앞으로 살펴보겠지만 카프카 스트림즈는 여러 종류의 테이블 추상화를 포함하고 있다.

테이블은 상태가 있는 스트림 처리의 핵심일 뿐 아니라 물리화^{materialized}되면 쿼리도 가능하다. 빠르게 흐르는 이벤트 스트림의 스냅숏을 실시간으로 쿼리하는 이 기능은 카프카 스트림즈를 스트림-관계형 처리 플랫폼[1]으로 만들며 스트림 처리 애플리케이션뿐만 아니라 저지연의 이벤트-주도 마이크로서비스 구축도 가능하게 한다.

마지막으로 상태가 있는 스트림 처리는 좀 더 세련된 멘탈 모델^{mental model}로 데이터를 이해할 수 있게 해준다. 이벤트-우선 사고방식^{event-first thinking}에 관한 글(https://oreil.ly/Q-hop)에서 사실^{fact}과 행동^{behavior}의 차이를 이야기했던 닐 에이버리는 아주 특별하고 흥미로운 관점으로 이벤트를 정의했다.

> 이벤트는 어떤 일이 벌어진 사실을 표현한다. 이벤트는 불변이다.

3장에서 다뤘던 것처럼 상태가 없는 애플리케이션은 사실-주도^{fact-driven}이다. 각 이벤트는 독립적이고 원자적인 사실로 처리되며, 각 이벤트는 불변의 의미로 처리(무한 스트림에서의 삽입^{INSERT} 이벤트들을 생각하면 된다)된 후 잊혀진다.

사실들을 필터, 가지치기, 병합, 변환하는 상태가 없는 연산자 이용뿐만 아니라, 상태가 있는 연산자로 행동을 모델링할 수 있는 방법을 배운다면 데이터에 대해 좀 더 심도 있는 질문을 던질 수 있다. 그렇다면 행동^{behavior}이란 무엇인가? 닐 에이버리에 따르면,

> 사실들을 축적하면 행동을 감지할 수 있다.

여러분도 알고 있듯이 실제 세계에서 고립된 상태로 이벤트(또는 사실)가 발생하는 일은 흔하지 않다. 모든 것은 서로 연결돼 있으며, 사실을 수집하고 기억하면 그 의미를 이해할 수 있다. 긴 시간의 이벤트 이력을 분석하거나, 애플리케이션이 수집 또는 저장한 관련 이벤트들을 들여다보면 행동을 감지할 수 있다.

---

1   스트림-관계형 처리 플랫폼에 대한 좀 더 많은 정보를 원하면 이 주제에 대한 로버트 요코타의 2018년 블로그를 참고하기 바란다 (https://oreil.ly/7u71d).

대표적인 예가 장바구니 포기이다. 이 행동은 여러 가지 사실로 이루어져 있다. 사용자가 여러 상품을 장바구니에 담고 세션을 직접 종료하거나(예를 들어 사용자가 로그아웃한다) 자동으로 종료된다(예를 들어 오랜 시간 동작이 없을 때). 각 사실을 독립적으로 처리하면 사용자가 어떤 결제 프로세스에 있는지 아주 작은 사실만 알 수 있다. 그러나 사실들을 모으고 기억해 분석하면(상태가 있는 처리가 활성화돼 있다) 행동을 인식하고 반응할 수 있어, 서로 무관한 이벤트로 세상을 바라보는 것보다 좀 더 의미 있는 비즈니스 가치를 제공할 수 있다.

상태가 있는 스트림 처리의 이점과 사실과 행동의 차이에 대해 이해했으므로, 카프카 스트림즈의 상태가 있는 연산자들을 간단히 살펴보자.

상태가 있는 연산자 훑어보기

카프카 스트림즈는 프로세서 토폴로지에서 사용할 수 있는 상태가 있는 연산자를 여러 개 가지고 있다. 표 4-1은 이 책에서 다룰 상태가 있는 연산자들에 대한 개요다.

표 4-1 상태가 있는 연산자들과 그 목적

사례	목적	연산자들
데이터 조인	서로 다른 스트림 또는 테이블에서 캡처한 추가적인 정보 또는 문맥으로 이벤트를 보강한다.	• join (inner join) • leftJoin • outerJoin
데이터 집계	지속적으로 업데이트되는 관련 이벤트의 수학적 또는 조합적 변환 계산	• aggregate • count • reduce
데이터 윈도잉	시간상 근접성을 갖는 이벤트들을 그룹화	• windowedBy

또한 카프카 스트림즈에서 이벤트 간의 좀 더 복잡한 관계/행동을 이해하려 할 때 상태가 있는 연산자들을 결합할 수 있다. 예를 들어 윈도우 조인windowed join 수행으로 이산돼 있는 이벤트 스트림들이 일정 길이의 시간 동안 어떻게 서로 연관돼 있는지를 이해할

수 있다. 5장에서 보겠지만 윈도우 집계^{windowed aggregation}도 상태가 있는 연산자들을 결합하는 방식 중 하나다.

3장에서 봤던 상태가 없는 연산자들과 비교했을 때 상태가 있는 연산자들의 내부는 좀 더 복잡하고 추가적인 연산과 저장소[2]를 필요로 한다. 이런 이유로, 표 4-1에 나열돼 있는 상태가 있는 연산자들을 사용하는 방법을 배우기 전에 카프카 스트림즈에서 상태가 있는 처리가 내부적으로 어떻게 동작하는지 배우는 데 약간의 시간을 할애할 것이다.

카프카 스트림즈에서 어떻게 상태를 저장하고 쿼리하는지 알아보는 것으로 시작해보자.

상태 저장소

상태가 있는 연산에서 애플리케이션은 이전에 봤던 이벤트를 기억하고 유지 관리해야 한다는 것을 이미 확인했다. 예를 들어 에러 로그의 개수를 세는 애플리케이션은 새로운 에러 로그를 볼 때마다 갱신할 숫자를 각 키마다 하나씩 추적해야 한다. 이 개수는 레코드의 과거 문맥을 표현하며 레코드 키와 함께 애플리케이션 상태의 일부가 된다.

따라서 상태가 있는 연산의 데이터를 기억하거나 상태를 저장하고 조회할 수 있는 수단이 필요하며, 모든 상태가 있는 연산자(예를 들어 count, aggregate, join 등)는 이를 이용할 수 있어야 한다. 카프카 스트림즈에서 이런 요구 사항을 만족하는 저장소 추상화를 상태 저장소^{state store}라 부르고, 한 카프카 스트림즈 애플리케이션에서 여러 상태가 있는 연산자를 사용할 수 있으므로 한 애플리케이션이 여러 상태 저장소를 가질 수 있다.

이 절은 카프카 스트림즈가 어떻게 상태를 캡처하고 저장하는지에 대한 하위-수준의 정보를 포함하고 있다. 이 내용을 생략하고 튜토리얼을 계속 이어서 하고 싶다면 162페이지 '튜토리얼 소개: 비디오 게임 전광판'으로 갔다가 나중에 다시 이 절을 봐도 무방하다.

---

2   메모리, 디스크 또는 모두

카프카 스트림즈는 여러 상태 저장소 구현과 설정을 지원하며, 각 구현은 각자의 장점과 트레이드-오프를 가지고 있으며, 적용 가능한 사례도 각각 다르다. 카프카 애플리케이션에서 상태가 있는 연산자를 사용할 때마다 연산자에 필요한 상태 저장소의 종류와 필요한 최적화 기준(예를 들어 높은 전송률, 운영 단순화, 실패 시 빠른 복구 시간 등 최적화)에 따라 상태 저장소를 어떻게 설정할지 고민하는 것은 많은 도움이 된다. 명시적으로 상태 저장소를 지정하지 않는다면 보통은 카프카 스트림즈가 알아서 기본값을 선택하고 상태 저장소의 설정을 변경할 것이다.

다양한 상태 저장소 종류와 설정을 얘기하면 깊은 주제로 빠지므로, 처음에는 기본 상태 저장소 구현들의 일반적인 특성을 중점적으로 살펴보고, 이후에 저장소의 두 큰 분류인 영구^{persistent} 저장소와 인-메모리$^{in-memory}$ 저장소를 살펴볼 것이다. 상태 저장소에 대한 더 깊은 논의는 6장 또는 튜토리얼을 진행하면서 관련 주제를 만날 때마다 다룰 것이다.

공통 특성

카프카 스트림즈에 포함돼 있는 기본 상태 저장소 구현들은 몇 가지 공통 속성을 갖고 있다. 이 절에서는 상태 저장소의 동작 방식을 좀 더 잘 이해하기 위해 이 공통 속성들을 알아볼 것이다.

임베딩

카프카 스트림즈에 포함돼 있는 기본 상태 저장소 구현들은 카프카 스트림즈 애플리케이션 내의 태스크(86페이지 '태스크와 스트림 스레드'에서 태스크에 대해 다뤘다)에 임베딩^{embedded}돼 있다. 임베딩돼 있는 상태 저장소의 장점은 상태를 접근할 필요가 있을 때마다 네트워크 호출을 요구하고 이로 인해 불필요한 지연과 처리 병목을 발생시키는 외부 저장 엔진과 반대이다. 또한 상태 저장소들이 한 태스크 안에 임베딩돼 있으므로 공유 상태를 접근할 때 발생하는 모든 종류의 동시성 문제가 원천적으로 차단된다.

또한 상태 저장소가 원격에 있다면 카프카 스트림즈 애플리케이션으로부터 분리돼 있는 원격 시스템의 가용성에 대해서도 걱정해야 한다. 카프카 스트림즈가 로컬 상태 저장소를 관리하게 하면 항상 접근 가능할 뿐만 아니라 많은 오류를 줄일 수 있다. 중앙화된 원격 저장소는 모든 애플리케이션 인스턴스의 단일 실패 지점single point of failure이 될 수 있으므로 상황을 매우 안 좋게 만들 수 있다. 따라서 애플리케이션의 상태를 애플리케이션과 함께 위치시키는 카프카 스트림즈의 전략은 성능 향상(이전 문단에서 다뤘다)뿐만 아니라 가용성도 향상시킨다.

모든 기본 상태 저장소는 내부적으로 RocksDB를 사용한다. RocksDB는 페이스북에서 최초 개발했으며 접근 속도가 빠른 임베디드 키-값 저장소다. RocksDB는 키-값 쌍을 저장할 때 바이트 스트림 사용을 지원하므로 저장소로부터 직렬화를 분리시킨 카프카와 잘 맞는다. 또한 LevelDB 코드[3]를 포크해 적용한 많은 최적화 덕분에 읽기 쓰기 모두 굉장히 빠르다.

다중 접근 모드

상태 저장소는 다중 접근 모드와 쿼리 패턴을 지원한다. 프로세서 토폴로지는 상태 저장소로부터 읽고 쓰는 두 가지 접근 모드를 필요로 한다. 반면 196페이지 '대화형 쿼리'에서 나중에 살펴볼 카프카 스트림즈의 대화형 쿼리 기능을 사용해 마이크로서비스를 구축할 때, 클라이언트는 내부 상태에 대한 읽기 접근만 요구한다. 이렇게 하면 프로세서 토폴로지 외부에서 상태를 변경 못하도록 막을 수 있다. 카프카 스트림즈는 이를 위해 클라이언트가 카프카 스트림즈 애플리케이션의 상태를 안전하게 쿼리할 수 있는 전용 읽기 래퍼wrapper를 제공한다.

---

3   LevelDB는 구글에서 개발했으나 페이스북 엔지니어들이 LevelDB를 쓰면서 페이스북의 내장 워크플로우에 사용하기에는 너무 느리다는 것을 발견했다. 이에 페이스북 엔지니어들은 LevelDB의 단일-스레드 컴팩션 프로세스를 다중 스레드 컴팩션 프로세스로 변경하고 읽기에 블룸 필터(bloom filter)를 적용해 읽기와 쓰기 성능을 극적으로 향상시켰다.

내결함성

기본적으로 상태 저장소는 카프카의 변경 로그changelog 토픽[4]에 상태를 백업한다. 실패 발생 시 애플리케이션의 상태를 재구축하기 위해 변경 로그 토픽에 있는 각 이벤트를 재생해 상태 저장소를 복구할 수 있다. 또한 카프카 스트림즈는 예비 복사본standby replica 을 활성화해 애플리케이션 상태 재구축 시간을 단축시킬 수 있다. 이 예비 복사본(그림자 복사본shadow copies이라고도 한다)은 잉여의 상태 저장소를 생성하기는 하나, 이것은 고가용성 시스템의 주요 특성 중 하나이다. 추가적으로, 애플리케이션의 인스턴스가 다운됐을 때, 상태를 쿼리하는 애플리케이션의 쿼리 트래픽을 계속 처리하기 위해 예비 복사본에 의존할 수 있으며 이 또한 고가용성 기능 중 하나이다.

키-기반

상태 저장소를 사용하는 연산들은 키-기반이다. 레코드의 키는 현재 이벤트와 다른 이벤트 사이의 관계를 정의한다. 여러분이 사용하기로 결정한 상태 저장소 종류에 따라 내부 데이터 구조는 다양할 것이다.[5] 상태 저장소는 키-값 저장소 형태의 개념으로 구현돼 있고, 키는 단순하거나 때에 따라 복합적(예를 들어 다차원)일 수 있다.[6]

 카프카 스트림즈의 모든 기본 상태 저장소가 키 기반이지만, 카프카 스트림즈는 특정 종류의 상태 저장소를 명시적으로 참조한다. 4장에서 키-값 저장소라 하면 비윈도우 상태 저장소(윈도우 상태 저장소는 5장에서 언급할 것이다)를 가리킨다.

지금까지 카프카 스트림즈의 기본 상태 저장소들의 공통 특성을 알아봤다. 이제 상태 저장소 구현들의 차이점을 이해하기 위해 상태 저장소의 두 큰 분류에 대해 살펴보자.

---

4 앞에서 언급했듯이 상태 저장소는 설정이 매우 자유로워서 변경 로그 동작을 비활성화하도록 설정하면 내결함성을 끌 수 있다.

5 예를 들어 모든 영구 키-값 저장소가 RocksDB를 사용하는 반면, MemoryKeyValueStore는 레드-블랙 트리에 기반을 둔 자바 TreeMap을 사용한다.

6 예를 들어 윈도우 저장소는 키-값 저장소이기는 하나, 키는 레코드 키뿐만 아니라 윈도우 시간도 포함하고 있다.

영구 저장소 대 인-메모리 저장소

여러 상태 저장소 구현의 가장 중요한 차이점 중 하나는 상태 저장소가 영구적인지 아닌지이다. 또는 기억해야 할 정보를 메모리^{RAM}에 단순 저장하는지 여부이다. 영구 상태 저장소는 상태를 디스크에 비동기적으로 내보내^{flush}는데, 여기에는 두 가지 주요 이점이 있다.

- 상태가 가용 메모리 용량을 초과할 수 있다.

- 실패가 발생할 때 영구 저장소는 인-메모리 저장소보다 빠르게 복구 가능하다.

첫 번째를 좀 더 구체적으로 얘기하자면 영구 상태 저장소는 상태 크기가 너무 커져서 디스크에 상태를 쓸 때(이를 디스크로 흘러넘친다$^{spilling\ to\ disk}$고 한다), 일부 상태를 메모리에 보관할 수도 있다. 두 번째, 애플리케이션의 상태가 디스크에 저장됐으므로, 카프카 스트림즈는 상태를 잃어버렸을 때(예를 들어 시스템 장애, 인스턴스 마이그레이션 등) 상태를 재구축하기 위해 전체 토픽을 재생할 필요가 없다. 단지 애플리케이션이 다운되고 복구되는 사이에 빠진 데이터만 재생하면 된다.

 영구 저장소의 상태 저장소 디렉터리는 StreamsConfig.STATE_DIR_CONFIG 속성을 사용해 설정할 수 있다. 기본 위치는 /tmp/kafka-streams이나 /tmp 이외의 다른 디렉터리로 변경할 것을 권장한다.

단점으로는 영구 상태 저장소는 항상 램으로부터 데이터를 가져오는 순수 인-메모리 저장소보다 운영면에서 더 복잡하며 성능이 느릴 수 있다. 추가적인 운영 복잡성은 보조 저장소 요구 사항(예를 들어 디스크 기반 저장소)과 상태 저장소를 튜닝할 때 RocksDB와 관련 설정을 이해하는 것에서 올 수 있다(후자는 대부분의 애플리케이션에서 문제가 되지 않을 수 있다).

인-메모리 상태 저장소는 장애 복구에 더 많은 시간이 필요하므로 성능 향상을 항상 보장할 수 없다. 애플리케이션의 성능을 좀 더 향상시켜야 한다면 파티션을 더 추가해 작업을 병렬화하는 것이 일반적이다. 따라서 영구 저장소로 시작하되 인-메모리 저장소가 눈에 띌 만한 성능 향상이 있거나, 복구 시간을 줄이기 위해 예비 복사본^{standby replica}을 사용해 빠른 복구(예를 들어 애플리케이션 상태를 잃었을 때)를 해야 하는 경우에만 인-메모리 저장소로 전환할 것을 권장한다.

이제 상태 저장소가 무엇이고 어떻게 상태가 있는/행동-주도 처리를 활성화하는지 이해하게 됐으므로, 4장의 튜토리얼을 살펴보면서 실제로 이 개념들을 어떻게 사용하는지 살펴보자.

튜토리얼 소개: 비디오 게임 전광판

4장에서는 카프카 스트림즈로 비디오 게임 전광판을 구현해보면서 상태가 있는 처리에 대해 배울 것이다. 비디오 게임 산업은 게이머와 게임 시스템 모두 저지연 처리와 즉각적인 반응을 요구하므로 스트림 처리를 잘 활용할 수 있는 대표적인 분야이다. 액티비전(《콜 오브 듀티》나 〈크래시 밴디쿳〉과 〈스파이로 리마스터〉와 같은 게임을 보유한 회사)은 비디오 게임 원격 측정^{telemetry} 처리에 카프카 스트림즈를 사용한다.[7]

이 튜토리얼에서 구축할 전광판은 지금까지 경험하지 않았던 방식으로 데이터를 모델링할 것이다. 특히 카프카 스트림즈에서 데이터 업데이트를 모델링할 때 테이블 추상화를 어떻게 사용하는지 자세히 살펴볼 것이다. 그리고 데이터 조인과 집계 처리에 대해 살펴볼 건데, 이 처리들은 여러 이벤트 간의 관계를 이해하고 이들 간의 연산이 필요할 때 유용하다. 앞으로 배울 지식을 이용하면 카프카 스트림즈로 좀 더 복잡한 비즈니스 문제를 해결할 때 많은 도움이 될 것이다.

먼저 상태가 있는 연산자들을 이용해 실시간 전광판을 만들고, 이후 최신 전광판 정보를 조회할 때 대화형 쿼리로 카프카 스트림즈를 어떻게 쿼리하는지 보여줄 것이다. 이 기능을 통해 카프카 스트림즈로 이벤트-주도 마이크로서비스를 어떻게 구축하는지도

---

7   팀 베르글룬드 야로슬라프 타카첸코는 스트리밍 오디오 팟캐스트(https://oreil.ly/gNYZZ)에서 액티비전의 사례에 대해 공유하고 있다.

알게 될 것이다. 대화형 쿼리를 이용하면 스트림 처리 애플리케이션의 데이터를 공유하는 클라이언트 종류를 다양화할 수 있다.[8]

일단 비디오 게임 전광판의 아키텍처를 살펴보자. 그림 4-1은 4장에서 구현할 토폴로지 설계를 보여준다. 각 단계에 대한 상세 설명은 그림 뒤에서 할 것이다.

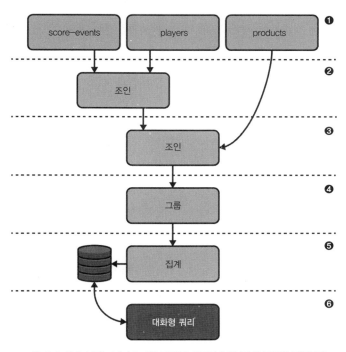

그림 4-1 상태가 있는 비디오 게임 전광판 애플리케이션에서 구현할 토폴로지

❶ 이 카프카 클러스터는 세 개의 토픽을 포함하고 있다.

- score-events 토픽은 게임 점수를 포함하고 있다. 레코드가 키를 가지고 있지 않으므로 전체 토픽 파티션에 라운드-로빈 방식으로 분산된다.

---

8 우리는 이미 카프카 스트림즈로 데이터를 출력 토픽으로 직접 내보내는 것을 봤었다. 이를 통해 처리가 완료되거나 보강된 데이터를 하위 스트림 애플리케이션으로 내보낼 수 있다. 그러나 이것 말고 클라이언트가 대화형 쿼리(Interactive query)를 사용해 애플리케이션에 임의 쿼리를 실행할 수도 있다.

- players 토픽은 플레이어의 프로파일을 포함하고 있다. 각 레코드는 플레이어 ID를 키로 사용한다.
- products 토픽은 여러 비디오 게임의 상품 정보를 포함하고 있다. 각 레코드는 상품 ID를 키로 사용한다.

❷ score-events 데이터를 플레이어의 상세 정보로 보강해야 한다. 조인으로 보강이 가능하다.

❸ score-events 데이터를 플레이어 데이터로 보강했고, 결과 스트림에 상세한 상품 정보를 추가해야 한다. 이것 또한 조인으로 가능하다.

❹ 데이터 집계 전에 그룹핑은 필수이므로, 보강된 스트림을 그룹핑해야 한다.

❺ 각 게임의 상위 최고 점수 세 개를 계산해야 한다. 이를 위해 카프카 스트림즈의 집계 연산자를 사용할 수 있다.

❻ 마지막으로, 각 게임의 최고 점수를 외부로 내보내야 한다. 카프카 스트림즈의 대화형 쿼리를 사용하는 RESTful 마이크로서비스를 구축해 이를 구현할 것이다.

토폴로지 설계를 알아봤으니 이제 프로젝트를 설치해보자.

프로젝트 설치

4장의 코드는 https://github.com/mitch-seymour/masteringkafka-streams-and-ksqldb.git에서 찾을 수 있다.

토폴로지의 각 단계를 따라가면서 코드를 참조하고 싶으면, 코드 저장소를 클론하고 4장의 튜토리얼을 포함하고 있는 디렉터리로 이동하자. 다음 명령을 통해 이를 수행할 수 있다.

```
$ git clone git@github.com:mitch-seymour/mastering-kafka-streams-and-ksqldb.git
$ cd mastering-kafka-streams-and-ksqldb/chapter-04/video-game-leaderboard
```

다음 명령을 실행하면 언제든지 프로젝트를 빌드할 수 있다.

```
$ ./gradlew build --info
```

이제 프로젝트를 설치했으므로, 비디오 게임 전광판 구현을 시작해보자.

데이터 모델

언제나 그렇듯이 데이터 모델 정의로 시작할 것이다. 소스 토픽들이 JSON 데이터를 포함하고 있으므로, 데이터 모델을 POJO 데이터 클래스를 사용해 정의할 것이다. 이 클래스들은 JSON 직렬화 라이브러리(이 책 전체에서는 Gson을 사용할 것이나 필요에 따라 Jackson이나 기타 라이브러리를 사용할 수도 있다)를 사용해 직렬화와 역직렬화할 것이다.[9]

개인적으로 데이터 모델들을 com.magicalpipelines.model과 같은 프로젝트의 특정 패키지에 넣는 것을 선호한다. 파일 시스템에서 봤을 때, 이 튜토리얼의 데이터 클래스들 위치는 다음과 같다.

```
src/
└── main
    └── java
        └── com
            └── magicalpipelines
                └── model
                    ├── ScoreEvent.java ❶
                    ├── Player.java ❷
                    └── Product.java ❸
```

❶ ScoreEvent.java 데이터 클래스는 score-events 토픽의 레코드들을 표현하는 데 사용할 것이다.

---

9 3장에서 언급했듯이 토픽이 Avro 데이터를 포함하고 있다면 데이터 모델을 Avro 스키마 파일로 정의할 수 있다.

❷ Player.java 데이터 클래스는 players 토픽의 레코드들을 표현하는 데 사용할 것이다.

❸ Product.java 데이터 클래스는 products 토픽의 레코드들을 표현하는 데 사용할 것이다.

어떤 데이터 클래스를 구현해야 하는지 알아봤으므로, 각 토픽에 대한 데이터 클래스를 생성해보자. 표 4-2는 이 튜토리얼에서 구현한 POJO들을 보여준다.

표 4-2 각 토픽의 예제 레코드와 데이터 클래스

카프카 토픽	예제 레코드	데이터 클래스
score-events	```{ "score": 422, "product_id": 6, "player_id": 1 }```	```public class ScoreEvent { private Long playerId; private Long productId; private Double score; }```
players	```{ "id": 2, "name": "Mitch" }```	```public class Player { private Long id; private String name; }```
products	```{ "id": 1, "name": "Super Smash Bros" }```	```public class Product { private Long id; private String name; }```

우리는 119페이지 '직렬화/역직렬화'에서 이미 직렬화와 역직렬화에 관해 상세히 알아봤다. 4장의 튜토리얼에서는 커스텀 Serializer와 Deseriazlier, Serdes를 구현했다. 여기에 대해 추가로 시간을 내지는 않을 것이나 표 4-2의 각 데이터 클래스의 Serdes 구현을 보고 싶으면 이 튜토리얼 코드에서 확인해보기 바란다.

소스 프로세서 추가

데이터 클래스를 정의했으니, 소스 프로세서들을 생성할 수 있다. 이 토폴로지에서는 세 개의 소스 토픽으로부터 데이터를 읽어야 하므로 세 개의 소스 프로세서가 필요하다. 소스 프로세서를 추가할 때 첫 번째로 해야 하는 것은 토픽의 데이터를 표현할 카프카 스트림즈 추상화를 결정하는 것이다.

지금까지는 상태가 없는 레코드 스트림을 표현하는 KStream 추상화로만 작업했다. 반면, 4장의 토폴로지에서는 products와 players 토픽을 룩업^{lookup} 조회로 사용해야 한다. 이는 이 토픽들을 표현할 추상화로 테이블을 사용하는 게 좋다는 근거이다.[10] 소스 토픽들을 카프카 스트림즈 추상화와 매핑시키기 전에 카프카 토픽의 KStream, KTable, Global KTable 표현들의 차이점에 대해 먼저 다시 알아보자. 각 추상화에 대한 복습이므로 표 4-3에 각 토픽에 알맞은 추상화로 채울 것이다.

표 4-3 5장에서 채우게 될 토픽-추상화 매핑

카프카 토픽	추상화
score-events	???
players	???
products	???

KStream

어떤 추상화를 사용할지 결정할 때, 토픽의 특성, 설정, 소스 토픽 레코드의 키 공간 ^{keyspace}을 알면 많은 도움이 된다. 비록 상태가 있는 카프카 스트림즈 애플리케이션이 하나 이상의 테이블 추상화를 사용할 수 있지만, 변경 가능한 테이블 시맨틱이 필요하지 않다면 상태가 없는 KStream과 KTable 또는 GlobalKTable을 함께 사용하는 것이 일반적이다.

---

10   룩업/조인 연산에 KStream 사용이 가능하나, 윈도우 연산이 필요하므로 이에 대한 논의는 5장으로 미루자.

이 튜토리얼에서 score-events 토픽은 원시^{raw} 점수 이벤트를 포함하고 있으나 비압축 ^{uncompacted} 토픽이고 키가 없다(따라서 라운드-로빈 방식으로 분산돼 있다). 테이블은 키를 기반으로 하므로, 이것은 키가 없는 score-events 토픽의 추상화로 KStream을 사용해야 한다는 강한 근거이다. 상위 스트림(예를 들어 소스 토픽에 데이터를 내보내는 모든 애플리케이션)에서 키 전략을 바꿀 수 있으나 항상 가능한 것은 아니다. 또한 이 튜토리얼의 애플리케이션은 각 플레이어의 최고 점수에 관심이 있으므로 비록 키가 있더라도 테이블 시맨틱(예를 들어 각 키에 대해 최근 레코드만 유지)이 score-events 토픽을 사용하려는 의도를 잘 반영하지도 않는다.

따라서 score-events 토픽에 대해서는 KStream을 사용할 것이다. 표 4-3에 이 결정을 반영한 결과는 다음과 같다.

카프카 토픽	추상화
score-events	KStream
players	???
products	???

나머지 두 토픽 players와 products는 키가 있고, 토픽의 각 고유 키마다 가장 최신 레코드에만 관심을 가지고 있다. 따라서 이 토픽들에 KStream 추상화를 적용하는 것은 적당하지 않으므로 이 토픽들에 어떤 KTable 추상화가 어울리는지 알아보자.

KTable

players 토픽은 플레이어의 프로파일을 포함하고 각 레코드는 플레이어 ID를 키로 사용하는 압축^{compacted}돼 있는 토픽이다. 우리는 플레이어의 가장 최신 상태만 관심이 있으므로, 이 토픽은 테이블 기반의 추상화(KTable 또는 GlobalTable 둘 중 하나)를 사용해 표현하는 것이 적당하다.

KTable과 GlobalKTable 중 어떤 것을 사용할지 결정할 때 살펴봐야 할 중요한 한 가지는 키 공간keyspace이다. 만약 키 공간이 매우 크거나(예를 들어 키의 카디널리티cardinality가 높거나 고유한 키가 매우 많을 경우), 커질 것으로 예상된다면 KTable을 사용하는 것이 더 나으며, 이를 통해 전체 상태를 여러 조각으로 나누어 실행 중인 애플리케이션의 인스턴스들로 분산시킬 수 있다. 이런 방식의 상태 분할은 카프카 스트림즈 인스턴스의 로컬 저장소 오버헤드를 줄일 수 있다.

KTable과 GlobalKTable 사이에서 어떤 것을 사용할지 선택할 때 더 중요하게 고려해야 하는 것은 시간 동기화된 처리가 필요한지 여부이다. KTable은 시간 동기화돼 있어서 카프카 스트림즈가 여러 소스로부터 데이터를 읽고(예를 들어 조인의 경우), 다음에 처리할 레코드가 무엇인지 결정할 때 시간을 살펴본다. 이것은 조인할 때 특정 시간 범위에 있는 결합 가능한 레코드가 어떤 것인지 알 수 있다는 의미하고 조인 동작을 좀 더 예측 가능하게 만든다. 반면, GlobalKTable은 시간 동기화되지 않으며 "어떤 처리를 하기 전에 완전히 채워져 있어야 한다".[11] 따라서 항상 가장 최신 버전의 GlobalKTable로 조인을 수행하므로 프로그램의 의미가 변경된다.

카프카 스트림즈에서 시간과 시간의 역할은 5장을 위해 남겨뒀으므로, 4장에서는 두 번째 고려 사항은 많이 다루지 않을 것이다. 키 공간 관련해, players 토픽은 각 플레이어의 레코드를 포함하고 있다. 이 토픽은 회사나 제품의 생명 주기에는 적게 의존하지만 키 공간은 시간이 지남에 따라 계속 커질 것으로 예상된다. 따라서 이 토픽에 KTable 추상화를 사용할 것이다.

그림 4-2는 KTable을 사용할 때 실행 중인 애플리케이션 인스턴스들로 내부 상태를 어떻게 분산하는지 보여준다.

---

11 플로리안 트로스바흐와 마티아스 J. 색스는 "스트림 교차: 아파치 카프카에서 조인(Crossing the Streams: Joins in Apache Kafka)" 기사(https://oreil.ly/dUo3a)에서 이 주제에 대해서 다루고 있다.

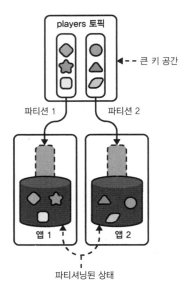

큰 키 공간

파티션 1   파티션 2

앱 1   앱 2

파티셔닝된 상태

그림 4-2 KTable은 여러 애플리케이션 인스턴스로 상태를 분할하고 시간 동기화 처리가 필요할 때 사용해야 한다.

새로 고친 추상화 표는 다음과 같다.

카프카 토픽	추상화
score—events	KStream
players	KTable
products	???

이제 products 토픽 하나만 남았다. 이 토픽은 상대적으로 작으므로, 전체 애플리케이션 인스턴스로 상태를 복제해야 한다. 이를 가능하게 하는 GlobalKTable 추상화에 대해 살펴보자.

GlobalKTable

products 토픽은 설정(압축돼 있다)과 키 공간이 유한(각 고유 상품 ID마다 가장 최신 레코드만 유지하면 되며 추적해야 할 상품의 개수가 고정돼 있다)하다는 관점에서 players 토픽과 유사하다. 그러나 products 토픽은 palyers 토픽에 비해 훨씬 작은 카디널리티(즉, 더 적은 고유 키)를 가지고 있으며, 게임 최고 점수를 수백 번 추적하는 전광판이라 하더라도, 이 토픽의 레코드들을 메모리에 모두 넣어도 될 만큼 용량이 충분히 작다.

크기가 더 작은 것 외에도, products 토픽의 데이터는 비교적 고정적이기도 하다. 비디오 게임은 제작하는 데 오랜 시간이 걸리므로 products 토픽에 변경이 많이 발생할 것을 기대하지 않는다.

두 특징(작고 고정적인 데이터)은 GlobalKTable의 설계 근거이다. 따라서 우리는 products 토픽에 GlobalKTable을 사용할 것이다. 결과적으로 각 카프카 스트림즈 인스턴스는 상품의 정보를 모두 복제해 저장할 것이며, 나중에 보게 되겠지만 이는 조인을 훨씬 쉽게 만들어준다.

그림 4-3은 각 카프카 스트림즈 인스턴스가 상품 테이블의 전체 복제본을 어떻게 관리하는지 보여준다.

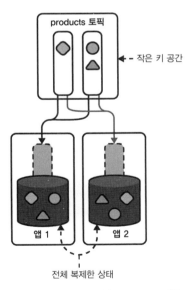

그림 4-3 GlobalKTable은 키 공간이 작으며 조인의 코-파티셔닝(co-partitioning)을 피하고 싶을 때나(코-파티셔닝에 대해서는 176페이지 '코-파티셔닝'에서 다룰 것이다), 시간 동기화가 필요하지 않을 때 사용해야 한다.

토픽 추상화 매핑의 최종 모습이 만들어졌다.

카프카 토픽	추상화
score-events	KStream
players	KTable
products	GlobalKTable

각 소스 토픽에 어떤 추상화를 사용할지 결정했으니, 이제 스트림즈와 테이블을 등록할 수 있다.

스트림즈와 테이블 등록

스트림즈와 테이블 등록은 간단한다. 다음 코드는 상위-수준의 DSL로 적절한 빌더 메소드들을 이용해 KStream과 KTable, GlobalKTable을 어떻게 생성하는지 보여준다.

```
StreamsBuilder builder = new StreamsBuilder();

KStream<byte[], ScoreEvent> scoreEvents =
    builder.stream(
        "score-events",
        Consumed.with(Serdes.ByteArray(), JsonSerdes.ScoreEvent())); ❶

KTable<String, Player> players =
    builder.table(
        "players",
        Consumed.with(Serdes.String(), JsonSerdes.Player())); ❷

GlobalKTable<String, Product> products =
    builder.globalTable(
        "products",
        Consumed.with(Serdes.String(), JsonSerdes.Product())); ❸
```

❶ score-events 토픽의 데이터를 표현하기 위해 KStream을 사용한다. 이 데이터는 키가 없다.

❷ players 토픽을 위해 KTable 추상화를 이용해 파티셔닝된(또는 샤딩) 테이블을 생성한다.

❸ products 토픽을 위해 GlobalKTable을 생성한다. 이 데이터는 전체 애플리케이션 인스턴스로 복제될 것이다.

소스 토픽들을 등록으로 전광판 토폴로지(그림 4-1 참조)의 첫 번째 단계를 구현했다. 이제 다음 단계인 스트림과 테이블 조인으로 넘어가자.

조인

관계형 데이터 세계에서 UNION 쿼리도 여러 데이터 셋을 결합하는 방법 중 하나다.[12] 카프카 스트림즈의 merge 연산 동작은 UNION 쿼리의 동작과 거의 유사하다. 관계형 시스템에서 데이터는 고차원일 때가 많으며 여러 테이블에 나누어 저장된다. 카프카에서도 동일 패턴이 보이는 것이 일반적인데, 이는 이벤트가 여러 곳에서 발생하고 개발자들이 관계형 데이터 모델에 익숙하며, 특정 카프카 통합들(예를 들어 JDBC, 카프카 커넥터, Debezium, Maxwell 등)은 원천 데이터와 소스 시스템의 데이터 모델도 함께 가져오기 때문이다.

카프카에서 데이터가 어떻게 흩어져 있는지는 상관없이, 분리돼 있는 스트림과 테이블의 데이터를 관계를 기반으로 결합하는 카프카 스트림즈의 기능은 복잡한 데이터 보강을 가능하게 해준다. 또한 여러 데이터 셋을 결합하는 조인 방법은 그림 3-6에서 본 것처럼 단순히 스트림들을 병합하는 것과 매우 다르다. 카프카 스트림즈에서 merge 연산자를 사용할 때, 병합할 양쪽의 레코드들은 조건 없이 하나의 스트림으로 결합된다.

---

12 UNION 쿼리는 관계형 세계에서 데이터 셋들을 결합하는 또 다른 방식이다. 카프카 스트림즈의 merge 연산자는 UNION 쿼리 동작 방식과 좀 더 관련 있다.

따라서 단순 병합 연산은 병합할 이벤트의 추가 컨텍스트를 필요로 하지 않으므로 상태가 없다.

그러나 조인은 이벤트 간의 관계에 관심을 갖고 조건을 갖고 병합하며, 레코드를 출력 스트림으로 그대로 복제하지 않고 결합해 복제하는 특별한 경우라 생각할 수 있다. 또한 조인을 하려면 이벤트 간의 관계를 병합 시점에 캡처, 저장, 참조해야 하는데, 이로 인해 조인은 상태를 갖고 있는 연산이다. 그림 4-4는 여러 조인 종류 중 하나(표 4-5에서 보듯이 조인에는 여러 종류가 있다)가 어떻게 동작하는지 단순화해 보여준다.

관계형 시스템과 마찬가지로, 카프카 스트림즈는 여러 종류의 조인을 지원하고 있다. 따라서 score-events 스트림을 players 테이블과 어떻게 조인하는지 배우기 전에 먼저 카프카 스트림즈에서 사용 가능한 조인 연산자에는 어떤 것들이 있는지 알아볼 것이며, 이 학습을 통해 특정 사례에 잘 맞는 조인을 선택할 수 있게 될 것이다.

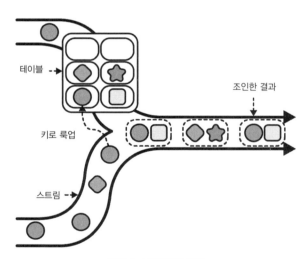

그림 4-4 메시지들 조인

조인 연산자들

카프카 스트림즈는 스트림과 테이블 조인을 위해 세 가지 조인 연산자를 지원한다. 각 연산자의 자세한 내용은 표 4-4에 나와 있다.

표 4-4 조인 연산자들

연산자	설명
join	내부 조인. 조인할 양쪽 입력의 레코드가 동일 키를 공유할 때 조인이 발현된다.
leftJoin	왼쪽 조인. 조인 종류에 따라 조인의 의미가 다르다. • 스트림-테이블 조인: 조인의 왼쪽 레코드를 수신하면 발현된다. 만약 오른쪽에 동일 키의 레코드가 없다면 오른쪽 값은 null로 설정된다. • 스트림-스트림 조인과 테이블-테이블 조인: 테이블-테이블 조인은 조인 오른쪽의 입력도 룩업을 발현시키는 것을 제외하면 스트림-스트림 왼쪽 조인과 의미적으로 동일하다. 만약 오른쪽이 조인을 발현시켰는데 왼쪽에 일치하는 키가 없다면 조인은 아무 결과도 생성하지 않는다.
outerJoin	외부 조인. 조인 양쪽의 레코드를 수신하면 조인이 발현된다. 만약 동일 키에 대한 레코드가 조인 반대편에 없다면 관련 값은 null로 설정된다.

 조인 연산자들의 차이를 얘기할 때 조인의 다른 쪽 데이터를 참조한다. 조인의 오른쪽은 항상 조인 연산자의 파라미터로 전달된다는 것을 기억하길 바란다. 예를 들어,

```
KStream<String, ScoreEvent> scoreEvents = ...;
KTable<String, Player> players = ...;

scoreEvents.join(players, ...); ❶
```

❶ scoreEvents는 조인의 왼쪽이다. players는 조인의 오른쪽이다.

이제 이 연산자로 생성할 수 있는 조인의 종류를 살펴보자.

조인 종류

카프카 스트림즈는 표 4-5에서 보듯이 여러 종류의 조인을 지원한다. 표의 코-파티셔 닝co-partitioning 필요 컬럼에 대한 설명은 176페이지 '코-파티셔닝'에서 알아볼 것이다.

현재로는 조인을 수행할 때 필요한 추가 요구 조건으로 이해하면 된다.

표 4-5 조인 종류

종류	윈도우 여부	연산자들	코-파티셔닝 필요
KStream–KStream	예[a]	• join • leftJoin • outerJoin	예
KTable–KTable	아니요	• join • leftJoin • outerJoin	예
KStream–KTable	아니요	• join • leftJoin	예
KStream–GlobalKTable	아니요	• join • leftJoin	아니요

a. 조인에서 알아야 할 중요한 한 가지는 윈도잉된다는 것이다. 이에 관해서는 5장에서 자세히 알아볼 것이다.

4장에서는 두 가지 조인 종류가 필요하다.

- score-events KStream과 players KTable을 조인하기 위한 KStream-KTable 조인

- 이전 조인의 결과와 products GlobalKTable을 조인하기 위한 KStream-Global KTable 조인

양쪽이 일치할 때만 조인을 발현시키기 위해 내부 조인만 사용할 것이다. 그 전에 첫 번째 조인(KStream-KTable)을 사용하려면 코-파티셔닝이 필요하다는 것을 볼 수 있다. 코드를 작성하기 전에 이것이 무엇을 의미하는지 살펴보자.

코-파티셔닝

> 만약 숲에 나무가 쓰러졌는데 주변에 듣는 이가 아무도 없다면, 소리가 난 것일까?
>
> — 격언

이 유명한 사고 실험thought experiment은 사건이 발생할 때(이 경우 숲에서 소리가 나는 것) 관찰자가 가지는 역할이 무엇인지를 질문하게 한다. 비슷하게, 카프카 스트림즈의 이벤트 처리에서 관찰자가 가지는 효과에 대해 항상 인지하고 있어야 한다.

86페이지 '태스크와 스트림 스레드'에서, 각 파티션은 단일 카프카 스트림 태스크에 할당된다고 배웠다. 그리고 이 태스크들은 실제로 이벤트를 소비하고 처리하는 책임을 가지므로 이 비유에서 관찰자처럼 행동할 것이다. 다른 파티션의 이벤트가 동일 카프카 스트림즈 태스크에서 처리된다는 것이 보장되지 않으므로, 잠재적인 관찰 가능성 observability 문제를 가지고 있다.

그림 4-5는 기본적인 관찰 가능성 문제를 보여준다. 만약 관련 이벤트들이 다른 태스크에서 처리된다면, 서로 다른 두 관찰자를 갖게 되므로 이벤트 간의 관계를 정확히 결정하는 것이 불가능하다. 데이터를 조인하는 목적은 관련 이벤트들을 결합하는 것이므로, 조인을 수행할 때 관찰 가능성 문제가 조인을 실패시킬 것이다.

이벤트 간의 관계를 이해하거나 일련의 이벤트들을 집계할 때, 관련 이벤트들이 동일 파티션으로 라우팅되고 동일 태스크에서 처리되는 것이 보장돼야 한다.

관련 이벤트들의 동일 파티션 라우팅을 보장하려면, 다음의 코-파티셔닝 요구 사항을 만족해야 한다.

- 양쪽의 레코드들은 동일 필드를 키로 사용하고 동일 파티셔닝 전략을 사용하며, 해당 키로 파티셔닝해야 한다.

- 조인 양쪽의 입력 토픽들은 동일 파티션 개수를 가져야 한다(이는 카프카 스트림즈가 애플리케이션을 시작할 때 첫 번째로 확인하는 요구 사항이다. 만약 이 요구 사항을 만족하지 못하면, TopologyBuilderException 예외가 발생한다).

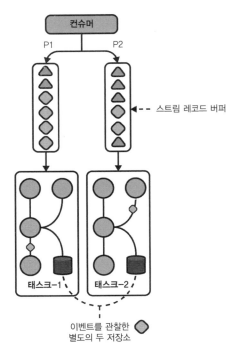

그림 4-5 관련 레코드들을 조인하기 원하는 데 동일 태스크에서 처리되지 않는다면, 관찰 가능성 문제를 가지고 있는 것이다.

이 튜토리얼에서, 첫 번째 요구 사항만 빼고 KStream-KTable 조인 수행에 필요한 나머지 요구 사항은 만족한다. score-events 토픽은 키가 없는 반면, 조인 대상인 players 토픽은 플레이어 ID를 키로 가지고 있다는 것을 기억할 것이다. 따라서 조인을 수행하기 전에 score-events 토픽의 데이터를 플레이어 ID를 키로 사용해 재생성을 해야 한다. 이는 예제 4-1에서 보듯이 selectKey 연산자로 수행 가능하다.

예제 4-1 selectKey 연산자는 레코드의 키를 재생성하게 해준다. 이 연산은 특정 조인을 수행할 때 코-파티셔닝 요구 사항을 만족시킬 때 필요하다.

```
KStream<String, ScoreEvent> scoreEvents =
  builder
    .stream(
      "score-events",
      Consumed.with(Serdes.ByteArray(), JsonSerdes.ScoreEvent()))
    .selectKey((k, v) -> v.getPlayerId().toString()); ❶
```

❶ selectKey는 레코드의 키를 재생성한다. 이렇게 하면 조인 양쪽(score-events 데이터
와 palyers 데이터)의 레코드가 동일 필드를 키로 가져야 한다는 첫 번째 코-파티셔
닝 요구 사항을 만족시킬 수 있다.

그림 4-6은 레코드의 키가 어떻게 재생성되는지 시각적으로 보여준다.

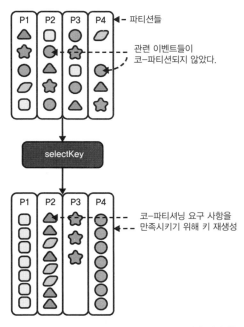

그림 4-6 메시지 키의 재생성은 관련 레코드들을 동일 파티션에서 처리하는 것을 보장한다.

 키 변경 연산자를 토폴로지에 추가할 때, 카프카 스트림즈는 이 연산자를 통과하는 데이터가 리파
티셔닝될 것이라 표시한다. 이로 인해 재생성한 새 키를 가진 결과 레코드를 읽는 하위 스트림 연
산자를 추가하자마자 카프카 스트림즈는 다음과 같은 일을 할 것이다.

- 새로 생성한 키를 가지고 있는 데이터를 내부 리파티션 토픽으로 전송한다.
- 새로 생성한 키를 가지고 있는 데이터를 카프카 스트림즈로 다시 읽는다.

이 과정은 토폴로지의 이후 단계에서 관련 레코드들(예를 들어 같은 키를 공유하는 레코드들)이 동
일 태스크에서 처리되는 것을 보장한다. 그러나 특별한 리파티션 토픽으로 데이터의 경로를 변경
하려면 네트워크를 통해야 하므로 키 재생성은 비싼 연산이 될 수 있다.

produdcts 토픽을 조인하는 KStream-GlobalKTable 조인은 어떤가? 표 4-5에 봤듯이, 상품의 상태가 카프카 스트림즈 애플리케이의 모든 인스턴스로 완전히 복제되므로 GlobalKTable에서 코-파티셔닝은 불필요하다. 따라서 GlobalKTable 조인에서는 이런 관찰 가능성 문제를 발견할 수 없다.

이제 스트림과 테이블들을 조인할 준비가 거의 됐다. 그러나 먼저 조인 연산 수행 중에 레코드들이 실제 어떻게 결합되는지 알아보자.

ValueJoiner

전통적인 SQL로 조인을 수행할 때, 단순히 SELECT문으로 결합할 조인 레코드의 모양(또는 프로젝션)을 지정해 조인 연산을 사용하면 된다. 예를 들어,

```
SELECT a.customer_name, b.purchase_amount ❶
FROM customers a
LEFT JOIN purchases b
ON a.customer_id = b.customer_id
```

❶ 결합할 조인 레코드의 프로젝션은 두 개의 컬럼을 가지고 있다.

그러나 카프카 스트림즈에서 서로 다른 레코드들이 어떻게 결합돼야 하는지 지정하려면 ValueJoiner를 사용해야 한다. ValueJoiner는 단순히 조인에 참여하는 각 레코드를 처리해 새롭게 결합된 레코드를 생성한다. 첫 번째 조인에서는 score-events KStream을 players KTable과 조인해야 한다. ValueJoiner의 동작은 다음과 같은 의사코드로 표현 가능하다.

```
(scoreEvent, player) -> combine(scoreEvent, player);
```

그러나 위 방법보다는 더 나은 방법으로 처리할 수 있다. 다음 중 하나를 수행하는 전용 데이터 클래스를 갖는 것이 좀 더 일반적이다.

- 조인에 참여하는 각 값들을 감싸는 래퍼 클래스를 생성

- 조인의 양측으로부터 관련 필드들을 추출하고 추출한 값들을 클래스의 속성으로 저장한다.

먼저 score-events -> players 조인에 필요한 래퍼 클래스로 시작해보자. 예제 4-2는 조인 양측의 레코드들을 감싸는 데이터 클래스를 단순 구현한 것이다.

예제 4-2 score-events -> players 조인 결과 레코드를 만들 때 사용하는 데이터 클래스

```
public class ScoreWithPlayer {
  private ScoreEvent scoreEvent;
  private Player player;

  public ScoreWithPlayer(ScoreEvent scoreEvent, Player player) { ❶
    this.scoreEvent = scoreEvent; ❷
    this.player = player;
  }

  // 지면상 접근 메소드 생략
}
```

❶ 생성자는 조인 양쪽의 레코드를 파라미터로 받는다. 조인 왼쪽은 ScoreEvent이고, 오른쪽은 Player이다.

❷ 래퍼 클래스의 내부에서 조인에 참여하는 각 레코드의 참조를 단순 저장했다.

이 래퍼 클래스를 ValueJoiner의 반환 타입으로 사용할 수 있다. 예제 4-3은 ScoreEvent (score-events KStream으로부터 생성)와 Player(players KTable로부터 생성)를 ScoreWith Player 인스턴스로 결합하는 ValueJoiner의 구현 예제를 보여준다.

예제 4-3 score-events와 players를 결합하는 ValueJoiner

```
ValueJoiner<ScoreEvent, Player, ScoreWithPlayer> scorePlayerJoiner =
    (score, player) -> new ScoreWithPlayer(score, player); ❶
```

❶ ScoreWithPlayer::new와 같은 정적 메소드 참조를 사용할 수도 있다.

두 번째 조인을 살펴보자. 이 조인은 ScoreWithPlayer(첫 번째 조인의 결과)와 Product (products GlobalKTable로부터 생성)를 결합해야 한다. 래퍼 패턴을 다시 사용할 수는 있으나, 조인에 필요한 속성만 조인 양측에서 추출하고 나머지는 버리는 것도 가능하다.

다음 코드는 두 번째 패턴을 따르는 데이터 클래스 구현을 보여준다. 원하는 값만 추출하고 클래스의 관련 속성에 해당 값들을 저장한다.

```java
public class Enriched {
  private Long playerId;
  private Long productId;
  private String playerName;
  private String gameName;
  private Double score;

  public Enriched(ScoreWithPlayer scoreEventWithPlayer, Product product) {
    this.playerId = scoreEventWithPlayer.getPlayer().getId();
    this.productId = product.getId();
    this.playerName = scoreEventWithPlayer.getPlayer().getName();
    this.gameName = product.getName();
    this.score = scoreEventWithPlayer.getScoreEvent().getScore();
  }

  // 지면상 접근 메소드 생략
}
```

이 새 데이터 클래스로 예제 4-4의 코드를 사용해 KStream-GlobalKTable 조인에 필요한 ValueJoiner 생성이 가능하다.

예제 4-4 조인에서 사용할 ValueJoiner 람다

```java
ValueJoiner<ScoreWithPlayer, Product, Enriched> productJoiner =
    (scoreWithPlayer, product) -> new Enriched(scoreWithPlayer, product);
```

지금까지 카프카 스트림즈가 어떻게 조인 레코드들을 결합하는지 살펴봤다. 이제 실제 조인을 수행할 차례다.

KStream을 KTable로 조인(players 조인)

score-events KStream을 players KTable과 조인할 차례다. ScoreEvent 레코드가 Player 레코드와 일치할 때만 조인을 발현시키길 원하므로(레코드 키를 사용해), 다음과 같이 조인 연산자를 사용해 내부 조인을 수행할 것이다.

```
Joined<String, ScoreEvent, Player> playerJoinParams =
  Joined.with( ❶
    Serdes.String(),
    JsonSerdes.ScoreEvent(),
    JsonSerdes.Player()
  );

KStream<String, ScoreWithPlayer> withPlayers =
  scoreEvents.join( ❷
  players,
  scorePlayerJoiner, ❸
  playerJoinParams
);
```

❶ 조인 레코드들의 키와 값들을 어떻게 직렬화해야 하는지 정의하는 조인 파라미터들

❷ 내부 조인을 수행하는 연산자

❸ 이것은 예제 4-3에서 생성한 ValueJoiner이다. ScoreWithPlayer 값은 두 조인 레코드로부터 생성됐다. 조인 값들의 좌우측이 생성자로 어떻게 전달되는지 예제 4-2의 ScoreWithPlayer 데이터 클래스를 확인해보길 바란다.

단순하다. 지금 이 코드를 실행하고 카프카 클러스터에서 모든 토픽을 나열해보면 카프카 스트림즈가 생성한 두 내부 토픽을 볼 수 있을 것이다.

이 토픽들은 다음과 같다.

- 예제 4-1에서 수행한 키 재생성 연산을 처리하는 리파티션^{repartition} 토픽

- 조인 연산에서 사용할 상태 저장소를 백업할 변경 로그^{changelog} 토픽. 이것은 160페이지 '내결함성'에서 논의했던 내결함성 동작 중 일부다.

kafka-topics 콘솔 스크립트로 파티션 목록 확인이 가능하다.[13]

```
$ kafka-topics --bootstrap-server kafka:9092 --list

players
products
score-events
dev-KSTREAM-KEY-SELECT-0000000001-repartition ❶
dev-players-STATE-STORE-0000000002-changelog ❷
```

❶ 카프카 스트림즈가 생성한 내부 리파티션 토픽. 카프카 스트림즈 애플리케이션의
    애플리케이션 ID(dev)가 접두사로 사용됐다.

❷ 카프카 스트림즈가 생성한 내부 변경 로그 토픽. 리파티션 토픽과 마찬가지로 이
    변경 로그 토픽도 카프카 스트림즈 애플리케이션의 애플리케이션 ID가 접두사로
    사용됐다.

자, 이제 두 번째 조인으로 넘어가자.

KStream을 GlobalKTable과 조인(products 조인)

코-파티셔닝 요구 사항에서 논의했듯이, GlobalKTable 조인의 양측은 레코드들은 동일
키를 공유해야 한다. 로컬 태스크가 테이블의 완전한 복제본을 가지고 있으므로, 조인의
스트림 측 레코드의 값 일부 속성을 사용해 실제 조인을 수행할 수 있다.[14] 이 방식은 관
련 레코드들이 동일 태스크에서 처리되는 것을 보장하기 위해 레코드의 키를 재생성해
리파티션 토픽으로 보내는 방식보다 더 효율적이다.

KStream-GlobalKTable 조인을 수행하기 위해, KeyValueMapper라는 것을 생성해야
한다. 이 클래스의 목적은 KStream의 레코드를 GlobalKtable의 레코드와 어떻게 매핑
할 것인지 지정하는 것이다. 이 튜토리얼에서는 이 레코드들을 Product와 매핑하기 위

---

13 컨플루언트 플랫폼을 사용하지 않는다면 kafka-topics.sh 스크립트이다.
14 조인의 GlobalKTable 측은 룩업을 위한 레코드 키를 계속 사용할 것이다.

해 다음과 같이 단순히 ScoreWithPlayer에서 상품 ID만 추출할 수 있다.

```
KeyValueMapper<String, ScoreWithPlayer, String> keyMapper =
  (leftKey, scoreWithPlayer) -> {
    return String.valueOf(scoreWithPlayer.getScoreEvent().getProductId());
};
```

KeyValueMapper와 예제 4-4에서 생성한 ValueJoiner로 조인을 수행할 수 있다.

```
KStream<String, Enriched> withProducts =
  withPlayers.join(products, keyMapper, productJoiner);
```

이것으로 전광판 토폴로지의 두 번째와 세 번째 단계가 끝났다(그림 4-1 참조). 다음으로 해야 할 것은 보강된 레코드들을 그룹핑해 집계를 수행하는 것이다.

레코드 그룹핑

카프카 스트림즈에서 스트림 또는 테이블로 집계를 수행하기 전에, 집계하고자 하는 KStream 또는 KTable을 그룹핑해야 한다. 그룹핑의 목적은 조인 전에 관련 레코드들이 동일 관찰자 또는 카프카 스트림즈 태스크에서 처리되는 것을 보장하기 위해 레코드의 키를 재생성하는 것과 같다.

스트림과 테이블 그룹핑에는 몇 가지 차이점이 있으므로 각각에 대해 살펴볼 것이다.

스트림즈 그룹핑

다음처럼 KStream을 그룹핑할 때 사용하는 두 연산자가 있다.

- groupBy

- groupByKey

groupBy 연산자는 키를 변경하는 연산자이며 카프카 스트림즈가 이 스트림을 리파티셔 닝하도록 표시하므로, selectKey를 사용해 스트림의 키를 재생성하는 처리와 비슷하다. 만약 하위 스트림에 새로운 키의 데이터를 읽는 연산자를 추가한다면, 카프카 스트림즈 는 자동으로 리파티션 토픽을 추가하고 데이터를 카프카로 다시 라우팅해 키 재생성 처 리를 완료한다.

예제 4-5는 KStream을 그룹핑하기 위해 groupBy 연산자를 어떻게 사용하는지 보여 준다.

예제 4-5 KStream의 키를 재생성하고 그룹핑을 동시에 하기 위해 groupBy 연산자 사용

```
KGroupedStream<String, Enriched> grouped =
    withProducts.groupBy(
        (key, value) -> value.getProductId().toString(), ❶
        Grouped.with(Serdes.String(), JsonSerdes.Enriched())); ❷
```

❶ groupBy 연산자는 함수적 인터페이스인 KeyValueMapper를 기대하므로 새로운 키 선택에 람다를 사용할 수 있다.

❷ Grouped는 레코드를 직렬화할 때 필요한 키와 값의 Serdes을 비롯해 그룹핑의 추가 선택 사항들을 넘길 때 사용한다.

그런데 레코드 키 재생성이 필요 없다면 대신 groupByKey 연산자를 사용할 것을 권장 한다. groupByKey는 스트림을 리파티션 대상으로 표시하지 않으므로 리파티셔닝 때문 에 데이터를 카프카로 보냄으로 발생하는 추가적인 네트워크 호출을 피할 수 있으므로 성능적으로 더 빠르다. groupByKey 구현은 다음과 같다.

```
KGroupedStream<String, Enriched> grouped =
    withProducts.groupByKey(
        Grouped.with(Serdes.String(),
        JsonSerdes.Enriched()));
```

각 상품 ID에 대해서 상위 점수들을 계산하기 원하지만 보강된 스트림의 현재 키는 플레이어의 ID이므로, 전광판 토폴로지에서는 예제 4-5와 같은 groupBy 연산자를 사용할 것이다.

스트림 그룹핑에 어떤 연산자를 사용하든 카프카 스트림즈는 아직 본 적이 없는 새로운 종류의 스트림인 KGroupedStream을 반환한다. KGroupedStream은 단지 집계 수행에 사용하는 중간 스트림 표현이다. 곧 집계에 대해 살펴보겠지만, 그 전에 먼저 KTable은 어떻게 그룹핑하는지 살펴보자.

테이블 그룹핑

스트림 그룹핑과 다르게 테이블을 그룹핑하는 연산자는 groupBy 단 한 가지만 있다. 또한 KTable에 groupBy를 호출하면 KGroupedStream을 반환하는 대신 다른 중간 표현인 KGroupedTable을 반환한다. 그 외에는 KTable을 그룹핑하는 과정은 KStream과 완전히 동일하다. 예를 들어 players KTable을 그룹핑한 후 어떤 집계를 수행하고자 한다면(예를 들어 플레이어의 수 계산), 다음처럼 할 수 있다.

```
KGroupedTable<String, Player> groupedPlayers =
    players.groupBy(
        (key, value) -> KeyValue.pair(key, value),
        Grouped.with(Serdes.String(), JsonSerdes.Player()));
```

이 튜토리얼에서는 players 테이블을 그룹핑하지 않으므로 필요하지 않으나 개념 설명을 위해 위 예제 코드를 포함시켰다. 이제 스트림과 테이블을 그룹핑할 수 있고 프로세서 토폴로지(그림 4-2 참조)의 네 번째 단계를 완료했다. 다음으로 카프카 스트림에서 어떻게 집계를 수행하는지 배워보자.

집계

전광판 토폴로지의 마지막 단계 중 하나는 각 게임마다 상위 점수들을 계산하는 것이다. 카프카 스트림즈는 이런 집계를 쉽게 수행할 수 있는 여러 연산자를 제공한다.

- aggregate

- reduce

- count

상위 수준에서 보면 집계는 단지 여러 값들을 결합해 하나의 출력 값으로 만들어내는 과정이다. 집계를 수학적 연산으로 보는 경향이 있으나, 반드시 그럴 필요는 없다. count 가 각 키마다 이벤트의 개수를 계산하는 수학적 연산인 반면, **aggregate**와 **reduce**는 좀 더 일반적이고 사용자가 지정한 결합 로직을 사용해 값들을 집계할 수 있다.

 reduce는 aggregate와 매우 유사하다. 차이점은 반환 타입에 있다. aggregate 연산자는 출력 레코드의 타입으로 다른 타입을 지정할 수 있으나, reduce 연산자는 집계의 결과 타입이 입력과 동일한 타입이어야 한다.

집계는 스트림과 테이블에 적용할 수 있다. 스트림은 변경 불가능이고 테이블은 변경 가능하므로 의미는 다르다. 이는 조금 다른 버전의 **aggregate**와 **reduce** 연산자로 변환된다. 스트림 버전은 Initializer와 Adder 두 개의 파라미터를 받는 반면, 테이블 버전은 Initializer, Adder 그리고 Subtractor 세 개의 파라미터를 받는다.[15]

상위 점수 집계의 스트림 집계를 어떻게 하는지 살펴보자.

---

15 스트림은 추가 전용이므로 Subtractor가 필요 없다.

스트림 집계

이 절에서는 레코드 스트림에 집계를 어떻게 적용하는지 배울 것이다. 여기에는 새 집계 값을 초기화하는 함수(Initializer라 부른다)와 어떤 키로 새로운 레코드들이 들어올 때 집계를 수행하는 함수(Adder 함수라 부른다)가 포함돼 있다. 먼저 Initializer부터 배워볼 것이다.

Initializer

카프카 스트림즈 토폴로지에 새로운 키가 나타나면 집계를 초기화할 방법이 필요하다. 이를 돕는 인터페이스를 Initializer라 하고 카프카 스트림즈 API의 여타 클래스와 같이 Initializer는 함수적 인터페이스(즉, 단일 메소드 포함)이어서 람다로도 정의가 가능하다.

예를 들어 count 집계의 내부를 들여다보면, 집계의 초깃값을 0으로 설정하는 Initializer를 볼 수 있을 것이다.

```
Initializer<Long> countInitializer = () -> 0L; ❶
```

❶ Initializer 인터페이스가 함수적 인터페이스이므로 람다로 Initializer를 정의하고 있다.

좀 더 복잡한 집계에는 커스텀 Initializer를 대신 제공할 수 있다. 예를 들어 비디오 게임 전광판 구현 예제에서 각 게임마다 상위 세 개 점수를 계산할 방법이 필요하다. 이를 위해 상위 세 개의 점수를 추적하는 로직을 가지고 있는 별도 클래스를 생성하고, 집계를 초기화할 때마다 새로운 인스턴스를 제공한다.

이 튜토리얼에서, 집계 클래스처럼 동작하는 HighScores라는 커스텀 클래스를 생성할 것이다. 이 클래스는 특정 비디오 게임의 상위 세 개의 점수를 보관해야 하므로 이를 표현할 수 있는 데이터 구조가 필요하다. 한 가지 방법은 자바 표준 라이브러리에 포함돼 있는 정렬 집합인 TreeSet을 이용하는 것으로, 상위 점수를 보관(기본적으로 정렬돼 있다) 하기에 매우 편리하다.

상위 점수들을 집계하기 위해 사용할 데이터 클래스의 초기 구현은 다음과 같다.

```
public class HighScores {

  private final TreeSet<Enriched> highScores = new TreeSet<>();

}
```

이제 카프카 스트림즈에게 새로운 데이터 클래스를 어떻게 초기화해야 하는지 알려줘야 한다. 클래스 초기화는 단순하다. 단지 인스턴스를 생성하기만 하면 된다.

```
Initializer<HighScores> highScoresInitializer = HighScores::new;
```

집계를 초기화하는 Initializer를 구현했으므로, 이제 실제 집계를 수행하는 로직을 구현해야 한다(이 경우, 각 게임마다 세 개의 상위 점수를 추적).

Adder

스트림 집계할 때 다음으로 필요한 것은 두 집계를 결합하는 로직을 정의하는 것이다. 이는 Aggregator 인터페이스로 가능하며, Initializer와 마찬가지로 람다로 구현 가능한 함수적 인터페이스이다. 함수 구현에는 세 개의 파라미터가 필요하다.

- 레코드 키

- 레코드 값

- 현재 집계 값

다음과 같은 상위 점수 Aggregator를 생성할 수 있다.

```
Aggregator<String, Enriched, HighScores> highScoresAdder =
    (key, value, aggregate) -> aggregate.add(value);
```

aggregate는 HighScores 인스턴스이며 집계 연산이 HighScores.add 메소드를 호출하므로, HighScores 클래스 안에 add 메소드만 구현하면 된다. 다음의 add 메소드는 단순히 새 점수를 내부 TreeSet에 추가하고, 만약 이미 세 개의 상위 점수가 있다면 가장 낮은 점수를 삭제하는 매우 단순한 코드다.

```java
public class HighScores {
  private final TreeSet<Enriched> highScores = new TreeSet<>();

  public HighScores add(final Enriched enriched) {
    highScores.add(enriched); ❶

    if (highScores.size() > 3) { ❷
      highScores.remove(highScores.last());
    }

    return this;
  }
}
```

❶ 카프카 스트림즈가 Adder 메소드(HighScores.add)를 호출할 때마다, 단순히 내부 TreeSet에 새로운 레코드만 추가하기만 하면 각 엔트리가 자동으로 정렬될 것이다.

❷ 세 개 이상의 점수가 TreeSet에 있다면, 가장 낮은 점수를 삭제한다.

TreeSet이 어떻게 Enriched 객체들을 정렬할지를 알려주기 위해(상위 점수의 개수가 세 개를 초과하면 가장 낮은 점수를 삭제하기 위해 Enriched 레코드를 식별 가능), 예제 4-6처럼 Comparable 인터페이스를 구현할 것이다.

예제 4-6 Comparable 인터페이스 구현을 추가한 Enriched 클래스

```java
public class Enriched implements Comparable<Enriched> { ❶

  @Override
  public int compareTo(Enriched o) { ❷
    return Double.compare(o.score, score);
  }
```

```
    // 지면 관계상 생략
  }
```

❶ 상위 세 개 점수를 결정하려면 한 Enriched 객체를 다른 객체와 비교해야 하므로, Enriched 클래스에 Comparable 인터페이스 구현을 추가할 것이다.

❷ compareTo 메소드 구현은 두 Enriched 객체들을 비교할 때 score 속성을 사용한다.

이제, Initializer와 Adder 함수 모두를 갖췄으므로, 예제 4-7의 코드를 이용해 집계를 수행할 수 있다.

예제 4-7 상위 점수 집계 수행에 카프카 스트림즈의 aggregate 연산자 사용

```
KTable<String, HighScores> highScores =
    grouped.aggregate(highScoresInitializer, highScoresAdder);
```

테이블 집계

테이블 집계 과정은 스트림 집계처럼 Initializer와 Adder 함수를 사용한다. 그러나 테이블은 변경 가능하며 키가 삭제될 때마다 집계 값을 갱신할 수 있어야 한다.[16] 그리고 테이블 집계 시 Substractor 함수를 세 번째 파라미터로 넘겨야 한다.

Subtractor

전광판 예제에서는 필요하지 않지만, players KTable에서 플레이어이어 수를 센다고 가정해보자. count 연산자를 사용할 수도 있으나, Substractor 함수 생성 방법을 보여주기 위해 count 연산자와 근본적으로 동일한 집계 함수를 직접 구현해볼 것이다. Substractor 함수(KStream과 KTable 집계에서 필요했던 Initializer와 Adder 함수와 유사)를 사용하는 집계의 기본 구현은 다음과 같다.

---

16 키 삭제에 대해서는 아직 얘기해본 적이 없으나 이에 대해서는 6장의 상태 저장소 정리를 얘기할 때 다룰 것이다.

```
KGroupedTable<String, Player> groupedPlayers =
    players.groupBy(
        (key, value) -> KeyValue.pair(key, value),
        Grouped.with(Serdes.String(), JsonSerdes.Player()));

groupedPlayers.aggregate(
    () -> 0L, ❶
    (key, value, aggregate) -> aggregate + 1L, ❷
    (key, value, aggregate) -> aggregate - 1L); ❸
```

❶ Initializer 함수는 집계 값을 0으로 초기화한다.

❷ Adder 함수는 새로운 키가 발견되면 현재 개수를 증가시킨다.

❸ Substractor 함수는 어떤 키가 삭제되면 현재 개수를 감소시킨다.

전광판 토폴로지(그림 4-1)의 5단계를 완료했다. 꽤 많은 코드를 작성했는데 다음 절에서는 이 각 코드 조각들을 어떻게 하나로 합치는지 보여줄 것이다.

모두 합치기

지금까지 전광판 토폴로지의 각 처리 단계들을 생성했다. 이제 모든 단계를 하나로 합쳐보자. 예제 4-8은 그동안 생성한 토폴로지 단계들을 어떻게 합치는지 보여준다.

예제 4-8 비디오 게임 전광판 애플리케이션 프로세서 토폴로지

```
// 토폴로지 생성에 builder를 사용한다.
StreamsBuilder builder = new StreamsBuilder();

// score-events 스트림을 등록한다.
KStream<String, ScoreEvent> scoreEvents = ❶
    builder
        .stream(
            "score-events",
            Consumed.with(Serdes.ByteArray(), JsonSerdes.ScoreEvent()))
```

```
          .selectKey((k, v) -> v.getPlayerId().toString()); ❷

// 파티셔닝된 players 테이블을 생성한다.
KTable<String, Player> players = ❸
    builder.table("players", Consumed.with(Serdes.String(), JsonSerdes.Player()));

// 전역 product 테이블을 생성한다.
GlobalKTable<String, Product> products = ❹
    builder.globalTable(
        "products",
        Consumed.with(Serdes.String(), JsonSerdes.Product()));

// scoreEvents - players 조인을 위한 조인 파라미터들
Joined<String, ScoreEvent, Player> playerJoinParams =
    Joined.with(Serdes.String(), JsonSerdes.ScoreEvent(), JsonSerdes.Player());

// scoreEvents - players 조인
ValueJoiner<ScoreEvent, Player, ScoreWithPlayer> scorePlayerJoiner =
    (score, player) -> new ScoreWithPlayer(score, player);
KStream<String, ScoreWithPlayer> withPlayers =
    scoreEvents.join(players, scorePlayerJoiner, playerJoinParams); ❺

// score-with-player 레코드들을 상품과 매핑한다.
KeyValueMapper<String, ScoreWithPlayer, String> keyMapper =
    (leftKey, scoreWithPlayer) -> {
        return String.valueOf(scoreWithPlayer.getScoreEvent().getProductId());
    };

// withPlayers 스트림을 product 전역 테이블과 조인
ValueJoiner<ScoreWithPlayer, Product, Enriched> productJoiner =
    (scoreWithPlayer, product) -> new Enriched(scoreWithPlayer, product);
KStream<String, Enriched> withProducts =
    withPlayers.join(products, keyMapper, productJoiner); ❻

// Enriched product 스트림을 그룹핑
KGroupedStream<String, Enriched> grouped =
    withProducts.groupBy( ❼
        (key, value) -> value.getProductId().toString(),
        Grouped.with(Serdes.String(), JsonSerdes.Enriched()));
```

194

```
// 집계를 위한 초깃값으로 HighScores 인스턴스를 새로 생성할 것이다.
Initializer<HighScores> highScoresInitializer = HighScores::new;

// 상위 점수를 집계하는 로직이 HighScores.add 메소드에 구현돼 있다.
Aggregator<String, Enriched, HighScores> highScoresAdder =
    (key, value, aggregate) -> aggregate.add(value);

// 집계를 수행하고 쿼리를 위해 상태 저장소로 물리화한다.
KTable<String, HighScores> highScores =
    grouped.aggregate( ❽
        highScoresInitializer,
        highScoresAdder);
```

❶ KStream으로 score-events를 읽는다.

❷ 조인에 필요한 코-파티셔닝 요구 사항을 맞추기 위해 메시지들의 키를 재생성한다.

❸ 키 공간이 크고(상태를 여러 애플리케이션 인스턴스로 분산시켜준다) score-events -> players 조인에서 시간 동기화된 처리를 원하므로 players 토픽을 KTable로 읽는다.

❹ 키 공간이 작고 시간 동기화 처리가 필요 없으므로 products 토픽을 GlobalKTable 로 읽는다.

❺ score-events 스트림과 players 테이블을 조인한다.

❻ 보강된 score-events와 products 테이블을 조인한다.

❼ 보강된 스트림을 그룹핑한다. 이는 집계를 수행하기 전 필수 과정이다.

❽ 그룹핑된 스트림을 집계한다. 집계 로직은 HighScores 클래스에 있다.

애플리케이션에 필요한 설정을 추가하고 스트리밍을 시작해보자.

```
Properties props = new Properties();
props.put(StreamsConfig.APPLICATION_ID_CONFIG, "dev");
props.put(StreamsConfig.BOOTSTRAP_SERVERS_CONFIG, "localhost:9092");
```

```
KafkaStreams streams = new KafkaStreams(builder.build(), props);
streams.start();
```

이제, 애플리케이션이 전광판에 필요한 레코드를 받아 상위 점수를 계산할 준비가 됐다. 그러나 외부 클라이언트에 전광판 결과를 노출하려면 마지막 한 단계가 더 남았다. 전광판 프로세서 토폴로지의 마지막 단계로 넘어가, 대화형 쿼리를 사용해 카프카 스트림즈 애플리케이션의 상태를 어떻게 노출하는지 배워보자.

대화형 쿼리

카프카 스트림즈의 특징 중 하나는 애플리케이션 상태를 로컬 또는 외부 세계로 노출하는 기능이다. 상태를 외부 세계로 노출하면 초저지연으로 이벤트-주도 마이크로서비스를 쉽게 구축할 수 있다. 4장의 튜토리얼에서는 상위 점수 집계를 외부에 노출할 때 대화형 쿼리Interactive Query를 사용할 것이다.

저장소 물리화

aggregate, count, reduce 등 상태가 있는 연산자는 내부 상태를 관리하기 위해 상태 저장소를 이용한다는 것을 이미 알고 있다. 그러나 예제 4-7의 상위 점수 집계 메소드를 자세히 들여다보면, 상태 저장소와 관련해 어떤 설정도 안 하고 있음을 볼 수 있다.

이 집계 메소드들은 프로세서 토폴로지만 접근 가능한 내부 상태 저장소를 사용한다.

임의의 쿼리가 상태 저장소를 읽기 전용으로 접근하게 하려면, 상태 저장소 물리화를 로컬로 강제하는 메소드 중 하나를 사용할 수 있다. 물리화된 상태 저장소는 명시적으로 이름 붙인 내부 상태 저장소와 다르며 프로세서 토폴로지 외부에서 쿼리 가능하다. 이를 위해 Materialized 클래스가 필요하다. 예제 4-9는 Materialized 클래스를 사용해 영구 키-값 저장소를 어떻게 물리화하는지 보여준다. 이를 통해 대화형 쿼리로 저장소를 쿼리할 수 있다.

예제 4-9 최소 설정으로 상태 저장소 물리화

```
KTable<String, HighScores> highScores =
    grouped.aggregate(
        highScoresInitializer,
        highScoresAdder,
        Materialized.<String, HighScores, KeyValueStore<Bytes, byte[]>> ❶
            as("leader-boards") ❷
            .withKeySerde(Serdes.String()) ❸
            .withValueSerde(JsonSerdes.HighScores()));
```

❶ 이 `Materailized.as` 메소드 구현은 세 가지 제네릭 타입을 지정한다.

- 저장소의 키 타입(이 경우 `String`)

- 저장소의 값 타입(이 경우 `HighScores`)

- 상태 저장소의 타입(이 경우 `KeyValueStore<Bytes, byte[]>`로 표현한 단순 키-값 저 장소를 사용할 것이다)

❷ 저장소에 명시적으로 이름을 붙이면 프로세서 토폴로지 외부에서 쿼리 가능하다.

❸ 6장에서 살펴볼 추가 선택 사항뿐만 아니라 키와 값의 Serdes를 비롯해 다양한 파 라미터로 물리화된 상태 저장소를 설정할 수 있다.

전광판 상태 저장소를 물리화하고 나면, 임의 쿼리에 데이터를 노출할 준비가 거의 된 것이다. 그러나 그 전에 먼저 할 일은 카프카 스트림즈로부터 저장소를 가져오는 것 이다.

읽기-전용 상태 저장소 접근

읽기 전용 모드로 상태 저장소를 접근할 필요가 있을 때, 두 가지 정보가 필요하다.

- 상태 저장소 이름

- 상태 저장소 타입

예제 4-9에서 봤듯이 상태 저장소의 이름은 leader-boards이다. QueryableStoreTypes 팩토리 클래스를 이용해 내부의 상태 저장소를 접근할 적당한 읽기 전용 래퍼^{wrapper}를 가져와야 한다. 다음과 같이 여러 종류의 상태 저장소가 지원된다.

- QueryableStoreTypes.keyValueStore()

- QueryableStoreTypes.timestampedKeyValueStore()

- QueryableStoreTypes.windowStore()

- QueryableStoreTypes.timestampedWindowStore()

- QueryableStoreTypes.sessionStore()

4장에서는 단순한 키-값 저장소를 사용 중이므로 QueryableStoreTypes.keyValueStore() 메소드를 사용해야 한다. 예제 4-10처럼 상태 저장소 이름과 상태 저장소 타입으로 KafkaStreams.store() 메소드를 호출해 대화형 쿼리에 사용할 쿼리 가능한 상태 저장소 인스턴스를 생성할 수 있다.

예제 4-10 대화형 쿼리를 수행할 때 사용하는 키-값 저장소 인스턴스를 생성한다.

```
ReadOnlyKeyValueStore<String, HighScores> stateStore =
    streams.store(
        StoreQueryParameters.fromNameAndType(
            "leader-boards",
            QueryableStoreTypes.keyValueStore()));
```

상태 저장소 인스턴스를 가져오면 쿼리 가능해진다. 다음 절에서는 키-값 저장소에서 사용 가능한 다른 쿼리 유형에 대해서 알아볼 것이다.

비윈도우 키-값 저장소 쿼리하기

각 상태 저장소 타입은 여러 종류의 쿼리를 지원한다. 예를 들어 단순 키-값 저장소 (ReadOnlyKeyValueStore)가 포인트 룩업과 범위 스캔 그리고 카운트 쿼리를 지원하는 반면, 윈도우 저장소(예를 들어 ReadOnlyWindowStore)는 시간 범위로 키를 룩업하는 기능을 제공한다.

5장에서 윈도우 상태 저장소에 대해 알아보겠지만, 지금은 leader-boards 저장소에서 사용 가능한 쿼리의 종류에 대해서만 보여줄 것이다.

사용하는 상태 저장소의 타입이 어떤 쿼리 종류를 지원하는지 확인하는 가장 쉬운 방법은 인터페이스를 살펴보는 것이다. 다음 코드의 인터페이스 정의에서 볼 수 있듯이, 단순 키-값 저장소는 여러 종류의 쿼리를 지원한다.

```
public interface ReadOnlyKeyValueStore<K, V> {

    V get(K key);

    KeyValueIterator<K, V> range(K from, K to);

    KeyValueIterator<K, V> all();

    long approximateNumEntries();
}
```

먼저 포인트 룩업(get())을 시작으로 각 쿼리 종류에 관해 알아보자.

포인트 룩업

가장 일반적인 쿼리인 포인트 룩업Point Lookup은 단일 키로 상태 저장소를 단순 쿼리한다. 이 종류의 쿼리를 수행할 때 특정 키의 값을 얻기 위해 **get** 메소드를 사용한다. 예를 들어,

```
HighScores highScores = stateStore.get(key);
```

포인트 룩업은 역직렬화한 값의 인스턴스를 반환(이 예제에서는 상태 저장소에 저장한 것이 HighScores이므로 HighScores 객체)할 것이다. 만약 키가 존재하지 않으면 null을 반환한다.

범위 스캔

단순 키-값 저장소는 범위 스캔^{Range Scan} 쿼리도 지원한다. 범위 스캔은 범위 내의 모든 키를 포함하는 Iterator를 반환한다. 메모리 누수를 막기 위해 사용 완료한 Iterator는 꼭 닫아야 한다.

다음 코드는 범위 쿼리를 어떻게 실행하는지 보여준다. 각 결과를 순회하고 Iterator를 닫는다.

```
KeyValueIterator<String, HighScores> range = stateStore.range(1, 7); ❶

while (range.hasNext()) {

  KeyValue<String, HighScores> next = range.next(); ❷

  String key = next.key;

  HighScores highScores = next.value; ❸
  // HighScores 객체로 무엇인가를 한다.
}

range.close(); ❹
```

❶ 선택한 범위 내에 있는 각 키를 순회할 때 사용 가능한 Iterator를 반환

❷ 순회에서 다음 키-값을 얻음

❸ next.value 속성으로부터 HighScores 값 얻음

❹ 메모리 누수를 막기 위해 Iterator를 닫는 것은 매우 중요하다. Iterator를 닫는 또 다른 방법은 Iterator를 가져올 때 try-with-resources문을 사용하는 것이다.

모든 엔트리

범위 스캔과 비슷하게, all() 쿼리는 키-값 쌍의 Iterator를 반환하며 필터 없는 SELECT * 쿼리와 유사하다. 그러나 이 쿼리 종류는 특정 키 범위 안에만 있는 엔트리가 아닌, 상태

저장소에 있는 모든 엔트리를 순회하는 Iterator를 반환할 것이다. Iterator로 작업이 끝나면 메모리 누수를 막기 위해 Iterator를 닫아야 한다. 다음 코드는 어떻게 all() 쿼리를 실행하는지 보여준다. 결과를 순회하고 Iterator를 닫는 것은 범위 스캔 쿼리와 같으며 지면상 해당 로직은 생략했다.

```
KeyValueIterator<String, HighScores> range = stateStore.all();
```

엔트리 개수

마지막 쿼리 종류는 COUNT(*) 쿼리와 유사하며 상태 저장소에 있는 엔트리의 대략적인 개수를 반환한다.

 RocksDB 영구 저장소를 사용할 때, 정확하게 개수를 세는 연산은 매우 비싸므로 반환된 개수는 대략적인 값이다. RocksDB를 백업으로 사용하는 저장소도 이 문제는 동일하게 갖고 있다. 이 내용은 RocksDB FAQ에서 발췌했다(https://oreil.ly/1r9GD).

RocksDB와 같은 LSM 데이터 베이스의 키의 개수를 정확히 가져오는 것은 중복된 키와 삭제된 엔트리(예를 들어 툼스톤(tombstone))들을 가지고 있어서 정확한 키의 개수를 세어 보려면 전체 압축(full compaction)이 필요하기 때문에 어려운 문제다. 게다가 만약 RocksDB 데이터베이스가 병합 연산자를 포함하고 있다면, 측정한 키의 개수를 더 부정확하게 만들 수 있다.

반면, 인-메모리 저장소를 사용하면 개수가 정확하다.

단순 키-값 저장소에 이런 종류의 쿼리를 실행하려면, 다음과 같은 코드를 사용할 수 있다.

```
long approxNumEntries = stateStore.approximateNumEntries();
```

이제 단순 키-값 저장소를 쿼리하는 방법은 알았고, 이런 쿼리를 어디에서 실제 실행 가능한지 알아보자.

로컬 쿼리

카프카 스트림즈 애플리케이션의 각 인스턴스는 자신의 로컬 상태를 쿼리할 수 있다. 그러나 GlobalKTable을 물리화하거나 카프카 스트림즈 앱을 단일 인스턴스로 실행하는 것이 아니라면,[17] 로컬 상태는 전체 애플리케이션 상태의 일부만을 표현한다는 것을 꼭 기억해야 한다(이것은 168페이지 'KTable'에서 알아본 것처럼 KTable의 본래 특성이다).

운이 좋게도, 카프카 스트림즈는 분산 상태 저장소들을 쉽게 연결해주고 애플리케이션의 전체 상태에 대해 쿼리 가능하게 해주는 원격 쿼리 실행에 필요한 여러 방법을 추가적으로 제공한다. 이제 원격 쿼리에 대해 살펴보자.

원격 쿼리

애플리케이션의 전체 상태를 쿼리하려면 다음과 같은 것이 필요하다.

- 애플리케이션 상태의 일부 파티션들을 포함하는 인스턴스 탐색

- 다른 애플리케이션 인스턴스에 로컬 상태를 노출할 수 있는 원격 프로시저 호출[RPC] 또는 REST 서비스 추가[18]

- 애플리케이션 인스턴스에서 원격 상태 저장소를 쿼리할 RPC 또는 REST 클라이언트 추가

마지막 두 요구 사항과 관련해서, 인스턴스 간의 통신에 사용할 서버와 클라이언트 컴포넌트에는 여러 선택 사항들이 있다. 이 튜토리얼에서는 단순 API로 REST 서비스를 구현할 수 있는 Javalin(https://javalin.io)을 사용할 것이다. 또한 REST 클라이언트는 사용이 편리한 스퀘어[square]의 OkHttp(https://oreil.ly/okhttp)를 사용할 것이다. build.gradle 파일을 다음과 같이 변경해 애플리케이션에 이 의존 라이브러리들을 추가해보자.

---

17 이 가운데 후자는 그리 권장하지 않는다. 단일 인스턴스로 카프카 스트림즈 애플리케이션을 실행하는 것은 전체 애플리케이션 상태를 하나의 인스턴스로 모으게 된다. 그러나 카프카 스트림즈는 성능과 내결함성을 최대화하기 위해 분산 방식으로 실행되도록 설계됐다.

18 원하면 사람처럼 다른 클라이언트도 가능하다.

```
dependencies {

    // 대화형 쿼리(서버)에 필요
    implementation 'io.javalin:javalin:3.12.0'

    // 대화형 쿼리(클라이언트)에 필요
    implementation 'com.squareup.okhttp3:okhttp:4.9.0'

    // 기타 의존성들
}
```

먼저 인스턴스 탐색부터 살펴보자. 해당 시점에 어떤 인스턴스가 실행 중이고 어디에서 실행 중인지 브로드캐스트할 방법이 필요하다. 후자는 바로 아래에서처럼 카프카 스트림에서 호스트와 포트 쌍을 지정하는 APPLICATION_SERVER_CONFIG 파라미터 사용으로 가능하다.

```
Properties props = new Properties();

props.put(StreamsConfig.APPLICATION_SERVER_CONFIG, "myapp:8080"); ❶

// 지면 관계상 기타 카프카 스트림즈 속성들은 생략
K afkaStreams streams = new KafkaStreams(builder.build(), props);
```

❶ 엔드포인트 설정. 이 설정은 카프카의 컨슈머 그룹 프로토콜을 통해 다른 애플리케이션 인스턴스들로 전송될 것이다. 다른 인스턴스들이 여러분의 애플리케이션과 통신할 수 있도록 IP와 포트 쌍을 사용하는 것이 중요하다(예를 들어 localhost는 인스턴스에 따라 다른 IP가 될 수 있으므로 동작하지 않을 것이다).

APPLICATION_SERVER_CONFIG 파라미터 설정은 카프카 스트림즈에게 설정한 포트로 대기^{listen}하라고 지시하지 않는다. 사실, 카프카 스트림즈는 내장 RPC 서비스를 포함하고 있지 않다. 그러나 이 호스트/포트 정보는 카프카 스트림즈 애플리케이션에서 실행 중인 인스턴스들로 전송되고 전용 API 메소드를 통해 접근 가능한데, 이에 대해서는 나중에 알아볼 것이다. 그 전에, 먼저 적당한 포트(이 예제에서는 8080)로 대기하는 REST 서비스를 설치해보자.

코드 유지 보수 관점에서 토폴로지 정의와 분리해 별도 파일로 전광판 REST 서비스를
구현하는 것이 합리적이다. 다음 코드는 전광판 서비스의 단순 구현을 보여준다.

```java
class LeaderboardService {
  private final HostInfo hostInfo; ❶
  private final KafkaStreams streams; ❷

  LeaderboardService(HostInfo hostInfo, KafkaStreams streams) {
    this.hostInfo = hostInfo;
    this.streams = streams;
  }

  ReadOnlyKeyValueStore<String, HighScores> getStore() { ❸
    return streams.store(
      StoreQueryParameters.fromNameAndType(
        "leader-boards",
        QueryableStoreTypes.keyValueStore()));
  }

  void start() {
    Javalin app = Javalin.create().start(hostInfo.port()); ❹

    app.get("/leaderboard/:key", this::getKey); ❺
  }
}
```

❶ HostInfo는 카프카 스트림즈에서 호스트 이름과 포트를 포함하는 단순 래퍼 클래
   스다. 이 인스턴스를 어떻게 생성하는지 곧 보게 될 것이다.

❷ 로컬 카프카 스트림즈 인스턴스를 추적해야 한다. 다음 코드 블록에서 이 인스턴스
   에 있는 몇몇 API 메소드를 이용할 것이다.

❸ 전광판 집계 값을 가지고 있는 상태 저장소를 조회하는 전용 메소드를 추가한다. 예
   제 4-10에서 봤던 읽기-전용 상태 저장소 래퍼를 조회하는 방법과 동일하다.

❹ 설정한 포트에 Javalin 기반의 웹 서비스를 시작한다.

❺ Javalin으로 엔드포인트 추가는 쉽다. 곧 구현하겠지만 단순히 URL 경로를 메소드에 매핑시키면 된다. 콜론을 시작으로 지정하는 경로 파라미터(예를 들어 :key)는 동적 엔드포인트를 생성하게 한다. 이는 포인트 룩업 쿼리에 적합하다.

이제 어떤 키(여기에서는 상품 ID)에 대한 상위 점수들을 보여주는 /leaderboard/:key 엔드포인트를 구현해보자. 앞에서 배웠던 대로 상태 저장소에서 단일 값을 조회하려면 포인트 룩업을 사용할 수 있다. 대략적인 구현은 다음과 같다.

```
void getKey(Context ctx) {
    String productId = ctx.pathParam("key");
    HighScores highScores = getStore().get(productId); ❶
    ctx.json(highScores.toList()); ❷
}
```

❶ 로컬 상태 저장소에서 값을 조회할 때 포인트 룩업 사용

❷ 소스 코드에서 toList() 메소드 사용이 가능하다.

안타깝게도 이게 끝이 아니다. 카프카 스트림즈 애플리케이션에 두 개의 인스턴스가 실행 중이라고 가정해보자. 쿼리를 실행하는 인스턴스와 쿼리를 요청하는 시점(컨슈머 리밸런스rebalance가 있으면 상태가 이동될 수 있다)에 따라, 요청한 값을 가져오지 못할 수 있다. 그림 4-7은 이 난제를 보여준다.

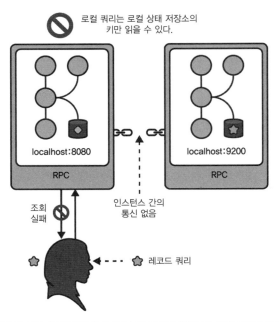

로컬 쿼리는 로컬 상태 저장소의
키만 읽을 수 있다.

localhost:8080

RPC

조회
실패

인스턴스 간의
통신 없음

localhost:9200

RPC

레코드 쿼리

그림 4-7 상태가 여러 애플리케이션 인스턴스로 파티셔닝됐을 때, 로컬 쿼리로 충분하지 않다.

다행히도 카프카 스트림즈는 queryMetadataForKey[19]라고 하는 메소드를 제공한다. 이 메소드를 사용하면 특정 키가 위치한 애플리케이션 인스턴스(로컬 또는 원격)를 탐색할 수 있다. 예제 4-11는 향상된 **getKey** 메소드 구현을 보여준다.

예제 4-11 getKey를 개선한 구현으로 다른 애플리케이션 인스턴에서 데이터를 가져오기 위해 원격 쿼리를 사용한다.

```
void getKey(Context ctx) {

    String productId = ctx.pathParam("key");

    KeyQueryMetadata metadata =
        streams.queryMetadataForKey(
            "leader-boards", productId, Serdes.String().serializer()); ❶

    if (hostInfo.equals(metadata.activeHost())) {
```

---

19 2.5 버전 이하에서 많이 사용하던 metadataForKey를 대체한 메소드로 공식적으로는 사용을 추천하지 않는다.

```
        HighScores highScores = getStore().get(productId); ❷

        if (highScores == null) { ❸
          // game was not found
          ctx.status(404);
          return;
        }

        // 게임을 발견했으므로 상위 점수들 반환
        ctx.json(highScores.toList()); ❹
        return;
      }

      // 해당 키를 소유한 원격 인스턴스
      String remoteHost = metadata.activeHost().host();
      int remotePort = metadata.activeHost().port();
      String url =
        String.format(
            "http://%s:%d/leaderboard/%s",
            remoteHost, remotePort, productId); ❺

    OkHttpClient client = new OkHttpClient();
    Request request = new Request.Builder().url(url).build();

    try (Response response = client.newCall(request).execute()) { ❻
      ctx.result(response.body().string());
    } catch (Exception e) {
      ctx.status(500);
    }
  }
}
```

❶ queryMetadataForKey는 특정 키가 있는 호스트를 찾을 수 있게 해준다.

❷ 만약 로컬 인스턴스가 해당 키를 갖고 있다면, 로컬 상태 저장소를 쿼리하면 된다.

❸ queryMetadataForKey 메소드는 실제로는 해당 키가 존재하는지 확인하지 않는다.

어디에 키가 존재하는지 결정하기 위해 기본 스트림 파티셔너partitioner [20]를 사용한다. 따라서 존재하지 않는다면 null인지 확인하고(키를 찾지 못하면 반환) 404를 반환한다.

❹ 상위 점수들을 포함하도록 변환한 응답을 반환한다.

❺ 여기까지 왔다면, 키는 원격 호스트에 존재한다. 따라서 특정 키를 소유한 카프카 스트림즈 인스턴스의 호스트와 포트를 포함하는 metadata를 사용해 URL을 만든다.

❻ 요청을 호출하고 성공했다면 결과를 반환한다.

어떤 일이 벌어지는지 시각화해보면, 그림 4-8은 분산돼 있는 상태들이 인스턴스 탐색과 RPC/REST 서비스 결합을 사용해 어떻게 연결되는지 보여준다.

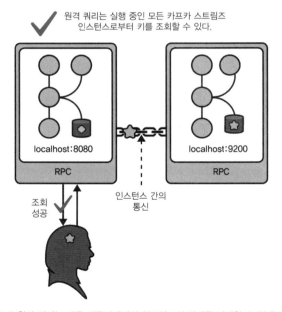

그림 4-8 원격 쿼리는 다른 애플리케이션 인스턴스의 상태를 쿼리할 수 있게 해준다.

---

20 커스텀 StreamPartitioner를 파라미터로 받는 queryMetadataForKey 메소드도 있다.

그런데 만약 단일 키를 대상으로 동작하지 않는 쿼리를 실행한다면 어떻게 해야 할까? 예를 들어 분산돼 있는 모든 상태 저장소의 엔트리 개수를 센다면? queryMetadataForKey는 단일 키를 지정해야 하므로 이 시나리오로 적합하지 않다. 대신, allMetadataForStore라는 카프카 스트림즈의 또 다른 메소드를 이용해야 할 것이다. 이 메소드는 동일 애플리케이션 ID를 가지며 지정한 저장소 이름으로 적어도 하나 이상의 활성 파티션을 가지고 있는 카프카 스트림즈 애플리케이션의 모든 엔드포인트를 반환한다.

실행 중인 모든 애플리케이션 인스턴스의 상위 점수 레코드가 몇 개인지 알려주는 전광판 서비스 엔드포인트를 추가하자.

```
app.get("/leaderboard/count", this::getCount);
```

이제, 앞의 코드에서 참조하는 getCount 메소드를 구현해보자. 이 메소드는 각 원격 상태 저장소에 있는 총 레코드 수를 가져오는 allMetadataForStore를 이용한다.

```
void getCount(Context ctx) {
  long count = getStore().approximateNumEntries(); ❶
                                            ❷
  for (StreamsMetadata metadata:streams.allMetadataForStore("leader-boards")) {
    if (!hostInfo.equals(metadata.hostInfo())) {
      continue; ❸
    }
    count += fetchCountFromRemoteInstance( ❹
    metadata.hostInfo().host(),
    metadata.hostInfo().port());
  }

  ctx.json(count);
}
```

❶ 로컬 상태 저장소의 엔트리 개수로 count를 초기화

❷ 아랫줄에서 쿼리하고자 하는 상태의 일부를 포함하는 각 카프카 스트림즈 인스턴스의 호스트/포트 쌍을 얻기 위해 allMetadataForStore를 사용한다.

❸ 현재 호스트 메타데이터라면, 이미 로컬 상태 저장소로부터 엔트리 개수를 가져왔으므로 루프를 계속 실행한다.

❹ 만약 메타데이터가 로컬 인스턴스 정보를 포함하지 않았다면, 원격 인스턴스로부터 개수를 가져온다. fetchCountFromRemoteInstance는 예제 4-11에서 봤던 것과 비슷하므로 이에 대한 상세 구현은 생략했다. 이 메소드는 REST 클라이언트를 생성하고 원격 애플리케이션 인스턴스에 요청을 보낸다. 만약 상세 구현에 관심 있다면 4장의 소스 코드를 참조하기 바란다.

전광판 토폴로지(그림 4-1)의 마지막 단계가 완료됐다. 이제 애플리케이션을 실행하고 테스트 데이터를 생성해 전광판 서비스를 쿼리할 수 있다.

각 소스 토픽의 테스트 데이터는 예제 4-12와 같다.

키가 있는 토픽들(players와 products)의 레코드는 〈키〉|〈값〉 형식으로 돼 있다. score-events 토픽의 테스트 레코드는 〈값〉으로만 돼 있다.

예제 4-12 소스 토픽으로 내보낼 테스트 레코드들

```
# players
1|{"id": 1, "name": "Elyse"}
2|{"id": 2, "name": "Mitch"}
3|{"id": 3, "name": "Isabelle"}
4|{"id": 4, "name": "Sammy"}

# products
1|{"id": 1, "name": "Super Smash Bros"}
6|{"id": 6, "name": "Mario Kart"}

# score-events
{"score": 1000, "product_id": 1, "player_id": 1}
{"score": 2000, "product_id": 1, "player_id": 2}
{"score": 4000, "product_id": 1, "player_id": 3}
{"score": 500, "product_id": 1, "player_id": 4}
```

```
{"score": 800, "product_id": 6, "player_id": 1}
{"score": 2500, "product_id": 6, "player_id": 2}
{"score": 9000.0, "product_id": 6, "player_id": 3}
{"score": 1200.0, "product_id": 6, "player_id": 4}
```

이 테스트 데이터를 각 토픽으로 보내고 전광판 서비스에 쿼리하면 처리한 상위 점수들 뿐만 아니라 카프카 스트림즈 애플리케이션도 볼 수 있다. 지금은 상태가 있는 연산자의 결과만 노출하고 있다. 대화형 쿼리에 대한 예제 응답은 다음 코드와 같다.

```
$ curl -s localhost:7000/leaderboard/1 | jq '.'

[
  {
    "playerId": 3,
    "productId": 1,
    "playerName": "Isabelle",
    "gameName": "Super Smash Bros",
    "score": 4000
  },
  {
    "playerId": 2,
    "productId": 1,
    "playerName": "Mitch",
    "gameName": "Super Smash Bros",
    "score": 2000
  },
  {
    "playerId": 1,
    "productId": 1,
    "playerName": "Elyse",
    "gameName": "Super Smash Bros",
    "score": 1000
  }
]
```

요약

4장에서 우리는 카프카 스트림즈가 소비 중인 이벤트 정보를 수집하는 방법과 더 복잡한 스트림 처리 작업을 어떻게 하는지 배웠다.

- KStream-KTable 조인 수행

- 특정 조인의 코-파티셔닝 요구 사항을 만족시키 위해 키 재생성

- KStream-GlobalKTable 조인 수행

- 중간 표현(KGroupedStream, KGroupedTable)으로 레코드들 그룹핑

- 스트림즈와 테이블 집계

- 로컬 또는 원격 쿼리를 사용해 애플리케이션의 상태를 노출하는 대화형 쿼리 사용

5장에서는 애플리케이션이 봤던 이벤트가 무엇인지뿐만 아니라, 상태가 있는 프로그래밍의 또 다른 면인 이벤트 발생 시점에 대해 알아볼 것이다. 시간은 상태가 있는 처리에서 핵심 역할을 한다. 따라서 시간에 대한 여러 개념을 이해하고 카프카 스트림즈 라이브러리의 시간-기반 추상화를 배우면 상태가 있는 처리에 대한 지식도 좀 더 넓어질 것이다.

윈도우와 시간

시간은 매우 중요한 개념으로, 우리는 시간의 흐름과 함께 살아간다. 매년 나의 친구들은 나를 둘러싸고 생일 노래를 부르다가 마지막 소절이 끝날 때쯤 케이크를 들고 등장해 나에게 선물한다. 케이크가 나를 위한 것이라 생각하고 싶지만, 사실 시간을 위한 것이다.

시간은 물리적 세계에 매우 복잡하게 얽혀 있을 뿐만 아니라, 이벤트 스트림에도 스며들어 있다. 카프카 스트림즈의 모든 기능을 제대로 사용하려면 이벤트와 시간의 관계를 이해해야만 한다. 5장은 이 관계를 자세히 살펴볼 것이며, 윈도우windows를 직접 경험해 볼 수 있는 기회도 제공할 것이다. 윈도우는 명시적인 시간 버킷에 이벤트들을 그룹핑하며, 이를 사용하면 좀 더 복잡한 조인과 집계(4장에서 이미 살펴봤다)를 수행할 수 있다.

5장이 끝날 때쯤 다음과 같은 주제들을 이해하게 될 것이다.

- 이벤트 시간event time, 인입 시간ingestion time, 처리 시간processing time의 차이점

- 특정 시간 의미time semantics로 이벤트의 커스텀 타임스탬프 추출자timestamp extractor 생성 방법

- 시간으로 카프카 스트림즈를 통과하는 데이터 흐름을 제어하는 방법

- 카프카 스트림즈에서 지원하는 윈도우 종류

- 윈도우 조인 수행 방법

- 윈도우 집계 수행 방법

- 지연되거나 순서가 바뀐 이벤트를 처리하는 전략들

- 윈도우의 최종 결과를 처리할 때 suppress 연산자 사용 방법

- 윈도우 키-값 저장소를 쿼리하는 방법

4장처럼 5장에서도 튜토리얼을 통해서 이 개념들을 소개할 것이다. 우선, 5장에서 만들 애플리케이션에 대해 살펴보자.

튜토리얼 소개: 환자 모니터링 애플리케이션

주로 의료 분야에서 시간-중심time-centric 스트림 처리가 가장 어울리는 사례들은 찾을 수 있다. 환자 모니터링 시스템은 초당 수백 건의 측정값을 생성해낼 수 있고, 이 데이터를 신속히 처리/응답하는 것은 특정 유형의 의학적 상태를 치료하는 데 있어서 매우 중요하다. 애틀랜타 어린이 헬스 케어가 머리에 외상을 입은 어린이에게 가까운 미래에 외과적 개입이 필요한지 여부를 실시간으로 예측하기 위해 카프카 스트림즈와 ksqlDB를 사용한 이유이기도 하다.[1]

이 사례에서 영감을 받아, 환자의 바이탈스vitals[2]를 모니터링하는 애플리케이션을 만들어 여러 가지 시간-중심 스트리밍 개념을 보여줄 것이다. 머리의 외상을 모니터링하는 대신, 전신 염증 반응 증후군 또는 SIRSSystemic Inflammatory Response Syndrome 라 하는 의학적 상태의 존재를 탐지할 것이다. 사우스캐롤라이나 외과 의대 조수인 브리짓 카트리에 따르면 SIRS의 지표로 체온, 혈압, 심박수 등의 여러 활력 징후vital signs를 사용할 수 있다. 이 튜토리얼에서는 체온과 심박수 두 측정값만 볼 것이다. 이 두 값이 사전에 정의한 임

---

1   이를 위해 두개 내압(intracranial pressure)을 측정하고, 측정값을 집계한 후 예측 모델로 집계 값을 보낸다. 혈압이 30분 안에 위험 수준에 도달할 것이라 모델이 예측하면, 의료 전문인들이 알림을 받고 적당한 조치를 취한다. 이 모든 것이 시간-인식(time-aware) 스트림 처리를 통해 가능하다. 자세한 내용은 라메시 스링게리와 팀 버글룬드의 대담(https://oreil.ly/GHbVd)을 확인해보기 바란다.

2   바이탈스는 생명 유지에 필수적인 장기들(두뇌, 심장, 폐 등)을 의미하며 이후부터는 바이탈스로 표기할 것이다. – 옮긴이

계점(심박수 >= 100회/분, 체온 >= 100.4화씨)에 도달하면, alerts 토픽에 레코드를 보내 담당 의료진에게 알림을 줄 것이다.[3]

환자 모니터링 애플리케이션의 아키텍처를 살펴보자. 그림 5-1은 5장에서 구현할 토폴로지 설계를 보여준다. 각 단계의 상세 설명은 다이어그램 이후에 할 것이다.

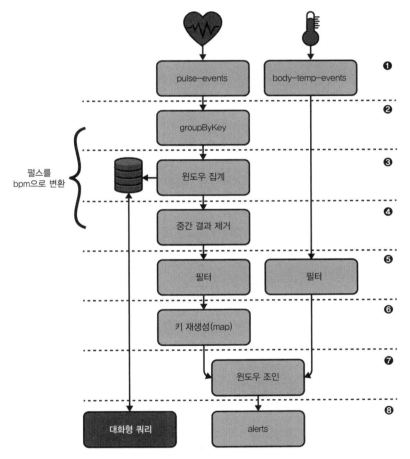

그림 5-1 환자 모니터링 애플리케이션 구현을 보여주는 토폴로지

---

3   카프카 스트림즈의 시간–중심 기능을 설명할 때 메트릭 수집 애플리케이션은 반드시 필요하지 않으므로 이 튜토리얼에서는 다루지 않는다.

❶ 카프카 클러스터는 환자의 바이탈스 측정값을 수집하는 두 토픽을 가지고 있다.

- 심장박동 센서가 pulse-events 토픽을 채운다. 센서가 환자의 심장박동을 수집할 때마다 레코드를 이 토픽에 추가한다. 레코드는 환자 ID를 키로 갖는다.

- body-temp-events 토픽은 무선 체온 센서가 채운다. 환자의 체온을 수집할 때마다 이 토픽에 레코드를 추가한다. 이 레코드도 환자 ID를 키로 갖는다.

❷ 심장박동 상승을 감지하려면 원시 펄스 이벤트를 심박수(분당 비트수 또는 bpm을 사용해 측정)로 변환해야 한다. 4장에서 배웠듯이 집계를 수행하려면 카프카 스트림즈의 사전 요구 사항인 레코드 그룹핑이 필요하다.

❸ 펄스 이벤트를 심박수로 변환할 때 윈도우 집계를 사용할 것이다. 측정 단위가 분당 비트수beats per minute이므로, 윈도우 크기는 60초가 될 것이다.

❹ bpm 윈도우의 최종 계산 결과만을 내보내기 위해 suppress 연산자를 사용할 것이다. 이 연산자의 필요성에 대해서는 5장 뒷부분에서 한 번 더 다룰 것이다.

❺ 이상 징후를 탐지하기 위해, 사전에 정의한 임곗값을 초과하는(심박수 >= 100bpm, 체온 >= 100.4화씨) 모든 측정값을 필터링할 것이다.

❻ 곧 보겠지만, 윈도우 집계는 레코드의 키를 변경한다. 따라서 심박수 레코드의 키를 환자 ID로 재생성rekeying해 레코드를 조인할 때 필요한 코-파티셔닝 요구 사항을 만족시켜야 한다.

❼ 윈도우 조인을 수행해 두 측정값 스트림들을 결합한다. 심박수와 체온 상승을 필터링한 후 조인을 수행하므로 조인 후 각 결과 레코드는 SIRS 알림 조건이 된다.

❽ 마지막으로, 심박수 집계 결과를 대화형 쿼리로 외부에 노출할 것이다. 또한 조인 결과를 alerts라는 토픽으로 내보낼 것이다.

먼저 프로젝트 설치부터 빠르게 진행하고 이 튜토리얼을 계속 이어 나가도록 하자.

프로젝트 설치

5장의 코드는 https://github.com/mitch-seymour/masteringkafka-streams-and-ksqldb.git에 위치해 있다.

토폴로지의 각 단계를 진행하면서 코드를 참조하려면 코드 저장소를 클론하고 5장의 튜토리얼이 있는 디렉터리로 이동하자. 다음 명령으로 이를 수행할 수 있다.

```
$ git clone git@github.com:mitch-seymour/mastering-kafka-streams-and-ksqldb.git
$ cd mastering-kafka-streams-and-ksqldb/chapter-05/patient-monitoring
```

다음 명령으로 언제든지 프로젝트를 빌드할 수 있다.

```
$ ./gradlew build --info
```

이제 프로젝트를 설치했고, 환자 모니터링 애플리케이션 구현을 시작해보자.

데이터 모델

보통 그렇듯이 데이터 모델 정의로 시작한다. 모든 바이탈스 측정은 타임스탬프와 관련 있으므로, 모든 데이터 클래스가 구현해야 하는 간단한 인터페이스를 먼저 정의할 것이다. 이 인터페이스로 레코드로부터 일관성 있게 타임스탬프를 추출할 수 있으며, 5장의 뒷부분에서 보게 될 타임스탬프 추출자[timestamp extractor]를 구현할 때 이 인터페이스를 사용하게 될 것이다. 다음 코드는 각 데이터 클래스가 구현해야 할 인터페이스를 보여준다.

```
public interface Vital {
  public String getTimestamp();
}
```

다음 표는 앞으로 사용할 데이터 클래스들을 정리했다. 지면 관계상 접근 메소드들(인터페이스 메소드인 getTimestamp를 포함)을 생략했다.

카프카 토픽	예제 레코드	데이터 클래스
pulse-events	```{ "timestamp": "2020-11-05T09:02:00.000Z" }```	```public class Pulse implements Vital { private String timestamp; }```
body-temp-events	```{ "timestamp": "2020-11-04T09:02:06.500Z", "temperature": 101.2, "unit": "F" }```	```public class BodyTemp implements Vital { private String timestamp; private Double temperature; private String unit; }```

소스 데이터의 형태에 대해 이해했으니, 이제 입력 스트림을 등록할 준비가 됐다. 지금까지 레코드와 타임스탬프의 연관성에 대해 깊이 생각해본 적이 없지만, 5장의 애플리케이션은 시간에 특별히 관심을 가져야 한다. 그러므로 입력 스트림을 등록하기 전에 카프카 스트림즈의 여러 시간 의미에 대해 먼저 알아보자.

시간 의미

카프카 스트림에는 여러 가지 시간 개념이 있고 윈도우 조인과 집계와 같은 시간-기반 연산을 수행할 때 정확한 시간 의미 선택은 매우 중요하다. 이 절에서는 간단한 정의를 시작으로 카프카 스트림즈의 여러 시간 개념을 이해하는 데 약간의 시간을 할애할 것이다.

이벤트 시간(Event Time)

소스에서 이벤트가 생성될 때. 이 타임스탬프는 이벤트의 페이로드payload에 포함돼 있을 수 있다. 또는 0.10.0 이후 버전의 카프카 프로듀서 클라이언트를 사용해 직접 설정도 가능하다.

인입 시간(Ingestion time)

카프카 브로커의 토픽에 이벤트가 추가될 때. 이 시간은 항상 이벤트 시간보다 늦다.

처리 시간(Processing time)

카프카 스트림즈 애플리케이션이 이벤트를 처리할 때. 이 시간은 항상 이벤트 시간과 인입 시간보다 늦다. 이 시간은 이벤트 시간에 비해 고정적이지 않으며 같은 데이터를 재처리하면(예: 버그 수정) 새로운 처리 시간을 생성하고 비결정적[nondeterministic] 윈도우 행동을 유발한다.

그림 5-2는 이벤트 스트림에서 각 시간 개념이 물리적으로 어디에 존재하는지 보여준다.

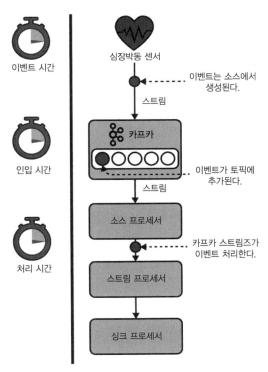

그림 5-2 심장박동 센서를 통해 보는 카프카 스트림즈의 여러 시간 의미

이벤트 시간은 이벤트가 실제 발생한 시간을 나타내므로 아마도 가장 직관적인 시간 개념일 것이다. 예를 들어 심장박동 센서가 오전 9:02에 펄스를 기록했다면, 이벤트 시간은 오전 9:02이다.

이벤트 시간은 다음 예제처럼 보통 페이로드 안에 포함돼 있다.

```
{
  "timestamp": "2020-11-12T09:02:00.000Z", ❶
  "sensor": "smart-pulse"
}
```

❶ 추출해야 할 이벤트 타임스탬프가 페이로드에 포함돼 있다.

카프카 프로듀서는 레코드의 타임스탬프를 기본 타임스탬프로 덮어쓸 수 있다. 이 방법으로도 이벤트-시간 의미를 충족시킬 수 있다. 그러나 이벤트 타임스탬프 의미에서 이 방식을 사용하는 시스템은 실수로 인입-시간 의미가 되지 않도록 두 가지 카프카 설정을 반드시 알고 있어야 한다(하나는 브로커 수준의 설정이고 다른 하나는 토픽 수준 설정이다). 두 설정은 다음과 같다.

- `log.message.timestamp.type`(브로커 수준)

- `message.timestamp.type`(토픽 수준)

이 두 설정의 값으로 `CreateTime` 또는 `LogAppendTime`을 사용할 수 있다. 토픽-수준의 설정은 브로커-수준의 설정보다 우선순위가 높다. 만약 토픽이 `LogAppendTime`으로 설정돼 있다면,[4] 레코드가 토픽에 추가될 때마다 브로커는 프로듀서가 메시지에 추가한 시간을 브로커의 로컬 시스템 시간으로 덮어쓴다(따라서 의도하지 않았지만 인입-시간 의미가 돼 버릴 것이다). 만약 이벤트-시간 의미를 사용하며 프로듀서의 타임스탬프에 의존해야 한다면, 메시지 타임스탬프 타입으로 `CreateTime`을 사용하는지 꼭 확인해야 한다.

이벤트-시간 의미 사용의 장점은 타임스탬프가 이벤트와 연관돼 있어서 사용자에게 좀 더 직관적이라는 것이다. 또한 이벤트 시간은 시간-의존적인 연산이 결정적(예: 데이터 재처리)으로 동작하도록 보장한다. 처리 시간을 사용할 때는 그렇지 않다. 처리 시간은 보통 시간-기반 연산으로 작업하지 않을 때나 이벤트를 처리하는 시간이 이벤트가 발

---

4 토픽-수준에서 직접 설정하거나 토픽-수준 설정 없이 브로커-수준에서 간접적으로 설정

생했을 때보다 더 의미 있을 때, 또는 어떤 이유에서 이벤트와 이벤트 시간을 연관시킬 수 없을 때 사용한다. 레코드와 이벤트 시간을 연관시킬 수 없을 때 발생하는 마지막 문제는 인입 시간을 사용할 때도 종종 언급된다. 이벤트 생성과 이벤트가 토픽에 추가되는 시간 사이의 격차가 크지 않은 시스템에서, 인입 시간을 대략적인 이벤트 시간으로 사용할 수 있다. 따라서 이벤트 시간을 사용할 수 없을 때 인입 시간을 이벤트 시간으로 대용할 수 있다.[5]

지금까지 카프카 스트림즈의 여러 시간 개념에 대해 배웠다. 그럼 애플리케이션에 맞는 시간 의미를 어떻게 선택할 수 있을까? 다음 절에서는 이에 대해 배울 것이다.

타임스탬프 추출자

카프카 스트림즈에서 타임스탬프 추출자는 어떤 레코드와 타임스탬프를 연관 짓는 책임을 가지고 있고, 윈도우 조인과 윈도우 집계 같은 시간-의존성 연산은 이 타임스탬프를 사용한다. 모든 타임스탬프 추출자는 다음과 같은 인터페이스를 구현해야 한다.

```
public interface TimestampExtractor {
  long extract(
    ConsumerRecord<Object, Object> record, ❶
    long partitionTime ❷
  );
}
```

❶ 현재 처리 중인 컨슈머 레코드

❷ 카프카 스트림즈는 데이터를 소비하고 있는 각 파티션에서 현재까지 봤던 타임스탬프 중 가장 최신 타임스탬프를 추적하고 있다가 이 타임스탬프를 extract 메소드의 partitionTime 파라미터로 넘긴다.

---

5   마티아스 J. 색스는 5장에서 다루는 여러 주제와 더불어 이 내용에 대해 발표했다(https://oreil.ly/MRiCu).

흥미롭게도 두 번째 파라미터인 partitionTime은 타임스탬프를 추출할 수 없을 때 대비책으로 사용할 수 있다. 이에 대해 곧 살펴볼 것이지만 먼저 카프카 스트림즈에 포함돼 있는 타임스탬프 추출자를 살펴보자.

내장 타임스탬프 추출자

카프카 스트림즈의 기본 타임스탬프 추출자인 FailOnInvalidTimestamp는 컨슈머 레코드로부터 타임스탬프를 추출한다. 추출한 타임스탬프는 이벤트 시간(message.timestamp. type이 CreateTime일 때) 또는 인입 시간(message.timestamp.type이 LogAppendTime일 때)이다. 이 추출자는 타임스탬프가 유효하지 않을 때 StreamsException을 던질 것이다. 타임스탬프가 음수(0.10.0보다 오래된 메시지 포맷을 사용하는 레코드를 생성할 때 발생할 수 있다)일 때 타임스탬프가 유효하지 않다고 판단할 수 있다. 이 책을 쓰고 있는 시점에, 0.10.0 버전이 출시된 지 이미 4년이 넘었기 때문에 음수/유효하지 않은 타임스탬프가 발생할 가능성은 갈수록 희박해지고 있다.

LogAndSkipOnInvalidTimestamp 추출자도 이벤트 시간 의미를 만족시킬 때 사용 가능하다. 그러나 FailOnInvalidTimestamp 추출자와 다르게 유효하지 않은 타임스탬프가 발생할 때 단순히 로그만 남긴다. 결과적으로 해당 레코드는 거르게 되고, 카프카 스트림즈가 유효하지 않은 타임스탬프를 만나더라도 이어서 처리할 수 있게 해준다.

처리-시간 의미를 원할 때 사용 가능한 내장 타임스탬프 추출자들도 있다. 다음 코드에서 보듯이, WallclockTimestampExtractor는 단순히 스트림 처리 애플리케이션의 로컬 시스템 시간을 반환한다.

```java
public class WallclockTimestampExtractor implements TimestampExtractor {

  @Override
  public long extract(
    final ConsumerRecord<Object, Object> record,
    final long partitionTime
  ) {
```

```
        return System.currentTimeMillis(); ❶
    }
}
```

❶ 카프카 스트림즈에 포함돼 있는 타임스탬프 추출자 중 하나인 `WallclockTimestamp`
   `Extractor`는 단순히 현재 시스템 시간을 반환한다.

어떤 타임스탬프 추출자를 사용하든, 예제 5-1처럼 `DEFAULT_TIMESTAMP_EXTRACTOR_`
`CLASS_CONFIG` 속성으로 기본 타임스탬프 추출자를 덮어쓸 수 있다.

예제 5-1 카프카 스트림즈에서 기본 타임스탬프 추출자를 덮어쓰는 예제

```
Properties props = new Properties();
props.put( ❶
   StreamsConfig.DEFAULT_TIMESTAMP_EXTRACTOR_CLASS_CONFIG,
   WallclockTimestampExtractor.class
);

// ... 기타 설정

KafkaStreams streams = new KafkaStreams(builder.build(), props);
```

❶ 기본 타임스탬프 추출자를 덮어쓴다.

카프카 스트림즈 애플리케이션이 환자 모니터링 애플리케이션처럼 윈도우를 사용
할 때, 처리-시간 의미 사용은 의도치 않은 부작용을 일으킬 수 있다. 예를 들어 1분
윈도우 내에 심박수를 수집하고 싶다고 가정하자. 만약 (예를 들어 `WallclockTimestamp`
`Extractor`를 사용해) 처리-시간 의미를 윈도우 집계에 사용한다면, 윈도우의 경계는 펄
스의 실제 시간을 표현하지 못하고, 대신 카프카 스트림즈가 펄스 이벤트를 관찰한 시
간을 표현할 것이다. 이 애플리케이션이 단 몇 초라도 지연된다면 이벤트는 의도한 윈
도우 경계 밖으로 나갈 것이고 따라서 기대하고 있는 결과(예를 들어 상승하는 심박수를
탐지하는 기능)에 영향을 미칠 수 있다.

타임스탬프를 추출하고 레코드가 이 값과 연관돼 있다면, 해당 레코드는 찍혔다(stamped)고 한다.

지금까지 내장 타임스탬프 추출자들에 대해 알아봤다. 이벤트 타임은 각 바이탈스 데이터(펄스와 체온 이벤트)의 페이로드에 포함돼 있으므로 커스텀 타임스탬프 추출자가 필요하다는 것이 확실해졌다. 다음 절에서는 커스텀 타임스탬프 추출자를 어떻게 만드는지 알아볼 것이다.

커스텀 타임스탬프 추출자

이벤트 시간 의미가 필요하고 이벤트 타임스탬프가 레코드의 페이로드에 포함돼 있다면 커스텀 타임스탬프 추출자를 만드는 것이 일반적이다. 다음 코드는 환자 바이탈스 측정값에서 타임스탬프를 추출할 때 사용할 커스텀 타임스탬프 추출자를 보여준다. 이전에 언급했듯이, 커스텀 타임스탬프 추출자는 카프카 스트림즈에 포함돼 있는 Timestamp Extractor 인터페이스를 구현한다.

```
public class VitalTimestampExtractor implements TimestampExtractor {

  @Override
  public long extract(ConsumerRecord<Object, Object> record, long partitionTime) {
    Vital measurement = (Vital) record.value(); ❶
    if (measurement != null && measurement.getTimestamp() != null) { ❷
      String timestamp = measurement.getTimestamp(); ❸
      return Instant.parse(timestamp).toEpochMilli(); ❹
    }
    return partitionTime; ❺
  }
}
```

❶ 레코드 값을 Vital 객체로 캐스트한다. 일관성 있는 방법으로 Pulse와 BodyTemp 레코드로부터 타임스탬프를 추출할 수 있게 해주므로 앞에서 정의한 Vital 인터페이스

의 편리함을 보여주는 부분이다.

❷ 레코드를 파싱하기 전에 레코드가 타임스탬프를 가지고 있는지 확인한다.

❸ 레코드로부터 타임스탬프를 추출한다.

❹ `TimestampExtractor.extract` 메소드는 밀리초 단위의 레코드 타임스탬프를 반환할 것을 기대한다. 따라서 여기서 타임스탬프를 밀리초로 변환한다.

❺ 어떤 이유에서 타임스탬프를 추출할 수 없다면, 이벤트가 발생한 대략적인 시간을 표현하는 파티션 시간을 타임스탬프로 대신 사용한다.

타임스탬프 추출자를 사용할 때 유효하지 않은 타임스탬프를 가진 레코드를 어떻게 처리할지 고려해야 한다. 다음처럼 세 가지 선택 사항이 있다.

- 예외를 던지고 처리를 중단(버그 해결 기회를 개발자에게 넘김)

- 대비책으로 파티션 시간 사용

- 음수의 타임스탬프를 반환하면 카프카 스트림즈는 해당 레코드를 거르고 처리를 계속 이어간다.

`VitalTimestampExtractor` 구현에서 대비책으로 파티션 시간을 사용할 것으로 결정했다. 파티션 시간은 현재 파티션에서 관찰한 타임스탬프 중 가장 큰 값이다.

지금까지 타임스탬프 추출자 생성을 완료했다. 이제 입력 스트림들을 등록해보자.

타임스탬프 추출자와 함께 스트림 등록하기

입력 스트림 등록은 이제 익숙해졌을 것이다. 그러나 이번에는 명시적으로 타임스탬프 추출자를 커스텀 타임스탬프 추출자(`VitalTimestampExtractor`) 구현으로 설정하는 `Consumed`의 파라미터도 넘길 것이다. 예제 5-2는 커스텀 타임스탬프 추출자로 두 소스 스트림을 어떻게 등록하는지 보여준다. 이 단계는 5장 프로세서 토폴로지(그림 5-1 참조)의 첫 번째 단계이다.

예제 5-2 소스 스트림들의 타임스탬프 추출자를 어떻게 덮어쓰는지 보여주는 예제

```
StreamsBuilder builder = new StreamsBuilder(); ❶

Consumed<String, Pulse> pulseConsumerOptions =
    Consumed.with(Serdes.String(), JsonSerdes.Pulse())
        .withTimestampExtractor(new VitalTimestampExtractor()); ❷

KStream<String, Pulse> pulseEvents =
    builder.stream("pulse-events", pulseConsumerOptions); ❸

Consumed<String, BodyTemp> bodyTempConsumerOptions =
    Consumed.with(Serdes.String(), JsonSerdes.BodyTemp())
        .withTimestampExtractor(new VitalTimestampExtractor()); ❹

  KStream<String, BodyTemp> tempEvents =
        builder.stream("body-temp-events", bodyTempConsumerOptions); ❺
```

❶ 항상 그렇듯이 DSL을 사용하고 **StreamsBuilder**로 프로세스 토폴로지를 생성한다.

❷ **Consumed.withTimestampExtractor**를 사용해 바이탈스 타임스탬프를 추출하기 위해 카프카 스트림즈에게 커스텀 타임스탬프 추출자(VitalTimestampExtractor)를 사용하라고 지시한다.

❸ 펄스 이벤트를 수집하는 스트림을 등록한다.

❹ 체온에도 커스텀 타임스탬프 추출자를 사용해 스트림을 등록한다.

❺ 체온 이벤트를 수집하는 스트림을 등록한다.

예제 5-1에서 사용한 방식으로 기본 타임스탬프 추출자를 덮어쓸 수 있다. 어떤 방식이든 좋으나 지금은 각 입력 스트림마다 추출자를 직접 설정할 것이다. 이제, 소스 스트림들을 등록했고 프로세서 토폴로지(그림 5-1 참조)의 두 번째, 세 번째 단계인 **pulse-events** 스트림의 그룹핑과 윈도잉으로 넘어가자.

스트림 윈도잉

환자의 심장박동이 기록될 때마다 pulse-events 토픽이 심장박동 데이터를 수신하지만 5장에서는 분당 박동수(bpm)로 측정하는 환자의 심박수가 필요하다. 여러분도 심장박동 개수는 count 연산자로 측정 가능하다는 것을 이미 알고 있을 것이다. 그러나 심박수를 계산하려면 60초 길이의 윈도우 안에 포함돼 있는 레코드 개수만 셀 방법이 필요하다. 여기서 윈도우 집계를 사용한다. 윈도윙^{windowing}은 시간을 기반으로 하는 하위 그룹으로 레코드들을 모으며 주로 집계와 조인에 사용한다. 카프카 스트림즈는 여러 종류의 윈도우를 지원하므로, 환자 모니터링 시스템에서 어떤 윈도우 종류가 필요한지 결정하기 위해 각 윈도우 종류에 대해 살펴보자.

윈도우 종류

시간적으로 근접한 레코드들을 그룹핑할 때 윈도우를 사용한다. 시간적 근접성^{Temporal proximity}은 사용하는 시간의 의미에 따라 여러 의미를 가질 수 있다. 예를 들어 이벤트–시간 의미를 사용할 때는 "비슷한 시기에 발생한 레코드들"을 의미할 수 있고, 처리–시간 의미를 사용할 때는 "비슷한 시기에 처리되는 레코드들"을 의미할 수 있다. 대부분의 경우 "비슷한 시간"은 윈도우 크기로 정의한다(예: 5분, 1시간 등). 반면 세션 윈도우^{session windows}(곧 살펴볼 것이다)는 활동 기간^{activity period}을 사용한다.

카프카 스트림즈는 네 가지 종류의 윈도우를 지원한다. 먼저, 각 윈도우 종류별 특징들을 살펴보고 나서 이 속성들을 사용해 5장의 튜토리얼에서 필요한 윈도우를 결정할 의사결정 트리^{decision tree}를 생성할 것이다(여러분의 애플리케이션에서도 이 의사결정 트리를 사용할 수 있다).

텀블링 윈도우

텀블링 윈도우^{Tumbling Windows}는 고정 길이의 윈도우이며 윈도우들이 절대 겹치지 않는다.

텀블링 윈도우는 윈도우 크기(밀리초 단위) 속성만을 사용해 정의하고, 에폭^{epoch} 6에 맞춰져 있는 예측 가능한 시간 범위를 갖는다. 다음 코드는 카프카 스트림즈에서 텀블링 윈도우를 어떻게 생성하는지 보여준다.

```
TimeWindows tumblingWindow =
  TimeWindows.of(Duration.ofSeconds(5)); ❶
```

❶ 윈도우 크기는 5초이다.

그림 5-3에서 보듯이, 텀블링 윈도우는 시각적으로 이해하기 매우 쉽다. 여러분은 윈도우 경계가 겹치거나 하나의 버킷 이상에서 동일 레코드가 포함되는지 걱정할 필요 없다.

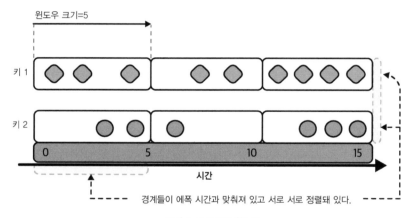

그림 5-3 텀블링 윈도우

---

6   자바 문서(https://oreil.ly/osqwA)에서 발췌: "에폭에 맞춰져 있다는 것은 첫 번째 윈도우가 타임스탬프 0에서 시작한다는 것을 의미한다". 다시 말해 윈도우 크기 5,000은 0 – 5,000, 5,000 – 10,000 등의 경계 시간들을 갖게 된다. 시작 시간은 포함되지만 (inclusive) 종료 시간은 포함되지 않는다(exclusive)는 것을 유념해야 한다.

호핑 윈도우

호핑 윈도우Hopping Windows는 고정 길이의 윈도우로 윈도우들이 겹칠 수 있다.[7] 호핑 윈도우를 설정할 때, 윈도우 크기와 전진 간격advance interval(윈도우가 앞으로 움직일 간격)을 지정해야 한다. 그림 5-4처럼 전진 간격이 윈도우 크기보다 작으면, 일부 레코드가 여러 윈도우에 나타나 윈도우가 겹친다. 또한 호핑 윈도우는 에폭에 맞춰져 있어 예측 가능한 시간 범위를 갖는다. 그리고 시작 시간은 포함되고 종료 시간은 포함되지 않는다. 다음 코드는 카프카 스트림즈에서 단순한 호핑 윈도우를 어떻게 생성하는지 보여준다.

```
TimeWindows hoppingWindow = TimeWindows
    .of(Duration.ofSeconds(5)) ❶
    .advanceBy(Duration.ofSeconds(4)); ❷
```

❶ 윈도우 크기는 5초이다.

❷ 윈도우는 4초 전진 간격(또는 홉)을 갖는다.

그림 5-4는 호핑 윈도우를 시각화한 것이다.

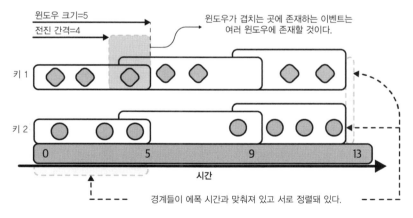

그림 5-4 호핑 윈도우

---

7 일부 시스템에서는 호핑 윈도우를 "슬라이딩 윈도우(sliding window)"라는 용어로 부르기도 한다. 그러나 카프카 스트림즈에서는 호핑 윈도우를 슬라이딩 윈도우와 구별한다. 이에 대해서는 곧 알아볼 것이다.

세션 윈도우

세션 윈도우Session Windows는 활동 기간periods of activity과 뒤이어 오는 비활동 간격gaps of inactivity으로 결정하는 가변 크기의 윈도우다. 비활동 간격inactivity gap이라는 단일 파라미터를 사용해 세션 윈도우를 정의한다. 만약 비활동 간격이 5초라고 하면 같은 키의 레코드들 중에 이전 레코드와 간격이 5초 안에 있는 레코드들을 동일 윈도우에 포함시킨다. 그렇지 않고 만약 새 레코드의 타임스탬프가 비활동 간격보다 크다면(이 경우 5초), 새 윈도우가 생성된다. 텀블링이나 호핑 윈도우와 다르게 시작과 끝의 경계가 포함된다. 다음 코드는 세션 윈도우를 정의하는 방법을 보여준다.

```
SessionWindows sessionWindow = SessionWindows
    .with(Duration.ofSeconds(5)); ❶
```

❶ 5초의 비활동 간격을 갖는 세션 윈도우

그림 5-5에서 보듯이, 세션 윈도우들은 서로 정렬돼 있지 않으며(각 키마다 범위가 다르다) 길이도 가변이다. 범위는 타임스탬프에 완전히 의존적이며, 활동적인 키들은 긴 윈도우 범위를 만들고 활동이 많지 않은 키들은 짧은 윈도우 범위를 만든다.

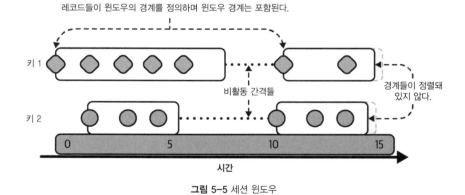

그림 5-5 세션 윈도우

슬라이딩 조인 윈도우

슬라이딩 조인 윈도우Sliding join windows는 고정 길이의 윈도우로 조인에 사용하며 Join Windows 클래스를 사용해 생성한다. 만약 두 레코드의 타임스탬프 격차가 윈도우 크기 보다 작거나 같으면 동일 윈도우로 들어간다. 따라서 세션 윈도우와 비슷하며 상하위 윈도우 경계는 포함된다. 다음은 5초 범위의 슬라이딩 조인 윈도우를 어떻게 생성하는 지 보여주는 예제다.

```
JoinWindows joinWindow = JoinWindows
  .of(Duration.ofSeconds(5)); ❶
```

❶ 레코드들이 동일 윈도우 안으로 들어가려면 타임스탬프가 5초보다 작거나 같아야 한다.

조인 윈도우는 여러 입력 스트림을 가지므로 시각적으로 다른 윈도우 종류들과 다르게 보인다. 그림 5-6은 이를 그린 것이며 레코드들을 하나의 윈도우 조인으로 결합할지 여 부를 결정할 때 5초 윈도우를 어떻게 사용하는지 보여준다.

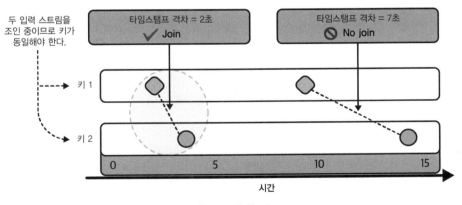

그림 5-6 조인 윈도우

슬라이딩 집계 윈도우

이전 절에서 조인에 사용하는 특별한 종류의 슬라이딩 윈도우를 알아봤다. 카프카 스트림즈 2.7.0부터 슬라이딩 윈도우는 집계에도 사용할 수 있다. 슬라이딩 조인 윈도우와 비슷하게, 슬라이딩 집계 윈도우Sliding Aggregation Windows의 윈도우 경계는 레코드 타임스탬프들에 정렬되고(에폭과 반대로) 상하위 윈도우 경계는 모두 포함된다. 추가적으로 레코드들의 타임스탬프 차이가 지정한 윈도우 크기보다 작으면 동일 윈도우에 포함된다. 다음은 5초의 간격과 0초의 유예 기간grace period으로 슬라이딩 윈도우를 어떻게 만드는지 보여주는 예제다.[8]

```
SlidingWindows slidingWindow =
  SlidingWindows.withTimeDifferenceAndGrace(
    Duration.ofSeconds(5),
    Duration.ofSeconds(0));
```

윈도우 선택

지금까지 카프카 스트림즈에서 지원하는 윈도우 종류에 대해서 배웠다. 이제, 윈도우 집계를 사용해 원시 펄스 이벤트를 심박수로 변환할 때 어떤 윈도우가 적합한지 결정해야 한다.

세션 윈도우는 스트림의 레코드가 활발하게 유입되면 윈도우 크기가 무한으로 늘어날 수 있어서 심박수 측정에 적합하지 않다. 이는 60초 고정 길이 윈도우를 사용해야 하는 요구 사항과 부합하지 않다. 또한 슬라이딩 조인 윈도우는 조인 전용이므로 이것도 선택에서 배제돼야 한다(이 튜토리얼의 후반부에서 슬라이딩 조인 윈도우를 사용하긴 할 것이다).

나머지 윈도우 종류 중 어떤 것을 사용해도 무방하지만 단순함을 위해 윈도우 경계들을 에폭에 맞춰 정렬하고(슬라이딩 집계 윈도우 제외) 윈도우들이 겹치는 것을 피하자(호핑

---

8 슬라이딩 집계 윈도우는 유예 기간을 명시적으로 설정해야 하는 유일한 윈도우 종류다. 유예 기간에 대해서는 5장 후반부에서 다룰 것이다.

윈도우가 필요 없다는 의미). 심박수 집계를 위한 윈도우로 텀블링 윈도우만 남았다. 윈도우 종류를 선택했으니, 윈도우 집계를 수행할 준비가 됐다.

윈도우 집계

심박수 집계에 텀블링 윈도우를 사용하기로 결정했으므로, 윈도우 집계를 구현할 수 있다. 먼저 `TimeWindows.of` 메소드를 사용해 윈도우를 만들 것이다. 그리고 집계를 수행하기 전에 `windowedBy` 연산자로 스트림을 윈도잉할 것이다. 다음 코드는 이 두 단계를 어떻게 구현하는지 보여준다.

```
TimeWindows tumblingWindow =
  TimeWindows.of(Duration.ofSeconds(60));

KTable<Windowed<String>, Long> pulseCounts =
  pulseEvents
      .groupByKey() ❶
      .windowedBy(tumblingWindow) ❷
      .count(Materialized.as("pulse-counts")); ❸

pulseCounts
  .toStream() ❹
  .print(Printed.<Windowed<String>, Long>toSysOut().withLabel("pulse-counts")); ❺
```

❶ 레코드 그룹핑은 집계를 수행하기 위한 전제 조건이다. 그러나 pulse-events 토픽의 레코드들은 이미 원하는 필드(환자 ID)를 키로 사용하고 있으므로 불필요한 데이터 리파티션을 피하기 위해 groupBy 대신 groupByKey를 사용한다.

❷ 60초 텀블링 윈도우로 스트림을 윈도잉한다. 이는 원시의 펄스 이벤트들을 심박수(분당 심장박동 개수로 측정)로 변환해준다.

❸ 대화형 쿼리를 위해 심박수를 물리화한다(프로세서 토폴로지의 8단계에서 필요(그림 5-1 참조)).

❹ 디버깅 목적으로 KTable을 스트림으로 변환하면 콘솔에 내용을 출력할 수 있다.

❺ 윈도우 스트림의 내용을 콘솔에 출력한다. print문은 로컬 개발용으로 유용하나 애플리케이션을 상용으로 배포할 때는 제거해야 한다.

이 코드 예제에서 관심 있게 봐야 하는 것은 KTable의 키가 문자열에서 Windowed<String>으로 변경됐다는 것이다. 이는 windowedBy 연산자가 KTable을 윈도우 KTable로 변경했기 때문이다. 새 KTable 키는 원래 레코드 키뿐만 아니라 윈도우 범위도 포함하는 다중 키다. 단순하게 원래 키로 그룹핑하면 모든 펄스 이벤트가 동일 하위 그룹(윈도우)에 포함될 수 있으므로, 하위 그룹(윈도우)으로 레코드들을 그룹핑할 새로운 키가 필요하다는 것은 타당하다. pulse-events 토픽으로 몇 개의 레코드를 흘려보낸 후 윈도우 스트림의 출력 결과를 보면 실제 다중 키 변환이 어떻게 일어나는지 볼 수 있다. 내보낼 레코드들은 다음과 같다(레코드 키와 값은 | 문자로 구분돼 있다).

```
1|{"timestamp": "2020-11-12T09:02:00.000Z"}
1|{"timestamp": "2020-11-12T09:02:00.500Z"}
1|{"timestamp": "2020-11-12T09:02:01.000Z"}
```

위 레코드들을 내보내면 예제 5-3과 같은 출력을 볼 수 있다. 각 레코드의 키는 다음과 같은 형식으로 변경된다.

```
[<oldkey>@<window_start_ms>/<window_end_ms>]
```

예제 5-3 print 연산자의 출력으로 윈도잉된 pulseCounts 테이블의 다중 키를 보여준다.

```
[pulse-counts]: [1@1605171720000/1605171780000], 1 ❶
[pulse-counts]: [1@1605171720000/1605171780000], 2
[pulse-counts]: [1@1605171720000/1605171780000], 3
```

❶ 다중 레코드 키로 원래 키뿐만 아니라 윈도우 경계들도 포함한다.

키 변환 로직과 별개로, 위 출력 결과에는 카프카 스트림즈의 특이한 동작도 보여준다. 윈도우 집계에서 계산하는 심장박동 개수가 새 심장박동 레코드가 들어올 때마다 갱신된다. 첫 번째 심장박동 개수 1이고 뒤이어 2, 3인 것을 예제 5-3에서 확인할 수 있다. 따라서 하위 스트림 연산자들은 윈도우의 최종 결과(bpm)뿐만 아니라 윈도우의 중간 결과(60초 윈도우에서 현재까지의 심장박동 개수)도 보게 된다. 저지연을 요구하며 잘 설계된 애플리케이션이라면 이런 중간 결과 또는 불완전한 윈도우 결과도 유용하겠지만, 이 튜토리얼에서는 윈도우가 닫힐 때까지 환자의 심박수를 정확히 알 수 없으므로 오해를 일으킬 수 있다. 왜 카프카 스트림즈가 중간 결과를 내보내는지 알아보고 이 동작을 어떻게 제어할 수 있는지 살펴보자.

윈도우 결과 내보내기

스트림 처리 시스템에서 윈도우 계산 결과를 언제 내보낼지 결정하는 것은 굉장히 복잡하다. 이 복잡성은 두 가지 사실로부터 기인한다.

- 무한 이벤트 스트림은 타임스탬프로 정렬돼 있지 않을 수 있다. 특히 이벤트-시간 의미를 사용할 때 더욱 그렇다.[9]

 카프카는 오프셋을 기준으로 파티션 수준에서 이벤트들의 정렬을 항상 보장한다. 이는 모든 컨슈머가 동일한 순서(오프셋으로 오름차순)로 토픽에 추가된 이벤트들을 읽는다는 것을 의미한다.

- 이벤트들이 가끔 지연된다.

타임스탬프로 정렬을 보장할 수 없다는 것은 특정 타임스탬프를 가지고 있는 레코드를 봤다고 해서 이 타임스탬프 전에 도착한 모든 레코드를 봤고 최종 윈도우 결과를 내보낼 수 있다고 가정할 수 없음을 의미한다. 또한 지연되거나 순서가 바뀐 데이터로 인해 모든 데이터가 도착할 때까지 일정 시간 기다려야 할지 아니면 윈도우가 갱신될 때마다(예제 5-3 참고) 윈도우 결과를 내보내야 할지 한 가지를 선택해야 한다. 즉, 완결성

---

9   물론 message.timestamp.type를 LogAppendTime으로 설정해 인입-시간 의미를 사용한다면, 레코드의 타임스탬프는 항상 정렬돼 있을 것이다. 이는 타임스탬프를 토픽에 추가된 시간으로 덮어쓰기 때문이다. 그러나 인입 시간은 이벤트 자체 시간과의 관련성이 다소 임의적이다. 아주 잘 맞춰야지만 이벤트 시간에 근사한 값을 가진다(이벤트가 생성되자마자 토픽에 추가된다고 가정).

completeness과 지연latency 사이의 트레이드-오프가 존재한다. 데이터를 기다리는 것은 완전한 결과 생성에 좀 더 가깝고 이는 완결성을 위한 최적화다. 반면 갱신될 때마다 하위 스트림으로 즉시 전파(비록 완전하지 않더라도)하는 것은 지연을 줄인다. 모든 것은 여러분의 선택과 무엇을 최적화할지 결정한 서비스-수준 계약SLA에 따라 다르다.

그림 5-7은 이 두 가지 문제가 어떻게 발생하는지 보여준다. 환자 #1은 간헐적으로 네트워크 문제가 있는 바이탈스 모니터링 장비에 연결돼 있다. 이는 프로듀서가 재시도하도록 유도하며 일부 바이탈스 측정이 카프카 클러스터로 늦게 도착하는 원인이 된다. 또한 pulse-events 토픽으로 데이터를 보내는 프로듀서가 여러 개이므로, 이 또한 토픽의 이벤트들이 타임스탬프로 정렬되지 않는 원인이 될 수 있다.

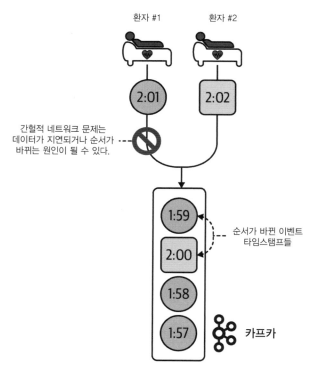

그림 5-7 여러 이유로 데이터의 타임스탬프 순서가 바뀌어 도착할 수 있다. 일반적인 예는 여러 프로듀서가 하나의 토픽에 데이터를 보내는 것으로, 이는 경합 조건을 유발한다.

데이터의 순서가 바뀌는 실패 시나리오는 굳이 예를 들 필요가 없다. 이런 현상은 여러 프로듀서가 같은 토픽에 데이터를 보낼 때와 같이 정상적인 운영 상태에서도 발생할 수 있다.

이전에 언급했듯이, 이런 문제를 극복하려면 지연 또는 완결성을 위한 최적화가 필요하다. 기본적으로, 카프카 스트림즈는 지속적 정제$^{continuous\ refinement}$ (https://oreil.ly/-tii3)라 하는 방식을 사용해 지연을 최적화했다. 지속적 정제는 새 이벤트가 윈도우에 추가될 때마다 카프카 스트림즈는 새 계산 결과를 즉시 내보내는 것을 의미한다. 이것이 환자 모니터링 애플리케이션으로 레코드들을 보낼 때마다 중간 윈도우 결과를 볼 수 있는 이유다(예제 5-3 참고). 그러나 지속적 정제를 사용하면 완결되지 않은 상태의 결과를 볼 수도 있는 것이며, 이렇게 내보낸 이벤트가 최종 윈도우에 포함될 모든 레코드를 처리했다는 것을 의미하는 것도 아니다. 또한 지연된 데이터는 예상하지 않은 시간에 이벤트를 계속 내보내는 원인이 될 수 있다.

다음 두 절에서는 환자 모니터링 애플리케이션에서 각각의 문제를 어떻게 해결하는지 알아볼 것이다. 먼저 카프카 스트림즈에서 지연된 데이터를 처리하는 전략에 대해 살펴보자. 이후 카프카 스트림즈의 suppress 연산자로 중간 윈도우 계산 결과를 줄이는 방법에 대해 배울 것이다.

유예 기간

스트리밍 처리 시스템이 겪는 가장 도전적인 문제 중 하나는 지연 데이터를 처리하는 방법이다. 영향력 있는 데이터 흐름 모델(https://oreil.ly/wAhJZ)(예를 들어 아파치 플링크)을 따르는 많은 프레임워크들이 워터마크^{watermark}를 사용한다. 어떤 윈도우의 모든 데이터가 언제 도착했어야 하는지 가늠할 때(보통 윈도우 크기와 허용하는 이벤트 지연을 설정해) 워터마크를 사용한다. 사용자는 지연된 이벤트들을(워터마크로 결정) 어떻게 처리해야 할지 지정할 수 있다. (데이터플로우, 플링크 등) 유명 프레임워크들은 기본적으로 지연된 이벤트를 버린다.

워터마크 접근법과 유사하게, 카프카 스트림즈에서도 유예 기간$^{Grace\ Period}$을 사용해 허용하는 이벤트 지연 시간을 설정할 수 있다. 유예 기간 설정으로 특정 시간 동안 윈도우를 열어둬 지연/순서가 맞지 않는 이벤트들이 윈도우로 들어올 수 있게 할 수 있다. 예를 들어 이전에 다음 코드처럼 텀블링 윈도우를 설정했다.

```
TimeWindows tumblingWindow =
  TimeWindows.of(Duration.ofSeconds(60));
```

그러나 펄스 이벤트(심박수 측정을 위해 사용)에 5초의 지연 시간을 허용하기 위해 유예 기간을 설정한 텀블링 윈도우를 정의할 수 있다.

```
TimeWindows tumblingWindow =
  TimeWindows
  .of(Duration.ofSeconds(60))
  .grace(Duration.ofSeconds(5));
```

유예 기간을 더 늘릴 수 있으나, 트레이드-오프를 기억해야 한다. 긴 유예 기간은 완결성을 최적화하지만 윈도우를 긴 시간 동안 열어두므로(데이터가 지연되는 것을 허용) 지연시간이 길어지는 대가를 치러야 한다(윈도우는 유예 기간이 끝나야 닫힌다).

이제, 윈도우 심박수 집계에서 중간 결과를 내보내는 문제를 어떻게 해결할지 살펴보자.

중간 결과 제거

이전 절에서 배웠듯이, 새로운 데이터가 도착할 때마다 윈도우의 결과를 내보내는 카프카 스트림즈의 지속적 정제 전략은 저지연으로 최적화하고 완결되지 않은 윈도우 결과를(예: 중간) 내보내도 견딜 수 있을 때 이상적이다.[10]

그러나 환자 모니터링 애플리케이션에서는 이런 동작을 원하지 않는다. 60초보다 짧은 기간 동안의 데이터로 심박수를 계산할 수 없다. 따라서 윈도우의 최종 결과만 내보내

---

10 이는 윈도우가 닫힐 때만 처리가 발생하는 다른 스트리밍 시스템의 동작과 다르다.

야 한다. 여기서 suppress 연산자가 필요하다. suppress 연산자는 윈도우의 최종 계산 결과만을 내보내고 불필요한 데이터를 제거할(예를 들어 메모리상에 임시로 보관하는 중간 계산 결과)때 사용할 수 있다. 이를 사용하려면 세 가지를 결정해야 한다.

- 중간 윈도우 계산 결과를 제거할 때 사용할 제거 전략

- 제거할 이벤트를 버퍼링하는 메모리 양(버퍼 설정 사용)

- 메모리 사용 제한을 초과할 때 해야 할 일(버퍼 풀buffer full 전략을 사용해 제어)

먼저 두 가지 제거 전략을 살펴보자. 표 5-1은 카프카 스트림즈에서 사용 가능한 각 제거 전략을 설명하고 있다. 각 전략은 Suppressed 클래스의 메소드로 사용 가능하다.

표 5-1 윈도우 내의 불필요한 이벤트 제거 전략

전략	설명
Suppressed.untilWindowCloses	윈도우의 최종 결과만 내보낸다.
Suppressed.untilTimeLimit	마지막 이벤트 수신 후 설정한 시간이 지나면 윈도우 결과를 내보낸다. 만약 동일 키를 가진 다른 이벤트가 설정한 시간이 초과되기 전에 도착하면 버퍼에 있는 첫 번째 이벤트를 교체한다(이 일이 일어나더라도 타이머를 재시작하지 않는다). 이 방식은 속도-제한 업데이트(rate-limit udpates) 효과를 일으킨다.

환자 모니터링 애플리케이션은 60초가 완전히 지난 후 한 번만 심박수 윈도우의 결과를 내보내길 원한다. 따라서 Suppressed.untilWindowCloses 제거 전략을 사용할 것이다. 프로세서 토폴로지에서 이 전략을 사용하기 전에 내보내지 않은 결과를 메모리에 얼마나 버퍼링할 것인지 카프카 스트림즈에 알려야 한다. 결국, 제거한 레코드들은 버리지 않는다. 대신 최종 결과를 내보낼 시간까지 각 키의 윈도우에서 내보내지 않은 최신 레코드들을 메모리에 보관한다. 메모리는 제한적인 자원이므로 이 메모리 집약적인 업데이트 제거 작업에 메모리를 얼마나 사용할지 명시적으로 설정해야 한다.[11] 버퍼링 전략

---

11   suppress 연산자를 사용할 때 카프카 스트림즈는 각 키에 대해 최신 레코드를 유지하므로 필요한 메모리 양은 키 공간의 크기에 따라 다르다. 스트림의 키 공간이 작으면 키 공간이 큰 스트림보다 메모리도 덜 사용한다. 유예 기간도 메모리 사용에 영향을 줄 수 있다.

을 정의하려면, 버퍼 설정을 사용해야 한다. 표 5-2는 카프카 스트림즈에서 사용 가능한 버퍼 설정을 설명하고 있다.

표 5-2 버퍼 설정

버퍼 설정	설명
BufferConfig.maxBytes( )	제거한 이벤트들을 보관할 메모리 내의 버퍼를 바이트 용량 설정으로 제약한다.
BufferConfig.maxRecords( )	제거한 이벤트들을 보관하는 메모리 내의 버퍼를 키 개수 설정으로 제약한다.
BufferConfig.unbounded( )	제거한 이벤트들을 보관하는 메모리 내의 버퍼는 윈도우에서 제거한 레코드들을 보관할 때 가능한 많은 힙 공간을 사용할 것이다. 만약 애플리케이션이 힙을 모두 사용하면, OutOfMemoryError(OOM) 예외가 발생할 것이다.

마지막으로, 레코드 제거에 필요한 마지막 요구 사항은 카프카 스트림즈에 버퍼가 꽉 찼을 때 무엇을 해야 하는지 알리는 것이다. 카프카 스트림즈는 두 가지 버퍼 풀^{buffer full} 전략을 가지고 있고, 각 전략은 표 5-3에서 설명하고 있다.

표 5-3 버퍼 풀 전략

버퍼 풀 전략	설명
shutDownWhenFull	버퍼가 꽉 차면 애플리케이션을 우아하게 종료한다. 이 전략을 사용하면 중간 윈도우 계산 결과를 절대 볼 수 없을 것이다.
emitEarlyWhenFull	버퍼가 꽉 차면 애플리케이션을 종료하지 않고 가장 오래된 결과를 내보낸다. 이 전략을 사용하면 중간 윈도우 계산 결과를 볼 수 있을 것이다.

어떤 제거 전략, 버퍼 설정, 버퍼 풀 전략이 사용 가능한지 알아봤고, 이제 세 가지 설정 조합을 결정해야 한다. 먼저 속도-제한 업데이트^{rate-limit updates}는 원하지 않으므로 until TimeLimit는 사용하지 않을 것이다. 대신 심박수 윈도우의 최종 결과만을 내보내길 원하므로 여기서는 untilWindowCloses가 더 맞다. 두 번째, 이 튜토리얼은 키 공간이 상대적으로 작을 것으로 예상되므로 unbounded 버퍼 설정을 사용할 것이다. 마지막으로, 결과를 일찍 내보내면 부정확한 심박수 계산을 할 수 있으므로(예: 20초밖에 지나지 않았는데 심박수를 내보낼 경우) 결과를 일찍 내보내길 원하지 않는다. 따라서 버퍼 풀 전략으로

shutDownWhenFull을 사용할 것이다.

예제 5-4처럼 이 모든 것을 적용한 suppress 연산자를 환자 모니터링 토폴로지에 적용할 수 있다.

예제 5-4 심박수 윈도우(텀블링 윈도우)의 최종 결과만을 내보내기 위해 suppress 연산자 사용

```
TimeWindows tumblingWindow =
  TimeWindows
    .of(Duration.ofSeconds(60))
    .grace(Duration.ofSeconds(5));

KTable<Windowed<String>, Long> pulseCounts =
  pulseEvents
    .groupByKey()
    .windowedBy(tumblingWindow)
    .count(Materialized.as("pulse-counts"))
    .suppress(
      Suppressed.untilWindowCloses(BufferConfig.unbounded().shutDownWhenFull())); ❶
```

❶ 윈도우의 중간 결과들을 제거하고 최종 계산 결과만을 내보낸다.

이제 프로세서 토폴로지(그림 5-1 참조)의 4단계가 완료됐다. 5단계, 6단계인 pulse-events와 body-tempevents 데이터의 필터링과 키 재생성rekeying에 대해 알아보자.

윈도우 KTable 필터링과 키 재생성

예제 5-4에서 KTable을 자세히 보면 윈도우 동작이 String 타입의 키를 Windowed <String>으로 변경하는 것을 볼 수 있다. 이전에 언급했듯이, 이는 윈도잉이 레코드들을 또 다른 차원으로 그룹핑시키기 때문에 발생한다. 따라서 body-temp-events 스트림을 조인하려면 pulse-events 스트림의 키를 재생성해야 한다. 추가적으로 사전에 정의한 임계점을 초과하는 레코드들만 관심 있으므로 두 스트림의 데이터를 필터링해야 한다.

필터링과 키 재생성 연산 중 무엇을 먼저 수행할지 결정해야 한다. 그러나 한 가지 조언하자면 필터링 수행은 가능하면 빨리 하는 것이 좋다. 레코드의 키 재생성은 토픽을 리파티셔닝하므로 필터링을 먼저 하면 토픽으로의 읽기/쓰기 수를 줄여 애플리케이션의 성능을 좀 더 높일 수 있다.

필터링과 키 재생성은 4장에서 이미 알아봤으므로, 이들 개념에 대해서는 더 깊이 볼 필요가 없다. 환자 모니터링 애플리케이션의 필터링과 키 재생성 코드는 다음 코드와 같다.

```
KStream<String, Long> highPulse =
  pulseCounts
    .toStream() ❶
    .filter((key, value) -> value >= 100) ❷
    .map(
      (windowedKey, value) -> {
        return KeyValue.pair(windowedKey.key(), value); ❸
    });

KStream<String, BodyTemp> highTemp =
    tempEvents.filter((key, value) -> value.getTemperature() > 100.4); ❹
```

❶ 스트림을 변환해 map 연산자로 레코드의 키를 재생성할 수 있게 한다.

❷ 사전 정의한 임계점 100bpm을 초과하는 심박수만 필터링한다.

❸ windowedKey.key()로 원래 키를 가져와 스트림 키를 재생성한다. windowedKey는 org.apache.kafka.streams.kstream.Windowed의 인스턴스다. 이 클래스는 원래 키를 접근할 수 있는 메소드(windowedKey.key())와 시간 윈도우를 접근할 수 있는 메소드(windowedKey.window())를 포함하고 있다.

❹ 사전 정의한 임계점인 화씨 100.4를 초과하는 체온만 읽도록 필터링한다.

이제 프로세서 토폴로지의 5단계와 6단계를 완료했으므로, 윈도우 조인을 수행할 준비가 됐다.

윈도우 조인

231페이지 '슬라이딩 조인 윈도우'에서 알아봤듯이, 윈도우 조인을 하려면 슬라이딩 조인 윈도우가 필요하다. 슬라이딩 조인 윈도우는 어떤 레코드를 조인할지 결정하기 위해 조인 양쪽 이벤트들의 타임스탬프를 비교한다. 스트림은 무한하므로 KStream-KStream 조인을 하려면 윈도우 조인은 필수다. 따라서 관련 값들을 빠르게 조회하려면 로컬 상태 저장소에 데이터를 물리화해야 한다.

이제 슬라이딩 조인 윈도우를 구현해 심박수와 체온 스트림을 다음과 같이 조인할 수 있다.

```
StreamJoined<String, Long, BodyTemp> joinParams =
    StreamJoined.with(Serdes.String(), Serdes.Long(), JsonSerdes.BodyTemp()); ❶

JoinWindows joinWindows =
  JoinWindows
      .of(Duration.ofSeconds(60)) ❷
      .grace(Duration.ofSeconds(10)); ❸

ValueJoiner<Long, BodyTemp, CombinedVitals> valueJoiner = ❹
    (pulseRate, bodyTemp) -> new CombinedVitals(pulseRate.intValue(), bodyTemp);

KStream<String, CombinedVitals> vitalsJoined =
    highPulse.join(highTemp, valueJoiner, joinWindows, joinParams); ❺
```

❶ 조인에 사용할 Serdes를 지정한다.

❷ 1분 이내의 타임스탬프를 갖는 레코드들이 같은 윈도우에 모여 조인될 것이다.

❸ 10초까지 지연을 허용한다.

❹ 심박수와 체온을 CombinedVitals 객체로 결합한다.

❺ 조인을 수행한다.

조인에 참여하는 각 스트림은 서로 다른 속도로 레코드를 받을 수 있으므로, 이벤트들이 적당한 시간에 조인될 수 있도록 추가적인 동기화가 필요하다. 다행히도 카프카 스트림즈는 조인에 참여하는 각 스트림의 타임스탬프들을 이용해 데이터가 프로세서 토폴로지로 어떻게 흐를지(결국 조인된다) 결정한다. 이에 관한 상세한 내용은 다음 절에서 다룰 것이다.

시간-기반 데이터 흐름

시간이 윈도우 조인과 윈도우 집계를 비롯한 특정 연산들의 동작에 어떤 영향을 줄 수 있는지 이미 알아봤다. 시간은 스트림 데이터의 흐름도 제어할 수 있다. 정확성 보장을 위해 스트림 처리 애플리케이션은 입력 스트림들을 동기화해야 한다. 특히 여러 소스로부터 이력성 데이터를 처리할 때 더욱 그렇다.

이 동기화를 쉽게 구현하기 위해 카프카 스트림즈는 각 스트림 태스크마다 단일 파티션 그룹partition group을 생성한다. 파티션 그룹은 각 태스크가 처리하는 파티션마다 우선순위 큐를 사용해 대기 중인 레코드들을 버퍼링하고, (모든 입력 파티션에 걸쳐 있는) 다음에 처리할 레코드를 선택하는 알고리듬도 포함하고 있다. 가장 작은 값의 타임스탬프를 가지고 있는 레코드를 선택한다.

 스트림 시간은 특정 토픽 파티션에서 관찰된 타임스탬프 중 가장 큰 값이다. 이 값은 초기에는 알 수 없으므로 증가하거나 값을 유지한다. 새로운 데이터가 들어올 때만 시간을 앞으로 전진시킨다. 이 시간은 카프카 스트림즈 자체의 내부적인 것이므로 지금까지 논의했던 다른 시간 개념과 다르다.

단일 카프카 스트림즈 태스크가 하나 이상의 파티션으로부터 데이터를 소비할 때(예를 들어 조인), 카프카 스트림즈는 다음에 처리할 레코드들(헤드 레코드head records라고 부른다)을 선택할 때 타임스탬프를 비교할 것이다. 카프카 스트림즈는 선택한 레코드를 토폴로지상의 적당한 소스 프로세서로 전파한다. 그림 5-8은 이것이 어떻게 동작하는지 보여준다.

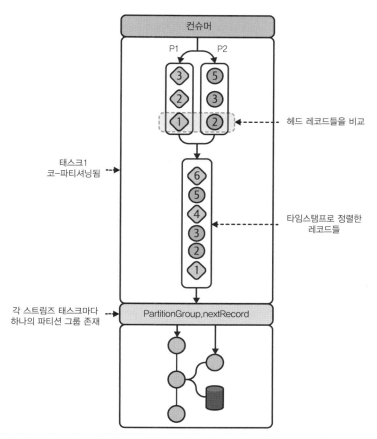

그림 5-8 데이터가 카프카 스트림즈 애플리케이션에서 어떻게 흘러야 하는지 결정할 때 레코드의 타임스탬프들을 비교한다.

요구 조건에 맞는 조인 종류도 선택했고 카프카 스트림즈가 시간-기반 흐름-제어 방식으로 타임스탬프 순서에 따라 레코드를 처리할 것이라는 확신도 가지게 됐으므로[12], 이제 환자 모니터링 토폴로지의 마지막 단계를 구현할 준비가 됐다. 다음으로는 토폴로지에 싱크 프로세서를 어떻게 추가하는지 간단히 복습해보고 윈도우 키-값 저장소를 어떻게 쿼리하는지 배울 것이다.

---

12 입력 스트림들 중 하나의 스트림이 비어 있으면 다음 레코드를 선택할 수 없다. 이때 얼마나 오랫동안 새 레코드의 도착을 기다릴지 제어하는 max.task.idle.ms 설정을 사용하면 이 상황을 피할 수 있다. 이 설정의 기본값은 0이나, 값을 늘리면 더 많이 기다리게 돼 시간 동기화도 길어지게 될 것이다.

알림 싱크

하위 스트림 컨슈머가 조인 결과를 소비할 수 있도록 하려면, 보강된 데이터를 카프카로 내보내야 한다. 이전 장들에서 봤듯이, 카프카 스트림즈에서 싱크 추가는 매우 쉽다. 다음 코드는 알림 싱크를 어떻게 추가하는지 보여준다. 애플리케이션이 환자의 상태가 우리가 설정한 임곗값과 윈도우 조인으로 결정한 SIRS 위험에 처해 있다고 판단하면 싱크로 레코드를 보낸다.

```
vitalsJoined.to(
  "alerts",
  Produced.with(Serdes.String(), JsonSerdes.CombinedVitals())
);
```

소스 스트림을 등록할 때 타임스탬프 추출자 사용으로 얻는 이점 중 하나는 출력 레코드들도 계속해 추출한 타임스탬프와 연관성을 가진다는 것이다. 비조인 스트림/테이블에서는 소스 프로세서를 등록할 때 설정한 초기 타임스탬프 추출자가 추출한 타임스탬프가 계속 전파된다. 그러나 환자 모니터링 애플리케이션에서 우리가 했던 것처럼 조인을 수행하면, 카프카 스트림즈는 조인에 참여하는 각 레코드의 타임스탬프를 관찰하다가 출력 레코드의 타임스탬프로 가장 큰 타임스탬프 값을 선택한다.[13]

알림 싱크 등록은 환자 모니터링 데이터를 alerts 토픽의 실시간 컨슈머들에게 노출한다. 이제, 윈도우 집계(환자의 심박수 계산) 결과를 노출해 윈도우 키-값 저장소를 어떻게 쿼리하는지 알아볼 것이다.

윈도우 키-값 저장소 쿼리하기

198페이지의 '비윈도우 키-값 저장소 쿼리하기'에서, 비윈도우 키-값 저장소를 어떻게 쿼리하는지 봤다. 그러나 윈도우 키-값 저장소는 레코드 키가 다차원이며 원래 레코드

---

13 2.3 버전 이전에는 출력 레코드의 타임스탬프 조인을 유발하는 타임스탬프로 설정했다. 새로운 버전의 카프카 스트림즈에서는 가장 큰 값을 사용해 과거 동작 방식을 개선했다. 이 방식으로 타임스탬프를 정하면 순서가 바뀌는 것과 상관없이 동일한 타임스탬프를 보장할 수 있다.

키(비윈도우 키-값 저장소에서와 같은)가 아닌 원래 키와 윈도우 범위로 구성돼 있기 때문에 다른 종류의 쿼리를 지원한다. 먼저 키와 윈도우 범위 스캔을 살펴보자.

키 + 윈도우 범위 스캔

윈도우 키-값 저장소는 두 가지 종류의 범위 스캔을 사용할 수 있다. 첫 번째는 윈도우 범위 내에서 특정 키를 탐색하므로 세 가지 파라미터가 필요하다.

- 찾을 키(예를 들어 환자 모니터링 애플리케이션에서는 1과 같은 환자 ID가 될 것이다)

- 에폭[14]에서 시작하는 밀리초 단위의 윈도우 범위의 하한선(예를 들어 1605171720000은 2020-11-12T09:02:00.00Z로 변환된다)

- 에폭에서 시작하는 밀리초 단위의 윈도우 범위의 상한선(예를 들어 1605171780000은 2020-11-12T09:03:00Z로 변환된다)

다음은 이런 종류의 범위 스캔을 실행하는 방법과 결과로부터 관련 속성을 추출을 어떻게 하는지 보여주는 예제다.

```
String key = 1;
Instant fromTime = Instant.parse("2020-11-12T09:02:00.00Z");
Instant toTime = Instant.parse("2020-11-12T09:03:00Z");

WindowStoreIterator<Long> range = getBpmStore().fetch(key, fromTime, toTime); ❶
while (range.hasNext()) {
  KeyValue<Long, Long> next = range.next(); ❷
  Long timestamp = next.key; ❸
  Long count = next.value; ❹
    // 추출한 값으로 작업 수행
}

range.close(); ❺
```

---

14   1970-01-01T00:00:00Z (UTC)

❶ 선택한 시간 범위 내에 있는 레코드를 순회할 때 사용할 수 있는 Iterator를 반환한다.

❷ 다음 요소를 가져온다.

❸ 레코드 타임스탬프는 키 속성에서 가져올 수 있다.

❹ 값은 값 속성에서 추출할 수 있다.

❺ 메모리 누수를 막기 위해 Iterator를 닫는다.

윈도우 범위 스캔

윈도우 키-값 저장소에서 수행 가능한 두 번째 종류의 범위 스캔은 지정한 시간 범위 내에 있는 모든 키를 검색하는 것이다. 이 쿼리는 두 개의 파라미터를 요구한다.

- 에폭에서 시작하는 밀리초 단위로 표현하는 윈도우 범위의 하한선(예: 1605171720000, 이 값은 2020-11-12T09:02:00.00Z로 변환된다)

- 에폭에서 시작하는 밀리초 단위로 표현하는 윈도우 범위의 상한선(예: 1605171780000, 이 값은 2020-11-12T09:03:00Z으로 변환된다)

다음 코드는 이런 범위 스캔을 실행하는 방법과 결과에서 관련 속성들을 어떻게 추출하는지 보여준다.

```
Instant fromTime = Instant.parse("2020-11-12T09:02:00.00Z");
Instant toTime = Instant.parse("2020-11-12T09:03:00Z");

KeyValueIterator<Windowed<String>, Long> range =
  getBpmStore().fetchAll(fromTime, toTime);

while (range.hasNext()) {
  KeyValue<Windowed<String>, Long> next = range.next();
  String key = next.key.key();
  Window window = next.key.window();
  Long start = window.start();
  Long end = window.end();
```

```
    Long count = next.value;
        // 추출한 값을 작업 수행
}

range.close();
```

모든 엔트리

범위 스캔 쿼리와 비슷하게, all() 쿼리는 로컬 상태 저장소에서 가능한 모든 윈도우 키-값 쌍을 Iterator로 반환한다.[15] 다음 코드는 로컬 윈도우 키-값 저장소에 all() 쿼리를 어떻게 실행하는지 보여준다. 결과를 순회하는 것은 범위 스캔 쿼리와 동일하므로 여기서는 생략했다.

```
KeyValueIterator<Windowed<String>, Long> range = getBpmStore().all();
```

 메모리 누수를 피하기 위해 Iterator 작업이 끝나면 닫는 것이 중요하다. 예를 들어 위 코드를 보면, Iterator로 작업이 끝나면 range.close()를 호출한다.

이런 쿼리들과 4장에서 배웠던 방식을 사용하면 대화형 쿼리 서비스를 구축할 수 있다. 단지 RPC 서비스와 클라이언트를 애플리케이션에 추가만 하면 된다. 원격 애플리케이션 인스턴스 탐색은 카프카 스트림즈의 인스턴스 탐색 로직을 이용하고 앞의 윈도우 키-값 저장소 쿼리들을 RPC 또는 RESTful 엔드포인트와 결합한다(좀 더 자세한 정보는 202페이지 '원격 쿼리' 참조).

---

15   상태 저장소의 키 개수에 따라 이 쿼리는 부담되는 호출이 될 수 있다.

요약

5장에서는 복잡한 스트림 처리에서 시간을 어떻게 사용할 수 있는지 배웠다. 토폴로지 정의에서 사용하는 시간 의미를 신중히 선택하면, 카프카 스트림즈에서 좀 더 결정적인 처리를 구현할 수 있다. 시간은 윈도우 집계, 윈도우 조인과 기타 시간 기반 연산들의 동작을 유도할 뿐만 아니라 카프카 스트림즈가 시간을 기준으로 입력 스트림들을 동기화하므로 시간은 애플리케이션이 데이터를 언제 어떻게 흘려보낼지도 결정한다.

데이터를 윈도우로 만들면 이벤트들 간의 시간 관계가 형성된다. 이런 관계를 이용하면 데이터를 집계(원시 펄스 이벤트들을 시간 기반의 심박수 집계로 변환)하거나 조인(예: 심박수 스트림을 체온 스트림과 조인할 때)할 수 있다. 시간이 좀 더 유의미한 데이터 보강 기회를 열어준 것이다.

마지막으로, 윈도우 키-값 저장소 쿼리 방법 학습을 통해 윈도우 상태 저장소와 관련해 중요한 내용을 알게 됐다. 키가 다차원(원래 키와 윈도우의 시간 범위)이므로, 카프카 스트림즈는 윈도우 범위 스캔을 비롯한 여러 종류의 쿼리를 지원한다.

6장에서는, 고급 상태 관리 작업을 살펴보면서 상태가 있는 카프카 스트림즈 애플리케이션을 마무리할 것이다.

6장
고급 상태 관리

4, 5장에서 카프카 스트림즈의 상태가 있는 처리에 대해 알아봤다. 집계, 조인 등 기타 윈도우 연산을 수행하는 방법을 배웠을 때 본 것처럼 상태가 있는 처리는 처음 시작할 때는 확실히 쉽다.

그러나 이전에 언급한 것처럼 상태 저장소는 추가적인 운영 복잡성을 야기한다. 애플리케이션의 규모를 확장하고 실패를 경험하며 유지 보수 관리를 반복 수행할수록 상태가 있는 스트림 애플리케이션을 장기간 안정적으로 운영하려면 내부 동작 방식을 깊이 이해해야 한다는 것을 느끼게 될 것이다.

6장의 목표는 상태 저장소를 깊이 이해해서 상태가 있는 스트림 애플리케이션을 구축할 때 더 높은 수준의 안정성을 달성하는 것이다. 6장은 스트림 처리 작업을 컨슈머 그룹에 재분배할 때 발생하는 리밸런싱 주제에 많은 부분을 할애했다. 리밸런싱은 상태가 있는 애플리케이션에 큰 영향을 미치므로 이에 대해 충분히 이해해 애플리케이션에서 이를 다룰 수 있도록 대비해야 한다.

6장에서는 다음과 같은 질문들에 대해 답할 것이다.

- 영구적인 저장소는 디스크에 어떻게 표현되는가?
- 상태가 있는 애플리케이션이 내고장성을 달성하는 방법은 무엇인가?
- 상태 저장소는 어떻게 설정하는가?

- 상태가 있는 애플리케이션에 가장 큰 영향을 미치는 사건들은 무엇인가?

- 어떻게 상태가 있는 태스크들의 복구 시간을 최소화할 수 있는가?

- 상태 저장소가 무한으로 커지지 않게 보장할 수 있는 방법에는 무엇이 있는가?

- 어떻게 DSL 캐시로 하위 스트림 업데이트 속도를 제한할 수 있는가?

- 어떻게 상태 복구 리스너State Restore Listener로 상태 복구 진행 상황을 추적할 수 있는가?

- 어떻게 상태 리스너State Listener로 리밸런싱을 감지할 수 있는가?

먼저, 영구적인 상태 저장소의 디스크 레이아웃부터 살펴보자.

영구적인 저장소 디스크 레이아웃

카프카 스트림즈는 인-메모리 상태 저장소in-memory state store와 영구적인 상태 저장소persisted state store 모두를 포함하고 있다. 영구적인 상태 저장소는 상태를 다시 초기화해야 할 때(예: 장애 발생 또는 태스크 이관) 애플리케이션의 복구 시간을 줄여주므로 일반적으로 많이 선호한다.

영구적인 상태 저장소는 기본적으로 /tmp/kafka-streams 디렉터리에 데이터를 저장한다. StreamsConfig.STATE_DIR_CONFIG 속성을 사용하면 이 값을 덮어쓸 수 있다. 그러나 /tmp 디렉터리는 일시적이므로(시스템 리부팅이나 고장 발생 시 이 디렉터리 내용이 모두 삭제된다), 애플리케이션의 상태를 영구적으로 저장하려면 다른 위치를 지정해야 한다.

영구적인 상태 저장소는 디스크에 존재하므로, 파일들을 쉽게 탐색해볼 수 있다.[1] 파일 탐색으로 상태 저장소의 디렉터리와 파일 이름을 살펴보면 굉장히 많은 정보를 얻을 수 있다. 예제 6-1의 파일 트리는 5장에서 만든 환자 모니터링 애플리케이션이 생성한 상

---

1   이 파일들을 절대 변경하면 안 된다.

태 저장소로부터 가져온 것이다. 중요한 디렉터리와 파일에 대한 상세 정보는 예제를 보면서 설명할 것이다.

예제 6-1 영구적인 상태 저장소가 디스크상에서 어떻게 표현되는지 보여주는 예제

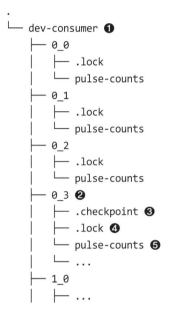

```
.
└── dev-consumer ❶
    ├── 0_0
    │   ├── .lock
    │   └── pulse-counts
    ├── 0_1
    │   ├── .lock
    │   └── pulse-counts
    ├── 0_2
    │   ├── .lock
    │   └── pulse-counts
    ├── 0_3 ❷
    │   ├── .checkpoint ❸
    │   ├── .lock ❹
    │   └── pulse-counts ❺
    │       └── ...
    ├── 1_0
    │   ├── ...
```

❶ 최상위 디렉터리는 애플리케이션 ID를 이름으로 가지고 있다. 이것을 통해 서버에서 어떤 애플리케이션이 실행되고 있는지 알 수 있다. 특히 워크로드가 여러 노드에 할당돼 실행되는 공유 환경(예: 쿠버네티스 클러스터)에서 더욱 도움이 된다.

❷ 두 번째 레벨의 디렉터리들은 각 카프카 스트림즈 태스크와 관련돼 있다. 디렉터리 이름은 태스크 ID 형식으로 돼 있다. 태스크 ID는 <서브_토폴로지_ID>_<파티션> 두 부분으로 구성돼 있다. 81페이지 '서브 토폴로지'에서 배웠듯이, 서브 토폴로지는 프로그램의 로직에 따라 하나 이상의 토픽으로부터 데이터를 받아 처리할 수 있다.

❸ checkpoint 파일은 변경 로그 토픽의 오프셋을 저장한다(225페이지 '변경 로그 토픽' 참조). 체크포인트는 카프카 스트림즈에게 변경 로그 토픽의 어디까지 로컬 상태 저

장소로 읽었는지 알려주며, 곧 보게 되겠지만 상태 저장소 복구에서 중요한 역할을 담당한다.

❹ `.lock` 파일은 카프카 스트림즈가 상태 디렉터리의 락을 얻을 때 사용한다. 이를 통해 동시성 문제들을 피할 수 있다.

❺ 실제 데이터는 이름이 있는 상태 디렉터리에 저장한다. 여기서 `pulse-counts`는 상태 저장소를 물리화할 때 명시적으로 설정한 이름과 관련돼 있다.

디스크상에서 상태 저장소가 어떤 모습인지 알게 되면 상태 저장소의 동작 방식을 둘러싼 많은 의문점들이 쉽게 풀린다. `.lock` 파일과 checkpoint 파일들은 특별히 중요하며 특정 에러 로그에서는 이 파일들을 참조한다(예를 들어 파일 권한 문제로 checkpoint 파일 쓰기가 실패하거나 동시성 문제로 인해 카프카 스트림즈가 락을 얻는 데 실패하는 에러가 발생할 때), 따라서 이 파일들의 위치와 용도를 이해하면 많은 도움이 된다.

checkpoint 파일은 상태 저장소 복구에서 중요한 역할을 수행한다. 먼저, 상태가 있는 애플리케이션의 내고장성 특성을 깊이 살펴보도록 하자. 그리고 오프셋 체크포인트가 복구 시간을 어떻게 줄여주는지 살펴보자.

내고장성

카프카 스트림즈는 내고장성fault tolerant 특징의 상당 부분을 카프카의 저장 계층과 그룹 관리 프로토콜로부터 차용했다. 예를 들어 카프카의 파티션 수준 데이터 복제는 한 브로커가 오프라인이 되면, 다른 브로커로 복제한 파티션 중 하나가 컨슈머로 데이터를 계속 제공한다. 또한 카프카 컨슈머 그룹을 사용하면 애플리케이션의 한 인스턴스가 다운되더라도 정상 인스턴스들 중 하나로 작업을 재분배할 수 있다.

카프카 스트림즈는 상태가 있는 애플리케이션의 장애 복구 탄력성resilient to failure을 보장하기 위해 추가적인 방법을 동원한다. 상태 저장소를 백업하는 변경 로그 토픽changelog topics과 상태가 유실됐을 때 초기화 시간을 줄여주는 대기 복제본standby replicas이 이에 해당한다.

이어지는 절에서는 카프카 스트림즈만의 내고장성fault-tolerant 특징에 대해 자세히 살펴볼 것이다.

변경 로그 토픽

명시적으로 비활성화하지 않는 이상 기본적으로 카프카 스트림즈가 생성하고 관리하는 변경 로그 토픽changelog topic은 상태 저장소를 백업한다. 이 토픽은 상태 저장소에서 발생하는 키의 모든 변경을 캡처하며, 장애가 발생하면 카프카 스트림즈는 애플리케이션 상태를 재구축할 때 이 토픽을 재생replay한다.[2] 전체 상태를 잃어버리면(또는 새로운 인스턴스를 실행할 때), 카프카 스트림즈는 변경 로그 토픽을 처음부터 재생한다. 그러나 만약 checkpoint 파일이 존재하면(예제 6-1 참조), 상태 복구는 checkpoint 파일에 기록한 오프셋으로부터 재생을 시작한다. 이 오프셋은 어디까지 상태 저장소로 읽었는지 표시한다. 후자는 상태의 일부만을 복구하므로 전체 상태를 복구하는 전자보다 소요 시간이 적게 들어 훨씬 빠르다.

변경 로그 토픽은 DSL의 Materialized 클래스로 설정할 수 있다. 예를 들어 5장의 튜토리얼에서 다음과 같은 코드로 pulse-counts 이름의 상태 저장소를 물리화했다.

```
pulseEvents
  .groupByKey()
  .windowedBy(tumblingWindow)
  .count(Materialized.as("pulse-counts"));
```

Materialized는 변경 로그 토픽을 사용자화할 수 있는 메소드들을 추가적으로 제공한다. 예를 들어 변경 로그를 완전히 불가능하게 하려면 다음 코드처럼 임시 저장소ephemeral store(즉, 장애 발생 시 복구 불가능한 상태 저장소)를 생성한다.

```
Materialized.as("pulse-counts").withLoggingDisabled();
```

---

2   상태 저장소를 다시 초기화할 필요가 있을 때 변경 로그 토픽을 재생하는 복구 컨슈머(restore consumer)라는 전용 컨슈머를 사용한다.

그러나 변경 로그를 불가능하게 설정하는 것은 상태 저장소가 더 이상 내고장성을 갖지 않으며 대기 복제본도 사용할 수 없게 되는 것을 의미하므로 일반적으로 좋은 생각은 아니다. 변경 로그 토픽을 설정할 때, 윈도우 또는 세션 저장소의 보관 기간^{retention}을 withRetention 메소드(여기에 대해서는 조금 뒤 269페이지 '윈도우 보관 기간'에서 다룰 것이다)를 사용해 덮어쓰거나 변경 로그 토픽 설정들을 넘기는 것이 보통이다. 예를 들어 카프카 토픽의 최소 동기화 복제본의 수를 두 개로 설정하고 싶으면 다음과 같은 코드로 설정 가능하다.

```
Map<String, String> topicConfigs =
  Collections.singletonMap("min.insync.replicas", "2"); ❶

    KTable<Windowed<String>, Long> pulseCounts =
        pulseEvents
          .groupByKey()
          .windowedBy(tumblingWindow)
          .count(
              Materialized.<String, Long, WindowStore<Bytes, byte[]>>
                  as("pulse-counts")
                  .withValueSerde(Serdes.Long())
                  .withLoggingEnabled(topicConfigs)); ❷
```

❶ 토픽 설정을 저장할 맵을 생성한다. 맵에 유효한 토픽 설정(https://oreil.ly/L_WOj)과 값을 설정할 수 있다.

❷ 토픽 설정을 Materialized.withLoggingEnabled 메소드로 넘겨 변경 로그 토픽을 설정한다.

describe 명령으로 토픽을 보면 다음과 같이 설정돼 있음을 볼 수 있다.

```
$ kafka-topics \
  --bootstrap-server localhost:9092 \
  --topic dev-consumer-pulse-counts-changelog \ ❶
  --describe

# output
```

```
Topic: dev-consumer-pulse-counts-changelog
PartitionCount: 4
ReplicationFactor:1
Configs: min.insync.replicas=2
...
```

❶ 변경 로그 토픽은 다음과 같은 이름 구조를 가지고 있다.

```
<application_id>-<internal_store_name>-changelog.
```

한 가지 명심해야 할 것은 이 글을 쓰는 시점에, 변경 로그 토픽을 생성한 후에 이 메소드를 다시 사용해 변경 로그 토픽을 재설정할 수 없다는 것이다.[3] 만약 이미 존재하는 변경 로그 토픽의 토픽 설정을 변경해야 한다면 카프카 콘솔 스크립트를 사용해야 한다. 이미 생성한 변경 로그 토픽을 수동으로 변경하는 방법은 다음과 같다.

```
$ kafka-configs \ ❶
  --bootstrap-server localhost:9092 \
  --entity-type topics \
  --entity-name dev-consumer-pulse-counts-changelog \
  --alter \
  --add-config min.insync.replicas=1 ❷

# output
Completed updating config for topic dev-consumer-pulse-counts-changelog
```

❶ 카프카 콘솔 스크립트 사용도 가능하다. 컨플루언트 플랫폼이 아닌 바닐라 카프카를 실행 중이라면 파일 확장자(.sh)를 붙여야 한다.

❷ 토픽 설정을 변경한다.

상태 저장소를 백업하는 변경 로그 토픽의 목적과 이 토픽의 기본 설정을 변경하는 방법을 알아봤다. 이제 카프카 스트림즈의 고가용성 특징인 대기 복제본standby replicas에 대해 알아보자.

---

3   내부 토픽을 재설정 가능하게 하자는 티켓이 있으며, https://oreil.ly/OoKBV에서 확인할 수 있다.

대기 복제본

상태가 있는 애플리케이션에 장애가 발생할 때 다운타임을 줄이는 방법 중 하나는 태스크의 상태 복제본을 생성해 여러 애플리케이션 인스턴스에 보관하는 것이다.

카프카 스트림즈는 NUM_STANDBY_REPLICAS_CONFIG 속성을 양수로 지정하면, 복제 작업을 자동으로 처리한다. 예를 들어 대기 복제본을 두 개로 생성하려면 애플리케이션을 다음과 같이 설정한다.

```
props.put(StreamsConfig.NUM_STANDBY_REPLICAS_CONFIG, 2);
```

대기 복제본을 설정하면 카프카 스트림즈는 장애가 발생한 상태가 있는 태스크를 핫 스탠바이^{hot standby} 인스턴스로 재할당하고자 시도할 것이다. 이 동작은 처음부터 상태 저장소를 다시 초기화하는 과정을 생략해주므로 큰 상태를 가진 애플리케이션의 다운타임을 극단적으로 줄여준다.

또한 6장의 끝부분에서 보겠지만, 최신 버전의 카프카 스트림즈는 리밸런싱 진행 중에 클라이언트가 상태 저장소를 쿼리하면 대기 복제본을 대비책으로 사용할 수 있게 해준다. 이에 대해 알아보기 전에 먼저 리밸런싱이란 무엇이고 상태가 있는 카프카 스트림즈 애플리케이션에서 리밸런싱이 왜 가장 큰 적인지 살펴보자.

리밸런싱: 상태(저장소)의 적

지금까지 변경 로그 토픽과 대기 복제본이 상태가 있는 애플리케이션의 장애로 인한 영향을 줄여준다고 배웠다. 변경 로그 토픽은 카프카 스트림즈가 상태를 잃을 때마다 재구축하게 해주고, 대기 복제본은 상태 저장소를 다시 초기화할 때 걸리는 시간을 줄여준다.

카프카 스트림즈는 장애를 투명하게 처리하지만 일시적이라도 상태 저장소 유실로 인한 서비스 중단(특히, 상태를 많이 사용하는 애플리케이션일 때)이 발생한다는 사실은 막지 못한다. 상태를 백업하는 변경 로그를 사용하는 방식에서는 토픽 내의 각 메시지를 모두 재생해야 하기 때문이다. 그리고 변경 로그 토픽이 매우 크다면, 각 레코드를 다시 읽는 작업은 최소 몇 분에서 극단적인 경우 최대 몇 시간이 걸릴 수도 있다.

상태를 다시 초기화시키는 가장 큰 원인은 리밸런싱이다. 이 용어는 53페이지 '컨슈머 그룹'에서 컨슈머 그룹을 다룰 때 배운 적이 있다. 리밸런싱을 간단히 설명하면 카프카가 컨슈머 그룹 내의 정상 컨슈머들에게 작업을 자동으로 분배하는 것이다. 그러나 특정 이벤트가 발생하면 갑자기 재분배해야 할 때가 있는데, 대부분 컨슈머 그룹의 멤버가 변경될 때다.[4] 리밸런싱 프로토콜 전체에 대해 깊이 다루지는 않겠지만, 앞으로 다룰 내용에 필요한 용어들은 다시 복습할 필요가 있다.

- 그룹 코디네이터^{group coordinator}는 컨슈머 그룹의 컨슈머들을 유지 관리하는 책임을 갖는 특정 브로커다(예: 하트비트^{heartbeat} 수신으로 컨슈머들의 변경이 탐지되면 리밸런싱을 작동시킨다).

- 그룹 리더^{group leader}는 각 컨슈머 그룹에서 파티션 할당을 책임지는 특정 컨슈머이다.

이후 절에서 리밸런싱을 살펴볼 때 이 용어들을 다시 보게 될 것이다. 그러나 현재 꼭 기억해야 하는 것은 리밸런싱으로 인해 상태가 있는 태스크를 대기 복제본이 없는 다른 인스턴스로 이관할 때 치러야 하는 대가가 매우 크다는 것이다. 리밸런싱이 일으킬 수 있는 문제들을 해결할 수 있는 몇 가지 전략이 있다.

- 가능하면 상태가 이동하지 않게 막기

- 상태를 이동하고 재생해야 한다면, 가능하면 최대한 복구 시간을 짧게 할 것

우리가 직접 수행해야 할 작업들도 있지만, 이 두 전략을 사용해 카프카 스트림즈가 자동으로 리밸런싱의 영향을 최소화시키도록 할 수 있다. 첫 번째 전략인 "상태 이관 방지"를 시작으로 이에 대해 자세히 알아볼 것이다.

---

4   소스 토픽에 파티션을 추가하거나 삭제하는 것도 리밸런싱을 유발할 수 있다.

상태 이관 방지

상태가 있는 태스크가 다른 실행 인스턴스로 재할당될 때, 내부 상태도 같이 이관된다. 큰 상태를 가지고 있는 애플리케이션의 태스크를 다른 노드로 재할당하고 상태 저장소를 재구축하려면 매우 긴 시간이 소요될 수 있으므로 가능하면 피해야 한다.

그룹 리더(컨슈머 중 하나)는 정상 컨슈머에 작업을 분배하는 책임을 가지고 있으므로, 카프카 스트림즈 라이브러리(로드 밸런싱 로직을 구현)도 불필요한 상태 저장소 이관을 방지할 일부 책임을 가지고 있다. 이를 방지하는 방법 중 하나는 StickyTaskAssignor를 이용하는 것인데, 이 기능은 카프카 스트림즈에 기본으로 포함돼 있다. 이에 대해서는 다음 절에서 알아볼 것이다.

StickyTaskAssignor

상태가 있는 태스크를 다른 인스턴스로 재할당되지 않게 하기 위해, 카프카 스트림즈는 이전에 태스크를 소유했던 인스턴스가 장애가 발생한 태스크를 재할당받도록 시도하는 커스텀 파티션 할당 전략[5]을 사용한다.

카프카 스트림즈가 StickyTaskAssignor로 해결하고 있는 문제를 이해하기 위해, 카프카 클라이언트의 기본 리밸런싱 전략을 살펴보자. 그림 6-1은 리밸런싱이 발생할 때, 상태가 있는 태스크가 다른 애플리케이션 인스턴스로 이관될 수 있음을 보여준다. 그러나 이 동작은 부담이 매우 클 수 있다.

카프카 스트림즈에 포함돼 있는 StickyTaskAssignor는 어떤 태스크가 어떤 파티션을 소유했었는지 추적하다가 상태가 있는 태스크를 소유했던 인스턴스로 재할당해 이 문제를 해결한다. 그림 6-2에서 보듯이 이 방법은 큰 상태 저장소가 불필요하게 다시 초기화되는 것을 막아주므로 애플리케이션의 가용성을 크게 향상시킨다.

StickyTaskAssignor가 태스크를 이전에 소유했던 인스턴스로 재할당해주기는 하나, 카

---

5 이 기능은 StickyTaskAssignor라는 내부 클래스를 이용해 동작한다. 카프카 스트림즈에서 기본 파티션 할당 전략을 덮어쓰는 것은 불가능하므로 주의해야 한다.

카프 스트림즈 인스턴스가 일시적으로 오프라인 상태에 빠지면 상태 저장소는 여전히 이관될 가능성이 있다. 일시적인 다운타임 동안 리밸런싱이 발생하지 않게 하려면 카프카 개발자로서 우리가 직접 할 수 있는 일이 무엇이 있는지 알아보자.

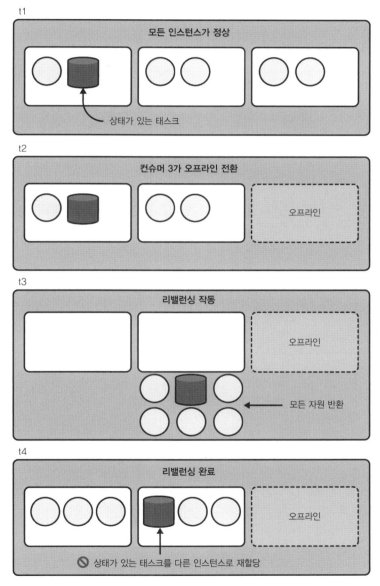

그림 6-1 StickyTaskAssignor를 사용하지 않는 파티션 할당

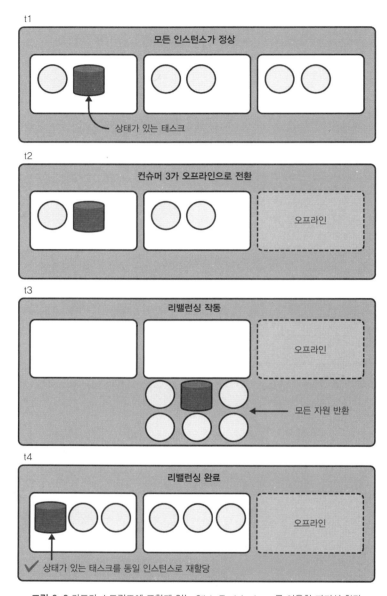

그림 6-2 카프카 스트림즈에 포함돼 있는 StickyTaskAssignor를 이용한 파티션 할당

고정 멤버십

상태를 이동시키는 원인 중 하나는 불필요한 리밸런싱이다. 가끔 순차적 재시작^{rolling}^{bounce} 같은 정상 상황도 리밸런싱을 일으킬 수 있다. 만약 그룹 코디네이터가 이 순간적인 가용성 문제 기간에 멤버십 변경을 감지하게 되면, 리밸런싱이 발생하고 즉시 나머지 애플리케이션 인스턴스로 작업을 재할당하게 된다.

순간적인 다운 후 인스턴스가 정상화됐을 때, 이 인스턴스의 멤버 ID(컨슈머가 등록될 때 코디네이터가 부여하는 고유 식별자)가 이미 지워졌으므로 코디네이터는 이를 인식하지 못할 것이며, 이 인스턴스는 새 멤버로 취급돼 작업을 재할당 받을 것이다.

이를 방지하려면 고정 멤버십(https://oreil.ly/Psghk)을 사용할 수 있다. 고정 멤버십은 일시적인 다운타임으로 인한 리밸런싱 수를 줄여주는 것을 목표로 한다. 각 고유 애플리케이션 인스턴스를 식별하는 하드 코드된 인스턴스 ID를 사용해 고정 멤버십을 이용할 수 있다. 다음 설정 속성을 통해 인스턴스 ID를 설정할 수 있다.

```
group.instance.id = app-1 ❶
```

❶ 이 경우, 인스턴스 ID를 **app-1**으로 설정했다. 다른 인스턴스를 실행하게 되면, 마찬가지로 고유 ID(예: **app-2**)를 부여해야 할 것이다. 이 ID는 전체 클러스터에서 유일해야 한다(고유 `application.id`를 가진 카프카 스트림즈 애플리케이션 사이에서와 고유 `group.id`를 가진 컨슈머 사이에서도 유일해야 한다).

하드 코드돼 있는 인스턴스 ID는 보통 큰 세션 시간 초과 설정[6]과 함께 사용한다. 이 설정은 애플리케이션이 재시작되는 시간을 지연시켜 코디네이터가 일시적으로 다운된 컨슈머 인스턴스가 죽었다고 판단하지 않게 해준다.

고정 멤버십은 카프카 버전 2.3 이후부터만 사용 가능하다. 따라서 클라이언트나 브로커가 예전 버전이라면 먼저 업그레이드해야 한다. 세션 초과 시간 증가는 양날의 검이라는 것을 명심해야 한다. 이 설정은 일시적인 다운타임 동안 인스턴스가 죽었다고 판

---

6   session.timeout.ms 컨슈머 설정 참조

단하는 것을 막아 줄 수도 있지만, 이로 인해 실제 장애를 더 늦게 감지할 수도 있다.

지금까지 고정 멤버십으로 불필요한 리밸런싱을 어떻게 피할 수 있는지 배웠다. 이제 리밸런싱이 발생했을 때 어떻게 이로 인한 영향을 줄일 수 있는지 살펴보자. 다시 말하지만 이 영향을 줄이기 위해 카프카 스트림즈가 취하는 방법들과 우리가 직접 할 수 있는 작업들이 있다. 이어지는 절에서 이 두 가지에 대해서 알아볼 것이다.

리밸런싱 영향 줄이기

고정 멤버십은 불필요한 리밸런싱을 줄이는 데 사용할 수 있는 반면, 가끔은 리밸런싱을 피할 수 없을 때가 있다. 결국 분산 시스템에서 장애는 피할 수 없다. 역사적으로 리밸런싱은 대가가 매우 큰 작업이다. 이는 리밸런싱이 시작될 때, 각 클라이언트는 모든 자원을 포기하기 때문이다. 그림 6-2에서 이런 현상을 봤으며 그림 6-3은 이 리밸런싱 단계를 자세히 보여준다.

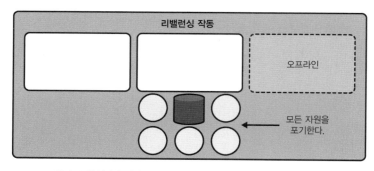

그림 6-3 열성적인 리밸런싱은 아주 비효율적이며 모든 자원을 포기한다.

이런 리밸런싱 전략을 열성적인 리밸런싱eager rebalancing이라 하고, 두 가지 이유로 성능에 영향을 많이 준다.

- 모든 클라이언트가 자신의 자원을 포기할 때 스톱-더-월드stop-the-world라는 현상이 발생한다. 이는 데이터 처리가 중단되고 애플리케이션도 빠르게 중단됨을 의미한다.

- 상태가 있는 태스크가 새로운 인스턴스로 재할당된다면, 처리를 시작하기 전에 상태를 재생/재구축해야 한다. 이로 인해 추가적인 다운타임이 발생한다.

기억해야 할 것은 카프카 스트림즈는 StickyTaskAssignor를 이용해 두 번째 이슈(상태가 있는 태스크 이관)를 줄이려 노력하다는 것이다. 그러나 역사적으로 이는 리밸런싱 프로토콜 자체보다는 태스크의 점착성^{stickiness} 구현에 의존한다. 카프카 스트림즈 2.4 버전에서처럼, 개선된 리밸런싱 프로토콜은 리밸런싱의 영향을 줄이는 데 도움을 주는 몇 가지 방법을 추가했다. 다음 절에서는 점진적 협력 리밸런싱이라는 새 프로토콜에 대해 알아볼 것이다.

점진적 협력 리밸런싱

점진적 협력 리밸런싱^{Incremental cooperative rebalancing}은 열성적인 리밸런싱보다 더 효과적인 리밸런싱 프로토콜이다. 그리고 2.4 버전 이후부터는 이 리밸런싱이 기본적으로 활성화돼 있다. 만약 옛날 카프카 스트림즈 버전을 사용 중이라면, 예전의 열성적인 리밸런싱 프로토콜에 비해 다음과 같은 이점들을 제공하므로 업그레이드를 고민해봐야 한다.

- 전역적인 리밸런싱을 여러 개의 작은(점진적) 리밸런싱으로 교체했다.
- 클라이언트는 소유자 변경이 필요 없는 자원(태스크)을 유지하고, 이관이 필요한 태스크들만 처리를 중단한다(협력).

그림 6-4는 애플리케이션 인스턴스가 오랫동안(즉, session.timeout.ms 설정 시간 동안, 이 시간은 코디네이터가 컨슈머 실패를 감지할 때 사용한다) 오프라인됐을 때 점진적 협력 리밸런싱이 상위 수준에서 볼 때 어떻게 동작하는지 보여준다.

그림에서 보듯이 리밸런싱이 시작되더라도 정상 애플리케이션 인스턴스들은(상태가 있는 태스크 포함) 자신의 자원들을 포기할 필요가 없다. 이는 리밸런싱 중에도 애플리케이션이 처리를 계속 이어서 할 수 있게 해주므로, 열성적인 리밸런싱 전략의 문제점을 크게 향상시켰다.

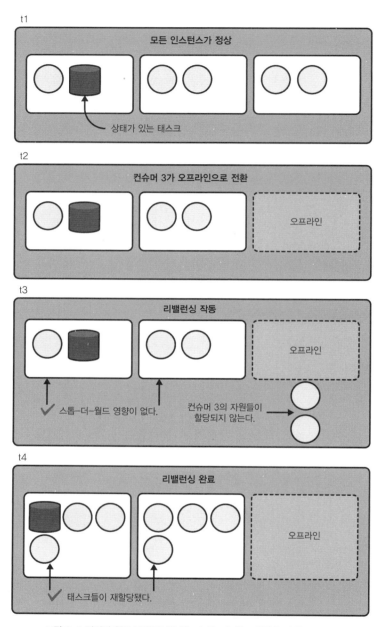

그림 6-4 점진적 협력 리밸런싱에서는 스톱-더-월드 영향을 피할 수 있다.

점진적 협력 리밸런싱과 관련해 추가로 설명할 내용이 있지만 여기서는 깊이 다루지 않을 것이다. 카프카 스트림즈의 최신 버전은 점진적 협력 리밸런싱 구현을 기본적으로 포함하고 있으므로, 사용자는 이를 지원하는 카프카 스트림즈에서 애플리케이션을 실행 중인지 확인만 하면 된다.[7]

지금까지 점진적 협력 리밸런싱이 리밸런싱의 영향을 어떻게 줄여주는지 봤다. 다음으로는 리밸런싱으로 인한 고통을 줄이기 위해 애플리케이션 개발자가 좀 더 적극적으로 해야 할 역할이 무엇인지 알아볼 것이다.

상태 크기 제어

조심스럽게 사용하지 않으면 상태 저장소는 무한으로 커질 수 있으며 운영에 문제를 일을 킬 수 있다. 예를 들어 압축돼 있는 변경 로그 토픽의 키 공간이 매우 크고(10억 개의 키가 있다고 가정) 애플리케이션 상태가 10개의 물리 노드에 균등하게 분산돼 있다고 가정해보자.[8] 만약 노드 중 하나가 오프라인이 돼 상태를 재구축하려면 최소 1억 개의 레코드를 재생해야 할 것이다. 이 작업은 굉장히 많은 시간이 소요되며 가용성 문제를 일으킬 수 있다. 필요 이상의 데이터를 보관하기 위해 컴퓨팅 또는 저장 자원을 사용하는 것은 그리 좋지 않다.

경우에 따라 애플리케이션 전체 상태를 무기한으로 보관할 필요가 없을 수 있다. 각 레코드의 값은 유효 시간을 가지고 있을 수 있다. 예를 들어 메일침프Mailchimp에서는 아직 배달되지 않은 활성 이메일 메시지들의 수를 추적해 이 메시지들의 다양한 상태를 노출하기 위해 키별로 집계를 수행한다. 이 이메일 메시지들은 최종적으로 비활성화된다(예: 배달 완료 또는 반송). 그러면 더 이상 이메일의 상태를 추적할 필요가 없어진다. 이런 사례에서는 상태 저장소를 적극적으로 정리해야 한다. 상태 저장소의 크기를 작게 유지하

---

7   2.4 이상의 버전은 향상된 리밸런싱 전략을 사용한다. 점진적 협력 리밸런싱에 대한 좀 더 많은 정보는 https://oreil.ly/P3iVG에서 찾을 수 있다.

8   실제 세계에서 키 공간이 정확히 균등하게 분할된다는 것은 불가능하지만 그렇게 가정하는 게 설명이 편하며 핵심 내용은 변하지 않는다.

기 위해 불필요한 데이터를 삭제하면 리밸런싱 영향을 줄이는 데 많은 도움이 된다. 만약 상태가 있는 태스크가 이관돼야 한다면, 불필요하게 큰 상태보다 작은 상태 저장소를 재구축하는 것이 훨씬 쉽다. 그럼 카프카 스트림즈에서 불필요한 상태를 어떻게 지울 수 있을까? 카프카 스트림즈는 이를 위해 툼스톤을 사용한다.

툼스톤

툼스톤Tombstones은 삭제돼야 할 상태 레코드를 가리키는 특별한 레코드다. 종종 툼스톤을 삭제 표시delete markers라고도 부르며 툼스톤 레코드는 항상 키만 가지고 있으며 값은 null이다. 이전에 언급했듯이, 상태 저장소는 키를 기반으로 한다. 따라서 툼스톤 레코드의 키는 상태 저장소에서 어떤 레코드가 삭제가 돼야 하는지 가리킨다.

툼스톤 생성 방법 예제를 다음 코드에서 보여주고 있다. 이 가상의 시나리오에서는 병원 환자에 대한 몇 가지 집계를 수행하고 있고, 환자가 퇴원했다는 이벤트가 발생하면 이 환자에 대한 추가 이벤트가 더 이상 발생하지 않을 것이라 기대한다. 결국 상태 저장소에서 퇴원 환자의 데이터를 삭제한다.

```
StreamsBuilder builder = new StreamsBuilder();
KStream<byte[], String> stream = builder.stream("patient-events");

stream
    .groupByKey()
    .reduce(
        (value1, value2) -> {
          if (value2.equals(PATIENT_CHECKED_OUT)) {
              // 툼스톤 생성
              return null; ❶
          }
          return doSomething(value1, value2); ❷
        });
```

❶ 환자가 퇴원할 때마다 툼스톤 생성을 위해 null을 반환한다(즉, 삭제 표시). 이렇게 하면 상태 저장소에서 해당 키를 삭제하게 될 것이다.

❷ 만약 환자가 퇴원하지 않았다면, 집계 로직을 수행한다.

툼스톤이 키-값 저장소를 작게 유지하는 데 유용하긴 하지만 윈도우 키-값 저장소에서 불필요한 데이터를 삭제할 수 있는 다른 방법도 있다. 다음 절에서는 이에 대해 알아볼 것이다.

윈도우 보관 기간

윈도우 상태 저장소는 상태 저장소를 작게 유지할 수 있는 보관 기간 설정을 가지고 있다. 예를 들어 5장에서 원시 펄스 이벤트를 심박수를 변환하기 위해 환자 모니터링 애플리케이션에 윈도우 상태 저장소를 생성했다. 관련 코드는 다음과 같다.

```
TimeWindows tumblingWindow =
  TimeWindows.of(Duration.ofSeconds(60)).grace(Duration.ofSeconds(5));

KTable<Windowed<String>, Long> pulseCounts
  pulseEvents
    .groupByKey()
    .windowedBy(tumblingWindow)
    .count(Materialized.<String, Long, WindowStore<Bytes, byte[]>>
      as("pulse-counts")) ❶
    .suppress(
      Suppressed.untilWindowCloses(BufferConfig.unbounded().shutDownWhenFull()));
```

❶ 명시적으로 덮어쓰지 않았으므로 기본 보관 기간(1일)으로 윈도우 상태 저장소를 물리화한다.

그러나 Materialized 클래스는 withRetention라는 메소드를 가지고 있어서 카프카 스트림즈가 윈도우 상태 저장소에 얼마나 레코드를 유지할 것인지 지정할 수 있다. 다음 코드는 윈도우 상태 저장소의 보관 기간을 설정하는 예시를 보여준다.

```
TimeWindows tumblingWindow =
  TimeWindows.of(Duration.ofSeconds(60)).grace(Duration.ofSeconds(5));

KTable<Windowed<String>, Long> pulseCounts
```

```
pulseEvents
  .groupByKey()
  .windowedBy(tumblingWindow)
  .count(
    Materialized.<String, Long, WindowStore<Bytes, byte[]>>
      as("pulse-counts")
      .withRetention(Duration.ofHours(6))) ❶
  .suppress(
    Suppressed.untilWindowCloses(BufferConfig.unbounded().shutDownWhenFull()));
```

❶ 6시간의 보관 기간으로 윈도우 저장소를 물리화한다.

보관 기간은 윈도우 크기와 유예 기간을 합한 것보다 항상 커야 한다는 것을 명심해야 한다. 이전 예제에서, 보관 기간은 65초보다 커야 한다(60초의 텀블링 윈도우 크기 + 5초의 유예 기간). 기본 윈도우 보관 기간은 1일이다. 따라서 이 값을 더 줄이면 윈도우 상태 저장소의 크기를 줄일 수 있으며(그리고 변경 로그 토픽도 줄일 수 있다) 따라서 복구 속도를 향상시킬 수 있다.

지금까지 상태 저장소를 작게 유지하기 위해 애플리케이션 코드에서 도입 가능한 두 가지 방법에 대해 알아봤다(즉, 툼스톤 생성과 윈도우 저장소의 보관 기간 설정). 이제 변경 로그 토픽을 작게 유지하는 다른 방법인 공격적 토픽 압축^{aggressive topic compaction}에 대해 알아보자.

공격적 토픽 압축

변경 로그 토픽은 기본적으로 압축돼 있다. 즉, 변경 로그에는 각 키의 가장 최신 값만 보관돼 있으며 툼스톤을 사용해 관련 키를 완전히 삭제할 수 있음을 의미한다. 그러나 상태 저장소는 압축 또는 삭제할 값을 즉시 반영하는 반면, 변경 로그 토픽은 오랜 시간 동안 압축되지 않거나 값을 삭제하지 않아 필요 이상으로 큰 상태로 남아 있을 수 있다.

이 현상의 원인은 카프카가 토픽을 디스크에 저장하는 방식과 관련 있다. 우리는 이미 토픽이 어떻게 여러 파티션으로 분할되고, 각 파티션이 어떻게 카프카 스트림즈의 단일 작업으로 변환되는지 알아봤다. 애플리케이션 단에서는 파티션이 일반적으로 다루는 가장 낮은 수준의 토픽 추상화이지만(얼마나 많은 스레드가 필요한지 결정할 때, 또는 데이터가 관련 데이터와 함께 어떻게 라우팅되고 코-파티셔닝돼야 하는지 고민할 때 파티션을 사용한다), 카프카 브로커 단에는 파티션보다 더 낮은 수준의 추상화인 세그먼트^{segments}로 구성돼 있다.

세그먼트는 특정 토픽 파티션의 메시지 일부를 포함하고 있는 파일이다. 활성 세그먼트 active segment는 어느 시점에나 항상 존재하며, 이 세그먼트는 현재 파티션의 데이터를 기록하고 있는 파일이다. 시간이 지나면 활성 세그먼트의 크기가 임계점에 도달하고 비활성화^{inactive}된다. 비활성화된 세그먼트만이 정리 대상이 될 수 있다.

압축되지 않은 레코드를 더티(dirty) 상태에 있다고 한다. 로그 정리(log cleaner)는 더티 로그를 압축(compact)하는 처리이다. 이 처리는 가용 디스크 공간을 늘려줘 카프카 브로커에 이득을 줄 뿐만 아니라, 상태 저장소를 재구축할 때 재생해야 할 레코드 수를 줄여주므로 카프카 스트림즈 클라이언트에게도 이득을 준다.

활성 세그먼트는 정리 대상이 아니므로, 상태 저장소를 초기화할 때 재생해야 하는 많은 양의 비압축 레코드나 툼스톤을 포함할 수 있다. 좀 더 공격적으로 토픽을 압축하려면 세그먼트의 크기를 줄이는 것이 나을 때가 종종 있다.[9] 또한 로그의 50% 이상이 이미 정리/압축돼 있다면 로그 정리 작업을 안 할 수 있다. 이 값은 설정 가능하며 로그 정리 작업 주기를 늘리도록 제어할 수 있다.

표 6-1에 나열돼 있는 토픽 설정들을 잘 조절하면 공격적 압축으로 적은 레코드만 재생시킬 수 있으므로 상태 저장소를 다시 초기화해야 할 때 유용하다.[10]

---

9   좀 더 자세한 내용은 레바니 코크라이제의 "상태가 있는 카프카 스트림즈 애플리케이션의 고가용성 달성" 글(https://oreil.ly/
     ZR4A6)을 참조하기 바란다.
10   설정에 대한 설명은 공식 카프카 문서에서 발췌했다.

표 6-1 좀 더 자주 로그 정리/압축을 가능하게 해주는 토픽 설정들

설정	기본값	설명
segment.bytes	1073741824 (1GB)	로그의 세그먼트 파일 크기를 제어한다. 정리 작업은 항상 파일 단위로 이루어지므로 세그먼트 크기가 클수록 파일 개수는 적게 만들지만 보관 기간 관리에 필요한 작업 횟수는 줄어든다.
segment.ms	604800000 (7일)	세그먼트 파일이 꽉 차지 않아도 오래된 데이터를 압축 또는 삭제할 수 있도록 로그를 강제 정리하는 시간 간격을 제어한다.
min.cleanable.dirty.ratio	0.5	로그 압축자(compactor)가 얼마나 자주 로그 정리(로그 압축이 활성화돼 있다고 가정)를 시도하는지 제어한다. 기본적으로 50% 이상이 압축돼 있는 로그는 정리 대상에서 제외된다. 이 비율은 중복으로 인해 버려지는 로그 공간을 최대로 제한한다(기본값을 사용하면 최대 로그의 50%까지 중복될 가능성이 있다). 비율이 높을수록 더 적은 횟수로 더 효율적인 정리를 하는 것을 의미하지만 더 많은 로그 공간이 버려지는 것을 의미한다. max.com paction.lag.ms 또는 min.compaction.lag.ms도 같이 설정하면 로그 압축자가 로그를 가능한 빨리 압축해야 할 대상으로 판단하는 데 도움이 된다: (i) 로그가 더티 비율(dirty ratio) 임계점을 충족하고 최소 min.compaction.lag.ms duration인 더티(비압축된) 레코드를 가지고 있거나, (ii) 로그에 더티(비압축된) 레코드가 최대 max.compaction.lag.ms 기간 동안 남아 있으면 압축해야 한다고 판단한다.
max.compaction.lag.ms	Long.MAX_VALUE − 1	메시지가 압축 대상이 아닌 상태로 로그에 남아 있을 수 있는 최대 시간. 압축이 진행 중인 로그에만 적용 가능하다.
min.compaction.lag.ms	0	메시지가 압축되지 않은 상태로 로그에 남아 있을 수 있는 최소 시간. 압축이 진행 중인 로그에만 적용 가능하다.

다음 코드는 물리화된 상태 저장소에서 이 두 설정을 어떻게 변경하는지 보여주는 예제이다. 이 토픽 설정들은 세그먼트 크기와 최소 정리 가능 더티 비율을 줄여 로그 정리 작업을 좀 더 자주 작동하게 해준다.

```
Map<String, String> topicConfigs = new HashMap<>();
topicConfigs.put("segment.bytes", "536870912"); ❶
topicConfigs.put("min.cleanable.dirty.ratio", "0.3"); ❷

StreamsBuilder builder = new StreamsBuilder();
KStream<byte[], String> stream = builder.stream("patient-events");

KTable<byte[], Long> counts =
    stream
        .groupByKey()
        .count(
            Materialized.<byte[], Long, KeyValueStore<Bytes, byte[]>>as("counts")
                .withKeySerde(Serdes.ByteArray())
                .withValueSerde(Serdes.Long())
                .withLoggingEnabled(topicConfigs));
```

❶ 세그먼트 크기를 512MB로 줄인다.

❷ 최소 정리 가능 더티 비율을 30%로 줄인다.

내부 저장 매체의 용량이 이론적으로 무한이므로 토픽 압축은 필수이다. 상태 저장소의
크기를 최소화하는 문제를 해결하는 다른 방법은 고정 길이 데이터 구조를 사용하는 것
이다. 이 방법은 몇몇 단점이 있긴 하나, 카프카 스트림즈는 이 관점에서 문제를 해결한
상태 저장소도 포함하고 있다. 이에 대해서는 다음에 다룰 것이다.

고정-길이 LRU 캐시

많이 사용하지는 않지만, 상태 저장소가 무한으로 커지는 것을 방지하는 방법 중 하나
는 인-메모리 LRU 캐시를 사용하는 것이다. 이 저장소는 크기 설정이 가능하며, 상태가
설정한 크기를 초과할 때 최근에 사용이 가장 적은 엔트리를 자동 삭제하는 고정된 용
량(최대 엔트리 개수로 지정)을 가진 단순 키-값 저장소다. 또한 인-메모리 저장소에서 엔
트리가 삭제되면 변경 로그 토픽으로 툼스톤이 자동 전송된다.

다음 코드는 인-메모리 LRU 맵을 사용하는 방법을 보여준다.

```
KeyValueBytesStoreSupplier storeSupplier = Stores.lruMap("counts", 10); ❶

StreamsBuilder builder = new StreamsBuilder();
KStream<String, String> stream = builder.stream("patient-events");

stream
    .groupByKey()
    .count(
        Materialized.<String, Long>as(storeSupplier) ❷
            .withKeySerde(Serdes.String())
            .withValueSerde(Serdes.Long()));

return builder.build();
```

❶ 최대 10개 엔트리 개수를 가진 counts라는 이름의 인-메모리 LRU 저장소를 생성한다.

❷ storeSupplier를 사용해 인-메모리 LRU 저장소를 물리화한다.

Processor API에서 이를 구현하려면 다음과 같이 StoreBuilder를 사용할 수 있다.

```
StreamsBuilder builder = new StreamsBuilder();

KeyValueBytesStoreSupplier storeSupplier = Stores.lruMap("counts", 10);

StoreBuilder<KeyValueStore<String, Long>> lruStoreBuilder =
    Stores.keyValueStoreBuilder(storeSupplier, Serdes.String(), Serdes.Long());

builder.addStateStore(lruStoreBuilder);
```

270페이지 '공격적 토픽 압축'에서 언급했던 것처럼, 압축과 삭제는 LRU 캐시를 백업하는 변경 로그 토픽에서 즉시 일어나지 않는다. 따라서 실패 시 상태 저장소를 다시 초기화하기 위해 전체 토픽을 재생해야 하므로 영구적인 상태 저장소보다 복구 시간이 더 많이 소요된다. 이는 161페이지 '영구 저장소 대 인-메모리 저장소'의 초반에 알아봤던 인-메모리 저장소의 단점이다. 따라서 이런 장단점에 대해 완전히 이해한 상태에서 인-메모리 저장소를 사용해야 한다.

이로써, 상태 저장소와 내부 변경 로그 토픽에 불필요한 레코드가 없도록 유지하는 방법에 대한 논의를 마치겠다. 다음은 읽기 지연이나 쓰기 용량 문제로 상태 저장소에 병목이 발생할 때 취할 수 있는 전략에 대해 알아볼 것이다.

레코드 캐시로 쓰기 중복 제거

238페이지 '중간 결과 제거'에서 알아봤듯이, 카프카 스트림즈는 윈도우 저장소에서 속도-제한 업데이트에 사용 가능한 DSL 메소드(즉, 버퍼 설정(표 5-2 참조)과 결합해 사용하는 suppress)를 가지고 있다. 카프카 스트림즈는 상태 업데이트를 내부 상태 저장소와 하위 스트림의 프로세서로 전송하는 주기를 제어하는 운영 파라미터[11]를 가지고 있다. 표 6-2는 이 파라미터들을 보여준다.

표 6-2 상태 저장소와 하위 스트림 프로세서로 쓰기 작업을 줄일 때 사용 가능한 토픽 설정들

원래 설정	StreamConfig 속성	기본값	설명
cache.max.bytes.buffering	CACHE_MAX_BYTES_BUFFERING_CONFIG	1048576(10MB)	바이트 단위의 최대 메모리 양으로 모든 스레드들이 버퍼링할 때 사용
commit.interval.ms	COMMIT_INTERVAL_MS_CONFIG	30000(30초)	프로세서의 위치를 저장하는 주기

더 큰 캐시 크기와 더 긴 커밋 간격은 특정 키의 연속적 업데이트 중복을 제거하는 데 도움이 될 수 있다. 이는 몇 가지 이점이 있는데 다음과 같다.

---

11 중간 결과를 제거하는 운영 파라미터와 비즈니스 로직 방식의 차이에 대해서는 에노 데레스카의 컨플루언트 블로그 〈워터마크, 테이블, 이벤트 시간 그리고 데이터 흐름 모델(https://oreil.ly/MTN-R)〉에서 다루고 있다.

- 읽기 지연 감소
- 다음에서의 쓰기 용량 감소
  - 상태 저장소
  - 내부 변경 로그 토픽(활성화돼 있는 경우)
  - 하위 스트림 프로세서

따라서 만약 상태 저장소의 읽기/쓰기 또는 네트워크 I/O(변경 로그 토픽에 빈번한 업데이트로 인한 부산물로 발생할 수 있다)와 함께 병목이 발생하면, 이 파라미터들 조정을 고려해야 한다. 물론 더 큰 레코드 캐시는 다음과 같은 단점도 있다.

- 더 많은 메모리 사용
- 더 긴 지연 시간(레코드를 덜 자주 내보낸다)

첫 번째 문제에 대해서, 레코드 캐시에 할당하는 전체 메모리(cache.max.bytes.buffering 파라미터로 제어)는 모든 스트리밍 스레드 간에 공유된다. 메모리 풀은 균등하게 분할돼 "핫 파티션hot partition(다른 파티션에 비해 상대적으로 큰 데이터 용량을 가지고 있는 파티션)"을 처리하는 스레드들은 좀 더 빈번히 캐시를 내리게 될 것이다. 캐시 크기나 커밋 간격과 관계없이 상태가 있는 연산의 최종 결과는 동일할 것이다.

더 긴 커밋 간격을 사용하면 장단점이 발생한다. 즉, 장애 발생 후 재생에 필요한 작업량은 이 설정값을 증가시킬수록 증가할 것이다.

마지막으로, 캐시가 하나도 없는 상태에서 모든 중간 상태 변경 내용을 보고 싶을 때가 가끔 있다. 사실, 카프카 스트림즈 초보자들은 소스 토픽에 여러 레코드를 전송했음에도 상태 변경의 일부분만 보게 되므로(아마도 즉시 보이는 것이 아니라 몇 초의 지연이 있을 수 있다), 중복 제거 또는 캐시 플러시에 지연을 관찰하고 토폴로지에 어떤 문제가 있다고 생각할 것이다. 따라서 개발 단계에서 캐시를 완전히 비활성화하고 커밋 간격을 짧게 설정하는 경우가 종종 있다. 상용 환경에서는 성능에 영향을 미칠 수 있으므로 이런 설정을 하지 않도록 조심해야 한다.

상태 저장소 모니터링

상용 환경에 애플리케이션을 배포하기 전에, 애플리케이션 모니터링을 원활히 할 수 있도록 애플리케이션에 대한 충분한 가시성을 확보하는 것이 중요하다. 이 절에서는 상태가 있는 애플리케이션을 모니터링하는 일반적인 방법에 대해 알아볼 것이다. 이를 통해 운영에 필요한 수고를 줄이고 오류 발생 시 디버깅 가능한 충분한 정보를 얻을 수 있다.

StateListener 추가

카프카 스트림즈 애플리케이션은 많은 상태(상태 저장소와 혼동하지 않도록 한다) 중 하나에 있을 수 있다. 그림 6-5는 이 상태들과 각 상태의 유효한 전이에 대해 보여준다.

이전에 언급했듯이, 리밸런싱 상태는 상태가 있는 카프카 스트림즈 애플리케이션에 특히 영향을 미칠 수 있다. 따라서 애플리케이션이 언제 리밸런싱 상태로 전이되는지와 얼마나 자주 발생하는지 추적하는 것은 모니터링 목적으로 의미가 있다. 다행히 카프카 스트림즈는 StateListener를 사용해 애플리케이션 상태 변경이 발생할 때 쉽게 모니터링 가능하게 해준다. StateListener는 애플리케이션 상태 변경이 발생할 때 호출되는 단순 콜백 메소드다.

애플리케이션에 따라, 리밸런싱이 발생할 때 어떤 동작을 하고 싶을 것이다. 예를 들어 메일침프에서는 리밸런싱이 작동될 때마다 증가하는 특별한 메트릭을 생성한다. 이 메트릭은 모니터링 시스템(프로메테우스)으로 전송되고, 관리자는 이 모니터링 시스템에 쿼리하거나 알림 생성을 위해 이 메트릭을 사용할 수 있다.

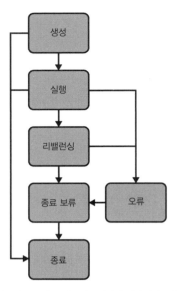

그림 6-5 카프카 스트림즈 애플리케이션의 상태와 유효한 상태 전이

다음 코드는 카프카 스트림즈 토폴로지에 리밸런싱 상태로 전이만 필터링해 어떤 작업을 수행하는 StateListener를 어떻게 추가하는지 예제를 보여준다.

```
KafkaStreams streams = new KafkaStreams(...);

streams.setStateListener( ❶
    (oldState, newState) -> { ❷
      if (newState.equals(State.REBALANCING)) { ❸
        // 관련 작업 수행
      }
    });
```

❶ 애플리케이션 상태 변경마다 KafkaStreams.setStateListener 메소드를 사용한다.

❷ StateListener 클래스의 메소드 시그니처는 이전 상태와 새 상태 모두를 포함한다.

❸ 애플리케이션이 리밸런싱 상태에 들어갈 때마다 조건적으로 어떤 작업을 수행한다.

StateListener는 매우 유용하지만 카프카 스트림즈에서 사용 가능한 유일한 인터페이스는 아니다. 다음 절에서는 상태가 있는 애플리케이션의 가시성을 높이는 데 사용 가능한 다른 방법에 대해 알아볼 것이다.

StateRestoreListener 추가

이전 절에서는 카프카 스트림즈에서 리밸런싱 작동 이벤트를 수신하는 방법에 대해 배웠다. 그러나 이 인터페이스 사용자의 주 관심사는 리밸런싱으로 인해 상태 저장소가 다시 초기화되는 시점이다. 카프카 스트림즈는 상태 저장소가 다시 초기화될 때마다 호출되는 StateRestoreListener라는 리스너도 포함하고 있다. 다음 코드는 StateRestoreListener를 카프카 스트림즈 애플리케이션에 추가하는 방법을 보여준다.

```
KafkaStreams streams = new KafkaStreams(...);

streams.setGlobalStateRestoreListener(new MyRestoreListener());
```

MyRestoreListener 클래스는 StateRestoreListener의 인스턴스로 다음 코드와 같이 구현했다. 이전 절에서 구현했던 StateListener와 달리 StateRestoreListener는 세 개의 메소드를 구현해야 한다. 각 메소드는 상태 복구 절차의 생명 주기가 변경될 때마다 호출된다. 각 메소드가 어떤 생명 주기에서 호출되는지는 나중에 설명한다.

```
class MyRestoreListener implements StateRestoreListener {

  private static final Logger log =
      LoggerFactory.getLogger(MyRestoreListener.class);

  @Override
  public void onRestoreStart( ❶
      TopicPartition topicPartition,
      String storeName,
      long startingOffset,
      long endingOffset) {
```

```
        log.info("The following state store is being restored: {}", storeName);

    }

    @Override
    public void onRestoreEnd( ❷
        TopicPartition topicPartition,
        String storeName,
        long totalRestored) {

      log.info("Restore complete for the following state store: {}", storeName);

    }

    @Override
    public void onBatchRestored( ❸
        TopicPartition topicPartition,
        String storeName,
        long batchEndOffset,
        long numRestored) {

      // 자주 호출되므로 로그를 남기지 않는다.

    }
  }
```

❶ onRestoreStart 메소드는 상태를 다시 초기화할 때 호출된다. startingOffset 파라미터는 전체 상태가 재생될 필요가 있는지 여부(이는 성능에 매우 좋지 않은 초기화 종류로 인-메모리 상태 저장소 사용할 때나 영구적인 상태 저장소에서 이전 상태를 완전히 잃어버렸을 때 발생한다)를 가리키므로 특별히 관심을 가져야 하는 파라미터다. 만약 startingOffset이 0이면 전체가 다시 초기화돼야 한다. 만약 이 값이 0 이상이면 부분 복구만 수행하면 된다.

❷ onRestoreEnd 메소드는 복구가 완료될 때마다 호출된다.

❸ onBatchRestored 메소드는 단일 레코드 배치가 복구될 때마다 호출된다. 배치의 최대 크기는 MAX_POLL_RECORDS 설정과 동일하다. 이 메소드는 몹시 많이 호출될 가능

성이 있으므로, 이 메소드 안에서 동기 처리를 수행할 때는 매우 조심해야 한다. 이로 인해 복구 절차가 느려질 수 있기 때문이다. 보통은 이 메소드에서 아무것도 하지 않는다(로그를 남기는 것조차도 성능에 매우 안 좋은 영향을 미칠 수 있다).

내장 메트릭

카프카 애플리케이션 모니터링에 대한 많은 내용은 12장(492페이지 '모니터링' 참고)으로 미룰 것이다. 그러나 카프카 스트림즈가 어떤 내장 JMX 메트릭들을 포함하고 있는지는 꼭 알아야 한다. 이 메트릭 대부분은 상태 저장소와 관련이 있다.

예를 들어 특정 상태 저장소 연산과 쿼리(예: get, put, delete, all, range)의 사용률, 이 연산들의 평균 최대 실행 시간 그리고 중간 결과 제거 버퍼suppression buffer의 크기에 접근할 수 있다. RocksDB 백업 상태 저장소도 여러 메트릭을 가지고 있다. bytes-written-rate와 bytes-read-rate는 바이트 수준의 I/O 성능을 볼 때 특별히 유용하다.

이 메트릭에 각각에 대한 상세 내용은 컨플루언트 모니터링 문서(https://oreil.ly/vpBn0)에서 찾을 수 있다. 실무에서는 보통 애플리케이션 상태의 상위 수준 메트릭(예: 컨슈머 랙)을 알림 목적으로 사용한다. 그러나 이런 상세 상태 저장소 메트릭들은 특정 문제를 해결하는 시나리오에서 많은 도움이 된다.

대화형 쿼리

카프카 스트림즈 2.5 이전에는 대화형 쿼리로 상태를 노출하는 애플리케이션은 특히 리밸런싱 때문에 가용성에 많은 영향을 받았다. 예전 라이브러리 버전에서는 서비스 중단 또는 파티션 리밸런싱 때문에 상태 저장소에 대한 대화형 쿼리 요청이 실패할 수 있다. 정상적인 리밸런싱(예: 롤링 업데이트)도 가용성 문제를 발생시킬 수 있으므로, 고가용성을 필요로 하는 마이크로서비스에게는 방해 요소였다.

그러나 카프카 스트림즈 2.5(https://oreil.ly/1nY9t)부터, 새로 이관한 상태 저장소가 초기화될 때까지 시간이 다소 지난 결과를 서비스하는 대기 복제본을 사용한다. 덕분에 애플리케이션이 리밸런싱 상태에 진입하더라도 API의 고가용성을 유지시켜준다. 예제 4-11을 다시 보면, 상태 저장소에서 특정 키에 대한 메타데이터 수신을 어떻게 하는지 배웠다. 예제 초반에 정상 카프카 스트림즈 인스턴스를 추출했다.

```
KeyQueryMetadata metadata =
    streams.queryMetadataForKey(storeName, key, Serdes.String().serializer()); ❶

String remoteHost = metadata.activeHost().host(); ❷
int remotePort = metadata.activeHost().port(); ❸
```

❶ 특정 키에 대한 메타데이터를 가져온다. 이 메타데이터는 특정 키가 존재하는 호스트와 포트 정보를 포함하고 있다.

❷ 정상 카프카 스트림즈 인스턴스의 호스트 이름을 추출한다.

❸ 정상 카프카 스트림즈 인스턴스의 포트를 추출한다.

2.5 버전에서는 다음과 같은 코드로 대기 호스트 목록을 가져올 수 있다.

```
KeyQueryMetadata metadata =
    streams.queryMetadataForKey(storeName, key, Serdes.String().serializer()); ❶

if (isAlive(metadata.activeHost())) { ❷
    // 정상 호스트로 쿼리를 보낸다.
} else {
    // 대기 호스트로 쿼리를 보낸다.
    Set<HostInfo> standbys = metadata.standbyHosts(); ❸
}
```

❶ 특정 키에 대한 정상 호스트와 대기 호스트들을 가져오기 위해 KafkaStreams.query MetadataForKey 메소드를 사용한다.

❷ 정상 호스트가 살아 있는지 확인한다. 여기는 필요에 맞게 구현해야 하나 State Listener나(277페이지 'StateListener 추가' 참고) 애플리케이션의 현재 상태를 표시할 수 있는 관련 RPC 서버의 API 엔드포인트를 추가할 수 있다.

❸ 정상 호스트가 정상이 아니라면 대기 호스트 목록을 가져와서 복제한 상태 저장소 중 하나로 쿼리 요청을 보낼 수 있다. 만약 대기 호스트가 하나도 없다면 이 메소드는 빈 Set을 반환한다.

정상 인스턴스가 내려가거나 쿼리를 처리할 수 없을 때, 대기 복제폰에 쿼리하는 이 기능은 애플리케이션의 고가용성을 보장한다. 지금까지 리밸런싱으로 인한 성능 영향을 어떻게 줄일 수 있는지 배웠다. 다음은 커스텀 상태 저장소에 대해 알아볼 것이다.

커스텀 상태 저장소

여러분이 직접 상태 저장소를 구현하는 것도 가능하다. 직접 구현하려면 `StateStore` 인터페이스를 구현해야 한다. 이 인터페이스를 직접 구현하거나 `KeyValueStore`, `WindowStore`, `SessionStore`처럼 특정 목적의 상위 수준 인터페이스 중 하나를 이용할 수도 있다.[12]

`StateStore` 외에 커스텀 상태 저장소 인스턴스를 새로 생성하는 로직을 포함하는 `StoreSupplier` 인터페이스를 구현하기도 한다. RocksDB 기반의 카프카 스트림즈 내장 상태 저장소만큼의 성능을 내는 코드를 직접 작성하려면 코드 양이 매우 방대하며 오류 발생 가능성도 많기 때문에 커스텀 상태 저장소를 직접 구현하는 것은 일반적이지 않다. 이런 이유와 아주 기본적인 커스텀 저장소를 구현할 때 많은 양의 코드가 필요하다는 것을 고려할 때, 처음부터 모든 것을 직접 구현하기보다는 깃허브(https://oreil.ly/pZf9g)의 커스텀 저장소 예제 중 하나를 참고해 구현하길 바란다.

---

12 예를 들어 KeyValueStore 인터페이스는 내부 저장 엔진이 키-값 쌍을 필요로 한다는 것을 알기 때문에 void put(K key, V value) 메소드가 정의돼 있다.

마지막으로 커스텀 저장소를 구현하기로 결정했다면, 네트워크 호출이 필요한 저장소 솔루션 사용은 잠재적으로 성능에 큰 영향을 미칠 수 있음을 명심해야 한다. RocksDB 또는 로컬, 인-메모리 저장소가 좋은 선택인 이유 중 하나는 이런 저장소는 스트림 태스크와 동일한 위치에 있기 때문이다. 물론 프로젝트마다 요구 사항이 다를 것이므로 궁극적으로 프로젝트의 성능 목표에 맞는 상태 저장소를 선택하면 된다.

요약

이제 카프카 스트림즈가 상태 저장소를 내부적으로 어떻게 관리하고 상태가 있는 애플리케이션을 오랜 시간 동안 문제 없이 운영하기 위해 개발자로서 어떤 선택 사항들을 사용할 수 있는지 잘 이해했을 것이다. 이 선택 사항에는 툼스톤 사용, 공격적 토픽 압축 그리고 상태 저장소에서 오래된 데이터를 제거하는 (그래서 상태를 다시 초기화하는 시간을 줄여주는) 기타 기술들을 포함하고 있다. 또한 대기 복제본을 사용하면 상태가 있는 태스크의 장애 복구 시간을 줄일 수 있고 리밸런싱이 발생하더라도 애플리케이션의 고가용성을 유지할 수 있다. 마지막으로, 성능적 영향을 많이 주는 리밸런싱은 고정 멤버십을 이용해 어느 정도까지는 피할 수 있고 점진적 협력 리밸런싱이라는 향상된 리밸런싱 프로토콜을 지원하는 카프카 스트림즈 버전을 사용하면 성능에 미치는 영향을 최소화할 수 있다.

Processor API

앞의 여러 장에서 카프카 스트림즈에 대해 배웠다. 지금까지는 스트림 처리 애플리케이션을 구현할 때 함수적이며 유려한 인터페이스를 제공하는 카프카 스트림즈의 "상위-수준 DSL"을 사용했다. 상위-수준 DSL은 내장 연산자(예: `filter`, `flatMap`, `groupBy` 등)와 추상화(`KStream`, `KTable`, `GlobalKTable`)를 사용해 스트림 처리 함수들을 결합하고 연결하는 기능을 포함하고 있다.

7장에서는 Processor API(PAPI라고 부르기도 한다)라는 카프카 스트림즈의 하위-수준 API에 대해 살펴볼 것이다. Processor API는 상위-수준 DSL보다 적은 추상화를 갖고 있으며 명령형 프로그래밍 방식을 사용한다. 코드는 좀 길어지지만 토폴로지에서의 데이터 흐름, 스트림 프로세서들의 관계, 상태의 생성과 유지 보수, 특정 연산의 수행 시간과 같은 특징들을 세세하게 제어할 수 있으므로 상위-수준 DSL보다 훨씬 강력하다.

7장에서는 다음과 같은 질문에 답할 것이다.

- 언제 Processor API를 사용해야 하나?

- Processor API를 사용해 어떻게 소스, 싱크 그리고 스트림 프로세서들을 추가할 수 있나?

- 주기적인 함수를 어떻게 스케줄링하나?

- 상위-수준 DSL과 Processor API를 같이 사용할 수 있는가?

- 프로세서processor와 트랜스포머transformer의 차이는 무엇인가?

앞에서 했던 것처럼, 튜토리얼을 통해 위 질문들에 대해 대답하면서 Processor API의 기본적인 내용을 살펴볼 것이다. 먼저 Processor API 사용법을 배우기 전에 언제 이 API를 사용해야 하는지 알아보자.

Processor API는 언제 사용해야 할까?

스트림 처리 애플리케이션을 구축할 때 사용할 추상화 수준을 결정하는 것은 매우 중요하다. 보통 프로젝트에 복잡성이 추가될 때는 합리적 이유가 있어야 한다. Processor API가 엄청나게 복잡하지는 않지만, Processor API의 하위 수준의 특성(DSL과 ksqlDB와 비교해서)과 DSL에 비해 추상화 개념이 적기 때문에 더 많은 코드가 필요하며, 주의하지 않으면 의도하지 않은 실수가 많이 발생할 수 있다.

일반적으로 다음과 같은 특징들 때문에 Processor API를 사용하려 한다.

- 레코드의 메타데이터(토픽, 파티션, 오프셋 정보, 레코드 헤더 등) 접근
- 주기적인 함수를 스케줄링하는 기능
- 레코드를 하위 스트림 프로세서로 넘길 때 사용 가능한 세세한 제어
- 상태 저장소에 대한 좀 더 세분화된 접근
- DSL을 사용할 때 마주칠 수 있는 제약들을 뛰어넘을 수 있는 기능(나중에 이에 대한 예제를 볼 것이다)

반면, Processor API를 사용하면 다음과 같은 단점도 생길 수 있다.

- 장황한 코드로 유지 관리에 더 많은 비용이 들어가며 가독성이 떨어진다.
- 다른 프로젝트 관리자가 진입하기 어려운 높은 장벽이 생길 수 있다.

- DSL 특징 또는 추상화를 우발적으로 재창조하거나[accidental reinvention], 이상한 문제-구조화[exotic problem-framing][1]와 성능 함정[performance traps][2]과 같은 문제를 일으킬 가능성이 높아진다.

다행히 카프카 스트림즈 애플리케이션에서는 DSL과 Processor API를 혼합해 사용할 수 있으므로 어느 한쪽만 사용할 필요는 없다. 단순한 표준 연산들이 필요하면 DSL을 사용할 수 있고, 복잡한 연산과 프로세스 컨텍스트[process context], 상태 또는 레코드의 메타데이터를 하위-수준으로 접근할 필요가 있는 특별한 함수에서는 Processor API를 사용할 수 있다. 7장의 끝부분에서 DSL과 Processor API를 어떻게 결합하는지 배울 것이다. 그러나 처음에는 Processor API만을 사용해 애플리케이션을 구현하는 방법에 대해 알아볼 것이다. 먼저 6장에서 구축할 애플리케이션을 살펴보자.

튜토리얼 소개: IoT 디지털 트윈 서비스

이 튜토리얼에서는 해상 풍력 발전 단지에서 사용할 디지털 트윈 서비스를 구축하기 위해 Processor API를 사용할 것이다. 디지털 트윈(종종 디바이스 그림자[device shadows]라고도 부른다)은 IoT(사물 인터넷)와 IIoT(산업용 사물 인터넷) 분야[3]에서 자주 사용하는 서비스다. 디지털 트윈 서비스는 카프카 스트림즈를 사용할 수 있는 아주 적절한 예로, 대용량의 센서 데이터를 쉽게 수집하고 처리하며, 상태 저장소를 이용해 물리적 개체의 상태를 캡처하고, 최종적으로는 대화형 쿼리를 사용해 이 상태를 외부에 노출한다.

---

1   DSL은 표현력이 높고 내장 연산자들을 사용하면 문제를 구조화하기 쉽다. 표현력이 떨어지고 연산자들이 적어지면 문제 구조화의 표준화는 멀어지고, 표준화되지 않은 방법으로 구현한 해결책은 사람들과 소통을 어렵게 만든다.

2   예를 들어 지나친 커밋(commit)과 상태 저장소 접근은 성능에 영향을 미칠 수 있다.

3   7장에서는 산업용 애플리케이션 사례를 얘기할 때 넓은 의미의 용어인 IoT를 사용한다. 디지털 트윈이 사용되는 대표적인 예가 테슬라 자동차다. "테슬라는 판매하는 모든 차량의 디지털 트윈을 생성한다. 테슬라는 각 차량의 센서 데이터를 기반으로 소프트웨어를 업데이트하고 생산품에 업데이트 내용을 올린다." 좀 더 자세한 내용은 https://oreil.ly/j6_mj를 참조한다.

디지털 트윈이 무엇인지 빠르게 소개(이를 통해 이 튜토리얼의 내용을 좀 더 명확하게 이해할 수 있다)하기 위해 다음과 같은 것을 고민해야 한다. 40개의 풍력 터빈을 가지고 있는 풍력 발전소가 있다. 하나의 터빈이 현재 상태를 보고할 때마다, 키-값 저장소에 정보를 저장한다. 보고한 상태 레코드 값은 다음 예제와 같다.

```
{
    "timestamp": "2020-11-23T09:02:00.000Z",
    "wind_speed_mph": 40,
    "temperature_fahrenheit": 60,
    "power": "ON"
}
```

디바이스 ID는 레코드 키(예: 위 예제 레코드는 ID abc123의 디바이스와 관련 있다)를 통해 전달된다. 이렇게 하면 특정 디바이스가 보고한/희망하는 상태 이벤트를 다른 디바이스와 구별할 수 있게 된다.

특정 풍력 터빈과 상호 동작은[4] 직접 이루어지지 않는다. IoT 디바이스들은 주기적으로 오프라인 상태가 될 수 있으므로, 대신 물리적 디바이스의 디지털 복사본(트윈)과 상호 동작하면 고가용성도 달성하고 오류도 줄일 수 있게 된다.

예를 들어 전원 상태를 ON에서 OFF로 설정하고자 한다면, 터빈에 직접 이 신호를 보내는 대신 디지털 복사본에 희망하는 상태를 설정하면 된다. 물리적 터빈은 온라인될 때마다 결국에는 이 상태를 주기적으로 동기화하게 된다(즉, 터빈 날개의 전원을 비활성화). 따라서 디지털 트윈 레코드는 보고한[reported] 상태와 희망하는[desired] 상태를 모두 포함하게 될 것이다. 그리고 카프카 스트림즈 Processor API를 사용해 다음과 같은 디지털 트윈 레코드를 생성하고 노출할 것이다.

---

4   보통, 상호 동작이란 디바이스의 최신 상태를 얻거나 전원 상태와 같은 변경 가능한 상태 속성들 중 하나를 갱신할 때 발생하는 디바이스의 상태 변경을 의미한다.

```
{
  "desired": {
    "timestamp": "2020-11-23T09:02:01.000Z",
    "power": "OFF"
  },
  "reported": {
    "timestamp": "2020-11-23T09:00:01.000Z",
    "windSpeedMph": 68,
    "power": "ON"
  }
}
```

이 튜토리얼의 애플리케이션은 풍력 터빈들로부터 발생하는 센서 데이터 스트림을 수집하고[5] 약간의 데이터 처리를 수행한 후, 각 풍력 터빈의 최신 상태를 영구적인 키-값 상태 저장소에 저장해야 한다. 이후 카프카 스트림즈의 대화형 쿼리 기능으로 이 데이터를 외부에 노출할 것이다.

대화형 쿼리에 대한 기술적인 상세한 내용은 6장에서 이미 다뤘으므로 여기서는 설명하지 않겠지만, IoT 예에서 언급할 필요가 있는 대화형 쿼리문의 추가적인 내용은 별도로 설명할 것이다.

그림 7-1은 7장에서 구축할 토폴로지를 보여준다. 각 단계에 대한 상세 내용은 다이어그램 이후에 설명할 것이다.

---

5   IoT에서는 센서 데이터를 MQTT라는 프로토콜로 전송하는 것이 일반적이다. 이 데이터를 카프카로 가져오는 방법 중 하나는 컨플루언트의 MQTT 카프카 커넥터를 사용하는 것이다.

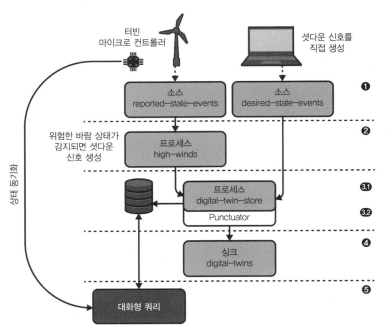

그림 7-1 IoT 디지털 트윈 서비스에서 구현할 토폴로지

❶ 카프카 클러스터는 두 개의 토픽을 가지고 있으므로 Processor API로 어떻게 소스 프로세서를 추가하는지 배워보자. 아래는 각 토픽에 대한 설명이다.

- 각 풍력 터빈(엣지 노드)은 환경 센서들을 장착하고 있다. 그리고 이 데이터(예: 풍속)는 터빈 자신의 메타데이터(예: 전원 상태)와 함께 주기적으로 reported-state-events에 전송된다.

- 사용자 또는 프로세스가 터빈의 전원 상태를 변경하고자 할 때마다 desired-state-events 토픽에 데이터를 전송한다(예: 전원을 끄거나 켬).

❷ 환경 센서 데이터는 reported-state-events 토픽으로 전송하므로, 각 터빈이 보고한 풍속이 안전 운영 수준[6]을 초과하는지 여부를 판단하는 스트림 프로세서를 추

---

6 실제에서는 두 가지 풍속 임곗값을 가질 수 있다. 높은 풍속은 위험 운영 조건을 나타내고 낮은 풍속은 터빈 운영 비용의 가성비가 좋지 않음을 나타낸다.

가할 것이다. 그리고 만약 안전 운영 수준을 초과한다면 자동으로 셧다운 신호를 생성할 것이다. 여기서는 Processor API로 상태가 없는 스트림 프로세서를 추가하는 법을 배울 것이다.

❸ 세 번째 단계는 두 부분으로 나눌 수 있다.

- 첫 번째, 두 이벤트 종류(보고한 것과 희망하는 것)는 디지털 트윈 레코드로 결합될 것이다. 이 레코드들을 처리한 후 영구적인 키-값 저장소인 **digital-twin-store**에 저장한다. 이 단계에서는 Processor API로 상태 저장소에 어떻게 연결하고 상호 동작하는지 배울 것이고, DSL에서는 불가능한 특정 레코드 메타데이터를 접근하는 방법도 배울 것이다.

- 이 단계의 두 번째 부분은 7일 이상 업데이트되지 않은 오래된 디지털 트윈 레코드를 정리하는 punctuator 함수를 주기적으로 스케줄링하는 것이 포함돼 있다. 여기서는 Processor API의 punctuation 인터페이스를 소개하고 상태 저장소에서 키를 삭제하는 다른 방법들도 보여줄 것이다.[7]

❹ 각 디지털 트윈 레코드는 분석 목적으로 **digital-twins**라는 토픽에 전송된다. 이 단계에서는 Processor API로 싱크 프로세서를 어떻게 추가하는지 배울 것이다.

❺ 카프카 스트림즈의 대화형 쿼리를 기능을 통해 디지털 트윈 레코드를 노출할 것이다. 몇 초마다 풍력 터빈의 마이크로 컨트롤러는 카프카 스트림즈가 노출한 희망 상태를 자신의 상태로 동기화하려 할 것이다. 예를 들어 2단계에서 셧다운 신호를 생성한다면(희망 전원 상태가 OFF로 설정됨), 터빈이 카프카 스트림즈 앱을 쿼리할 때 이 희망 상태를 보게 될 것이고, 결과적으로 터빈의 날개 전원도 끄게 될 것이다.

무엇을 만들지 (그리고 각 단계마다 어떤 것을 배울지도) 이해했으므로, 이제 프로젝트 설치부터 시작해보자.

7　　다른 방법으로 268페이지 '툼스톤'에서 툼스톤에 대한 설명을 참고하라.

프로젝트 설치

7장의 코드는 https://github.com/mitch-seymour/masteringkafka-streams-and-ksqldb.git에 있다.

각 토폴로지 단계의 설명을 따라가면서 코드를 참조하고 싶다면 코드 저장소를 클론하고 7장의 튜토리얼이 있는 디렉터리로 이동하길 바란다. 다음 명령으로 이를 수행할 수 있다.

```
$ git clone git@github.com:mitch-seymour/mastering-kafka-streams-and-ksqldb.git
$ cd mastering-kafka-streams-and-ksqldb/chapter-07/digital-twin
```

다음 명령으로 언제든지 프로젝트를 빌드할 수 있다.

```
$ ./gradlew build --info
```

프로젝트 설치가 끝났으면, 디지털 트윈 애플리케이션 구현을 시작해보자.

데이터 모델

늘 그랬던 것처럼, 토폴로지 생성을 시작하기 전에 먼저 데이터 모델을 정의할 것이다. 입력 토픽과 관련된 예제 레코드와 클래스 정의는 표 7-1에서 볼 수 있다(프로세서 토폴로지에서 1단계 참조: 그림 7-1).

단순함을 위해 두 입력 토픽으로 들어오는 데이터는 JSON 포맷으로 돼 있으며 두 레코드 타입은 공통 클래스인 TurbineState를 사용해 표현한다. 간결함을 위해 Turbine State 접근 함수들은 생략했다.

표 7-1 각 소스 토픽의 예제 레코드와 데이터 클래스

카프카 토픽	예제 레코드	데이터 클래스
reported-state-events	```{ "timestamp": "...", "wind_speed_mph": 40, "power": "ON" }```	```public class TurbineState { private String timestamp; private Double windSpeedMph; public enum Power { ON, OFF } public enum Type { DESIRED, REPORTED } private Power power; private Type type; }```
desired-state-events	```{ "timestamp": "...", "power": "OFF" }```	reported-state와 동일 클래스 사용

튜토리얼 소개에서 언급했던 것처럼, 보고한 상태와 희망하는 상태 레코드들을 결합해 디지털 트윈 레코드를 생성해야 한다. 따라서 결합 레코드를 표현할 데이터 클래스도 필요하다. 다음 표는 결합된 디지털 트윈 레코드의 JSON 구조와 이와 연관된 데이터 클래스를 보여준다.

예제 레코드	데이터 클래스
```{ "desired": { "timestamp": "2020-11-23T09:02:01.000Z", "power": "OFF" }, "reported": { "timestamp": "2020-11-23T09:00:01.000Z", "windSpeedMph": 68, "power": "ON" } }```	```public class DigitalTwin { private TurbineState desired; private TurbineState reported; // getter와 setter는 지면 관계상 생략 }```

예제 레코드에서 보듯이, 희망하는 상태는 터빈의 전원이 꺼져 있는 것으로 돼 있으나, 보고한 상태에서는 전원이 켜져 있는 것으로 돼 있다. 터빈은 디지털 트윈의 상태를 동기화해 날개의 전원을 끌 것이다.

이쯤에서 여러분은 상위 수준 DSL과 비교해 Processor API에서는 어떻게 레코드를 직렬화하고 역직렬화하는지 궁금할 것이다. 다시 말해, 카프카 토픽의 원시 레코드 바이트들을 실제로는 어떻게 표 7-1의 데이터 클래스로 변환할 수 있는가? 119페이지 '직렬화/역직렬화'에서 DSL에서 Serdes 클래스를 어떻게 사용하는지 알아봤다. 이 클래스는 Serializer와 Deserializer 모두를 포함하는 래퍼^{wrapper} 클래스다. stream, table, join 등과 같은 많은 DSL 연산자에 Serdes 인스턴스를 지정할 수 있다. 따라서 DSL을 사용하는 애플리케이션에서 Serdes 사용은 일반적이다.

Processor API의 다양한 API 메소드는 보통 Serdes 인스턴스가 포함하고 있는 Serializer나 Deserializer 중 하나만 요구한다. 그러나 1) Processor API의 메소드 시그니처를 만족시킬 Serliazer/Deserializer를 Serdes로부터 항상 추출 가능하고, 2) Serdes는 테스트 목적으로도 매우 유용하기 때문에 데이터 클래스 Serdes 정의는 Processor API에서도 매우 편리하다.

따라서 7장의 튜토리얼에서는 예제 7-1에서 보이는 것처럼 Serdes 클래스들을 사용할 것이다.

예제 7-1 디지털 트윈과 터빈 상태 레코드를 위한 Serdes

```
public class JsonSerdes {

  public static Serde<DigitalTwin> DigitalTwin() { ❶
    JsonSerializer<DigitalTwin> serializer = new JsonSerializer<>();
    JsonDeserializer<DigitalTwin> deserializer =
      new JsonDeserializer<>(DigitalTwin.class);

    return Serdes.serdeFrom(serializer, deserializer);
  }

  public static Serde<TurbineState> TurbineState() { ❷
```

```
        JsonSerializer<TurbineState> serializer = new JsonSerializer<>();
        JsonDeserializer<TurbineState> deserializer =
          new JsonDeserializer<>(TurbineState.class);

        return Serdes.serdeFrom(serializer, deserializer); ❸
    }
}
```

❶ `DigitalTwin Serdes`를 반환하는 메소드

❷ `TurbineState Serdes`를 반환하는 메소드

❸ 이전 튜토리얼들에서는 Serdes 인터페이스를 직접 구현했다(예제를 보고 싶으면 125페이지 '트윗 Serdes 구현' 참조). 여기서는 다른 접근 방식으로 Serializer와 Deserializer 인스턴스로부터 Serdes를 생성하는 카프카 스트림즈의 `Serdes.serdeFrom`을 사용할 것이다.

다음 절에서는 Processor API를 사용해 소스 프로세서를 추가하는 방법과 입력 레코드를 역직렬화하는 방법을 배울 것이다.

소스 프로세서 추가

지금까지 데이터 클래스는 정의했고, 프로세서 토폴로지(그림 7-1 참조)의 1단계를 구현할 준비가 됐다. 이 단계는 입력 토픽으로부터 카프카 스트림즈 애플리케이션으로 데이터를 흘려보내는 두 개의 소스 프로세서 추가를 포함하고 있다. 예제 7-2는 Processor API로 이것을 어떻게 구현할 수 있는지 보여준다.

예제 7-1 소스 프로세서 두 개가 추가돼 있는 초기 토폴로지

```
Topology builder = new Topology(); ❶

builder.addSource( ❷
    "Desired State Events", ❸
    Serdes.String().deserializer(), ❹
```

```
    JsonSerdes.TurbineState().deserializer(), ❺
  "desired-state-events"); ❻

builder.addSource( ❼
    "Reported State Events",
    Serdes.String().deserializer(),
    JsonSerdes.TurbineState().deserializer(),
    "reported-state-events");
```

❶ Topology 인스턴스를 직접 생성한다. 이 인스턴스로 소스, 싱크 그리고 스트림 프로 세서를 추가하고 연결할 것이다.

주의: Topology를 직접 생성하는 것은 StreamsBuilder 객체를 생성하고 DSL 연산 자들(예: map, flatMap, merge, branch 등)을 StreamsBuilder 인스턴스에 추가하고 최 종적으로 StreamsBuilder#build 메소드로 Topology를 생성하는 DSL 작업과는 다 르다.

❷ addSource 메소드를 사용해 소스 프로세서를 생성한다. 이 메소드를 오버로드한 여 러 버전의 메소드들이 있으며, 이 메소드들은 오프셋 재설정 전략$^{offset\ reset\ strategies}$, 토픽 패턴 등을 지원한다. 카프카 스트림즈의 자바 문서를 확인하거나 IDE에서 Topology 클래스를 살펴보면서 요구 사항에 맞는 addSource 변형을 선택하면 된다.

❸ 소스 프로세서의 이름. 카프카 스트림즈 내부에서 이 이름들을 토폴로지 순서로 정 렬한 맵에 저장하므로 각 프로세서는 고유한 이름을 가져야 한다. 간단히 살펴보겠 지만, 자식 프로세서들을 연결할 때 이름을 사용하므로 Processor API에서 이름은 매우 중요하다. 이는 프로세서들 간의 관계를 정의할 때 명시적인 이름을 요구하지 않는 DSL의 연결 방식(기본적으로 DSL은 내부적인 이름을 자동 생성한다)과 매우 다 르다. 코드의 가독성을 향상시키기 위해 바로 이해할 수 있는 이름을 사용할 것을 권장한다.

❹ 키 Deserializer. 여기서는 토픽의 키가 문자열 포맷이므로 내장돼 있는 String Deserializer를 사용할 것이다. 이것도 Processor API와 DSL 간의 또 다른 차이

점 중 하나다. DSL은 Serdes(레코드의 Serializer와 Deserializer를 모두 포함하는 객체)를 넘길 것을 요구하지만 Processor API에서는 오직 Deserializer(여기서 하듯이 Serdes에서 직접 추출 가능)만 넘기면 된다.

❺ 값 Deserializer. 여기서는 레코드 값을 TurbineState 객체로 변환하기 위해 커스텀 Serdes(이 튜토리얼의 소스 코드 참조)를 사용한다. 키 Deserializer도 이런 식으로 적용할 수 있다.

❻ 이 소스 프로세서가 소비하는 토픽의 이름

❼ 두 번째 소스 프로세서로 reported-state-events 토픽 소스 프로세스 추가. 첫 번째 소스 프로세서와 파라미터는 동일하므로 각 파라미터에 대한 설명은 생략할 것이다.

이 예제에서 주목해야 할 것은 스트림이나 테이블에 대한 언급이 없다는 것이다. Processor API에는 이 추상화들이 존재하지 않는다. 그러나 앞의 코드에서 추가한 두 소스 프로세서는 개념적으로 스트림을 표현한다. 프로세서들이 상태가 있지 않으므로 (즉, 상태 저장소와 연결돼 있지 않다), 특정 키에 대한 최신 상태나 표현을 기억할 방법이 없다.

프로세서 토폴로지 3단계에서 스트림의 테이블 유사 표현을 볼 것이나 이 절에서는 토폴로지의 1단계만을 다룰 것이다. 이제 풍력 터빈이 위험한 풍속을 보고했을 때 셧다운 신호를 생성하는 스트림 프로세서를 어떻게 추가하는지 알아보자.

상태가 없는 스트림 프로세서 추가

토폴로지의 다음 단계는 특정 터빈에서 기록한 풍속이 안전 운영 수준(65mph)을 초과할 때마다 셧다운 신호를 자동으로 생성할 것을 요구한다. 이를 위해, Processor API로 스트림 프로세서를 어떻게 추가하는지 배워야 한다. 이 목적으로 사용할 수 있는 API 메소드는 addProcessor이며 이 메소드를 사용하는 예제는 다음과 같다.

```
builder.addProcessor(
    "High Winds Flatmap Processor", ❶
     HighWindsFlatmapProcessor::new, ❷
    "Reported State Events"); ❸
```

❶ 이 스트림 프로세서의 이름

❷ 두 번째 인자는 Processor 인스턴스를 반환하는 함수 인터페이스인 ProcessSupplier를 지정한다. Processor 인스턴스는 해당 스트림 프로세서의 모든 데이터 처리/변환 로직을 포함하고 있다. 다음 절에서 Processor 인터페이스를 구현하는 HighWindsFlatmapProcessor라는 클래스를 정의할 것이다. 따라서 여기서는 클래스 생성자 메소드를 단순 참조해 사용할 수 있다.

❸ 부모 프로세서의 이름들. 이 경우 예제 7-2에서 생성한 "Reported State Events"라는 하나의 부모 프로세서만 있다. 스트림 프로세서는 하나 이상의 부모 노드와 연결이 가능하다.

스트림 프로세서를 추가할 때마다 Processor 인터페이스를 구현해야 한다. 이 인터페이스는 ProcessSupplier 인터페이스와 달리 함수적 인터페이스가 아니다. 따라서 DSL 연산자에서 했던 것처럼 addProcessor 메소드에 람다 표현으로 넘길 수 없다. 이전과 익숙했던 방식보다 좀 더 많은 코드가 필요하지만 이에 대해서는 다음 절에서 좀 더 배워볼 것이다.

상태가 없는 프로세서 생성

Processor API에서 addProcessor 메소드를 사용할 때마다, 스트림의 레코드들을 처리하고 변환하는 Processor 인터페이스를 구현해야 한다. 이 인터페이스는 다음처럼 세 개의 메소드를 가지고 있다.

```
public interface Processor<K, V> { ❶

    void init(ProcessorContext context); ❷

    void process(K key, V value); ❸

    void close(); ❹
}
```

❶ Processor 인터페이스는 두 제네릭 타입을 지정해야 한다. 하나는 키 타입(K)이고 다른 하나는 값 타입(V)이다. 이 절의 후반부에서 프로세서를 구현할 때 이 제네릭들을 어떻게 사용하는지 볼 것이다.

❷ init 메소드는 Processor가 최초 생성될 때 호출된다. 만약 프로세서가 초기화 작업을 수행해야 한다면 이 메소드에 초기화 로직을 넣으면 된다. init 메소드로 넘어오는 ProcessorContext는 매우 유용하며, 7장에서 살펴볼 여러 메소드들을 포함하고 있다.

❸ process 메소드는 이 프로세서가 새 레코드를 받을 때마다 호출된다. 이 메소드는 레코드 단위 데이터 변환/처리 로직을 포함하고 있다. 우리 예제에서는 풍속이 터빈의 안전 운영 수준을 초과했는지 여부를 판단하는 로직을 이 메소드에 추가할 것이다.

❹ 이 연산자가 종료될 때마다(즉, 셧다운) 카프카 스트림즈가 close 메소드를 호출한다. 이 메소드는 보통 프로세서나 로컬 자원의 정리 로직을 포함하고 있다. 단, 이 메소드에서 라이브러리가 직접 처리하는 상태 저장소와 같은 카프카 스트림즈 관리 자원들은 정리하지 말아야 한다.

이 인터페이스를 이용해 풍속이 위험 수준에 도달했을 때 셧다운 신호를 생성하는 Processor를 구현해보자. 예제 7-3은 이 Processor를 어떻게 구현했는지 보여준다.

```
public class HighWindsFlatmapProcessor
    implements Processor<String, TurbineState, String, TurbineState> { ❶
  private ProcessorContext<String, TurbineState> context;

  @Override
  public void init(ProcessorContext<String, TurbineState> context) { ❷
    this.context = context; ❸
  }

  @Override
  public void process(Record<String, TurbineState> record) {
    TurbineState reported = record.value();
    context.forward(record); ❹

    if (reported.getWindSpeedMph() > 65 && reported.getPower() == Power.ON) { ❺
      TurbineState desired = TurbineState.clone(reported); ❻
      desired.setPower(Power.OFF);
      desired.setType(Type.DESIRED);

      Record<String, TurbineState> newRecord = ❼
        new Record<>(record.key(), desired, record.timestamp());
      context.forward(newRecord); ❽
    }
  }

  @Override
  public void close() {
    // 아무 일도 하지 않는다. ❾
  }
}
```

❶ 다시 말하지만 Processor 인터페이스는 네 개의 제네릭으로 매개변수화돼 있다. 처
  음 두 제네릭(여기서는 Processor<String, TurbineState, ..., ...>)은 입력 키와 값
  타입을 지정한다. 마지막 두 제네릭(여기서는 Processor<..., ..., String, Turbine
  State>)은 출력 키와 값 타입을 지정한다.

❷ ProcessorContext 인터페이스의 제네릭들은 출력 키와 값 타입을 지정한다(여기서는 ProcessorContext<String, TurbineState>).

❸ 여기처럼 보통 ProcessorContext를 인스턴스의 속성으로 저장한다. 이렇게 하면 나중에 이 객체를 접근할 수 있다(예를 들어 process와 close 메소드).

❹ 레코드를 하위 스트림 프로세서로 보내고 싶을 때마다, ProcessorContext 인스턴스(이 인스턴스를 속성으로 저장했었다)의 forward 메소드를 호출할 수 있다. 이 메소드는 전달할 레코드를 파라미터로 받는다. 이 프로세서 구현에서는 항상 보고한 상태 레코드를 전달하려 한다. 이 라인에서 레코드를 수정하지 않고 context.forward를 호출한 이유다.

❺ 터빈이 셧다운 신호를 보낼 조건을 만족하는지 확인한다. 여기서는 풍속이 안전 임곗값(65mph)을 초과하고 터빈의 전원이 켜져 있는지 확인한다.

❻ 앞의 조건들을 만족한다면, 희망 전원 상태를 OFF로 하는 새 레코드를 생성한다. 이미 보고된 상태 레코드를 하위 스트림에 보냈으므로, 이제 희망 상태 레코드만 생성하면 된다. 이는 사실상 flatMap 연산의 한 종류다(이 프로세서는 하나의 입력 레코드로 두 개의 레코드를 생성했다).

❼ 상태 저장소에 저장했던 희망하는 상태를 포함하는 출력 레코드를 생성한다. 레코드 키와 타임스탬프는 입력 레코드로부터 물려받는다.

❽ 새 레코드(셧다운 신호)를 context.forward 메소드를 호출해 하위 스트림 프로세서로 전달한다.

❾ 이 프로세에서는 프로세서가 종료될 때 실행할 특별한 로직은 없다.

앞에서 봤듯이 Processor 구현은 매우 직관적이다. 이렇게 Processor를 구현할 때 출력 레코드가 어디로 전달되는지 고민할 필요가 없다(하위 스트림 프로세서의 부모 이름을 설정해 데이터 플로우를 정의할 수 있다)는 것을 유념해야 한다. 예외적으로 하위 스트림 이름 목록을 받는 ProcessorContext#forward 변형을 사용하면, 카프카 스트림즈에게 어떤 자식 프로세서로 출력 레코드를 전달해야 할지 알려줄 수 있다.

```
context.forward(newRecord, "some-child-node");
```

이 forward 메소드 변형을 사용할지 여부는 하위 스트림 프로세서들로 출력을 브로드캐스트할 것인가, 아니면 특정 하위 스트림 프로세서에만 보낼 것인가에 달려 있다. 예를 들어 DSL의 branch 메소드는 가능한 하위 스트림 프로세서들로 출력을 브로드캐스트해야 하므로 위 변형을 사용한다.

이제 프로세서 토폴로지(그림 7-1 참조)의 두 번째 단계가 완료됐다. 다음으로 키-값 저장소에 디지털 트윈 레코드를 생성 저장하는 상태가 있는 스트림 프로세서를 구현해야 한다.

상태가 있는 프로세서 생성

157페이지 '상태 저장소'에서 카프카 스트림즈에서 상태가 있는 연산은 이전에 봤던 데이터를 기억하기 위해 상태 저장소가 필요하다는 것을 배웠다. 디지털 트윈 레코드를 생성하려면 희망하는 상태와 보고한 상태 이벤트를 결합해 단일 레코드로 만들어야한다. 한 풍력 터빈의 레코드들은 각기 다른 시간에 도착하므로 각 터빈마다 보고한 상태 레코드와 희망하는 상태 레코드를 기억하려면 상태가 있는 처리가 필요하다.

지금까지는 DSL에서의 상태 저장소 사용에 대해서만 다뤘다. DSL은 상태 저장소를 사용할 때 여러 가지 선택 사항을 제공한다. 다음과 같이 상태 저장소에 설정을 지정하지 않아도 기본 내부 상태 저장소를 사용할 수 있다.

```
grouped.aggregate(initializer, adder);
```

아니면, 다음과 같이 StoreSupplier를 생성하는 Stores 팩토리 클래스를 사용하고 Materialized 클래스를 상태가 있는 연산자와 함께 사용해 상태 저장소를 물리화할 수도 있다.

```
KeyValueBytesStoreSupplier storeSupplier =
    Stores.persistentTimestampedKeyValueStore("my-store");

grouped.aggregate(
    initializer,
    adder,
    Materialized.<String, String>as(storeSupplier));
```

Processor API에서 상태 저장소 사용은 조금 다르다. DSL과 달리 Processor API는 기본 내부 상태 저장소를 생성하지 않는다. 따라서 상태가 있는 연산이 필요하면 관련 스트림 프로세서에 상태 저장소를 항상 직접 생성해 연결해야 한다. 또한 `Stores` 팩토리 클래스를 여전히 사용할 수 있으나, 여기서는 상태 저장소를 생성할 때 이 클래스의 다른 메소드들을 사용할 것이다. StoreSupplier를 반환하는 메소드들 대신 StoreBuilder를 생성하는 메소드들을 사용할 것이다.

예를 들어 디지털 트윈 레코드를 저장하려면 단순 키-값 저장소가 필요하다. 키-값 StoreBuilder를 얻을 수 있는 팩토리 메소드는 `keyValueStoreBuilder`이다. 다음 코드는 디지털 트윈 저장소를 생성할 때 이 메소드를 어떻게 사용하는지 보여준다.

```
StoreBuilder<KeyValueStore<String, DigitalTwin>> storeBuilder =
    Stores.keyValueStoreBuilder(
        Stores.persistentKeyValueStore("digital-twin-store"),
        Serdes.String(), ❶
        JsonSerdes.DigitalTwin()); ❷
```

❶ 키를 직렬화/역직렬화하기 위해 내장 String Serdes를 사용할 것이다.

❷ 값을 직렬화/역직렬화하기 위해 예제 7-1에서 정의한 Serdes를 사용한다.

상태가 있는 프로세서에 필요한 StoreBuilder를 생성했다면, `Processor` 인터페이스를 구현할 차례다. 이 과정은 이어지는 코드처럼 297페이지 '상태가 없는 프로세서 생성'에서 상태가 없는 프로세서를 추가할 때 봤던 것과 비슷하다.

```
builder.addProcessor(
    "Digital Twin Processor", ❶
    DigitalTwinProcessor::new, ❷
    "High Winds Flatmap Processor", "Desired State Events"); ❸
```

❶ 이 스트림 프로세서의 이름

❷ Processor 인스턴스를 얻을 때 사용하는 ProcessorSupplier 메소드. 여기서 참조
한 DigitalTwinProcessor는 이후 구현할 것이다.

❸ 부모 프로세서의 이름들. 여러 부모를 지정하면 DSL에서 merge 연산과 동일한 동작
을 수행한다.

DigitalTwinProcessor 구현 전에, 먼저 토폴로지에 새로운 상태 저장소를 추가하자.
Topology#addStateStore 메소드를 사용해 이를 수행할 수 있으며 사용법은 예제 7-4
에서 볼 수 있다.

예제 7-4 addStateStore 메소드 사용 예제

```
builder.addStateStore(
    storeBuilder, ❶
    "Digital Twin Processor" ❷
);
```

❶ 상태 저장소를 얻을 때 사용하는 StoreBuilder

❷ 선택적으로 이 저장소를 접근해야 하는 프로세서들의 이름을 넘길 수 있다. 이 예
제에서는 이전 코드에서 생성한 DigitalTwinProcessor가 이 저장소를 접근해야
한다. 상태를 공유하는 여러 프로세서들이 있다면 프로세서 이름들을 추가적으로
넘길 수도 있다. 마지막으로 이 선택 파라미터를 생략했을 경우, 토폴로지에 상태
저장소를 추가한 후 상태 저장소를 프로세서에 연결할 때 Topology#connectProces
sorAndState를 대신 사용할 수 있다(이 튜토리얼에서도 그렇게 하고 있다).

마지막 단계는 상태가 있는 프로세서인 `DigitalTwinProcessor`를 구현하는 것이다. 상태가 없는 스트림 프로세서와 마찬가지로, `Processor` 인터페이스를 구현할 필요가 있다. 그러나 이 프로세서는 상태 저장소와 상호 동작해야 하므로 다른 구현보다 좀 길다. 예제 7-5의 코드와 이후 주석을 통해 상태가 있는 프로세서를 어떻게 구현하는지 설명할 것이다.

예제 7-5 디지털 트윈 레코드를 생성하는 상태가 있는 프로세서

```java
public class DigitalTwinProcessor
    implements Processor<String, TurbineState, String, DigitalTwin> { ❶
  private ProcessorContext<String, DigitalTwin> context;
  private KeyValueStore<String, DigitalTwin> kvStore;

  @Override
  public void init(ProcessorContext<String, DigitalTwin> context) { ❷
    this.context = context; ❸
    this.kvStore = (KeyValueStore) context.getStateStore("digital-twin-store"); ❹
  }

  @Override
  public void process(Record<String, TurbineState> record) {
    String key = record.key(); ❺
    TurbineState value = record.value();
    DigitalTwin digitalTwin = kvStore.get(key); ❻
    if (digitalTwin == null) { ❼
      digitalTwin = new DigitalTwin();
    }

    if (value.getType() == Type.DESIRED) { ❽
      digitalTwin.setDesired(value);
    } else if (value.getType() == Type.REPORTED) {
      digitalTwin.setReported(value);
    }

    kvStore.put(key, digitalTwin); ❾

    Record<String, DigitalTwin> newRecord =
      new Record<>(record.key(), digitalTwin, record.timestamp()); ❿
```

```
      context.forward(newRecord); ⓫
   }

   @Override
   public void close() {
      // 아무 일도 하지 않는다
   }
}
```

❶ Processor 인터페이스의 처음 두 제네릭(여기서는 Processor<String, TurbineState, ..., ...>)은 입력 키와 값의 타입을 지정하고 뒤의 두 제네릭(Processor<..., ..., String, DigitalTwin>)은 출력 키와 값의 타입을 지정한다.

❷ ProcessorContext의 제네릭들(ProcessorContext<String, DigitalTwin>)은 출력 키와 값의 타입을 지정한다.

❸ 이후 사용을 위해 ProcessorContext(context 속성으로 참조)를 저장한다.

❹ ProcessorContext의 getStateStore 메소드는 이전에 스트림 프로세서에 추가했던 상태 저장소를 가져올 수 있게 해준다. 레코드를 처리할 때마다 이 상태 저장소와 직접 상호 동작할 것이므로 인스턴스 속성인 kvStore로 저장할 것이다.

❺ 이 라인과 다음 라인은 입력 레코드의 키와 입력을 어떻게 추출하는지 보여준다.

❻ 현재 레코드 키에 해당하는 값을 찾기 위해 키-값 저장소를 사용한다. 만약 이전에 이 키를 처리한 적이 있다면 이전에 저장했던 디지털 트윈 레코드를 반환할 것이다.

❼ 만약 찾기를 실패하면, 새 디지털 트윈 레코드를 생성할 것이다.

❽ 이 코드에서 현재 레코드 타입(보고한 상태 또는 희망하는 상태)에 따라 적절한 값을 디지털 트윈 레코드에 설정했다.

❾ 키-값 저장소의 put 메소드를 사용해 상태 저장소에 디지털 트윈 레코드를 직접 저장한다.

⓾ 상태 저장소에 저장했던 디지털 트윈 인스턴스를 포함하는 출력 레코드를 생성한다. 레코드의 키와 타임스탬프는 입력 레코드로부터 상속을 받는다.

⓫ 출력 레코드를 하위 스트림 프로세서로 전달한다.

지금까지 프로세서 토폴로지의 3단계 중 첫 번째 부분을 구현했다. 다음 단계(그림 7-1의 3.2단계)는 DSL에서는 볼 수 없는 Processor API만의 매우 중요한 특징에 대해 소개할 것이다. Processor API에서 주기적인 함수 호출을 어떻게 스케줄링하는지 살펴보자.

구두점으로 주기적인 함수 호출

경우에 따라 다르지만, 카프카 스트림즈 애플리케이션에서 주기적으로 수행하는 태스크가 필요할 때가 있다. `ProcessorContext#schedule` 메소드로 수행할 태스크를 쉽게 스케줄링 가능하므로 이런 작업에서 Processor API의 진가가 발휘한다. 268페이지 '툼스톤'에서 불필요한 레코드를 제거하고 상태 저장소의 크기를 최소로 유지하는 방법에 대해 알아봤었다. 이 튜토리얼에서는 Processor API의 스케줄링 기능을 이용해 상태 저장소를 정리하는 또 다른 방법을 제시할 것이다. 스케줄링될 태스크는 최근 7일 동안 상태 업데이트가 발생하지 않은 모든 디지털 트윈 레코드를 삭제할 것이다. 이런 터빈들은 더 이상 활성 상태가 아니거나 장기간 유지 보수 상태에 있다고 가정할 것이며, 따라서 키-값 저장소에서 이런 레코드들을 제거할 것이다.

5장에서 스트림 처리를 할 때, 시간은 복잡한 주제라고 배웠다. 카프카 스트림즈에서 주기적인 함수를 언제 실행할지 고민할 때, 이 복잡성에 대해서 다시 고민해야 한다. 표 7-2처럼 선택 가능한 두 가지 구두점^{punctuation} 타입(즉, 실행 시점 전략)이 있다.

표 7-2 카프카 스트림즈에서 사용 가능한 구두점 타입

구두점 타입	Enum	설명
스트림 시간	PunctuationType.STREAM_TIME	스트림 시간은 특정 토픽 파티션에서 관찰한 타임스탬프 중 가능한 한 큰 타임스탬프다. 초기에는 알 수 없고 증가하거나 현재 시간에 머물러 있기만 한다. 새로운 데이터가 들어와야 증가하므로 이 구두점 종류를 사용하고자 할 때는, 데이터가 지속적으로 들어와야 한다. 그렇지 않으면 함수 실행이 안 된다.
벽시계 시간	PunctuationType.WALL_CLOCK_TIM	로컬 시스템 시간으로 컨슈머의 poll 메소드를 호출할 때마다 증가한다. 시간을 얼마나 자주 업데이트할지에 대한 상한 값은 StreamsConfig#POLL_MS_CONFIG 설정으로 한다. 이 설정은 새 데이터를 위해 대기하는 최대 시간(밀리초 단위)을 지정한다. 이 구두점을 사용하면 새 메시지들이 도착하는지에 관계없이 주기적인 함수를 계속 실행할 수 있다.

우리가 실행할 주기 함수는 새 데이터가 도착하는 것에 의존하지 않으므로(사실 이 TTL("time to live") 함수는 데이터 수신이 중단될 것을 가정한다), 여기서는 구두점 타입으로 벽시계 시간을 사용할 것이다. 지금까지 어떤 추상화를 사용할지에 대해 논의했었고, 남은 작업은 단순히 스케줄링하고 TTL 함수를 구현하는 것이다.

다음 코드는 주기 함수 구현을 보여준다.

```
public class DigitalTwinProcessor
    implements Processor<String, TurbineState, String, DigitalTwin> {

  private Cancellable punctuator; ❶

  // 나머지는 지면 관계상 생략

  @Override
  public void init(ProcessorContext<String, DigitalTwin> context) {

    punctuator = this.context.schedule(
        Duration.ofMinutes(5),
        PunctuationType.WALL_CLOCK_TIME, this::enforceTtl); ❷
    // ...
```

```
  }

  @Override
  public void close() {
    punctuator.cancel();  ❸
  }

  public void enforceTtl(Long timestamp) {
    try (KeyValueIterator<String, DigitalTwin> iter = kvStore.all()) {  ❹

      while (iter.hasNext()) {
        KeyValue<String, DigitalTwin> entry = iter.next();
        TurbineState lastReportedState = entry.value.getReported();  ❺
        if (lastReportedState == null) {
          continue;
        }

        Instant lastUpdated = Instant.parse(lastReportedState.getTimestamp());
        long daysSinceLastUpdate =
          Duration.between(lastUpdated, Instant.now()).toDays();  ❻
        if (daysSinceLastUpdate >= 7) {
          kvStore.delete(entry.key);  ❼
        }
      }
    }
  }

  // ...
}
```

❶ 구두점 함수를 스케줄링할 때, 나중에 스케줄한 함수를 중지할 때 사용할 수 있는 Cancellable 객체를 반환할 것이다. 이 객체를 추적하기 위해 punctuator라는 이름의 객체 변수를 사용할 것이다.

❷ 벽시계 시간 기준으로 매 5분마다 주기적인 함수를 실행하도록 스케줄링하고, 반환된 Cancellable 객체를 punctuator로 저장한다(이전 설명 참고).

❸ 프로세서를 종료(즉, 카프카 스트림즈 애플리케이션을 완전히 셧다운할 때) punctuator 를 취소한다.

❹ 매 함수 호출마다, 상태 저장소에서 각 값을 가져온다. 자원 누수를 막기 위해 iterator 가 항상 닫히도록 try-with-resources문을 사용한 것을 유념하기 바란다.

❺ (물리적인 풍력 터빈과 연관돼 있는) 현재 레코드의 마지막 보고 상태를 추출한다.

❻ 마지막 상태 보고 후 며칠이 지났는지 판단한다.

❼ 오래된(지난 7일 동안 업데이트를 하지 않은) 레코드를 상태 저장소에서 삭제한다.

 process 함수와 스케줄링돼 있는 구두점 함수의 호출은 동일 스레드에서 실행된다(즉, 구두점 함수 호출을 위한 백그라운 스레드가 없다). 따라서 동시성 문제에 대해서는 걱정하지 않아도 된다.

이제까지 본 것처럼 주기적인 함수 스케줄링은 아주 쉽다. 다음으로 Processor API가 진가를 발휘하는 또 다른 영역인 레코드 메타데이터 접근에 대해 알아보자.

레코드 메타데이터 접근

DSL을 사용할 때, 보통은 레코드의 키와 값만 접근할 수 있다. 그러나 DSL에는 노출되지 않지만 레코드와 관련된 많은 추가 정보가 있다. 그러나 이 정보는 Processor API를 통해서만 접근할 수 있다. 표 7-3에 접근 가능한 레코드 메타데이터의 상세한 예제를 보여준다. 다음 표의 context 변수는 예제 7-3의 init 메소드에서 저장한 Processor Context 인스턴스를 참조한다.

표 7-3 레코드 메타데이터 접근 메소드

메타데이터	예제
레코드 헤더들	context.headers()
오프셋	context.offset()

메타데이터	예제
파티션	context.partition()
타임스탬프	context.timestamp()
토픽	context.topic()

 표 7-3에서 본 메소드들은 현재 레코드에서 메타데이터를 가져오며 process() 함수에서 사용 가능하다. 그러나 init()이나 close() 함수가 호출될 때나 구두점 함수가 호출될 때에는 현재 레코드가 없으므로 메타데이터를 추출할 수 없다.

그런데 이 메타데이터로 무엇을 할 수 있을까? 한 가지 예로는 하위 스트림 시스템으로 레코드를 보내기 전에 추가 정보로 레코드 값을 보강할 수 있다. 디버깅 목적으로 이 정보를 애플리케이션 로그에 추가할 수도 있다. 예를 들어 형식이 맞지 않는 레코드가 들어왔을 때, 문제가 있는 레코드의 파티션과 오프셋을 포함하는 오류 메시지를 로그로 남길 수 있고, 이 정보를 문제 해결할 때 기초 정보로 사용할 수 있다.

레코드 헤더에 추가적인 메타데이터를 주입할 수 있으므로 레코드 헤더도 흥미로운 정보이다(예를 들어 분산 추적distributed tracing에 사용 가능한 트레이싱 컨텍스트tracing context (https://oreil.ly/ZshyG)가 있다). 다음 코드에서 레코드 헤더로 작업하는 예제를 보여준다.

```
Headers headers = context.headers();
headers.add("hello", "world".getBytes(StandardCharsets.UTF_8)); ❶
headers.remove("goodbye"); ❷
headers.toArray(); ❸
```

❶ hello라는 이름으로 헤더를 추가한다. 이 헤더는 하위 스트림 프로세서로 전파된다.

❷ goodbye라는 헤더를 제거한다.

❸ 가능한 모든 헤더를 배열로 가져온다. 이 배열을 순회하면서 어떤 작업을 할 수 있다.

마지막으로 레코드의 원천 소스를 추적하고 싶다면 topic() 메소드를 사용하면 된다. 이 튜토리얼에서는 이 메소드뿐만 아니라 어떤 메타데이터도 접근하지 않지만 앞으로 메타데이터가 필요한 상황이 생길 수 있으므로 메타데이터 접근하는 방법에 대해 잘 이해하고 있어야 한다.

이제 프로세서 토폴로지의 다음 단계로 넘어가 Processor API로 싱크 프로세서를 추가하는 방법을 배울 준비가 됐다.

싱크 프로세서 추가하기

프로세서 토폴로지의 4단계를 구현하려면 디지털 트윈 레코드를 출력 토픽인 digital-twins로 쓸 싱크 프로세서를 추가해야 한다. Processor API로 이 작업은 매우 단순하므로, 이 절은 매우 짧을 것이다. 단순히 addSink 메소드를 사용해 몇 가지 파라미터만 지정하면 된다. 자세한 것은 다음 코드를 보자.

```
builder.addSink(
    "Digital Twin Sink", ❶
    "digital-twins", ❷
    Serdes.String().serializer(), ❸
    JsonSerdes.DigitalTwin().serializer(), ❹
    "Digital Twin Processor"); ❺
```

❶ 싱크 노드의 이름

❷ 출력 토픽의 이름

❸ 키 Serializer

❹ 값 Serializer

❺ 이 싱크에 연결할 하나 이상의 부모 노드의 이름

싱크 프로세서 추가는 이게 전부다. 물론 카프카 스트림즈의 대부분의 메소드처럼 이 메소드도 몇 가지 변형이 있다. 어떤 메소드는 출력 레코드를 파티션 번호와 연관시키기 위해 커스텀 StreamPartitioner를 지정할 수 있다. 또 다른 메소드는 키와 값 Serializer를 제외시키고, 대신 DEFAULT_KEY_SERDE_CLASS_CONFIG 속성으로 설정하는 기본 Serializer를 사용할 수 있다. 그러나 어떤 변형 메소드를 사용하더라도 싱크 프로세서 추가는 매우 단순한 작업이다.

외부(상태 저장소의 디지털 트윈 레코드와 자신의 상태를 동기화하는 풍력 터빈 서비스 포함)로 디지털 트윈 레코드를 노출하는 마지막 단계로 넘어가자.

대화형 쿼리

토폴로지(그림 7-1 참조)의 1-4단계를 완료했다. 다섯 번째 단계는 단순히 카프카 스트림즈의 대화형 쿼리로 디지털 트윈 레코드를 외부로 노출한다. 196페이지 '대화형 쿼리'에서 이 주제에 대해 자세히 다뤘으므로 너무 상세하게 들어가거나 전체 구현을 보여주지는 않을 것이다. 예제 7-6은 최신 디지털 트윈 레코드를 가져가기 위해 대화형 쿼리를 사용하는 단순 REST 서비스를 보여준다. 이 예제에서 원격 쿼리는 보여주지 않지만, 좀 더 예제 소스 코드에서는 완전한 예제를 볼 수 있다.

알아둬야 할 중요한 점 하나는 대화형 쿼리 관점에서 Processsor API는 DSL 사용과 동일하다.

예제 7-6 디지털 트윈 레코드를 노출하는 REST 서비스 예제

```
class RestService {
  private final HostInfo hostInfo;
  private final KafkaStreams streams;

  RestService(HostInfo hostInfo, KafkaStreams streams) {
    this.hostInfo = hostInfo;
    this.streams = streams;
  }

  ReadOnlyKeyValueStore<String, DigitalTwin> getStore() {
    return streams.store(
```

```
        StoreQueryParameters.fromNameAndType(
            "digital-twin-store", QueryableStoreTypes.keyValueStore())));
    }

    void start() {
      Javalin app = Javalin.create().start(hostInfo.port());
      app.get("/devices/:id", this::getDevice);
    }

    void getDevice(Context ctx) {
      String deviceId = ctx.pathParam("id");
      DigitalTwin latestState = getStore().get(deviceId);
      ctx.json(latestState);
    }
  }
```

이로써, 프로세서 토폴로지(그림 7-1 참조)의 5단계가 완료됐다. 지금까지 만든 여러 조각들을 조립해보자.

모두 조립하기

다음 코드는 전체 토폴로지가 어떤 모습인지 보여준다.

```
Topology builder = new Topology();

builder.addSource( ❶
    "Desired State Events",
    Serdes.String().deserializer(),
    JsonSerdes.TurbineState().deserializer(),
    "desired-state-events");

builder.addSource( ❷
    "Reported State Events",
    Serdes.String().deserializer(),
    JsonSerdes.TurbineState().deserializer(),
    "reported-state-events");
```

```
builder.addProcessor( ❸
    "High Winds Flatmap Processor",
    HighWindsFlatmapProcessor::new,
    "Reported State Events");

builder.addProcessor( ❹
    "Digital Twin Processor",
    DigitalTwinProcessor::new,
    "High Winds Flatmap Processor",
    "Desired State Events");

StoreBuilder<KeyValueStore<String, DigitalTwin>> storeBuilder =
  Stores.keyValueStoreBuilder( ❺
      Stores.persistentKeyValueStore("digital-twin-store"),
      Serdes.String(),
      JsonSerdes.DigitalTwin());

builder.addStateStore(storeBuilder, "Digital Twin Processor"); ❻

builder.addSink( ❼
    "Digital Twin Sink",
    "digital-twins",
    Serdes.String().serializer(),
    JsonSerdes.DigitalTwin().serializer(),
    "Digital Twin Processor");
```

❶ desired-state-events 토픽으로부터 데이터를 소비하는 Desired State Events라
   는 이름의 소스 프로세서를 생성한다. 이는 DSL의 스트림과 동일하다.

❷ reported-state-events 토픽으로부터 데이터를 소비하는 Reported State Events
   라는 이름의 소스 프로세서를 생성한다. 이는 DSL의 스트림과 동일하다.

❸ 높은 풍속이 감지되면 셧다운 신호를 생성하는 High Winds Flatmap Processor라
   는 이름의 스트림 프로세서를 추가한다. 이 프로세서는 Reported State Events 프
   로세서로부터 이벤트를 수신한다. 이 프로세서는 입력과 출력 레코드의 수의 관계
   가 1:N이므로 DSL의 flatMap 연산과 같다. 예제 7-3은 이 프로세서 구현을 보여
   준다.

❹ High Winds Flatmap Processor와 Desired State Events 양쪽에서 내보낸 데이터를 이용해 디지털 트윈 레코드를 생성하는 Digital Twin Processor라는 스트림 프로세서를 추가한다. 여러 소스로부터 데이터를 가져오므로 DSL의 merge 연산과 동일하다. 또한 이 프로세서는 상태가 있으므로 DSL의 집계 테이블과 동일하다. 예제 7-5는 이 프로세서의 구현을 보여준다.

❺ 카프카 스트림즈가 Digital Twin Processor에서 접근 가능한 영구적인 키-값 저장소를 구축할 때 사용할 수 있는 StoreBuilder 생성을 위해 Stores 팩토리 클래스를 이용한다.

❻ 토폴로지에 상태 저장소를 추가하고 이를 Digital Twin Processor 노드에 연결한다.

❼ 모든 Digital Twin Processor 노드에서 내보낸 디지털 트윈 레코드를 digital-twins라는 출력 토픽으로 쓰는 Digital Twin Sink라는 이름의 싱크 프로세서를 생성한다.

이제 애플리케이션을 실행하고 테스트 데이터를 카프카 클러스터에 보내면, 디지털 트윈 서비스를 쿼리해볼 수 있다. 다음 코드처럼 애플리케이션 실행은 이전 장들에서 본 것과 별 차이가 없다.

```
Properties props = new Properties();
props.put(StreamsConfig.APPLICATION_ID_CONFIG, "dev-consumer"); ❶
// …

KafkaStreams streams = new KafkaStreams(builder, props); ❷
streams.start(); ❸

Runtime.getRuntime().addShutdownHook(new Thread(streams::close)); ❹

RestService service = new RestService(hostInfo, streams);
service.start(); ❺
```

❶ 카프카 스트림즈 애플리케이션을 설정한다. 이 작업은 DSL로 애플리케이션을 구축할 때 본 것과 동일하다. 지면 관계상 대부분의 설정은 생략했다.

❷ 토폴로지를 실행할 때 사용할 새 KafkaStreams 인스턴스를 생성한다.

❸ 카프카 스트림즈 애플리케이션을 시작한다.

❹ 전역 셧다운 신호를 감지하면 카프카 스트림즈 애플리케이션을 우아하게 종료하기 위해 셧다운 훅을 추가한다.

❺ 예제 7-6에서 구현한 REST 서비스를 생성하고 다음 라인에서 시작한다.

위 애플리케이션은 여러 소스 토픽으로부터 데이터를 읽지만, 이 책에서는 reported-state-events 토픽으로만 데이터를 보낼 것이다(완전한 예제를 보고 싶으면 소스 코드 (https://oreil.ly/LySHt)를 확인하기 바란다). 애플리케이션이 셧다운 신호를 생성하는 것을 테스트하기 위해, 레코드 중 하나는 풍속의 안전 운영 임곗값인 65mph를 초과하는 값을 포함할 것이다. 다음 코드는 테스트할 데이터를 보여준다. 레코드 키와 값은 |로 구분 돼 있으며 지면 관계상 타임스탬프는 생략했다.

```
1|{"timestamp": "...", "wind_speed_mph": 40, "power": "ON", "type": "REPORTED"}
1|{"timestamp": "...", "wind_speed_mph": 42, "power": "ON", "type": "REPORTED"}
1|{"timestamp": "...", "wind_speed_mph": 44, "power": "ON", "type": "REPORTED"}
1|{"timestamp": "...", "wind_speed_mph": 68, "power": "ON", "type": "REPORTED"} ❶
```

❶ 이 센서 데이터는 풍속이 68mph이다. 애플리케이션이 이 레코드를 보게 되면 희망 하는 전원 상태가 OFF인 새 TurbineState 레코드를 만들고 셧다운 신호를 생성할 것이다.

reported-state-events 토픽으로 데이터를 보내고 디지털 트윈 서비스를 쿼리하면 풍 력 터빈의 보고한 상태뿐만 아니라 전원 상태가 OFF로 설정돼 있는 희망하는 상태 레 코드도 볼 수 있을 것이다. 다음 코드는 REST 서비스로 요청을 보내고 응답을 보내는 예제를 보여준다.

```
$ curl localhost:7000/devices/1 | jq '.'

{
  "desired": {
```

```
    "timestamp": "2020-11-23T09:02:01.000Z",
    "windSpeedMph": 68,
    "power": "OFF",
    "type": "DESIRED"
  },
  "reported": {
    "timestamp": "2020-11-23T09:02:01.000Z",
    "windSpeedMph": 68,
    "power": "ON",
    "type": "REPORTED"
  }
}
```

이제 풍력 터빈에서 REST 서비스로 쿼리할 수 있으며 (desired-state-events 토픽을 통해) 자신의 상태를 캡처 또는 카프카 스트림즈가 강제로 (셧다운 신호를 보내기 위해 High Winds Flatmap Processor를 사용) 생성한 희망하는 상태로 동기화할 수 있다.

Processor API와 DSL 결합

애플리케이션이 잘 동작하는지 검증해봤다. 그러나 코드를 자세히 보면 토폴로지의 여러 단계 중 하나의 단계만 Processor API가 제공하는 하위-수준 접근을 필요로 한다는 것을 볼 수 있다. Digital Twin Processor 단계(그림 7-1의 3단계)가 그 단계로, 이 단계에서는 Processor API의 주요 특징 중 하나인 주기적인 함수 스케줄링 기능을 사용한다.

카프카 스트림즈는 Processor API와 DSL을 결합할 수 있으므로, Digital TwinProcessor 단계만 Processor API를 사용하고 나머지는 DSL을 사용하도록 애플리케이션을 리팩토링할 수 있다. 이런 리팩토링을 통해 얻는 가장 큰 이득은 스트림 처리 단계를 단순화할 수 있다는 것이다. 이 튜토리얼에서는 High Winds Flatmap Processor를 단순화할 기회를 제공하지만 좀 더 큰 애플리케이션에서는 이런 리팩토링을 통해 훨씬 큰 규모의 복잡성을 줄일 수 있다.

프로세서 토폴로지에서 처음 두 단계(소스 프로세서 등록과 flapMap과 유사한 연산으로 셧다운 신호 생성)는 이 책에서 이미 배운 연산자를 사용해 리팩토링할 수 있다. 특히 다음과 같은 변경이 가능하다.

Processor API	DSL
Topology builder = new Topology();	StreamsBuilder builder = new StreamsBuilder();

builder.addSource(
  "Desired State Events",
  Serdes.String().deserializer(),
  JsonSerdes.TurbineState().deserializer(),
  "desired-state-events");
	KStream⟨String, TurbineState⟩ desiredStateEvents =
	  builder.stream("desired-state-events",
	    Consumed.with(
	      Serdes.String(),
	      JsonSerdes.TurbineState())))

builder.addSource(
  "Reported State Events",
  Serdes.String().deserializer(),
  JsonSerdes.TurbineState().deserializer(),
  "reported-state-events");
 	
builder.addProcessor(
  "High Winds Flatmap Processor",
  HighWindsFlatmapProcessor::new,
  "Reported State Events");
	KStream⟨String, TurbineState⟩ highWinds =
	  builder.stream("reported-state-events",
	    Consumed.with(
	      Serdes.String(),
	      JsonSerdes.TurbineState())))
	  .flatMapValues((key, reported) -⟩ ...)
	  .merge(desiredStateEvents);

보다시피, 이런 변경은 매우 직관적이다. 그러나 토폴로지의 3단계는 Processor API를 요구하는데, 이 단계에서 DSL과 Processor API를 어떻게 결합해야 할까? 답은 다음에 살펴볼 DSL의 특별한 연산자에 있다.

프로세서와 트랜스포머

DSL은 상태 저장소, 레코드 메타데이터 그리고 프로세서 컨텍스트(주기적인 함수를 스케줄링할 때 사용)를 하위-수준으로 접근할 필요가 있을 때마다 Processor API를 사용할 수 있게 해주는 특별한 연산자들을 포함하고 있다.

이 특별한 연산자들은 프로세서^{processor}와 트랜스포머^{transformer} 두 가지로 분류할 수 있다.

다음에는 이 두 그룹 간의 차이점을 대략적으로 설명하고 있다.

- 프로세서는 말단 연산^{terminal operation}(void를 반환하고 하위 스트림 연산자와 연결되지 않음을 의미한다)이고 처리 로직은 Processor 인터페이스(297페이지 '상태가 없는 스트림 프로세서 추가'에서 다뤘었다)를 사용해 구현해야 한다. 프로세서는 DSL에서 Processor API가 필요할 때마다 사용해야 한다. 그러나 하위 스트림 연산자를 연결할 필요는 없다. 다음에 있는 표와 같이 이 연산자는 한 가지 변형만 가지고 있다.

DSL 연산자	구현할 인터페이스	설명
process	Processor	한 번에 하나의 레코드에만 Processor를 적용한다.

- 트랜스포머는 좀 더 많은 변형이 있으며 하나 이상의 레코드를 반환할 수 있다(사용하는 변형에 따라 결정), 따라서 하위 스트림 연산자로 연결이 필요할 때 사용하면 적절하다. transform 연산자의 변형들은 표 7-4와 같다.

표 7-4. 카프카 스트림즈에서 사용 가능한 다양한 변환 연산자들

DSL 연산자	구현할 인터페이스	설명	입력/ 출력 비율
transform	Transformer	하나 이상의 출력 레코드를 생성하는 Transformer를 각 레코드에 적용한다. 단일 레코드는 Transformer#transform에서 반환할 수 있고 값이 여러 개이면 ProcessorContext#forward[a]를 사용해 내보낼 수 있다. 트랜스포머는 레코드 키와 값, 메타데이터, 프로세서 컨텍스트(주기적인 함수를 스케줄링할 때 사용)를 접근할 수 있으며 상태 저장소와 연결돼 있다.	1:N

DSL 연산자	구현할 인터페이스	설명	입력/ 출력 비율
transform Values	ValueTransformer	transform과 유사하나 레코드 키를 접근할 수 없고 ProcessorContext#forward를 사용해 여러 레코드를 전달할 수 없다(여러 레코드를 전달하려 시도하면 StreamsException이 발생할 것이다). 상태 저장소 연산들은 키 기반이므로 이 연산자는 상태 저장소에 조회를 수행할 필요가 있을 때는 잘 맞지 않다. 또한 출력 레코드들은 입력 레코드들과 마찬가지로 동일한 키를 가지고 있을 것이다. 그리고 키가 변경되지 않으므로 하위 스트림의 자동 재분배는 일어나지 않을 것이다(이는 네트워크를 타지 않으므로 성능상으로 이점이 있다).	1:1
transform Values	ValueTransformer WithKey	transform과 유사하지만 레코드 키는 읽기 전용이며 변경이 불가능하다. 또한 Processor Context#forward를 이용해 여러 레코드를 전달할 수 없다(만약 여러 레코드를 전달하려 시도하면 StreamsException이 발생할 것이다).	1:1
flatTrans form	Transformer (with an iterable return value)	transform과 유사하지만 여러 레코드를 반환할 때 ProcessorContext#forward를 사용하는 대신 단순히 값 컬렉션을 반환하면 된다. 이런 이유로 여러 레코드를 내보낼 필요가 있다면 transform 대신 flatTransform을 사용할 것을 권장한다.이 연산자는 타입에 안전하지만 transform은 그렇지 않다(ProcessorContext#forward를 사용하기 때문에 발생).	1:N
flatTrans formValues	ValueTransformer (with an iterable return value)	각 레코드에 Transformer를 적용하고 Value Transformer#transform으로부터 하나 이상의 레코드를 직접 반환한다.	1:N
flatTrans formValues	ValueTransformer WithKey (with an iterable return value)	flatTransformValues의 상태가 있는 변형으로 읽기 전용 키를 transform 메소드로 넘긴다. 이것으로 상태를 조회할 수 있다. ValueTransfor merWithKey#transform 메소드로 여러 출력 레코드를 직접 내보낸다.	1:N

a. 1:N 변환이 기술적으로는 지원되나 ProcessorContext#forward는 타입에 안전하지 않으므로 1:1이나 1:0 변환에서는 단일 레코드를 반환하는 transform을 사용하는 것이 낫다. 따라서 transform에서 여러 레코드를 전달할 필요가 있으면 타입에 안전한 flatTransform을 사용할 것을 권장한다.

어떤 변형을 선택하든, 연산자에 상태가 있다면 새 연산자를 추가하기 전에 토폴로지 빌더로 상태 저장소에 연결해야 한다.

상태가 있는 Digital Twin Processor 단계를 리팩토링 중이므로, 리팩토링을 진행해보자.

```
StoreBuilder<KeyValueStore<String, DigitalTwin>> storeBuilder =
  Stores.keyValueStoreBuilder(
      Stores.persistentKeyValueStore("digital-twin-store"),
      Serdes.String(),
      JsonSerdes.DigitalTwin());

builder.addStateStore(storeBuilder); ❶
```

❶ 예제 7-4에서 Topology#addStateStore의 선택적인 두 번째 파라미터에 대해 알아봤다. 이 파라미터는 상태 저장소와 연결돼야 하는 프로세서 이름들을 지정한다. 여기서는 두 번째 파라미터를 생략했으므로 상태 저장소가 연결돼 있지 않다(다음 코드 블록에서 연결할 것이다).

이제, Digital Twin Processor 단계에서 프로세서를 사용할지 아니면 트랜스포머를 사용할지 결정해야 한다. 이전 표의 정의를 보면, 순수 Processor API 버전의 앱에서 Processor 인터페이스를 이미 구현(예제 7-5 참조)했기 때문에 process 연산자를 사용하고 싶은 유혹이 생길 것이다. 만약 이런 접근 방식을 취한다면(앞으로 잠깐 살펴볼 이유들로 문제가 생길 가능성이 있다), 아마도 다음과 같이 구현할 것이다.

```
highWinds.process(
  DigitalTwinProcessor::new, ❶
  "digital-twin-store"); ❷
```

❶ DigitalTwinProcessor 인스턴스를 얻을 때 사용할 ProcessSupplier

❷ 프로세서가 상호 동작할 상태 저장소의 이름

안타깝게도 이 노드에 싱크 프로세서를 연결해야 하므로 이 방법은 적절하지 않으며, process 연산자는 말단 연산자다. 대신 싱크 프로세서로 쉽게 연결 가능한(곧 보게 될 것이다) 트랜스포머 연산자 중 하나를 선택하는 것이 낫다. 이제 표 7-4에서 요구 사항에 맞는 트랜스포머 연산자를 찾아보자.

- 각 입력 레코드는 항상 하나의 출력 레코드를 생성한다(1:1 매핑).

- 상태 저장소에서 포인트 룩업point lookup을 수행하므로 레코드를 키를 읽기 전용으로 접근하기는 하나, 키를 변경하면 안 된다.

이 요구 사항에 가장 잘 맞는 연산자는 transformValues이다(ValueTransformerWithKey를 사용하는 변형). 이미 이 단계의 계산 로직은 Processor API로 구현했으므로(예제 7-5 참조) 다음처럼 ValueTransformerWithKey 인터페이스를 구현하고 예제 7-5의 process 메소드 로직을 transform으로 복사하기만 하면 된다. 대부분의 코드가 Processor API 구현과 동일하므로 지면 관계상 생략했다. 변경 내용에 대해서는 예제 코드 아래에서 설명하고 있다.

```java
public class DigitalTwinValueTransformerWithKey
    implements ValueTransformerWithKey<String, TurbineState, DigitalTwin> { ❶

  @Override
  public void init(ProcessorContext context) {
    // ...
  }

  @Override
  public DigitalTwin transform(String key, TurbineState value) {
    // ...
    return digitalTwin; ❷
  }

  @Override
  public void close() {
    // ...
  }

  public void enforceTtl(Long timestamp) {
    // ...
  }
}
```

❶ ValueTransformerWithKey 인터페이스를 구현한다. String은 키의 타입을 가리키며, TurbineState는 입력 레코드의 값 타입을 가리킨다. 그리고 DigitalTwin은 출력 레코드의 값 타입을 가리킨다.

❷ 하위 스트림 프로세서로 레코드를 보낼 때 context.forward 사용 대신, transform 메소드로부터 직접 레코드를 반환할 수 있다. 보다시피 DSL스러운 느낌이 난다.

트랜스포머 구현으로 애플리케이션에 다음과 같은 라인을 추가할 수 있다.

```
highWinds
  .transformValues(DigitalTwinValueTransformerWithKey::new, "digital-twin-store")
  .to("digital-twins", Produced.with(Serdes.String(), JsonSerdes.DigitalTwin()));
```

모두 조립하기: 리팩토링

지금까지 DSL의 각각의 단계를 리팩토링하는 것에 대해 알아봤다. 표 7-5에서처럼 두 개의 구현을 각각 살펴보자.

표 7-5 디지털 트윈 토폴로지의 두 가지 서로 다른 구현

Processor API만 사용	DSL + Processor API 사용
Topology builder = new Topology();	StreamsBuilder builder = new StreamsBuilder();
builder.addSource("Desired State Events", Serdes.String().deserializer(), JsonSerdes.TurbineState().deserializer(), "desired-state-events");	KStream⟨String, TurbineState⟩desiredStateEvents = builder.stream("desired-state-events", Consumed.with(Serdes.String(), JsonSerdes.TurbineState()));
builder.addSource("Reported State Events", Serdes.String().deserializer(), JsonSerdes.TurbineState().deserializer(), "reported-state-events");	KStream⟨String, TurbineState⟩ highWinds = builder.stream("reported-state-events", Consumed.with(Serdes.String(), JsonSerdes.TurbineState())) .flatMapValues((key, reported) -⟩ ...)

Processor API만 사용	DSL + Processor API 사용
builder.addProcessor(　"High Winds Flatmap Processor", 　HighWindsFlatmapProcessor::new, 　"Reported State Events");	.merge(desiredStateEvents);
builder.addProcessor(　"Digital Twin Processor", 　DigitalTwinProcessor::new, 　"High Winds Flatmap Processor", 　"Desired State Events");	// 줄을 맞추기 위한 빈 공간
StoreBuilder⟨KeyValueStore⟨String,DigitalTwin⟩⟩ 　storeBuilder = 　　Stores.keyValueStoreBuilder(　　　Stores.persistentKeyValueStore(　　　　"digital-twin-store"), 　　　Serdes.String(), 　　　JsonSerdes.DigitalTwin());	StoreBuilder⟨KeyValueStore⟨String, DigitalTwin⟩⟩ 　storeBuilder = 　　Stores.keyValueStoreBuilder(　　　Stores.persistentKeyValueStore(　　　　"digital-twin-store"), 　　　Serdes.String(), 　　　JsonSerdes.DigitalTwin());
builder.addStateStore(storeBuilder, 　"Digital Twin Processor");	builder.addStateStore(storeBuilder);
builder.addSink(　"Digital Twin Sink", 　"digital-twins", 　Serdes.String().serializer(), 　JsonSerdes.DigitalTwin().serializer(), 　"Digital Twin Processor");	highWinds 　.transformValues(　　DigitalTwinValueTransformerWithKey::new, 　　"digital-twin-store") 　.to("digital-twins", 　　Produced.with(　　　Serdes.String(), 　　　JsonSerdes.DigitalTwin()));

두 구현 모두 완벽하다. 그러나 이전에 언급했던 것처럼 무엇인가 해야 할 타당한 이유가 없다면 복잡성을 추가하지 않는 것이 좋다.

하이브리드 DSL + Processor API 구현의 이점은 다음과 같다.

- 노드 이름과 부모 이름으로 관계를 정의하는 대신 연산자들을 연결하는 것이 데이터 플로우를 구현할 때 더 쉽다.

- DSL에서는 대부분의 연산자에서 람다를 지원한다. 람다는 간결한 표현으로 변환할 때 유리하다(Processor API는 간단한 연산이라도 Processor 인터페이스 구현을 요구하므로 구현이 길어진다).

- 비록 이 튜토리얼에서는 키 재성성이 필요 없었지만, Processor API에서 이를 구현하려면 매우 길어진다. 키 재생성 연산을 위해 Processor 인터페이스 구현도 필요하지만 중간의 토픽 리파티션(이를 위해 싱크와 소스 프로세서를 명시적으로 추가해야 하고 이는 불필요한 복잡한 코드를 발생시킨다)에 필요한 코드 재작성도 해야 한다.

- DSL 연산자들은 어떤 스트림 처리 단계에서 벌어지는 일을 정의하는 표준 용어를 제공한다. 예를 들어 flatMap 연산자는 계산 로직을 모르더라도 입력보다 많은 수의 레코드를 생산한다는 것을 추론할 수 있다. 반면 Processor API는 어떤 Processor 구현의 본성을 변질시켜 코드의 가독성을 떨어뜨리고 유지 보수에 부정적 영향을 미칠 수 있다.

- 또한 DSL은 다른 형태의 스트림 타입을 위한 공통 용어를 제공한다. 여기에는 순수 레코드 스트림, 로컬 집계 스트림(보통 테이블을 가리킨다) 그리고 전역 집계 스트림(전역 테이블을 가리킨다)을 포함한다.

따라서 하위-수준의 접근이 필요할 때마다 Processor API로 순수하게 구현하기보다는, Processor API 사용을 위한 DSL의 특별한 연산자들 사용을 권장한다.

요약

7장에서 우리는 카프카 레코드와 카프카 스트림즈의 프로세서 컨텍스트를 하위-수준으로 접근할 때 Processor API를 어떻게 사용하는지 배웠다. 또한 주기적인 함수를 스케줄링할 때 유용한 Processor API의 기능을 살펴보고, 함수 스케줄링의 구두점을 정의할 때 사용하는 시간에 대한 여러 개념에 대해 배웠다. 마지막으로, Processor API와 상위-수준의 DSL을 결합하면 각 API의 이점을 모두 이용할 수 있다는 것도 알게 됐다. 8장에서는 단순성 스펙트럼상에서 Processor API와 반대 위치에 존재하고 있는 ksqlDB에 대해 살펴볼 것이다(스트림 처리 애플리케이션을 구축하는 가장 쉬운 방법 중 하나로 의심의 여지없이 가장 빠르고 단순하다).

ksqlDB

SQL 문법 표기법

3부에서는 ksqlDB SQL 문법을 설명할 때 여러 문법 참조를 사용할 것이다. 예를 들어 현재 실행 중인 쿼리 목록을 나열하는 SQL문의 문법 참조는 다음과 같다.

```
{ SHOW | LIST } QUERIES [EXTENDED];
```

3부의 모든 SQL 문법 참조에서 사용할 표기법은 다음과 같다.

- 대괄호 []은 선택적인 요소 또는 절을 감싼다.
- 중괄호 {}는 대신 선택할 수 있는 것들을 감싼다.
- 소괄호 ()는 리터럴 괄호이다.
- 수직 바 |는 논리 OR을 표현한다.
- 대괄호에서 쉼표가 앞에 있는 줄임표는 [, ...]는 이전 항목이 쉼표로 구분하는 목록에서 반복될 수 있음을 의미한다.

예를 들어 문법 참조를 사용해 SHOW나 LIST로 시작하는 SQL문을 볼 수 있다. 그리고 선택적으로 EXTENDED라는 키워드를 예제 SQL문 끝에 추가할 수 있다. 따라서 다음은 유효한 문장이다.

```
SHOW QUERIES ;
```

새로운 ksqlDB SQL문을 소개할 때마다 이 방식을 따르므로 꼭 기억하기 바란다.

8장

ksqlDB 시작하기

ksqlDB는 단순화를 목표로 진화해왔다. ksqlDB는 카프카 스트림즈와 마찬가지로 스트림 처리 애플리케이션의 구축 과정을 단순화할 목적으로 만들어졌다. 그러나 ksqlDB가 진화할수록 카프카 스트림즈 이상의 야망이 있음이 명확해졌다. 스트림 처리 애플리케이션 구축을 단순화하는 것뿐만 아니라 애플리케이션과 다른 시스템들(외부 카프카 포함)과의 통합까지도 단순화했기 때문이다. SQL 인터페이스로 이 모든 작업을 수행하므로 초보자와 전문가 모두 카프카 기능을 쉽게 활용할 수 있다.

지금 여러분이 어떤 생각을 하는지 알고 있다. 왜 카프카 스트림즈와 ksqlDB 모두를 알아야 하는가? 이 책의 반을 중고 마켓에 팔아 책값 일부를 회수하면 안 되나? 사실 카프카 스트림즈와 ksqlDB는 스트림 처리 도구로 알고 있으면 많은 도움이 되는 매우 훌륭한 도구들이며, 서로 보완이 가능하다. SQL로 표현 가능하며, 쉽게 설정 가능한 데이터 소스와 싱크들로 단대단 데이터 처리 파이프라인을 생성하는 스트림 처리 애플리케이션이라면 ksqlDB만을 사용해 구축할 수 있다. 반면, 좀 더 복잡한 애플리케이션이라면 카프카 스트림즈를 사용해야 한다. 사실 ksqlDB는 카프카 스트림즈 위에서 만든 것이므로 ksqlDB를 깊이 이해하려 할 때 카프카 스트림즈 라이브러리에 대한 지식이 많은 도움이 된다.

카프카 스트림즈 기반의 ksqlDB가 여러분의 마음을 사로잡기를 바라며 이 기술의 소개를 지금까지 아껴 뒀다. 그만큼 ksqlDB는 매우 큰 셀링 포인트이며 이런 이유로 여러분도 ksqlDB로 작업하는 것을 좋아하게 될 것이다. 대부분의 데이터베이스가 너무 복잡해져서, 마룻바닥을 다시 벗겨내는 수준으로 그 내부를 수개월 동안 열심히 공부하지 않으면 기술적으로 전문가 수준에 도달하기 어려워졌다. 그러나 ksqlDB의 중심에 카프카 스트림즈가 있다는 것은 설계가 매우 잘 돼 있으며 이해하기 쉬운 추상 계층 위에서 만들어졌다는 것을 의미한다. 이로 인해 재미있고 이해 가능한 방식으로 내부를 깊이 파고들 수 있으며, 이 기술의 힘을 충분히 활용할 수 있는 방법을 배울 수 있다. 사실, 카프카 스트림즈는 ksqlDB의 초기 내부 모습으로 볼 수 있다.

ksqlDB는 몇 장을 할애해야 할 만큼 많은 기능을 가지고 있다. 8장에서는 ksqlDB를 간단히 살펴보고 다음과 같은 중요한 질문에 답할 것이다.

- ksqlDB란 정확히 무엇인가?

- 언제 ksqlDB를 사용해야 하는가?

- ksqlDB의 특징들은 어떻게 진화했는가?

- ksqlDB는 어떤 부분을 단순화하는가?

- ksqlDB 아키텍처의 핵심 컴포넌트에는 어떤 것들이 있는가?

- 어떻게 ksqlDB를 설치하고 실행하는가?

일단, ksqlDB가 실제로 무엇이고 어떤 것을 할 수 있는지부터 알아보자.

ksqlDB는 무엇인가?

ksqlDB는 오픈 소스 이벤트 스트리밍 데이터베이스로 2017년(카프카 스트림즈가 카프카 생태계에 소개된 지 1년 조금 넘었을 때다) 컨플루언트에서 공개했다. ksqlDB는 카프카 생태계의 두 가지 특별한 컴포넌트(카프카 커넥트와 카프카 스트림즈)를 하나의 시스템으로 통합하고 이들 컴포넌트와 상호 동작하기 위해 상위 수준의 SQL 인터페이스를 제공해 스트림 처리 애플리케이션 구축과 배포, 유지 보수를 단순화한다. ksqlDB로 다음과 같은 것들을 할 수 있다.

- SQL을 사용해 스트림 또는 테이블로(ksqlDB에서는 각각을 컬렉션으로 간주한다) 데이터를 모델링한다.

- 다양한 SQL 구문들(예: 조인, 집계, 변환, 필터링 그리고 데이터 윈도잉)을 적용해 단한 줄의 자바 코드 없이 파생 데이터를 생성할 수 있다.

- 지속적으로 실행되면서 내보내기 쿼리$^{push\ query}$를 사용해 새 데이터가 들어올 때마다 스트림과 테이블에 대고 결과를 쿼리한다. 내부적으로는 내보내기 쿼리를 카프카 스트림즈 애플리케이션으로 컴파일하며 이는 이벤트를 빠르게 관찰하고 반응해야 하는 마이크로서비스에 이상적이다.

- 스트림과 테이블로부터 물리화된 뷰를 생성하고 이 뷰를 가져오기 쿼리$^{pull\ query}$로 쿼리한다. 가져오기 쿼리는 전통적인 SQL 데이터베이스의 키 조회와 같은 방식으로 동작하며 내부적으로 카프카 스트림즈와 상태 저장소를 사용한다. 동기적^{synchronous}/주문형$^{on-demand}$ 워크플로우에서 클라이언트가 ksqlDB를 조회할 필요가 있을 때 가져오기 쿼리를 사용할 수 있다.

- 외부 데이터 저장소와 ksqlDB를 통합할 필요가 있을 때 커넥터^{connector}를 정의한다. 커넥터는 다양한 데이터 소스와 싱크로부터 쉽게 데이터를 읽고 쓸 수 있게 해준다. 단대단 스트리밍 ETL[1] 파이프라인을 구축할 때 테이블과 스트림을 커넥터와 결합할 수도 있다.

위 특징들의 자세한 내용은 이어지는 장들에서 살펴보겠지만, 지금은 ksqlDB가 카프카 커넥트와 카프카 스트림즈의 탄탄한 기반 위에서 만들어졌고, 이런 견고함과 강력한 기능을 무료로 사용할 뿐만 아니라 우리에게 친숙한 인터페이스로 이 기능들을 사용할 수 있는 장점을 가졌다는 것만 알아두자. 다음 절에서는 ksqlDB를 사용하면 어떤 이점이 있는지 알아볼 것이다. 이를 통해 ksqlDB를 언제 사용할지 결정할 때 필요한 정보를 얻을 수 있다.

---

1   추출, 변환, 적재(Extract, Transform, Load)

언제 ksqlDB를 사용할까?

상위-수준 추상화는 하위-수준 추상화에 비해 작업하기 더 쉽다는 것은 그리 놀랄 일이 아니다. 그러나 "SQL이 자바보다 사용하기 쉽다"라고 단순하게 말한다면, 더 단순한 인터페이스와 아키텍처로 만든 ksqlDB를 사용하면서 얻는 이점들을 간과하는 것이다. ksqlDB를 사용하면 다음과 같은 이점들을 얻을 수 있다.

- 대화형 작업 환경. 기본적으로 포함돼 있는 CLI와 REST 서비스로 필요할 때마다 SQL 쿼리를 제출해 스트림 처리 애플리케이션들을 결합하고 해체하는 관리형 런타임 덕분에 상호 동작하며 작업이 가능하다.

- 코드 유지 보수 향상. JVM 언어 대신 SQL로 스트림 처리 토폴로지를 표현하므로 유지 보수할 코드가 훨씬 적어진다.

- 낮은 진입 장벽. 진입 장벽이 낮고 새로 배워야 할 개념이 상대적으로 적다. 특히, 전통적인 SQL 데이터베이스는 익숙하지만 스트림 처리는 처음인 사람에게 더 그렇다. 이는 새로운 개발자의 프로젝트 적응과 유지 보수성을 향상시킨다.

- 단순화된 아키텍처. 커넥터 관리(외부 데이터 소스를 카프카와 통합)와 데이터 변환을 단일 시스템에 결합해 아키텍처를 단순화했다. 카프카 커넥트를 ksqlDB와 같은 JVM[2]에서 실행하는 옵션도 있다.

- 향상된 개발 생산성. 적은 코드로 스트림 처리 애플리케이션을 표현할 수 있으며, 상위-수준 추상화가 복잡한 하위-수준 시스템을 감추고 있기 때문에 개발 생산성이 증가한다. 또한 대화형 작업 환경은 빠른 피드백을 받을 수 있으며, 쿼리 검증을 매우 쉽게 할 수 있는 테스트 도구[3]도 포함하고 있다. 이는 즐겁고 생산적인 개발 경험을 제공한다.

2　상용 환경에서 이 둘을 같은 JVM에서 실행할지 여부는 실행할 워크로드에 따라 다르다. 9장에서 다루겠지만 중요한 워크로드에서는 독립적으로 확장 가능하도록 카프카 커넥트를 분리해 외부에서 실행하려 할 것이다. 그러나 개발 단계에서 이 둘을 결합해 실행하면 매우 편리하다.

3　12장에서 보겠지만 카프카 스트림즈 애플리케이션 테스트도 매우 쉽다.

- 프로젝트 간 일관성. SQL의 선언적 문법 덕분에 SQL로 표현하는 스트림 처리 애플리케이션은 종분화speciation(즉, 유사한 프로젝트들과는 차별화된 고유한 기능 개발)로 인한 고통을 덜 받을 수 있다. 카프카 스트림즈도 이벤트 스트림에서 사용 가능한 표준 DSL 연산자들을 도입해 이를 이미 잘 수행하고 있으나, 스트림 처리 이외의 코드에 여전히 많은 자유도를 제공한다. 이는 애플리케이션을 소보다는 애완동물이 되게 만들 수 있다.

- 쉬운 설치와 턴키 방식의 배치. 공식적으로 지원하는 도커 이미지를 포함해 다양한 배포 방식 지원으로 설치가 쉽고 턴키 방식의 배치가 가능하다. 상용화를 쉽게 하고자 하는 사용자를 위해 완전 관리형 클라우드 기반의 ksqlDB도 제공한다(즉, 컨플루언트 클라우드(https://oreil.ly/WeY4r)).

- 쉬운 데이터 탐색 지원. ksqlDB는 토픽의 내용을 나열하고 출력할뿐만 아니라 물리화된 뷰 생성과 쿼리를 빠르고 쉽게 할 수 있다. 이런 종류의 데이터 탐색 사례는 ksqlDB에 더 적합하다.

지금까지 ksqlDB를 사용하면서 얻을 수 있는 이점에 대해 알아봤다. 이제 카프카 스트림즈 대신 언제 ksqlDB를 사용해야 하는지 알아보자. 흔한 답변은, SQL로 표현 가능한 스트림 처리 애플리케이션이라면 항상 ksqlDB를 사용하라는 것이다. 그러나 이 답변은 완전하지 못하다. 대신, 여러분의 프로젝트에서 앞에서 언급한 이점들을 사용할 수 있고, SQL로 자연스럽고 단순하게 스트림 처리 애플리케이션을 표현할 수 있다면 ksqlDB를 사용하라고 제안하고 싶다.

예를 들어 ksqlDB의 가장 훌륭하고 강력한 특징 중 하나는 사용자가 내장함수를 확장해 자바 기반의 커스텀 함수를 만들 수 있는 기능이다. 만약 ksqlDB 쿼리 애플리케이션에서 JVM 수준의 운영을 자주 하고 있는 자신을 발견하게 된다면, 적절한 추상화 수준에서 운영 중인지 점검할 필요가 있다(즉, 카프카 스트림즈를 사용하는 것이 더 합리적일 수 있다).

카프카 스트림즈가 더 적합한 사례는 몇 가지 더 있다. 예를 들어 하위-수준에서 애플리케이션 상태 접근, 특정 데이터를 대상으로 주기적인 함수 실행, ksqlDB에서 지원하지 않는 데이터 포맷 처리, 좀 더 유연한 애플리케이션 프로파일링/모니터링, SQL로 표현할 수 없는 비즈니스 로직 처리는 카프카 스트림즈가 더 적합하다.

ksqlDB를 언제 사용해야 하고 어떤 이점을 제공하는지 알아봤다. 이제 지금까지 ksqlDB가 어떻게 진화해왔고 여러 기술들을 통합해왔는지 살펴보면서 각 통합(카프카 스트림즈와 카프카 커넥트)을 자세히 알아볼 것이다.

새로운 데이터베이스로 진화

지금까지 ksqlDB가 어떻게 진화해왔고 그 과정에서 어떤 기능들이 추가됐는지 이해하면 많은 도움이 된다. ksqlDB의 진화에 대해 알아보는 것도 재미있지만, 이 절은 단순하게 ksqlDB 진화의 역사를 살펴보기보다는 좀 더 큰 목적을 가지고 있다. 그동안 ksqlDB는 다른 이름(KSQL)으로 알려져왔기 때문에 특정 기능들이 언제 도입됐는지 알면 ksqlDB의 여러 세대 간의 차이를 구분하는 데 도움을 준다.

먼저 그동안 ksqlDB가 카프카 스트림즈와의 통합을 어떻게 진화시켰고, 카프카 스트림즈가 ksqlDB의 가장 기본적인 기능 중 하나인 데이터 쿼리를 어떻게 지원하는지 알아보자.

카프카 스트림즈 통합

ksqlDB은 처음 두 해 동안 KSQL로 알려져 있었다. 초기 버전은 핵심 기능인 SQL문을 파싱하고 컴파일해 완전한 스트림 처리 애플리케이션으로 변환하는 스트리밍 SQL 엔진에 초점을 맞췄다. 이 초기 버전의 KSQL은 개념적으로 전통적인 SQL 데이터베이스와 카프카 스트림즈를 혼합한 것으로, 관계형 데이터베이스[RDBMS]의 기능을 차용하면서 스트림 처리 계층에서의 작업은 카프카 스트림즈를 이용했다. 그림 8-1은 이를 보여준다.

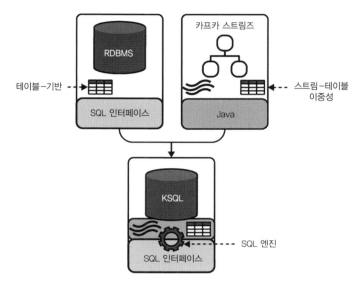

그림 8-1 ksqlDB 진화의 첫 번째 단계는 SQL 인터페이스를 도입해 카프카 스트림즈를 전통적 SQL 데이터베이스 특징을 갖게 하는 것이었다.

진화 과정에서 KSQL이 RDBMS으로부터 차용한 특징 중 가장 주목할 만한 것은 SQL 인터페이스이다. 사용자가 카프카 스트림즈를 사용하기 위해 자바나 스칼라 같은 JVM 언어를 알 필요가 없어졌으므로, 카프카 생태계의 스트림 처리 애플리케이션 구축에서 언어 장벽을 허물었다.

왜 SQL인가

SQL 자체는 수많은 제품 개발과 단순화 과정을 통해 얻은 결과물이다. 초기에는 영구적인 데이터 저장소에서 데이터를 조회하려면 복잡한 언어로 장문의 프로그램을 작성해야 했다. 그러나 수학적 표현과 선언적 구문을 사용한 관계형 언어는 점점 더 작고 효율적으로 변했다. 많은 언어 최적화를 통해 영어로 된 자연 언어[4]와 같은 형태로 데이터를 읽는 새로운 언어인 SQL이 탄생했다. SQL은 수많은 단순화의 결과물로 영구적인 데이터 저장소를 쿼리할 때 쉽게 사용할 수 있어 오늘날 많은 인기를 얻고 있다.

---

4   챔버린, IEEE 컴퓨팅 역사 연보 34권, No.4, 페이지 78 – 82, 10월. – 2012년 12월.

> 스트림 데이터 처리에도 SQL을 적용함으로써 ksqlDB도 전통적인 SQL 사용의 이점들을 동일하게 갖게 됐다.
>
> - 영어처럼 읽으며 간결하고 표현력이 풍부한 문법
> - 선언적인 프로그래밍 스타일
> - 낮은 학습 곡선

SQL 문법은 ANSI SQL로부터 영감을 받았지만, 스트림과 테이블 데이터 모두를 모델링하려면 특별한 SQL 방언이 필요했다. 전통적인 SQL 데이터베이스는 주로 테이블을 다루지만, 무한 데이터셋(스트림)에 대한 네이티브 지원은 없다. 고전적인 SQL에서는 일반적으로 두 종류의 언어로 이를 표현한다.

- 고전적인 DDL^Data Definition Language(데이터 정의 언어)문들은 데이터 베이스 객체(보통 테이블이나 때로는 데이터베이스, 뷰 등이 될 수 있다)를 생성하거나 삭제하는 데 초점을 맞추고 있다.

    ```
    CREATE TABLE users ...;
    DROP TABLE users;
    ```

- 고전적인 DML^Data Manipulation Language(데이터 조작 언어)문들은 테이블 데이터를 읽고 조작하는 데 초점을 맞추고 있다.

    ```
    SELECT username from USERS;
    INSERT INTO users (id, username) VALUES(2, "Izzy");
    ```

KSQL로 구현한 SQL 방언(이후 ksqlDB)은 스트림을 지원을 위해 고전적인 SQL을 확장했다. 9장에서 확장된 DDL과 DML문을 자세히 살펴볼 것이나, 기대하는 것처럼 스트림도 CREATE TABLE과 DROP TABLE문과 동등한 DML을 가지고 있으며(CREATE STREAM, DROP STREAM), 확장된 DML은 스트림과 테이블 양쪽의 쿼리도 지원한다.

ksqlDB의 진화와 관련해, 이 기술의 초기 형태인 KSQL은 카프카 스트림즈를 내보내기 쿼리$^{push\ query}$에 주로 사용했다는 것을 알고 있을 필요가 있다. 이 쿼리들은 스트림이나 테이블에 대해 지속적으로 쿼리를 수행해 새로운 데이터가 발생할 때마다 그 결과를 클라이언트로 내보낸다. 내보내기 쿼리의 데이터 흐름은 그림 8-2와 같다.

 당시에는 KSQL의 쿼리를 내보내기 쿼리(push query)라 부르지 않았다. 이 책의 KSQL 쿼리 초기 형태를 설명할 때, 이 용어로 쿼리 결과를 클라이언트로 내보내는 것을 충분히 설명하기 때문에 사용하지만 사실 나중에 만든 용어다.

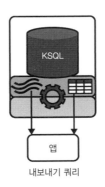

내보내기 쿼리

그림 8-2 내보내기 쿼리는 새로운 데이터가 들어올 때마다 자동으로 결과를 내보낸다. 덕분에 애플리케이션/클라이언트는 새 데이터를 받기 위해 대기하면 된다.

시간이 흘러 SQL 엔진은 점점 발전했고 KSQL은 ksqlDB로 이름을 바꿨으며, 가져오기 쿼리$^{pull\ query}$ 기능도 이름을 변경했다. 가져오기 쿼리는 키 기반으로 데이터를 조회할 때 사용하므로 실행 시간이 짧아 전통적 데이터베이스와 좀 더 유사하다. 내부적으로 카프카 스트림즈와 상태 저장소를 사용한다. 4장에서 봤듯이, 상태 저장소는 로컬에 임베딩돼 있는 키-값 저장소로 보통 RocksDB를 사용한다. 그림 8-3은 ksqlDB에서 사용 가능한 내보내기와 가져오기 쿼리의 데이터 흐름을 보여준다.

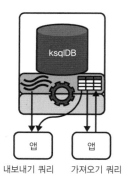

그림 8-3 ksqlDB는 내보내기와 가져오기 쿼리 모두를 지원한다.

두 종류의 쿼리 모두 카프카 스트림즈와 347페이지'아키텍처'에서 깊이 살펴볼 카프카 ksqlDB의 SQL 엔진에 많이 의존한다. 지금까지 카프카 스트림즈 통합을 살펴봤다. 이 제 ksqlDB의 카프카 커넥트 통합에 대해 알아본 후, 카프카 스트림즈 통합과 비교해 카 프카 커넥트 통합이 해결하고자 하는 스트림 데이터 처리 사례들을 알아보자.

카프카 커넥트 통합

2장에서 배웠듯이 카프카 스트림즈 애플리케이션은 카프카 토픽으로부터 데이터를 읽 고 쓴다. 따라서 처리하고자 하는 데이터가 카프카 외부에 있거나 카프카 스트림즈 애 플리케이션 외부 데이터 저장소로 싱크^{sink}하고자 한다면, 데이터를 적절한 시스템으로 부터 가져오거나 내보낼 수 있는 카프카 커넥트 데이터 파이프라인을 구축해야 한다. 따라서 바닐라 카프카 스트림즈를 사용할 경우, 카프카 커넥트와 적당한 싱크/소스 커 넥터들을 손수 배치해야 한다.

초기 형태의 KSQL은 카프카 스트림즈와 동일한 제약을 가지고 있었다. 카프카 외의 데 이터 소스와 통합은 별도 시스템에서 동작하는 커넥터를 관리해야 하므로 추가적인 아 키텍처 복잡성과 운영 부하를 발생시켰다. 그러나 KSQL이 진보한 형태인 ksqlDB는 몇 가지 새로운 ETL 기능들을 추가했다. ksqlDB는 카프카 커넥트 통합을 기능에 추가했 고, 이 통합은 다음과 같은 것들을 포함하고 있다.

- 소스와 싱크 커넥터를 정의하는 SQL 구문을 갖고 있다. 9장의 튜토리얼에서 좀 더 많은 예제를 제공할 것이나 언급한 DDL을 간단히 살펴보면 다음과 같다.

```
CREATE SOURCE CONNECTOR `jdbc-connector` WITH (
    "connector.class"='io.confluent.connect.jdbc.JdbcSourceConnector',
    "connection.url"='jdbc:postgresql://localhost:5432/my.db',
    "mode"='bulk',
    "topic.prefix"='jdbc-',
    "table.whitelist"='users',
    "key"='username'
);
```

- 외부에 배치돼 있는 카프카 커넥트 클러스터에서 커넥터를 관리하고 실행하거나, 더 간단한 설치를 위해 ksqlDB를 따라 분산 카프카 커넥트 클러스터를 실행할 수 있다.

카프카 커넥트 통합으로 ksqlDB는 ETL 작업 중 카프카 스트림즈로 처리하는 변환 작업뿐만 아니라 이벤트 스트림 전체의 ETL 생명 주기를 지원할 수 있게 됐다. 그림 8-4는 데이터 통합과 변환 기능 모두를 포함하는 ksqlDB를 보여준다.

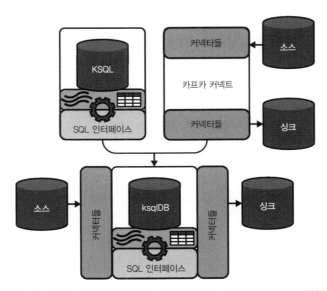

그림 8-4 ksqlDB는 데이터 변환과 통합 모두를 지원하는 하나의 시스템으로 진화했다.

ksqlDB를 쿼리 가능하게 해주는 카프카 스트림즈 통합과 외부 데이터 소스로부터 쿼리 가능하게 해주는 카프카 커넥트 통합을 통해 ksqlDB가 얼마나 강력한지 알게 됐다.

ksqlDB와 전통적인 SQL 데이터베이스 비교 방법

지금까지 ksqlDB가 어떻게 새로운 데이터베이스(이벤트 스트리밍 데이터베이스)로 진화했는지 살펴봤다. 이제 전통적인 SQL 데이터베이스와 ksqlDB를 비교해보자. 여러분이 수개월 동안 계속 실행되는 쿼리를 실행한다고 말하면 시스템 관리자는 어떤 질문들을 할 것이고, 여러분은 이에 답해야 것이다. 먼저 ksqlDB와 전통적인 SQL 데이터베이스의 유사점에 대해 알아보자.

유사점

스트림 데이터 처리에 초점이 맞춰져 있긴 하지만 ksqlDB는 전통적인 SQL 데이터베이스의 여러 특징을 가지고 있다. 이 유사점들은 다음과 같다.

SQL 인터페이스

전통적인 SQL 데이터베이스와 마찬가지로 ksqlDB는 SQL 문법, 파서, 실행 엔진을 포함하고 있다. 이는 데이터와 상호 동작할 때 상위-수준의 선언적 언어인 SQL를 사용해 수행할 수 있다는 것을 의미한다. ksqlDB의 SQL 방언은 여러분이 기대하는 것처럼 프로젝션projection하는 SELECT, 소스를 정의하는 FROM, 필터링하는 WHERE, 조인하는 JOIN과 같은 구문을 포함하고 있다.

DDL과 DML문

DDL과 DML은 전통적인 SQL 데이터베이스와 ksqlDB에서 지원하는 두 가지 큰 분류의 언어다. DDL문은 데이터베이스 객체들(전통적 데이터베이스의 테이블, ksqlDB의 테이블과 스트림)을 조작하는 책임을 가지고 있다. 반면 DML문은 데이터를 읽고 조작할 때 사용한다.

쿼리를 제출하는 네트워크 서비스와 클라이언트

여러분이 전통적인 SQL 데이터베이스로 작업한 적이 있다면, 아마도 두 가지를 기대할 것이다. 네트워크를 통해 데이터베이스에 연결하는 기능과 쿼리를 제출할 수 있는 기본 클라이언트 구현체(즉, CLI)이다. ksqlDB도 상호 동작하면서 쿼리를 제출할 수 있는 REST API 기반의 네트워크 서비스와 ksqlDB CLI와 UI를 제공하고 있다. ksqlDB 서버와 상호 동작할 때 사용하는 자바 클라이언트(https://oreil.ly/s6dDf)도 포함하고 있다.

스키마

스키마 정의들을 포함하는 집합으로 필드 이름과 타입으로 정의한다. 또한 Postgres와 같은 유연한 데이터베이스 시스템처럼 ksqlDB도 사용자 정의 타입을 제공한다.

물리화된 뷰

전통적인 데이터베이스에서 읽기 성능을 최적화하기 위해 필요에 따라 물리화된 뷰를 생성한다. 물리화된 뷰는 이름이 있는 객체로 쿼리 결과를 포함하고 있다. 그러나 전통적인 시스템에서는 이런 뷰의 갱신을 게으르게 하거나 lazily(뷰 갱신을 나중에 처리하기 위해 큐에 쌓거나 직접 적용해야 한다) 또는 (새 데이터가 도착할 때마다) 열성적으로 eagerly 하기도 한다. 열성적으로 관리되는 뷰는 ksqlDB가 데이터를 표현하는 방식과 유사하고 새 데이터가 생성되면 즉시 스트림이나 테이블을 바로 갱신한다.

데이터 변환에 사용하는 내장함수와 연산자들

많은 전통적인 SQL 데이터베이스와 마찬가지로, ksqlDB도 데이터 작업에 필요한 풍부한 함수와 연산자들을 포함하고 있다. 454페이지 '함수와 연산자'에서 함수와 연산자를 자세히 알아볼 것이다. 그러나 지금은 광범위한 문자열 함수와 수학 함수, 시간 함수, 테이블 함수, 지리 공간 함수 등이 있다는 정도로 마무리할 것이다. 여러 연산자들(+, -, /, *, %, ||, 등)도 포함하고 있으며 자바를 사용해 사용자가 함수를 정의할 수 있는 플러그인 가능한 인터페이스도 포함하고 있다.

데이터 복제

대부분의 전통적인 데이터베이스는 리더-기반 복제를 사용한다. 이 복제 방식에서는 리더에 데이터를 쓰면 팔로워(또는 복제본)로 전파된다. ksqlDB는 카프카(내부 토픽 데이터를 위해)와 카프카 스트림즈(258페이지 '대기 복제본'에서 봤던 대기 복제본으로 상태를 복제하는 상태가 있는 테이블 데이터에 사용)로부터 이런 복제 전략을 상속한다. 대화형 모드에서 ksqlDB는 명령 토픽^{command topic}이라는 내부 토픽에 쿼리들을 내보내는 문장-기반^{statement-based} 복제를 사용한다. 이를 통해 단일 ksqlDB 클러스터 내의 여러 노드가 동일 쿼리를 실행할 수 있도록 보장한다.

지금까지 본 것처럼 ksqlDB는 전통적 데이터베이스의 많은 특징들을 가지고 있다. 이제 ksqlDB와 기타 데이터베이스 시스템의 차이점에 대해 살펴보자. 이 과정을 통해 데이터베이스 관리자에게 무한 루프로 전통적 데이터베이스를 폴링하는 것과 ksqlDB와 같이 무한 데이터 셋을 최상급^{first-class}으로 지원하는 이벤트 스트림 데이터베이스 사용이 다르다는 것을 설명하는 데 도움이 될 수 있다.

차이점

ksqlDB와 전통적인 SQL 데이터베이스와의 유사점에도 불구하고 다음과 같이 몇 가지 큰 차이점도 존재한다.

강화된 DDL과 DML문

전통적인 데이터베이스에서 지원하는 고전적인 DDL과 DML문은 테이블 데이터의 모델링과 쿼리에 초점이 맞춰져 있다. 그러나 이벤트 스트리밍 데이터베이스인 ksqlDB는 다른 관점의 세계를 가지고 있다. ksqlDB는 105페이지 '스트림/테이블 이중성'에서 알아봤듯이 스트림/테이블 이중성을 인식하고, 따라서 ksqlDB SQL 방언은 스트림과 테이블의 데이터를 모델링하고 쿼리하는 것을 지원한다. ksqlDB는 다른 시스템에서는 찾을 수 없는 새로운 데이터베이스 객체인 커넥터^{connector}도 도입했다.

내보내기 쿼리

대부분의 전통적인 SQL 데이터베이스의 쿼리 형태는 현재 데이터 스냅숏에 쿼리를 던지고 요청을 만족하거나 오류가 발생하는 즉시 쿼리를 중단한다. 이런 짧은 생명short-lived과 룩업-스타일lookup-style 쿼리는 ksqlDB에서도 지원하나 ksqlDB는 무한 이벤트 스트림에서 동작하므로 새로운 데이터를 수신할 때마다 결과를 내보내는 수개월 또는 심지어 수년 동안 실행되는 지속적인 쿼리도 지원한다. 이는 밖으로 나가는 문을 여는 것을 의미하는 것으로 ksqlDB는 데이터의 변경을 구독하고자 하는 클라이언트를 더 잘 지원한다.

단순 쿼리 기능

ksqlDB는 열성적으로 관리되는 물리화된 뷰를 내보내기 쿼리push query로 지속적으로 실행하거나, 가져오기 쿼리pull query로 상호 동작하며 실행할 수 있도록 특화된 데이터베이스다. 이 물리화된 뷰는 분석적 저장소(예: 일레스틱서치), 관계형 시스템(예: Postgres, MySQL) 또는 다른 특수한 데이터 저장소[5]와 동등한 쿼리 기능을 지원하지 않는다. ksqlDB의 쿼리 패턴은 스트리밍 ETL, 물리화된 캐시 그리고 이벤트-주도 마이크로서비스와 같은 특정 사용 목적에 맞게 만들어져 있다.

좀 더 정교한 스키마 관리 전략

여러분이 기대하는 것처럼 SQL을 사용해 스키마를 정의할 수 있다. 그러나 별도 스키마 레지스트리(컨플루언트 스키마 레지스트리)에도 저장 가능하다. 이 스키마 레지스트리는 스키마 진화 지원/호환성 보장, 데이터 크기 최적화(직렬화한 레코드에서 스키마를 스키마 식별자로 대체함), 자동 컬럼 이름/데이터 타입 추론 그리고 다른 시스템과의 쉬운 통합(하위 스트림의 애플리케이션도 ksqlDB로부터 처리된 데이터를 역직렬화할 때 레지스트리로부터 레코드 스키마를 조회할 수 있다)과 같은 이점을 제공한다.

---

5   더 자세한 것은 제이 크렙스의 컨플루언트의 "ksqlDB 소개" 글(https://oreil.ly/lo9LY)을 참조하기 바란다.

ANSI-SQL에서 영감을 받았지만 완전히 호환되지 않음

스트리밍 SQL을 표준화하려는 시도는 비교적 최신의 일이며 ksqlDB가 사용하는 SQL 방언은 SQL 표준에는 없는 구문들도 도입했다.

고가용성, 내고장성, 매끄러운 장애 복구 기능

이 기능들은 다른 시스템처럼 별도 기능이거나 엔터프라이즈를 위한 기능이 아니다. 이 기능들은 ksqlDB의 DNA에 내장돼 있고 쉽게 구성 가능하다.[6]

로컬 또는 원격 저장소

ksqlDB로 처리한 데이터는 카프카에 존재하며, 테이블을 사용할 때는 로컬 상태 저장소에 물리화된다. 여기에는 몇 가지 주목할 만한 것이 있다. 예를 들어 동기화/커밋 수신 확인[ack]은 카프카가 자체로 처리하며, 저장 계층이 SQL 엔진으로부터 독립돼 있어 수평 확장이 가능하다. 또한 견고하고 수평 확장 가능한 저장소로 카프카 자체의 분산 저장 계층을 사용하면서, 데이터(즉, 상태 저장소)를 연산과 동일한 곳에 위치시켜 성능적인 이점을 얻을 수 있다.

일관성 모델

많은 전통적인 시스템이 원자성[Atomicity], 일관성[Consistency], 고립성[Isolation], 견고성[Durabilty] 모델을 고수하는 것과 달리 ksqlDB는 궁극적인 일관성[eventually consistency]과 비동기 일관성[async consistency] 모델을 고수한다.

지금까지 ksqlDB와 전통적인 SQL 데이터베이스 간의 유사점과 차이점에 대해 알아봤다. 결론적으로 ksqlDB는 전통적인 데이터베이스에 비해 많은 특징들을 가지고 있으나, 전통적인 데이터베이스를 대체하는 게 목표가 아니다. 스트리밍 사례에 사용할 수 있도록 특화된 도구이고 다른 시스템의 기능이 필요하면 ksqlDB 카프카 커넥트 통합을 이용해 보강, 변환 등 여러 방식으로 처리한 데이터를 여러분이 선택한 데이터 저장소로 이동시킬 수 있다.

---

6   예를 들어 핫-스탠바이는 카프카 스트림즈의 대기 복제 설정(standby replica configs)으로 지원한다.

ksqlDB를 설치하기 전에 아키텍처에 대해 짧게 알아보자.

아키텍처

ksqlDB는 카프카 스트림즈 위에서 만들어져 있으므로, 하위-수준의 내부 카프카 스트림즈의 동작을 이해하려면 2장의 스트리밍 아키텍처를 복습하길 바란다. 이 절에서는 전체 아키텍처에서 ksqlDB만의 특화된 컴포넌트들에 대해 초점을 맞출 것이다. 이 컴포넌트들은 두 가지 그룹으로 나뉜다. ksqlDB 서버와 ksqlDB 클라이언트가 그것이다.

ksqlDB 서버

ksqlDB 서버는 스트림 처리 애플리케이션(ksqlDB 관점에서 이는 어떤 비즈니스 문제를 해결하기 위해 협업하는 쿼리들일 것이다)을 실행할 책임이 있다. 각 서버는 카프카 스트림즈 애플리케이션의 단일 인스턴스와 개념적으로 유사하고 워크로드(쿼리 집합으로 생성)는 동일 ksql.service.id 설정으로 여러 ksqlDB 서버에 분산 배포될 수 있다. 카프카 스트림즈 애플리케이션과 마찬가지로 ksqlDB 서버는 카프카 클러스터와 분리해 배치(보통 브로커와 분리돼 있는 장비/컨테이너에 배치)할 수 있다.

서로 협업하는 ksqlDB 서버 그룹을 ksqlDB 클러스터라고 부르고, 보통 하나의 클러스터에 하나의 애플리케이션을 고립시킬 것을 추천한다. 그림 8-5는 ksqlDB 클러스터를 보여주는 것으로 각 클러스터는 다른 서비스 ID를 가지고 있으며 수평 확장과 관리가 독립적으로 가능한 고립된 워크로드들을 실행한다.

ksqlDB 클러스터에 용량을 증설할 필요가 있다면, ksqlDB 서버를 추가로 배치하면 된다. ksqlDB 서버를 제거하면 클러스터의 수평 축소도 언제든지 가능하다. 동일한 서비스 ID를 가지고 있는 ksqlDB 서버들은 동일 컨슈머 그룹의 일원이므로, 새 ksqlDB 서버가 추가되거나 삭제될 때(삭제는 직접 또는 자동으로 가능, 예를 들어 시스템 장애 발생)마다 카프카는 자동으로 작업을 재할당/배포한다.

각 ksqlDB 서버는 SQL 엔진과 REST 서비스, 두 하위 컴포넌트로 구성돼 있다. 각 컴포넌트에 대한 설명은 이어지는 절들에서 할 것이다.

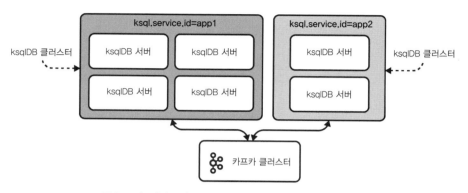

그림 8-5 카프카와 독립적으로 데이터를 처리하는 두 ksqlDB 클러스터

SQL 엔진

SQL 엔진은 SQL문을 파싱하고 하나 이상의 카프카 스트림즈 토폴로지로 변환한 후, 최종적으로 카프카 스트림즈 애플리케이션으로 실행할 책임을 갖고 있다. 그림 8-6은 이 과정을 시각화한 것이다.

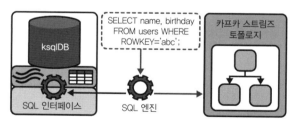

그림 8-6 SQL 엔진은 SQL문을 카프카 스트림즈 토폴로지로 변환한다.

파서 자체는 ANTLR(https://antlr.org)이라는 도구를 사용해 SQL문을 추상 문법 트리[AST] (https://oreil.ly/8ScW6)로 변환한다. AST의 각 노드는 입력 쿼리에서 인식한 문구 또는 토큰을 표현한다. ksqlDB는 파스 트리의 각 노드를 방문하고 발견한 토큰을 사용해 카프카 스트림즈 토폴로지를 구축한다. 예를 들어 쿼리의 내부 카프카 스트림즈 토폴로지를 구축할 때, 쿼리에 WHERE 절이 포함돼 있다면, ksqlDB는 상태가 없는 filter 연산자가 필요하다는 것을 안다. 비슷하게, 만약 쿼리가 조인 조건(예: LEFT JOIN)을 포함하고 있다면, ksqlDB는 leftJoin 연산자를 토폴로지에 추가한다. FROM 값으로부터 소스 프로세서가 결정되며, SELECT문은 프로젝션을 위해 사용한다.

엔진이 쿼리 실행에 필요한 프로세서 토폴로지들을 생성하면, 최종적으로 카프카 스트림즈 애플리케이션을 실행한다. 이제 쿼리를 SQL 엔진으로 전달할 때 필요한 컴포넌트인 REST 서비스를 살펴보자.

REST 서비스

ksqlDB는 클라이언트가 SQL 엔진과 상호 동작할 수 있는 REST 인터페이스를 포함하고 있다. ksqlDB CLI, ksqlDB UI 그리고 쿼리(예: SELECT로 시작하는 DML문)를 엔진에 제출, 기타 SQL문들(예: DDL문)을 실행, 클러스터의 상태/건강을 확인하는 클라이언트들이 주로 사용한다. 기본적으로, 8088포트에서 대기하고 HTTP로 통신하나, listeners 설정을 사용해 엔드포인트를 변경할 수 있고 ssl 설정으로 HTTPS로 통신을 활성화시킬 수 있다. 두 설정은 다음과 같다.

```
listeners=http://0.0.0.0:8088
ssl.keystore.location=/path/to/ksql.server.keystore.jks
ssl.keystore.password=...
ssl.key.password=...
```

REST API는 선택적이며 운영 모드(352페이지 '배치 모드')에 따라 전체적으로 비활성화할 수도 있다. 그러나 기본 클라이언트(즉, ksqlDB CLI와 UI로 다음 절에서 다룰 것이다) 중 하나를 사용하든 커스텀 클라이언트를 사용하든 ksqlDB와 상호 동작하면서 작업하려면 API를 실행해야 한다. 다음에서처럼 curl을 사용해 요청을 보낼 수도 있다.

```
curl -X "POST" "http://localhost:8088/query" \
    -H "Content-Type: application/vnd.ksql.v1+json; charset=utf-8" \
    -d $'{
  "ksql": "SELECT USERNAME FROM users EMIT CHANGES;",
```

```
    "streamsProperties": {}
  }'
```

API와 직접 상호 동작할 때 ksqlDB 문서(https://oreil.ly/J_wNH)에서 최신 REST API를 참조해야 한다. ksqlDB는 빠른 속도록 진화 중이며 ksqlDB 프로젝트에 제출한 몇몇 설계 제안서(https://oreil.ly/iqyjz)를 참고할 때, 이 부분에 변경이 발생할 것으로 예상한다. 이 책의 대부분의 예제는 다음에 알아볼 공식 지원 클라이언트 중 하나를 사용해 간접적으로 API를 사용할 것이다.

ksqlDB 클라이언트

이전 절에서, ksqlDB 서버가 쿼리를 제출하고 ksqlDB 클러스터 정보를 조회할 때 사용하는 REST 인터페이스를 포함하고 있다고 배웠다. 또한 curl이나 커스텀 클라이언트를 사용해 REST 서비스와 상호 동작도 가능하다고 배웠으나, 대부분의 경우 ksqlDB 서버와 상호 동작할 때 공식으로 지원되는 클라이언트를 원할 것이다. 이 절에서는 ksqlDB CLI를 시작으로 이런 클라이언트들에 대해 배울 것이다.

ksqlDB CLI

ksqlDB CLI는 실행 중인 ksqlDB 서버와 상호 동작하는 명령행 애플리케이션이다. ksqlDB CLI는 대화형으로 쿼리 제출, 토픽 조회, ksqlDB 설정 조정 등 ksqlDB를 실험해볼 수 있는 아주 훌륭한 도구다. 이 도구는 도커 이미지(confluentinc/ksqldb-cli)로 배포되며 컨플루언트 플랫폼의 일부분(https://oreil.ly/eMqcJ)(컨플루언트 클라우드상에서 완전 관리되거나 셀프 관리형 배치를 통해)이다.

CLI 호출하려면 ksql 명령 실행과 ksqlDB 서버의 호스트/포트 조합(이 조합은 349페이지 'REST 서비스'에서 다룰 listeners 설정과 일치한다)을 지정해야 한다.

```
ksql http://localhost:8088
```

`ksql` 명령을 실행할 때, 다음과 같이 프롬프트 화면이 나타난다.

```
Copyright 2017-2020 Confluent Inc.

CLI v0.14.0, Server v0.14.0 located at http://ksqldb-server:8088
Server Status: RUNNING

Having trouble? Type 'help' (case-insensitive) for a rundown of how things work!

ksql>
```

앞의 프롬프트는 SQL 방언을 살펴보고 튜토리얼 작업을 할 때 시작점이 될 것이다. CLI 사용을 시작하기 전에 또 다른 클라이언트인 ksqlDB UI를 알아보자.

ksqlDB UI

컨플루언트 플랫폼은 ksqlDB와 상호 동작하는 UI도 포함하고 있다. UI는 상용 기능으로 컨플루언트 플랫폼의 상용 라이선스 버전과 컨플루언트 클라우드(완전 관리형 클라우드 환경에서 실행 중인 컨플루언트 플랫폼)에서 볼 수 있다. 웹 기반 편집기에서 쿼리를 제출하는 것뿐만 아니라 데이터 흐름을 시각화하고 웹 양식을 사용해 스트림과 테이블을 생성하고 실행 중인 쿼리 목록 보기 등을 수행할 수 있다. 그림 8-7은 ksqlDB UI의 스크린샷을 보여준다.

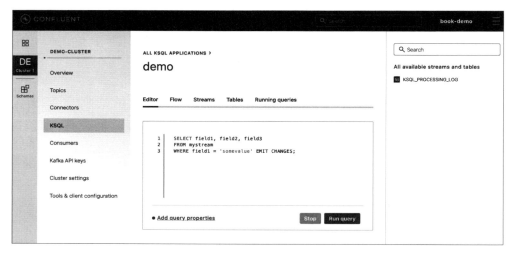

그림 8-7 컨플루언트 클라우드에서 보는 ksqlDB UI

배치 모드

ksqlDB는 실행 중인 ksqlDB 서버와 상호 동작하는 수준에 따라 두 가지 배치 모드를 지원한다. 이 절에서는 각 배치 모드를 설명하고 각 배치 모드를 언제 사용할지 알아 본다.

대화형 모드

대화형 모드^{interactive mode}에서 ksqlDB를 실행할 때, 클라이언트는 REST API를 사용해 새 쿼리를 언제든지 제출할 수 있다. 이름이 암시하듯이, 이 모드는 ksqlDB 서버가 스트림, 테이블, 쿼리, 커넥터를 마음대로 생성, 제거하는 상호 동작 경험을 제공한다.

그림 8-8에서는 대화형 모드에서 ksqlDB가 어떻게 실행되는지 보여준다. 대화형 모드의 핵심 특징 중 하나는 SQL 엔진으로 제출하는 모든 쿼리(REST API를 통해)는 명령 토픽^{command topic}이라는 내부 토픽으로 저장된다. 이 토픽은 자동 생성되며 ksqlDB가 관리하고, 문장-기반 복제^{statement-based replication}를 사용해 클러스터의 모든 ksqlDB 서버가

쿼리를 실행하고 운영할 수 있다.

대화형 모드는 ksqlDB의 기본 배치 모드이므로, 이 모드를 실행하기 위해 특별한 설정을 할 필요가 없다. 그러나 대화형 모드를 비활성화하려면 특별한 설정이 필요한 헤드리스 모드headless mode로 실행해야 한다. 다음 절에서 헤드리스 모드를 살펴볼 것이다.

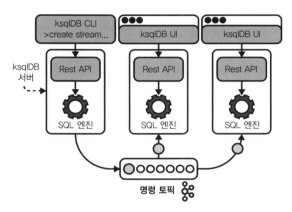

그림 8-8 클라이언트(즉, ksqlDB CLI, UI, 자바 클라이언트 또는 curl)가 REST API를 통해 쿼리를 제출할 수 있는 대화형 모드에서 ksqlDB의 실행

헤드리스 모드

경우에 따라 클라이언트가 ksqlDB 클러스터와 상호 동작하며 쿼리를 제출하는 것을 원하지 않을 수 있다. 예를 들어 상용 환경에서 쿼리를 실행하고 실행 중인 쿼리가 변경되지 않는 것을 보장하기 위해 헤드리스 모드(REST API를 비활성화한다)로 실행할 수 있다. 헤드리스 모드로 실행하려면, SQL 엔진이 실행할 영구 쿼리를 정의한 파일을 생성하고 `queries.file` ksqlDB 서버 설정으로 이 파일의 경로를 지정하기만 하면 된다. 예를 들어 다음과 같다.

```
queries.file=/path/to/query.sql ❶
```

❶ `queries.file` 속성을 사용해 ksqlDB 서버에서 실행하고자 하는 쿼리를 포함하는 파일 경로를 지정한다.

그림 8-9는 헤드리스 모드에서의 ksqlDB 실행을 보여준다. 대화형 모드와 달리, 헤드리스 모드는 문장-기반 복제를 위해 명령 토픽을 사용하지 않는다. 그러나 내부 메타데이터는 설정 토픽^{config topic}에 저장한다.

이 책의 대부분의 튜토리얼은 대화형 모드로 실행할 것이다. 그런 다음 ksqlDB의 "Hello, world" 튜토리얼을 시작으로 ksqlDB에 발을 담가보자.

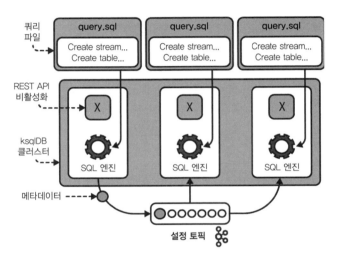

그림 8-9 헤드리스 모드에서의 ksqlDB 실행

튜토리얼

이 절에서는 간단한 "Hello, World" 튜토리얼을 따라가면서 ksqlDB를 학습할 것이다. 이 튜토리얼에서는 users 토픽으로부터 레코드를 읽고 사용자 이름에 hello를 추가한 메시지를 내보내는 간단한 스트림 처리 애플리케이션을 ksqlDB로 구축할 것이다. 먼저 ksqlDB를 설치하는 방법부터 알아보자.

ksqlDB 설치

ksqlDB는 여러 설치 방법을 제공한다. 다음 표는 가장 많이 사용하는 설치 방법을 보여준다.

설치 방법	링크	주의
컨플루언트 플랫폼 다운로드	https://www.confluent.io/download	ksqlDB는 컨플루언트 플랫폼의 자체-관리(self-managed) 버전에 있는 커뮤니티 라이선스 소프트웨어 컴포넌트이다.
컨플루언트 클라우드 사용	https://confluent.cloud	다운로드가 필요 없으며, 계정만 생성하면 된다.
공식 도커 이미지 다운로드와 실행	ksqlDB 서버와 CLI 이미지 – https://hub.docker.com/r/confluentinc/ksqldb-server – https://hub.docker.com/r/confluentinc/ksqldb-cli	이 방법에서는 여러분이 직접 모든 의존성과 관련 소프트웨어를 별도로 실행해야 한다(카프카, 스키마 레지스트리, ksqlDB CLI)
깃허브의 오픈 소스 저장소를 클론해 소스로부터 빌드	https://github.com/confluentinc/ksql	가장 복잡한 방법이다.

위 표에 나열된 것 중 가장 쉬운 방법은 공식 도커 이미지들을 사용하는 것이다. 이 책의 코드 저장소는 적당한 도커 이미지들을 사용해 관련 서비스들을 실행하는 도커 컴포즈 디플로이먼트를 포함하고 있다. 상세 설명은 깃허브(https://oreil.ly/Mk4Kt)에서 확인하길 바란다.

8장에서는 ksqlDB 서버 시작, CLI 실행, 카프카 토픽 사전 생성 등의 작업을 할 때 원래 명령들을 사용할 것이다. 비록, 도커 컴포즈 기반의 워크플로우에 국한되긴 하지만 가능하면 도커 컴포즈로 이 명령들을 어떻게 실행할지 추가로 언급할 것이다.

ksqlDB 설치했다면 이제 ksqlDB 서버를 시작할 차례다. 다음 절에서 이에 대해 배울 것이다.

ksqlDB 서버 실행

ksqlDB를 설치하고 나면, ksqlDB 서버를 설정해야 한다. 목적에 따라 여러 설정이 필요하지만 지금은 가장 중요한 두 가지만 ksql-server.properties 파일에 설정하도록 하자.

```
listeners=http://0.0.0.0:8088 ❶
bootstrap.servers=kafka:9092 ❷
```

❶ ksqlDB 서버 REST API 엔드포인트다. 이 설정은 모든 IPv4 네트워크 인터페이스에 바인딩된다.

❷ 하나 이상의 카프카 브로커들에 해당하는 호스트, 포트 쌍 목록. 이 설정은 카프카 클러스터에 접속할 때 사용한다.

파일에 저장한 ksqlDB 서버 설정을 이용해, ksqlDB 서버를 다음과 같은 명령으로 시작할 수 있다.

```
ksql-server-start ksql-server.properties ❶
```

❶ 도커 컴포즈 워크플로우에서 이 명령은 docker-compose.yml 파일에 설정돼 있다. 좀 더 자세한 내용은 8장의 코드 저장소(https://oreil.ly/i0F4T)를 확인하기 바란다.

위 명령을 실행한 후, ksqlDB 부팅하면서 콘솔에 출력하는 많은 정보를 보게 될 것이다. 출력에서 다음과 같은 내용을 볼 수 있을 것이다.

```
[2020-11-28 00:53:11,530] INFO ksqlDB API server listening on http://0.0.0.0:8088
```

352페이지 '배치 모드'에서 살펴봤던 내용을 상기해보면 기본 배치 모드는 대화형 모드이고 ksql-server.properties 파일에 queries.file 설정을 하지 않았으므로 ksqlDB 서버 내부에서 REST 서비스가 실행된다. 따라서 기본 클라이언트들로 ksqlDB 서버에 쿼리를 제출할 준비가 된 것이다. 이어서 보겠지만, 이 튜토리얼에서는 ksqlDB CLI로 쿼리를 제출할 것이다.

토픽 사전 생성

이어지는 장들에서 SQL문에 특정 파라미터들을 설정하면 ksqlDB가 어떻게 토픽들을 자동 생성할 수 있는지 배울 것이다. 이 튜토리얼에서는 다음 명령을 통해 users 토픽을 사전에 생성할 것이다.

```
kafka-topics \ ❶
  --bootstrap-server localhost:9092 \
  --topic users \
  --replication-factor 1 \
  --partitions 4 \
  --create
```

❶ 도커 컴포즈에서 실행할 경우, docker-compose exec kafka라고 앞에 붙여야 한다.

이제, ksqlDB CLI를 사용할 준비가 됐다.

ksqlDB CLI 사용하기

ksqlDB 서버가 실행할 쿼리들을 생성해 "Hello, World" 스트리밍 처리 애플리케이션을 만들어볼 차례다. 쿼리를 제출 할 때 CLI를 사용할 것이므로 먼저 할 일은 다음에서처럼 ksqlDB 서버의 REST 엔드포인트와 함께 ksql 명령을 실행하는 것이다.

```
ksql http://0.0.0.0:8088 ❶
```

❶ 도커 컴포즈로 실행한다면, docker-compose exec ksqldb-cli ksql http://ksqldb-server:8088를 실행하면 된다.

이 명령을 실행하면 CLI로 들어가게 될 것이다. 여기서부터 여러 쿼리와 구문을 실행할 수 있다. 또한 CLI에서 여러 가지 ksqlDB 설정들을 조정할 수도 있다. 예를 들어 다음에서처럼 SET문을 실행해 카프카 토픽의 시작부터 데이터를 쿼리하도록 보장할 수 있다.

```
SET 'auto.offset.reset' = 'earliest';
```

users 토픽을 사전에 생성했으므로, SHOW TOPICS 명령으로 토픽이 존재하는지 여부와 토픽의 설정 일부(예: 파티션과 리블리카 개수)를 볼 수 있다.

다음은 이 명령을 어떻게 실행하는지 보여준다.

```
ksql> SHOW TOPICS ;

  Kafka Topic | Partitions | Partition Replicas
  ------------------------------------------------
  users       | 4          | 1
  ------------------------------------------------
```

이제, ksqlDB에서 CREATE STREAM DDL문을 사용해 users 토픽의 데이터를 스트림으로 모델링해보자. 이 DDL문은 ksqlDB에게 이 토픽에서 발견할 것으로 기대하는 데이터 타입과 포맷에 대한 정보를 제공하며, 또한 쿼리할 수 있는 스트림을 생성한다.

```
CREATE STREAM users (
    ROWKEY INT KEY, ❶
    USERNAME VARCHAR ❷
) WITH ( ❸
    KAFKA_TOPIC='users', ❹
    VALUE_FORMAT='JSON' ❺
);
```

❶ ROWKEY는 카프카의 레코드 키에 해당한다. 여기서는 INT 타입을 지정했다.

❷ users 토픽의 레코드는 USERNAME이라는 1개의 필드를 가진다고 지정한다. 이 필드의 데이터 타입은 VARCHAR이다.

❸ WITH 절은 추가 속성들을 전달할 때 사용한다. 396페이지 'WITH 절'에서 여러 가지 추가 속성들에 대해 알아볼 것이다.

❹ 스트림은 WITH 절에서 KAFKA_TOPIC 속성으로 지정한 users 토픽에서 데이터를 읽는다.

❺ 카프카의 레코드 값을 직렬화할 포맷을 지정한다.

CREATE STREAM문을 실행하면, 다음과 같이 스트림 생성 확인 메시지를 콘솔로 출력하는 것을 볼 수 있다.

```
Message
----------------
Stream created
----------------
```

users 스트림을 쿼리하기 전에, ksqlDB INSERT INTO 문으로 테스트 데이터를 스트림에 넣어보자:

```
INSERT INTO users (username) VALUES ('izzy');
INSERT INTO users (username) VALUES ('elyse');
INSERT INTO users (username) VALUES ('mitch');
```

이제 스트림은 생성됐고 테스트 데이터도 채웠으므로 이 users 스트림에 보이는 모든 사용자에게 인사말을 만드는 내보내기 쿼리를 생성할 수 있다. 지속적이며 일시적인 transient(영구적인 아님)[7] 내보내기 쿼리를 생성하기 위해 예제 8-1의 SQL문을 실행하자.

예제 8-1 Hello, world 내보내기 쿼리

```
SELECT 'Hello, ' + USERNAME AS GREETING
FROM users
EMIT CHANGES; ❶
```

❶ EMIT CHANGES를 포함하면 ksqlDB에게 내보내기 쿼리를 실행하라고 지시해 새로운 데이터가 발생할 때마다 클라이언트로(여기서는 CLI) 변경 내용을 자동으로 방출/내보내기한다.

users 스트림에 테스트 데이터를 일부 넣었고 auto.offset.reset 속성을 earliest로 설정했으므로 토픽에 이미 데이터가 있으므로, 콘솔에 다음과 같은 내용이 즉시 출력되는 것을 볼 수 있다.

---

7 일시적이라는 말은 이 쿼리 결과가 카프카에 저장되지 않음을 의미한다. 9장에서 영구적인 쿼리도 살펴볼 것이다.

```
+--------------------+
|GREETING            |
+--------------------+
|Hello, izzy         |
|Hello, elyse        |
|Hello, mitch        |
```

SELECT 쿼리는 초기 결과를 내보낸 후에도 계속 실행될 것이다. 이전에 언급했듯이, 이 것은 내보내기 쿼리의 특징으로 여러분이 쿼리를 종료할 때까지(또는 쿼리에 LIMIT 절을 포함하면 레코드의 개수가 한계에 도달할 때까지 계속 실행한다) 계속 실행하며 결과를 내보 낸다.

다른 CLI 세션을 열어서 INSERT INTO문을 추가해 users 스트림에 좀 더 많은 데이터를 생성할 수 있다. 새 레코드가 추가되면, 내보내기 쿼리(앞에서 SELECT문으로 실행)는 결과 를 콘솔로 내보낸다.

이것으로 8장의 간단한 튜토리얼을 마치도록 하겠다. 그러나 이것은 ksqlDB가 할 수 있 는 것 중 빙산의 일각만 보여준 것이다. 이어지는 장들에서 쿼리 언어에 대해 자세히 알 아보고 재미있는 튜토리얼들을 통해 여러분이 ksqlDB에 친숙해지도록 만들 것이다.

요약

ksqlDB의 역사를 통해 ksqlDB의 초기 모습을 알아봤고 왜 만들어졌고 언제 사용하는 지 배웠으며 전통적 데이터베이스들과 어떻게 비교하는지도 알아보고 아키텍처도 간단 히 살펴봤다. 9장에서는 ksqlDB가 어떻게 외부 데이터 소스를 통합할 수 있는지 살펴 보면서 ksqlDB의 여정을 이어 나갈 것이다.

9장
ksqlDB로 데이터 통합

ksqlDB로 스트림 처리 애플리케이션을 구축할 때, 무엇보다 먼저 고민해야 할 것은 처리할 데이터가 현재 어디에 존재하고, 보강/변환한 데이터는 최종적으로 어디로 보내야 할지 결정하는 것이다. ksqlDB는 내부적으로 카프카 스트림즈를 사용하므로 구축하려는 애플리케이션의 직접적인 입력과 출력은 항상 카프카 토픽이 될 것이다. ksqlDB는 일렉스틱서치, PostgreSQL, MySQL, 구글 펍섭, 아마존 키네시스, 몽고디비와 같은 수많은 유명 서드-파티 데이터 소스와 통합을 쉽게 해준다.

물론 데이터가 이미 카프카에 있고 처리 결과를 외부 시스템에 내보낼 계획이 없다면 ksqlDB의 데이터 통합 기능(카프카 커넥트 기반)으로 작업할 필요가 없다. 그러나 외부 시스템으로부터 데이터를 읽거나 외부 시스템으로 데이터를 써야 한다면, 9장을 통해 ksqlDB와 카프카 커넥트로 적절한 데이터 소스와 싱크를 선택하고 이를 연결할 때 필요한 도움을 얻을 수 있을 것이다.

9장은 카프카 커넥트 내용 전체를 설명하지 않는다. 카프카 커넥트는 카프카 생태계에서 별도 API로 존재하기 때문에 관련 주제들을 여러 곳에서 찾아볼 수 있다. 여기서는 처음 시작할 때 알아야 할 기본적인 배경지식과 커넥트 API로 작업할 때 필요한 ksqlDB의 상위 수준 추상화에 대해 살펴볼 것이다. 9장에서 다음과 같은 주제들을 살펴볼 것이다.

- 카프카 커넥트 개요

- 카프카 커넥트 통합 모드

- 카프카 커넥트 워커 설정

- 소스와 싱크 커넥트 설치

- ksqlDB로 소스와 싱크 커넥터 생성, 삭제, 검사

- 카프카 커넥트 API로 소스와 싱크 커넥터 검사

- 컨플루언트 스키마 레지스트리에서 커넥터 스키마 보기

9장을 마칠 때쯤 ksqlDB의 스트리밍 ETL(Extract, Transform, Load)의 세 연산 중 두 연산은 이해하게 될 것이다.

- 카프카 외부 시스템으로부터 데이터 추출^{Extraction}

- 카프카로부터 외부 시스템으로 데이터 적재^{Load}

ETL 약자에서 빠진 부분인 변환^{Transformation}은 데이터 통합보다는 데이터 처리와 관련이 깊으므로 다음 두 장에서 다룰 것이다. ksqlDB에서 데이터 통합 기능의 핵심 기술인 카프카 커넥트에 대해 빨리 알아보자.

카프카 커넥트 개요

카프카 커넥트는 카프카 생태계[1]의 다섯 가지 API 중 하나이고 외부 데이터 저장소, API, 파일 시스템을 카프카로 연결할 때 사용한다. 데이터가 카프카로 들어오기만 하면 ksqlDB로 데이터를 처리, 변환, 보강할 수 있다. 카프카 커넥트의 주요 컴포넌트는 다음과 같다.

---

1   나머지 네 개는 Consumer, Producer, Streams 그리고 Admin API이다.

커넥터

커넥터Connector는 워커(워커에 대해서는 곧 알아볼 것이다)에 설치 가능한 코드 묶음이다. 커넥터는 카프카와 다른 시스템 간의 데이터 흐름을 쉽게 만들어주며, 두 가지로 분류할 수 있다.

- 외부 시스템으로부터 카프카로 데이터를 읽는 소스Source 커넥터
- 카프카로부터 외부 시스템으로 데이터를 쓰는 싱크Sink 커넥터

태스크

태스크Task는 커넥터 내의 작업 단위이다. 태스크 개수는 설정 가능하며 단일 워커 인스턴스가 수행 가능한 작업 개수를 제어한다.

워커

워커Worker는 커넥터를 실행하는 JVM 프로세스다. 작업을 병렬화/분산시키거나 부분실패 시(예: 워커 하나가 오프라인이 될 경우) 내고장성을 달성하기 위해 여러 워커를 배치할 수 있다.

컨버터

컨버터Converter는 카프카 커넥트에서 데이터의 직렬화/역직렬화를 처리하는 코드다. 기본 컨버터(예: AvroConverter)는 워커 수준에서 지정해야 한다. 그러나 커넥터 수준에서 컨버터를 덮어쓸 수 있다.

커넥트 클러스터

커넥트 클러스터Connect Cluster는 데이터를 카프카로 이동하고 카프카로부터 데이터를 가져올 때 함께 그룹으로 동작하는 카프카 커넥트 워커들을 가리킨다.

그림 9-1은 이 컴포넌트들을 시각화한 것이다.

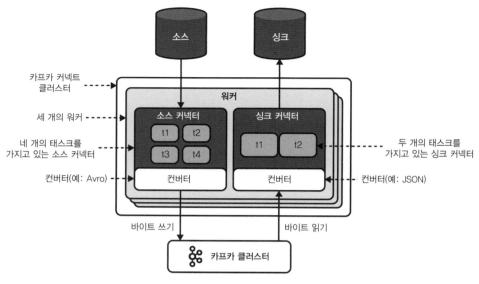

그림 9-1 카프카 커넥트 아키텍처

지금은 살펴봐야 할 게 많아 보이지만 9장을 함께 학습하다 보면 ksqlDB가 카프카 커넥트 작업을 매우 단순화했다는 것을 알게 될 것이다. 이제 ksqlDB와 카프카 커넥트를 배포하는 두 가지 모드를 알아보자.

외부 모드와 임베디드 모드

카프카 커넥트 통합은 두 가지 모드로 실행할 수 있다. 이 절에서는 각 모드에 대해 설명하고 언제 해당 모드를 사용하는지 알아볼 것이다. 먼저 외부 모드를 살펴보자.

외부 모드

이미 운영 중인 카프카 커넥트 클러스터가 있거나, ksqlDB 외부에 카프카 커넥트를 별도로 배치해 생성/관리하고자 한다면, 외부 모드external mode로 카프카 커넥트를 통합할 수 있다. 이렇게 하려면 `ksql.connect.url` 속성에 카프카 커넥트 클러스터 URL을 지정해 ksqlDB에 알려주면 된다. ksqlDB는 커넥터들을 생성하고 관리할 때 외부 카프카 커넥트 클러스터에 직접 요청을 보낸다. 다음 코드(이 설정은 ksqlDB 서버 속성 파일에 저장될 것이다)는 외부 모드를 활성화하는 예제 설정을 보여주고 있다.

```
ksql.connect.url=http://localhost:8083
```

외부 모드로 실행할 때 애플리케이션에서 필요한 모든 소스/싱크 커넥터는 외부 워커들에 설치돼 있어야 한다. 외부 모드로 실행할 때 보통은 워커가 ksqlDB 서버와 같은 위치에 있지 않다. 이 모드로 실행하면서 얻는 이점 중 하나는 카프카 커넥트가 ksqlDB와 물리적 자원을 공유할 필요가 없다는 것이다. 그림 9-2는 외부 모드에서 실행 중인 카프카 커넥트를 보여주는 다이어그램이다.

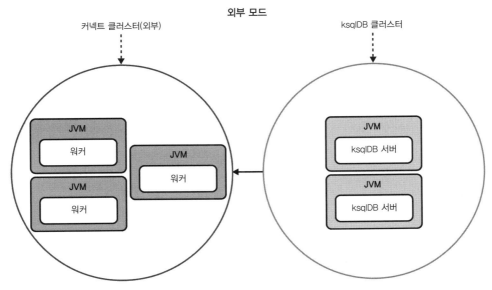

그림 9-2 외부 모드로 실행 중인 카프카 커넥트

아마도 다음과 같은 여러 이유로 카프카 커넥트를 외부 모드로 실행하고 싶을 것이다.

- 스트림 처리와 데이터 인입/방출 워크로드를 독립적으로 규모 확장하거나, 서로 다른 두 워크로드를 물리적인 자원으로부터 고립시키고 싶을 때

- 소스/싱크 토픽에 대해 높은 처리율을 기대할 때

- 이미 카프카 커넥트 클러스터가 있을 때

다음으로 임베디드 모드에 대해 알아보자. 이 책의 튜토리얼은 이 모드를 사용할 것이다.

임베디드 모드

임베디드 모드에서 카프카 커넥트 워커는 ksqlDB 서버와 동일한 JVM에서 실행된다. 워커는 카프카 커넥트의 분산 모드distributed mode [2]로 실행되는데, 이는 협업하는 여러 워커 인스턴스로 부하가 분산될 수 있음을 의미한다. 카프카 커넥트 워커 수는 ksqlDB의 ksqlDB 서버 수와 일치한다. 임베디드 모드는 다음과 같을 때 사용한다.

- 스트림 처리와 데이터 인입/방출 워크로드를 함께 규모를 확장하고 싶을 때

- 소스/싱크 토픽에 기대하는 처리율이 낮거나 중간 정도일 때

- 데이터 통합 작업을 쉽게 하면서 별도로 배치한 카프카 컨넥트를 관리하고 싶지 않으며, 데이터 통합/변환 워크로드를 독립적으로 규모 확장할 필요가 없을 때

- ksqlDB 서버들을 재시작할 때 카프카 커넥트 워커들이 재시작돼도 상관없을 때

- ksqlDB와 카프카 커넥트가 연산/메모리 자원을 공유해도 상관없을 때[3]

임베디드 모드에서는 ksqlDB 서버들이 카프카 커넥트 워커들과 동일한 위치에 있기 때문에, 애플리케이션에 필요한 소스/싱크 커넥터들을 ksqlDB 서버가 실행되는 동일 노드에 설치해야 한다. 그림 9-3은 임베디드 모드로 실행되는 카프카 커넥트 다이어그램을 보여준다.

---

2   카프카 커넥트는 자신만의 배치 모드들(분산 또는 독립형)을 가지고 있다. ksqlDB의 카프카 커넥트 통합 모드(외부 모드와 임베디드 모드)와 혼돈해서는 안 된다.

3   자세한 내용은 ksqlDB 문서(https://oreil.ly/fK6WQ)를 참조한다.

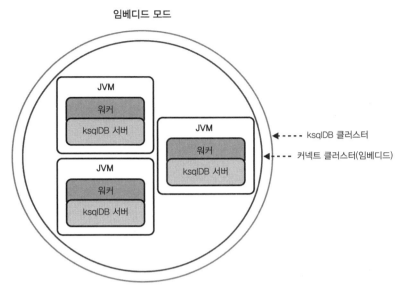

그림 9-3 임베디드 모드로 실행 중인 카프카 커넥트

임베디드 모드로 실행하려면, ksqlDB 서버 설정에서 `ksql.connect.worker.config` 속성을 설정해야 한다. 이 속성 값은 카프카 커넥트 워커 설정(워커들은 소스와 싱크 커넥터를 실제 실행하는 프로세스들이라는 것을 기억하기 바란다) 경로다. 다음은 ksqlDB 서버 속성 파일에서 이 속성을 어떻게 설정하는지 보여주는 예제다.

```
ksql.connect.worker.config=/etc/ksqldb-server/connect.properties
```

그럼, `ksql.connect.worker.config` 속성이 참조하는 워커 설정 파일에는 어떤 설정들이 있어야 할까? 이에 대해서는 다음 절에서 살펴볼 것이다.

커넥트 워커 설정

카프카 커넥트는 많은 설정 가능한 속성을 가지고 있으며, 공식 아파치 카프카 문서(https://oreil.ly/UWnW3)에서 사용 가능한 설정 속성들을 자세히 설명하고 있다. 그러나 이 절에서는 예제 카프카 커넥트 워커 설정을 통해 중요한 파라미터들을 알아볼 것이다. 만약 임베디드 모드로 실행 중이라면, 이 설정들을 파일에 저장해야 한다(예: connect.properties). 그리고 ksqlDB 서버 설정의 `ksql.connect.worker.config` 속성에 이 파일 경로를 지정해야 한다. 반면, 외부 모드로 실행 중이라면 카프카 커넥트를 시작할 때 워커 설정을 카프카 커넥트의 인자로 넘겨줘야 한다. 다음 코드는 예제 설정을 보여준다.

```
bootstrap.servers=localhost:9092 ❶
group.id=ksql-connect-cluster ❷

key.converter=org.apache.kafka.connect.storage.StringConverter ❸
value.converter=org.apache.kafka.connect.storage.StringConverter ❹

config.storage.topic=ksql-connect-configs ❺
offset.storage.topic=ksql-connect-offsets
status.storage.topic=ksql-connect-statuses

errors.tolerance=all ❻

plugin.path=/opt/confluent/share/java/ ❼
```

❶ 카프카 클러스터에 초기 연결을 맺을 때 사용해야 하는 카프카 브로커의 호스트/포트 쌍 목록

❷ 이 워커가 속해 있는 커넥트 클러스터의 문자열 식별자. 동일 `group.id`로 설정돼 있는 워커들은 하나의 클러스터에 포함되며, 워커들은 실행 커넥터와 작업 부하를 공유할 수 있다.

❸ "카프카 커넥트 포맷과 카프카의 직렬화 형식을 변환할 때 사용하는 Converter 클래스. 이 설정은 카프카에서 데이터를 읽거나 카프카로 데이터를 쓸 때 메시지의 키 포맷을 제어하며 커넥터들은 독립적으로 원하는 직렬화 포맷을 자유롭게 사용할 수 있다. 많이 사용하는 포맷 예제로 JSON과 Avro가 있다."(커넥트 문서(https://oreil.ly/08AW5) 참조)

❹ "카프카 커넥트 포맷과 카프카의 직렬화 형식을 변환할 때 사용하는 Converter 클래스. 이 설정은 카프카에서 데이터를 읽거나 카프카로 데이터를 쓸 때 메시지의 값 포맷을 제어하며 커넥터들은 독립적으로 원하는 직렬화 포맷을 자유롭게 사용할 수 있다. 많이 사용하는 포맷 예제로 JSON과 Avro가 있다."(커넥트 문서(https://oreil.ly/08AW5) 참조)

❺ 카프카 커넥트는 커넥터와 태스크 설정 정보를 저장하기 위해 몇 개의 토픽을 사용한다. 카프카 커넥트를 임베디드 모드로 실행할 것이므로(워커들이 ksqlDB 서버 인스턴스와 동일 JVM에서 실행됨을 의미), 관련 토픽에 `ksql-`이라는 접두사를 붙여 이름을 표준화할 것이다.

❻ 카프카 커넥트에서 기본 오류 처리 정책을 `errors.tolerance` 속성에 설정할 수 있다. 유효한 값으로 `none`(오류 발생 시 바로 실패) 그리고 `all`(오류를 모두 무시하거나 `errors.deadletterqueue.topic.name` 속성이 설정됐을 경우 모든 오류를 선택한 카프카 토픽으로 전송)이 있다.

❼ 쉼표로 구분돼 있는 파일 시스템 경로 목록으로, 워커들은 이 경로에 플러그인들(커넥터, 컨버터, 변환)이 설치돼 있다고 예상한다.

지금까지 본 것처럼, 대부분의 워커 설정은 매우 직관적이다. 그러나 데이터 직렬화 작업은 더 깊이 파 볼 필요가 있는 중요한 설정이 있는데, 바로 컨버터(`key.converter`와 `value.converter`) 속성이다. 다음 절에서 컨버터와 직렬화 포맷에 대해 깊이 살펴보자.

컨버터와 직렬화 포맷

카프카 커넥트에서 사용하는 컨버터 클래스들은 카프카 커넥트와 ksqlDB에서 데이터를 직렬화하고 역직렬화할 때 매우 중요한 역할을 한다. 8장의 "Hello, World" 튜토리얼(372페이지 '튜토리얼' 참고)에서 ksqlDB에서 스트림을 생성하기 위해 예제 9-1과 같은 SQL문을 사용했다.

```
CREATE STREAM users (
    ROWKEY INT KEY,
    USERNAME VARCHAR
) WITH (
    KAFKA_TOPIC='users',
    VALUE_FORMAT='JSON'
);
```

앞의 SQL문은 ksqlDB에 users 토픽(KAFKA_TOPOC='users')이 JSON으로 직렬화돼 있는 레코드 값(VALUE_FORMAT='JSON')을 포함하고 있다고 알려주고 있다. 만약 여러분이 커스 텀 프로듀서로 JSON 포맷의 데이터를 토픽에 쓰고 있다면, 포맷이 무엇인지 쉽게 알 수 있다. 그러나 포스트레스큐엘 데이터베이스에서 카프카로 데이터를 가져오기 위해 카 프카 커넥트를 사용 중이라면 어떨까? PostgreSQL에서 카프카로 데이터를 가져올 때 어떤 포맷으로 직렬화해야 할까?

이런 이유로 컨버터 설정이 필요하다. 카프카 커넥트가 처리하는 레코드 키와 값의 직 렬화 포맷을 제어하려면, key.converter와 value.converter 속성에 적절한 컨버터 클 래스를 설정해야 한다. 표 9-1은 많이 사용하는 컨버터 클래스와 ksqlDB 직렬화 포맷 (즉, 예제 9-1에서처럼 스트림 또는 테이블을 생성할 때 VALUE_FORMAT 속성으로 추가할 값)을 보여준다.

표 9-1은 레코드 스키마를 저장할 때 컨플루언트 스키마 레지스트리에 의존하는 컨버 터들도 언급하고 있다. 이를 사용하면 메시지 포맷을 더 작게 만들 수 있어 유용하다(스 키마 레지스트리에 레코드 스키마를 저장할 수 있다. 예를 들어 메시지 이외의 필드 이름/타입 같은 것들).

표 9-1 카프카 커넥트에서 가장 많이 사용하는 컨버터 클래스와 해당하는 ksqlDB 직렬화 타입

타입	컨버터 클래스	스키마 레지스트리 필요 여부	ksqlDB 직렬화 타입
Avro	io.confluent.connect.avro.Avro Converter	Yes	AVRO
Protobuf	io.confluent.connect.protobuf.Protobuf Converter	Yes	PROTOBUF
JSON (with Schema Registry)	io.confluent.connect.json.JsonSchema Converter	Yes	JSON_SR
JSON	org.apache.kafka.connect.json.Json Converter [a]	No	JSON
String	org.apache.kafka.connect.stor age.StringConverter	No	KAFKA [b]
DoubleConverter	org.apache.kafka.connect.convert ers.DoubleConverter	No	KAFKA
IntegerConverter	org.apache.kafka.connect.convert ers.IntegerConverter	No	KAFKA
LongConverter	org.apache.kafka.connect.convert ers.LongConverter	No	KAFKA

a. JsonConverter로 카프카 커넥트를 사용하려 할 때, 커넥트 워커 설정에 value.converter.schemas.enable 설정을 할 수 있다. 이 설정을 true로 하면 카프카 커넥트에게 JSON 레코드 안에 자신의 스키마 정보를 임베딩하라고 지시한다(이는 스키마 레지스트리를 사용하는 것이 아니라, 레코드 안에 스키마를 포함시키므로 메시지 크기가 매우 커질 수 있다). 대신 이 값을 false로 하면 ksqlDB는 스트림이나 테이블을 생성할 때 정의한 데이터 타입 힌트를 사용해 필드 타입을 결정할 것이다. 이에 대해서는 뒤에서 살펴볼 것이다.

b. KAFKA 포맷은 레코드의 키와 값이 카프카 내장 Serdes(표 3-1 참조) 중 하나를 사용해 직렬화됨을 가리킨다.

표 9-1의 스키마 레지스트리가 필요한 컨버터는 추가 설정({key|value}.converter. schema.registry.url})을 필요로 한다. 예를 들어 이 책에서는 대부분의 데이터를 Avro 타입으로 처리하는 데 커넥터가 이 포맷으로 값을 쓰게 하려면 예제 9-2처럼 워커 설정을 변경해야 한다.

예제 9-2 레코드 값에 대해 AvroConverter를 사용하는 워커 설정

```
bootstrap.servers=localhost:9092
group.id=ksql-connect-cluster

key.converter=org.apache.kafka.connect.storage.StringConverter
```

```
value.converter=io.confluent.connect.avro.AvroConverter ❶
value.converter.schema.registry.url=http://localhost:8081 ❷

config.storage.topic=ksql-connect-configs
offset.storage.topic=ksql-connect-offsets

status.storage.topic=ksql-connect-statuses

plugin.path=/opt/confluent/share/java/
```

❶ 카프카 커넥트가 Avro 포맷으로 직렬화하도록 AvroConverter 사용

❷ Avro 컨버터는 레코드 스키마를 저장하기 위해 컨플루언트 스키마 레지스트리를 요
  구한다. 따라서 value.converter.schema.registry.url 속성[4]을 사용해 스키마 레
  지스트리가 어디서 실행 중인지 지정해야 한다.

지금까지 카프카 커넥트의 데이터 직렬화 포맷을 어떻게 설정하는지 배웠다. 그리고 카
프카 커넥트 워커 설정(예제 9-2)도 준비가 됐다. 이제 튜토리얼을 따라 하면서 커넥터
설치와 사용법에 대해 알아보자.

튜토리얼

이 튜토리얼에서는 JDBC 소스 커넥터를 사용해 포스트레스큐엘로부터 카프카로 데이
터를 가져올 것이다. 이후 일래스틱서치 싱크 커넥터를 생성해 카프카에서 일렉스틱서
치로 데이터를 보낼 것이다. 환경 설정(포스트레스큐엘과 일래스틱서치 인스턴스를 포함)에
대한 설명과 튜토리얼 코드는 깃허브(https://oreil.ly/7ImWJ)를 참조하길 바란다.

먼저 커넥터 설치부터 시작해보자.

---

4   레코드 키에 대해서도 스키마 레지스트리에 의존적인 컨버터들을 사용할 수 있다. 이 경우 워커 설정에 key.converter.schema.
     registry.url을 설정한다.

커넥터 설치

소스와 싱크 커넥터를 설치하는 방법에는 크게 두 가지가 있다.

- 직접 설치

- 컨플루언트 허브의 자동화된 설치

직접 설치 방식은 커넥터 구현에 따라 다양하며 커넥터 유지 보수자가 어떻게 산출물 (커넥터 산출물은 보통 하나 이상의 JAR 파일들을 포함한다)을 배포하는지에 따라 다르다. 그러나 보통은 웹사이트 또는 메이븐 센트럴^{Maven Central}이나 아티팩토리^{Artifactory}와 같은 산출물 저장소에서 다운로드하는 것이 일반적이다. 커넥터를 다운로드하면 `plugin.path` 설정으로 지정한 위치에 JAR 파일들을 위치시켜야 한다.

커넥터를 다운로드하는 가장 쉬운 방법이자 이 책에서 사용할 방법은 컨플루언트에서 개발한 CLI 도구를 사용해 커넥터를 설치하는 것이다. 컨플루언트-허브^{confluent-hub}라 부르는 이 CLI는 컨플루언트 문서(https://oreil.ly/31Sd9)의 지시에 따라 설치할 수 있다. 컨플루언트-허브를 설치하고 나면, 커넥터들을 아주 쉽게 설치할 수 있다. 커넥터를 다운로드하는 명령 문법은 다음과 같다.

```
confluent-hub install <owner>/<component>:<version> [options]
```

예를 들어 일래스틱서치 싱크 커넥터를 설치하려면 다음과 같은 명령을 실행할 수 있다.

```
confluent-hub install confluentinc/kafka-connect-elasticsearch:10.0.2 \
    --component-dir /home/appuser \ ❶
    --worker-configs /etc/ksqldb-server/connect.properties \ ❷
    --no-prompt ❸
```

❶ 커넥터가 설치될 디렉터리

❷ 워커 설정의 위치. `plugin.path` 설정이 포함돼 있지 않다면 설치 위치(`--component-dir`로 지정)가 `plugin.path`에 추가된다.

❸ CLI가 추천/기본값(예: 설치 확인, 소프트웨어 라이선스 동의 등)을 처리하도록 해 대화
형 입력 단계를 생략한다. 이 설정은 스크립트로 설치할 때 유용하다.

비슷하게, 포스트레스큐엘 소스 커넥터도 다음 명령으로 설치할 수 있다.

```
confluent-hub install confluentinc/kafka-connect-jdbc:10.0.0 \
    --component-dir /home/appuser/ \
    --worker-configs /etc/ksqldb-server/connect.properties \
    --no-prompt
```

임베디드 모드 실행 중 ksqlDB 서버 인스턴스가 시작되고 난 후 설치된 커넥터들을 사
용하려면 ksqlDB 서버를 재시작해야 한다는 것을 명심해야 한다. 애플리케이션에서 필
요한 커넥터들을 설치하고 나면 ksqlDB에서 커넥터 인스턴스를 생성하고 관리할 수
있다. 이에 대해서는 다음 절에서 다룰 것이다.

커넥터 생성

커넥터를 생성하는 문법은 다음과 같다.

```
CREATE { SOURCE | SINK } CONNECTOR [ IF NOT EXISTS ] <identifier> WITH(
    property_name = expression [, ...]);
```

포스트레스큐엘 인스턴스를 postres:5432에서 실행한다고 가정하고, ksqlDB에서 다음
과 같은 명령을 실행해 titles라는 테이블로부터 데이터를 읽는 소스 커넥터를 설치할 수
있다.

```
CREATE SOURCE CONNECTOR `postgres-source` WITH( ❶
    "connector.class"='io.confluent.connect.jdbc.JdbcSourceConnector', ❷
    "connection.url"=
        'jdbc:postgresql://postgres:5432/root?user=root&password=secret', ❸
    "mode"='incrementing', ❹
    "incrementing.column.name"='id', ❺
    "topic.prefix"='', ❻
    "table.whitelist"='titles', ❼
    "key"='id'); ❽
```

❶ WITH 절은 커넥터 설정(이 설정은 커넥터에 따라 다양하다, 따라서 사용 가능한 설정 목록을 보려면 커넥터 문서를 참고해야 한다)을 넘길 때 사용한다.

❷ 커넥터 자바 클래스

❸ JDBC 소스 커넥터는 데이터 스토어에 연결할 때 필요한 연결 URL을 요구한다(이 경우, 포스트레스큐엘 데이터베이스).

❹ JDBC 소스 커넥터는 여러 실행 모드를 가지고 있다. 여기서는 titles 테이블로 추가되는 새로운 레코드들을 스트림으로 읽기 원하고, 자동-증분auto-incrementing 컬럼을 가지고 있으므로, mode를 incrementing으로 설정할 수 있다. 이 커넥트가 지원하는 모든 모드에 대한 자세한 설명은 커넥터 문서(https://oreil.ly/w8Grb)를 참고하기 바란다.

❺ 소스 커넥터가 이미 읽은 로우들을 판별할 때 사용하는 자동-증분 컬럼 이름

❻ 각 테이블의 데이터는 동일 이름의 토픽(예: titles 테이블의 데이터는 titles 토픽으로 흘러 들어간다)으로 흘러들어간다. 선택적으로 토픽 이름에 접두사(예: ksql- 접두사는 titles 데이터를 ksql-titles 토픽으로 흘려보낸다)를 설정할 수 있다. 이 튜토리얼에서는 접두사를 사용하지 않는다.

❼ 카프카로 흘려보낼 테이블 목록

❽ 레코드 키로 사용할 값

CREATE SOURCE CONNECTOR문을 실행하면, 다음과 같은 메시지를 보게 될 것이다.

```
Message
-----------------------------------
Created connector postgres-source
-----------------------------------
```

ksqlDB에서 커넥터 인스턴스를 생성하고 나면, 다양한 방식으로 커넥터 인스턴스들과 상호 동작할 수 있다. 이어지는 절에서 이에 대한 몇 가지 예를 살펴볼 것이다.

커넥터 보기

대화형 모드에서, 실행 중인 커넥터나 상태를 나열해보면 도움이 될 때가 종종 있다. 커넥터 목록을 보는 문법은 다음과 같다.

```
{ LIST | SHOW } [ { SOURCE | SINK } ] CONNECTORS
```

다시 말해, 모든 커넥터를 볼 수도 있고 소스 커넥터만 볼 수도 있으면, 싱크 커넥터들만 볼 수도 있다. 지금은 소스 커넥터와 싱크 커넥터를 모두 생성했으므로, 둘을 모두 나열하기 위해 아래 변형을 사용할 수 있다.

```
SHOW CONNECTORS ;
```

출력에서 다음과 같이 두 커넥터 모두를 볼 수 있다.

```
Connector Name      | Type   | Class | Status
-------------------------------------------------------------------
postgres-source     | SOURCE | ...   | RUNNING (1/1 tasks RUNNING)
elasticsearch-sink  | SINK   | ...   | RUNNING (1/1 tasks RUNNING)
-------------------------------------------------------------------
```

SHOW CONNECTORS 명령은 활성 커넥터의 상태를 포함해 활성 커넥터에 대한 유용한 정보를 출력한다. 이 경우, 두 커넥터 모두 RUNNING 상태의 단일 태스크를 가지고 있다. 다른 상태로는 UNASSIGNED, PAUSED, FAILED 그리고 DESTROYED가 있다. FAILED와 같은 상태를 발견하게 되면, 원인을 살펴보고 싶을 것이다. 예를 들어 postgres-source 커넥터가 설정한 PostgreSQL 데이터베이스와의 연결이 끊겼다면(이 튜토리얼에서는 간단히 PostgreSQL 인스턴스를 죽여서 이런 상황을 만들 수 있다), 다음과 같은 내용을 볼 수 있을 것이다.

```
Connector Name  | Type   | Class | Status
------------------------------------------------------------
postgres-source | SOURCE | ...   | FAILED
------------------------------------------------------------
```

예를 들어 실패한 태스크를 검사할 때, 커넥터에 대해 좀 더 많은 정보를 얻으려면 어떻게 해야 할까? 이때 필요한 것이 ksqlDB의 커넥터 설명^{describe} 기능이다. 다음 절에서 이에 대해 알아보자.

커넥터 설명

ksqlDB는 DESCRIBE CONNECTOR 명령으로 커넥터의 상태를 쉽게 조회할 수 있다. 예를 들어 앞 절에서 얘기했던 것처럼 postgres-source가 데이터 저장소와 연결을 잃었다면, 커넥터의 추가 상태 정보를 가져오기 위해 해당 커넥터에 대한 설명을 요청할 수 있다. 예를 들어,

```
DESCRIBE CONNECTOR `postgres-source` ;
```

오류가 있으면 출력에서 오류 Trace를 봐야 한다. 지면상 내용을 좀 줄여서 보면 다음과 같다.

```
Name          : postgres-source
Class         : io.confluent.connect.jdbc.JdbcSourceConnector
Type          : source
State         : FAILED
WorkerId      : 192.168.65.3:8083
Trace         : org.apache.kafka.connect.errors.ConnectException ❶

 Task ID | State  | Error Trace
---------------------------------------------------------------------
 0       | FAILED | org.apache.kafka.connect.errors.ConnectException ❷
```

❶ 이 예제에서는 스택 트레이스를 줄였으나, 실체 실패 상황에서는 발생한 예외의 완전한 스택 트레이스를 볼 수 있다.

❷ 태스크별 상태. 태스크들이 각각 다른 상태(예를 들어 어떤 것은 RUNNING이지만, 어떤 것은 UNASSIGNED, FAILED 등이 될 수 있다)에 있을 수 있다.

대개는 정상 상태의 태스크들을 볼 수 있다. 예를 들어 정상 상태에서 DESCRIBE CONNECTOR 명령을 실행하면 다음과 같은 출력을 볼 수있다.

```
Name                    : postgres-source
Class                   : io.confluent.connect.jdbc.JdbcSourceConnector
Type                    : source
State                   : RUNNING
WorkerId                : 192.168.65.3:8083

 Task ID | State  | Error Trace
---------------------------------
 0       | RUNNING |
---------------------------------
```

지금까지 커넥터를 생성하고 설명을 보는 방법에 대해 알아봤다. 다음 커넥터를 삭제하는 방법에 대해 알아보자.

커넥터 삭제

커넥터 삭제는 이전에 등록한 커넥터를 재설정하거나 영구적으로 삭제하고자 할 때 필요하다. 커넥터를 삭제하는 문법은 다음과 같다.

```
DROP CONNECTOR [ IF EXISTS ] <identifier>
```

예를 들어 PostgreSQL 커넥터를 삭제하려면 다음과 같은 명령을 실행할 수 있다.

```
DROP CONNECTOR `postgres-source` ;
```

커넥터를 삭제할 때마다, 커넥터가 실제로 삭제됐다는 확인 메시지를 볼 수 있다. 예를 들면 다음과 같다.

```
 Message
---------------------------------
 Dropped connector "postgres-source"
---------------------------------
```

소스 커넥터 검증

PostgreSQL 소스 커넥터가 잘 동작하는지 검증하는 가장 빠른 방법은 PostgreSQL 데이터베이스에 데이터를 일부 넣고 토픽의 내용으로 출력하는 것이다. 예를 들어 `titles`라는 테이블을 PostgreSQL 인스턴스에 생성하고 이 테이블에 약간의 데이터를 미리 채워 넣자.

```
CREATE TABLE titles (
    id SERIAL PRIMARY KEY,
    title VARCHAR(120)
);

INSERT INTO titles (title) values ('Stranger Things');
INSERT INTO titles (title) values ('Black Mirror');
INSERT INTO titles (title) values ('The Office');
```

앞의 SQL문은 PostgreSQL SQL문이지 ksqlDB SQL문이 아니다.

PostgreSQL 소스 커넥터는 이 테이블로부터 데이터를 가져와 `titles` 토픽을 자동으로 채워야 한다. 이를 검증하기 위해 ksqlDB의 PRINT문을 사용할 수 있다.

```
PRINT `titles` FROM BEGINNING ;
```

ksqlDB는 다음과 유사한 내용을 출력한다.

```
Key format: JSON or KAFKA_STRING
Value format: AVRO or KAFKA_STRING
rowtime: 2020/10/28 ..., key: 1, value: {"id": 1, "title": "Stranger Things"}
rowtime: 2020/10/28 ..., key: 2, value: {"id": 2, "title": "Black Mirror"}
rowtime: 2020/10/28 ..., key: 3, value: {"id": 3, "title": "The Office"}
```

출력의 첫 번째 두 줄에서, ksqlDB는 titles 토픽의 레코드 키와 값의 포맷을 추론하려 노력한다. 레코드 키에 StringConverter를 사용하고 레코드값에 AvroConveter를 사용하므로 이 내용은 예상과 일치한다.

비슷하게, 싱크 커넥터를 검증하려면 싱크 토픽에 데이터를 생성하고, 하위 스트림의 데이터 저장소를 쿼리해야 한다. 이 부분은 독자들에게 숙제로 남겨둘 것이다(코드 저장소 (https://oreil.ly/gs18X)에서도 검증 방법을 볼 수 있다). 다음은 어떻게 카프카 커넥트 클러스터와 직접 상호 동작할 수 있는지 알아보고 사용 사례도 살펴볼 것이다.

카프카 커넥트 클러스터와 직접 상호 동작

가끔 ksqlDB 외부에서 카프카 커넥트 클러스터와 직접 상호 동작해야 할 때가 있다. 예를 들어 카프카 커넥트 엔드포인트들은 ksqlDB에서는 얻을 수 없는 정보를 노출하고 이를 통해 실패한 태스크 재시작과 같은 중요한 운영 작업을 수행할 수 있다. Connect API를 모두 설명하는 것은 이 책의 범위를 넘어서지만, 다음에 있는 표는 카프카 커넥트 클러스터에 실행할 수 있는 몇 가지 예제 쿼리를 보여준다.

사례	예제 쿼리
커넥터 목록 보기	curl -XGET localhost:8083/connectors
커넥터 설명 보기	curl -XGET localhost:8083/connectors/elasticsearch-sink
태스크 목록 보기	curl -XGET -s localhost:8083/connectors/elasticsearch-sink/tasks
태스크 상태 조회	curl -XGET -s localhost:8083/connectors/elasticsearch-sink/tasks/0/status
실패한 태스크 재실행	curl -XPOST -s localhost:8083/connectors/elasticsearch-sink/tasks/0/restart

마지막으로 컨플루언트 스키마 레지스트리로 직렬화 포맷을 사용할 때 스키마를 검사하는 방법에 대해 배워보자.

관리형 스키마 검사

표 9-1에서 여러 가지 데이터 직렬화 포맷을 보여줬다. 이 가운데 일부는 레코드 스키마를 저장하기 위해 컨플루언트 스키마 레지스트리를 필요로 했다. 카프카 커넥트는 컨플루언트 스키마 레지스트리에 스키마를 자동으로 저장할 것이다. 표 9-2는 관리형 스키마managed schema들을 검사하기 위해 스키마 레지스트리 엔트포인트에 수행할 수 있는 예제 쿼리들을 보여준다.

표 9-2 예제 스키마 레지스트리 쿼리

사례	예제 쿼리
스키마 타입 목록 보기	curl −XGET localhost:8081/subjects/
스키마 버전 목록 보기	curl −XGET localhost:8081/subjects/titles−value/versions
스키마 버전 조회	curl −XGET localhost:8081/subjects/titles−value/versions/1
최신 스키마 버전 조회	curl −XGET localhost:8081/subjects/titles−value/versions/latest

완전한 API 목록은 스키마 레지스트리 API 참조 문서(https://oreil.ly/Q26Si)를 보기 바란다.

요약

지금까지 ksqlDB와 외부 시스템을 통합하는 방법에 대해 배웠다. 카프카 커넥트에 대한 기초적인 이해와 커넥터 관리를 위한 다양한 ksqlDB SQL문에 대한 지식을 바탕으로 ksqlDB에서 데이터를 처리, 변환, 보강하는 방법에 대해 배울 준비가 됐다. 10장에서는 넷플릭스의 스트림 처리 사례를 살펴보고 SQL로 스트림 처리 애플리케이션을 구축할 때 필요한 ksqlDB SQL문들을 추가적으로 살펴볼 것이다.

ksqlDB 스트림 처리 기초

10장에서는 ksqlDB로 일반적인 스트림 처리를 어떻게 하는지 배울 것이다. 10장에서 다룰 주제는 다음과 같다.

- 스트림과 테이블 생성

- ksqlDB 데이터 타입 사용

- 단순 불리언 조건, 와일드카드, 범위 필터를 사용해 데이터 필터링

- 복잡하거나 중첩돼 있는 구조를 평평하게 만들어 데이터 모양 변경

- 필드 일부를 선택하는 프로젝션 사용

- NULL 값을 처리하기 위한 조건식 사용

- 파생 스트림과 테이블 생성 그리고 카프카로 결과 쓰기

10장이 끝날 때쯤이면 여러분은 ksqlDB의 SQL 방언을 사용해 기본적인 데이터 전처리와 변환 작업을 할 수 있게 될 것이다. 9장에서 살펴봤던 SQL문들은 내부적으로 ksqlDB의 카프카 커넥트 통합을 이용했지만, 10장에서 사용할 모든 SQL문은 ksqlDB의 카프카 스트림즈 통합을 사용할 것이다. 10장을 학습하고 나면 단 몇 줄의 SQL로 완전한 스트림 처리 애플리케이션 구축이 가능하다는 것을 알게 될 것이다. 이것은 ksqlDB가 실제로 얼마나 강력한지 깨닫게 되는 계기가 될 것이다. 여러 SQL문들을 사

용해 애플리케이션을 구축해보면서 10장의 주제들을 살펴볼 것이다. 먼저 10장의 튜토리얼에 대해 알아보자.

튜토리얼: 넷플릭스의 변경 내용 모니터링

넷플릭스는 매년 수백만 달러를 영상 콘텐츠에 투자한다. 수많은 영화와 텔레비전 쇼가 동시에 제작되므로, 제작 중에 어떤 변경(예: 개봉일 변경, 제작비 변경, 출연진 일정 등)이 발생하면 이 변경 내용을 여러 시스템에 전달하는 것은 작품을 성공적으로 진행하기 위해 매우 중요하다. 그동안 넷플릭스는 스트림 처리에 아파치 플링크를 사용해왔다. 그러나 넷플릭스가 엔지니어 니틴 샤르마와 함께하면서, 이 문제를 플링크가 아닌 ksqlDB를 사용해 풀어보기로 결정했다.[1]

애플리케이션의 목표는 간단하다. 제작 중에 발생하는 변경 스트림을 소비하고 필터, 변환으로 데이터를 처리하며, 보고 목적으로 데이터를 보강하고 집계해, 궁극적으로는 처리한 데이터를 하위 시스템에서 사용 가능하도록 내보내는 것이다. 할 일이 많아 보이지만, ksqlDB를 사용하면 매우 직관적으로 구현이 가능하다.

이 튜토리얼에서 집중적으로 살펴볼 내용은 프로그램의 시즌 길이 변경(예를 들어 〈기묘한 이야기Stranger Things〉의 시즌 4는 원래 12화로 작업될 예정이었으나 출연진의 일정, 제작비 등 여러 시스템상의 문제로 인해 9화로 제작됐다)일 것이다. 10장의 튜토리얼에서는 실제 세계의 문제를 모델링할 뿐만 아니라 ksqlDB 애플리케이션에서 겪을 수 있는 여러 일반적인 문제도 다루므로 이 예제의 선택은 튜토리얼로 적합하다고 생각된다.

그림 10-1은 우리가 구축할 변경-추적 애플리케이션의 아키텍처 다이어그램을 보여준다. 다이어그램 뒤에서 각 단계에 대해 설명할 것이다.

---

1   주의: 이 튜토리얼은 실제 넷플릭스 상용 애플리케이션이 아니고 넷플릭스의 사례를 ksqlDB로 어떻게 모델링할 수 있는지 보여주는 예시일 뿐이다.

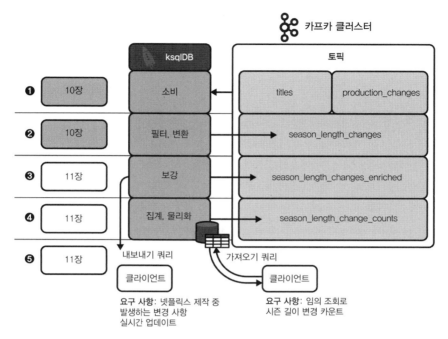

그림 10-1 넷플릭스 변경-추적 애플리케이션 아키텍처 다이어그램

❶ 이 튜토리얼의 애플리케이션은 두 토픽으로부터 데이터를 읽을 것이다.

- titles 토픽은 넷플릭스에서 서비스하는 영화와 텔레비전 쇼의 메타데이터(제목, 개봉일 등으로 이 튜토리얼에서는 통칭해 titles라고 한다)를 포함하고 있는 압축compacted된 토픽이다.

- 현재 제작 중인 프로그램의 출연진 일정, 예산, 개봉일 또는 시즌 길이 변경이 발생할 때마다 production_changes 토픽에 변경 내용을 쓴다.

❷ 소스 토픽들로부터 데이터를 소비한 후, production_changes 데이터를 보강하기 위해 기본적인 전처리(예: 필터링과 변환)를 수행해야 한다. 필터링 후 프로그램의 에피소드 개수 또는 시즌 길이 변경만 포함하는 전처리 스트림은 season_length_changes 토픽으로 데이터를 내보낸다.

❸ 그런 다음 전처리한 데이터에 보강 작업을 수행할 것이다. 특별히 season_length_ changes 스트림을 titles 데이터와 조인해 여러 소스와 차원으로부터 결합한 레코드를 생성할 것이다.

❹ 다음, 5분 길이의 윈도우와 비윈도우로 변경 개수 집계를 수행할 것이다. 결과 테이블은 물리화돼 룩업^{lookup} 형태의 가져가기 쿼리로 데이터를 조회할 수 있다.

❺ 마지막으로, 보강한 데이터와 집계 데이터를 두 종류의 클라이언트에서 접근 가능하게 할 것이다. 첫 번째 클라이언트는 ksqlDB에 장시간 연결해 내보내기 쿼리로 지속적인 변경 내용을 수신할 것이다. 두 번째 클라이언트는 전통적인 데이터베이스 조회처럼 짧은 시간 실행되는 가져가기 쿼리로 포인트 룩업$^{point\ lookup}$을 수행할 것이다.

이 예제에서 소개할 개념들이 너무 많으므로, 두 개의 장에 걸쳐 이 튜토리얼을 진행할 것이다. 10장은 기본적인 데이터 전처리, 변환 단계(즉, 단계 1-2)와 함께 스트림과 테이블을 생성하는 것에 초점을 맞출 것이다. 11장은 데이터 보강, 집계, 그리고 가져오기/내보내기 쿼리에 초점을 맞출 것이다.

프로젝트 설정

10장의 코드는 깃허브 저장소(https://github.com/mitch-seymour/mastering-kafka-streams-and-ksqldb)에서 다운로드할 수 있다.

토폴로지의 각 단계를 작업하면서 코드를 참조하고 싶다면, 코드 저장소를 클론하고 10장의 튜토리얼이 포함돼 있는 디렉터리로 이동하면 된다. 다음 명령으로 이를 수행할 수 있다.

```
$ git clone git@github.com:mitch-seymour/mastering-kafka-streams-and-ksqldb.git
$ cd mastering-kafka-streams-and-ksqldb/chapter-10/
```

이 튜토리얼은 도커 컴포즈를 사용해 다음처럼 이 애플리케이션에 필요한 각 컴포넌트를 실행할 것이다.

- 카프카

- 스키마 레지스트리

- ksqlDB 서버

- ksqlDB CLI

각 컴포넌트를 시작하려면 코드 저장소를 클론한 후 다음 명령을 수행하면 된다.

```
docker-compose up
```

10장에서 살펴볼 SQL문들은 ksqlDB CLI에서 실행한다. 다음 명령으로 ksqlDB에 로그인할 수 있다.

```
docker-compose exec ksqldb-cli \ ❶
    ksql http://ksqldb-server:8088 ❷
```

❶ ksqldb-cli 컨테이너에서 명령을 수행하려면 docker-compose exec를 사용하면 된다. 우리가 실행할 명령은 그다음 줄에서 볼 수있다.

❷ ksql은 CLI 실행 파일 이름이다. http://ksqldb-server:8088 인자는 ksqlDB 서버의 URL이다.

이제 CLI를 실행했으므로 튜토리얼을 시작해보자.

소스 토픽

카프카 토픽에 데이터가 있어 ksqlDB로 처리하고자 한다면 어디서부터 시작해야 할까?

논리적으로 가장 좋은 시작점은 소스 토픽에 있는 데이터를 살펴보는 것이고, 그다음은 ksqlDB에서 이를 어떻게 모델링할지 결정하는 것이다. 이 튜토리얼은 `titles`와 `production_changes` 두 개의 소스 토픽에서 데이터를 읽어 처리할 것이다. 표 10-1은 각 소스 토픽에 있는 레코드 예제를 보여준다.

표 10-1 각 소스 토픽의 예제 레코드

소스 토픽	예제 레코드

titles	```json
	{
	    "id": 1,
	    "title": "Stranger Things",
	    "on_schedule": false
	}```

production_changes	```json
	{
	    "uuid": 1,
	    "title_id": 1,
	    "change_type": "season_length",
	    "before": {
	        "season_id": 1,
	        "episode_count": 12
	    },
	    "after": {
	        "season_id": 1,
	        "episode_count": 8
	    },
	    "created_at": "2021-02-08 11:30:00"
	}```

9장에서 ksqlDB에서 지원하는 레코드 수준의 직렬화 포맷을 살펴봤었다. 여기에는 `AVRO`, `JSON`, `PROTOBUF`, `DELIMITED` 그리고 원시 단일-값(예: 통틀어서 카프카 포맷으로 부르는 `String`, `Double`, `Integer` 그리고 `Long` 타입)과 같은 유명한 포맷들을 포함하고 있다. 예를 들어 `titles` 토픽의 데이터는 JSON 포맷으로 돼 있어서 레코드 직렬화 포맷으로 JSON을 사용해야 한다는 것을 알고 있다.

아직 필드 수준의 데이터 타입은 다루지 않았다. 예를 들어 표 10-1의 `titles` 레코드는 세 개의 필드들(`id`, `title`, `on_schedule`)을 포함하고 있으며, 각각 다른 값 타입(각각

Integer, String, Boolean)을 가지고 있다. 소스 토픽의 데이터를 스트림 또는 테이블로 모델링하기 전에, 각 필드의 데이터 타입을 고려해야 한다. ksqlDB는 많은 내장 데이터 타입을 포함하고 있고, 이에 대해서는 다음 절에서 살펴볼 것이다.

데이터 타입

표 10-2에서는 ksqlDB에서 사용 가능한 데이터 타입들을 보여주고 있다.

표 10–2 내장 데이터 타입들

타입	설명
ARRAY〈element–type〉	동일 데이터 타입의 요소들의 집합(예: ARRAY〈STRING〉)
BOOLEAN	불리언 값
INT	32–비트 부호가 있는 정수
BIGINT	64–비트의 부호가 있는 정수
DOUBLE	배정도(64–비트) IEEE 754 부동 소수점 수
DECIMAL(precision, scale)	전체 자릿수(정밀도)와 소수점 자릿수(척도) 설정이 가능한 부동 소수점 수
MAP〈key–type, element–type〉	각 데이터 타입과 일치하는 키와 값을 포함하는 객체(예: MAP〈STRING,INT〉)
STRUCT〈field–name field–type [, ...]〉	구조체(예: STRUCT〈FOOINT, BAR BOOLEAN〉)
VARCHAR or STRING	유니코드 문자열(UTF8)

ksqlDB 데이터 타입과 관련해 흥미로운 점 중 하나는 일부 직렬화 포맷에서는 필드 데이터 타입이 선택적이라는 것이다. AVRO, PROTOBUF 그리고 JSON_SR과 같은 컨플루언트 스키마 레지스트리에 의존하는 직렬화 포맷들이 바로 이러한 직렬화 포맷이다. 스키마 레지스트리가 이미 필드 이름과 타입들을 저장하고 있으므로 CREATE문에서 데이터 타입을 일일이 지정하는 것은 불필요한 일이다(ksqlDB는 스키마 정보를 스키마 레지스트리에서 스키마를 가져올 수 있다).

다만, 키 컬럼을 지정할 때는 예외다. ksqlDB에서 ksqlDB에 메시지의 키로 어떤 컬럼을 읽어야 할지 알려줘야 할 때 PRIMARY KEY(테이블에서) 또는 KEY(스트림에서) 식별자를 사용할 수 있다.

따라서 ksqlDB에게 메시지 키로 어떤 컬럼을 읽을지 알려주기 위해 PRIMARY KEY 컬럼을 포함하는 부분 스키마를 지정해야 한다. 나머지 값 컬럼들(예: title)은 스키마로부터 가져올 수 있다. 예를 들어 titles의 데이터가 AVRO 포맷으로 돼 있고 관련 Avro 스키마가 스키마 레지스트리에 저장돼 있다면, titles 테이블을 생성할 때 다음과 같은 CREATE 문들 중 하나를 사용할 수 있다.

명시적 타입들	추론한 타입들 [a]

CREATE TABLE titles (
    id INT PRIMARY KEY,
    title VARCHAR
) WITH (
    KAFKA_TOPIC='titles',
    VALUE_FORMAT='AVRO',
    PARTITIONS=4
);
	CREATE TABLE titles (
	    id INT PRIMARY KEY
	)
	WITH (
	    KAFKA_TOPIC='titles',
	    VALUE_FORMAT='AVRO',
	    PARTITIONS=4
	);

a. 스키마 레지스트리를 사용하는 직렬화 포맷에서만 가능

비록 간단한 형태로 컬렉션을 생성해도 되지만, 이 책의 예제에서는 데이터 타입을 명확하게 보여줄 수 있도록 명시적 타입을 사용할 것이다. CREATE { STREAM | TABLE } 문법에 대해서는 뒤에서 자세히 설명할 것이다. 그 전에 커스텀 타입을 어떻게 생성할 수 있는지 배워 보면서 데이터 타입에 대해 좀 더 이야기해보자.

커스텀 타입

커스텀 타입(PostgreSQL의 복합 타입^{composite type}과 유사)으로 필드 이름과 관련 데이터 타입을 그룹으로 지정할 수 있다. 그리고 이후에는 이 필드 집합을 지정한 이름을 사용해 참조할 수 있다. 커스텀 타입은 복잡한 타입 정의를 재사용할 때 특히 유용하다. 예를 들

어 애플리케이션이 시즌 길이의 변화를 캡처해야 하고, **before**와 **after**의 데이터가 구조적으로 동일할 수 있다. 다음에서 이를 보여준다.

```
{
    "uuid": 1,
    "before": {   ❶
        "season_id": 1,
        "episode_count": 12
    },
    "after": {
        "season_id": 1,
        "episode_count": 8
    },
    "created_at": "2021-02-08 11:30:00"
}
```

❶ before 필드의 구조는 after 필드와 동일하다. 이 객체들은 커스텀 타입을 사용하기에 좋은 예제이다.

before와 **after** 필드에 대해 각각 다른 STRUCT 정의를 하거나 재사용 가능한 커스텀 타입을 생성할 수도 있다. 이 튜토리얼에서는 SQL문의 가독성을 향상시켜줄 수 있는 후자를 선택할 것이다. 다음의 표는 커스텀 타입과 관련된 여러 연산을 SQL 문법과 함께 보여준다.

연산	문법
커스텀 타입 생성	CREATE TYPE ⟨type_name⟩ AS ⟨type⟩;
등록된 커스텀 타입 나열	{ LIST	SHOW } TYPES
커스텀 타입 삭제	DROP TYPE ⟨type_name⟩

다음과 같은 SQL문으로 season_length라는 이름의 커스텀 타입을 생성해보자.

```
ksql> CREATE TYPE season_length AS STRUCT<season_id INT, episode_count INT> ;
```

커스텀 타입이 생성되면 SHOW TYPES 쿼리로 생성된 타입을 볼 수 있다.

```
ksql> SHOW TYPES ;

 Type Name      | Schema
 ----------------------------------------------------------------
 SEASON_LENGTH  | STRUCT<SEASON_ID INTEGER, EPISODE_COUNT INTEGER>
 ----------------------------------------------------------------
```

커스텀 타입을 삭제하고 싶으면, 다음과 같은 SQL문을 실행할 수 있다.

```
ksql> DROP TYPE season_length;
```

이 튜토리얼은 season_length 커스텀 타입을 사용할 것이다. 따라서 이 커스텀 타입을 삭제했다면 시작 전에 다시 생성해야 한다. 지금까지 ksqlDB의 여러 데이터 타입들에 대해 배웠다. 이제 애플리케이션에 필요한 스트림과 테이블을 생성할 차례다. 다음 절에서 이 주제에 대해 살펴볼 것이다.

컬렉션

스트림과 테이블은 카프카 스트림즈와 ksqlDB의 중심에 있는 두 가지 주요 추상화 객체다. ksqlDB에서는 이것들을 컬렉션collections이라 부른다. 101페이지 '스트림과 테이블'에서 처음으로 스트림과 테이블을 봤다. 스트림과 테이블을 ksqlDB 문법으로 어떻게 생성하는지 보기 전에 이 둘의 차이점에 대해 짧게 복습해보자.

테이블은 지속적으로 갱신되는 데이터 셋의 스냅숏으로 생각할 수 있다. 여기에는 카프카 토픽의 각 고유 키에 대해 최신 상태 또는 연산(집계의 경우)이 내부 컬렉션[2]에 저장된다.

테이블을 사용하는 대표적인 사례는 조인-기반의 데이터 보강으로, 이 연산에서는 스트

---

2   이 컬렉션들은 157페이지 '상태 저장소'에서 봤듯이, RocksDB 상태 저장소에 저장된다.

림으로 들어오는 이벤트에 추가 문맥 정보를 보강할 때 룩업 테이블lookup table을 참조할 수 있다. 테이블은 집계에서도 특별한 역할을 하는데, 이에 대해서는 11장에서 살펴볼 것이다.

반면, 스트림은 불변의 이벤트 열immutable sequence of events로 모델링한다. 변경 가능한 특징을 가진 테이블과 달리, 스트림의 각 이벤트는 다른 이벤트와 독립적이라고 간주한다. 스트림은 상태가 없다. 이는 각 이벤트가 소비, 처리되면 결과적으로는 잊힌다는 것을 의미한다.

차이점을 시각화하기 위해 다음과 같은 이벤트 열(키와 값은 〈키, 값〉 형태로 돼 있다)을 고려해보자.

이벤트 배열
〈K1, V1〉
〈K1, V2〉
〈K1, V3〉
〈K2, V1〉

테이블은 각 고유 키의 최신 상태를 유지하지만 스트림은 모든 이벤트 이력을 기록한다. 앞의 이벤트 배열에 대한 스트림과 테이블 표현은 다음과 같다.

스트림	테이블
〈K1, V1〉	〈K1, V3〉
〈K1, V2〉	〈K2, V1〉
〈K1, V3〉	
〈K2, V1〉	

ksqlDB는 스트림과 테이블을 생성하는 여러 방법을 제공한다. 카프카 토픽에 대고 직접 생성할 수도 있고(여기서는 이것을 소스 컬렉션이라고 부른다), 다른 스트림과 테이블로부터 파생돼 생성할 수도 있다(이를 파생 컬렉션derived collections이라 부른다). 10장에서는 두 컬렉션 종류에 대해 모두 알아볼 것이나, ksqlDB에서 소스 컬렉션은 모든 스트림 처리

애플리케이션의 시작점이기 때문에 소스 컬렉션에 대해 먼저 알아볼 것이다.

소스 컬렉션 생성

ksqlDB에서는 카프카 토픽에 대고 직접 쿼리를 할 수 없기 때문에, ksqlDB에서 데이터를 처리하기 전에 카프카 토픽에 대한 소스 컬렉션을 생성해야 한다. 우리는 컬렉션(즉, 스트림과 테이블)에 대고 쿼리한다. 스트림과 테이블을 생성하는 문법은 다음과 같다.

```
CREATE [ OR REPLACE ] { STREAM | TABLE } [ IF NOT EXISTS ] <identifier> (
    column_name data_type [, ... ]
) WITH (
    property=value [, ... ]
)
```

이 튜토리얼에서 스트림과 테이블 모두 생성해야 한다. 영화와 텔레비전 쇼에 대해 메타데이터만 관심이 있기 때문에 메타데이터(이 두 엔티티를 앞으로 titles라 부를 것이다)를 포함하고 있는 titles 토픽을 테이블로 모델링할 것이다. 다음 SQL문으로 titles 테이블을 생성할 수 있다.

```
CREATE TABLE titles (
    id INT PRIMARY KEY, ❶
    title VARCHAR
) WITH (
    KAFKA_TOPIC='titles',
    VALUE_FORMAT='AVRO',
    PARTITIONS=4 ❷
);
```

❶ PRIMARY KEY는 이 테이블의 키 컬럼을 지정하고 카프카 레코드의 키로부터 추출한다. 테이블은 변경 가능한 업데이트-스타일의 시맨틱을 가지므로, 같은 키에 대해 여러 레코드가 존재한다면 최신 레코드만 테이블에 저장한다. 레코드에 키는 있으나 값이 NULL일 때는 예외다. 이 경우 레코드는 툼스톤tombstone으로 간주하며 해당

키를 삭제할 것이다. ksqlDB에서는 키가 NULL인 레코드는 무시한다는 것을 명심해야 한다(스트림에서는 그렇지 않다).

❷ WITH 절에 PARTITIONS 속성을 지정했기 때문에, ksqlDB는 해당 토픽이 존재하지 않으면 토픽을 생성할 것이다(이 경우, 토픽은 4개의 파티션으로 생성된다). REPLICAS 속성을 사용해 복제 계수도 설정할 수 있다. 다음 절에서 WITH에 대해 좀 더 자세히 살펴볼 것이다.

이번에는 production_changes 토픽을 스트림으로 모델링할 것이다. 각 변경 이벤트에 대한 최신 상태를 추적할 필요가 없으므로, 이 토픽에 대해서는 스트림 컬렉션으로 모델링하는 것이 이상적이다. 이 토픽은 단순히 각 값을 소비하고 처리하기만 하면 된다. 따라서 소스 스트림을 다음과 같은 SQL문으로 생성할 것이다.

```
CREATE STREAM production_changes (
    rowkey VARCHAR KEY, ❶
    uuid INT,
    title_id INT,
    change_type VARCHAR,
    before season_length, ❷
    after season_length,
    created_at VARCHAR
) WITH (
    KAFKA_TOPIC='production_changes',
    PARTITIONS='4',
    VALUE_FORMAT='JSON',
    TIMESTAMP='created_at', ❸
    TIMESTAMP_FORMAT='yyyy-MM-dd HH:mm:ss'
);
```

❶ 테이블과 달리 스트림은 주요 키 컬럼이 없다. 스트림은 변경 불가능한 삽입-스타일의 시맨틱을 가지고 있으므로, 고유한 레코드를 식별하는 것은 불가능하다. 그러나 KEY 식별자는 레코드 키 컬럼(카프카 레코드의 키에 해당)에 대한 별칭으로 사용할 수 있다.

❷ 여기서는 before와 after 필드 모두를 위해 정의한 커스텀 타입 season_length를 사용한다. 이 복합 객체^{complex object} 3는 구조적으로 동일하다.

❸ created_at 컬럼은 타임스탬프를 포함하고 있으며 ksqlDB는 윈도우 집계와 조인(11장에서 살펴볼 것이다)과 같은 시간 기반 연산에 이를 사용한다. 다음 줄의 TIMESTAMP_FORMAT 속성은 레코드의 타임스탬프 포맷을 지정한다. TIMESTAMP와 TIMESTAMP_FORMAT 속성은 다음 절에서 다룰 것이다.

CREATE { STREAM | TABLE }문의 WITH 절은 아직 우리가 보지 못했던 여러 속성들을 지원한다. 스트림과 테이블에 대해 더 알아보기 전에 먼저 WITH 절에 대해 살펴보자.

WITH 절

스트림 또는 테이블을 생성할 때, ksqlDB의 WITH 절을 사용해 여러 속성들을 설정할 수 있다. 표 10-3은 일부 중요한 속성들을 보여준다.

표 10-3 WITH 절에서 지원하는 속성들

속성 이름	설명	필수 여부
KAFKA_TOPIC	소비하고자 하는 데이터가 있는 카프카 토픽	예
VALUE_FORMAT	소스 토픽 데이터의 직렬화 포맷(예: AVRO, PROTOBUF, JSON, JSON_SR, KAFKA)	예
PARTITIONS	ksqlDB가 이 개수의 파티션으로 소스 토픽을 생성하고자 할 때 이 속성 지정	아니요
REPLICAS	ksqlDB가 이 개수의 복제 계수로 소스 토픽을 생성하고자 할 때 이 속성 지정	아니요

---

3   여기서 복합(complex)이란 비-원시 타입을 지칭한다. 이 경우 before와 after 필드들은 STRUCT를 사용해 표현하며 여기서는 우리가 정의한 커스텀 타입을 사용한다. MAP과 ARRAY도 복합 타입이다.

속성 이름	설명	필수 여부
TIMESTAMP	타임스탬프를 포함하는 컬럼 이름으로 ksqlDB는 시간 기반 연산 (예: 윈도우 연산)에 이 컬럼을 사용한다. 이 속성을 설정하지 않으면, ksqlDB는 레코드 메타데이터에 내장돼 있는 타임스탬프를 사용할 것이다. 만약 컬럼 타입이 BIGINT이면 ksqlDB는 추가 설정 없이도 타임스탬프를 파싱하는 방법을 알 것이다. 컬럼 타입이 VARCHAR라면 TIMESTAMP_FORMAT 속성을 지정해야 한다. 이에 대해서는 아래에서 살펴볼 것이다.	아니요
TIMESTAMP_FORMAT	타임스탬프 포맷. java.time.format.DateTimeFormatter가 지원하는 포맷이면 모두 유효하다(예: yyyy-MM-dd HH:mm:ss).	아니요
VALUE_DELIMITER	VALUE_FORMAT='DELIMITED'일 때 필드 구분자로 동작하는 문자. 쉼표(,)는 기본 구분자이나 'SPACE'와 'TAB'도 유효한 값들이다	아니요

스트림과 테이블을 생성하고 잘 생성됐는지 검사하는 방법을 배우면서 스트림과 테이블에 대해 더 알아보자.

스트림과 테이블로 작업하기

대화형 모드에서, 여러분이 생성한 컬렉션들을 보거나 설명을 보면 도움이 많이 된다. 어떨 때는 더 이상 필요 없는 컬렉션을 삭제하거나 동일한 이름으로 스트림이나 테이블을 재생성하고자 할 때도 있다. 이 절에서는 이런 예제들을 살펴보고 관련된 예제 SQL 문을 실행해볼 것이다. 먼저 애플리케이션에서 정의한 활성 스트림과 테이블을 어떻게 보는지 알아볼 것이다.

스트림과 테이블 보기

현재 등록돼 있는 스트림과 테이블 모두에 대한 정보를 보고 싶을 때가 종종 있다. ksqlDB는 이를 도와줄 SQL문들을 제공하고 문법은 다음과 같다.

```
{ LIST | SHOW } { STREAMS | TABLES } [EXTENDED];
```

LIST와 SHOW는 서로 바꿔서 사용 가능하지만, 이 책에서는 SHOW만 사용할 것이다. 예를 들어 이 튜토리얼에서 필요한 소스 스트림과 테이블을 생성했다. 이제 ksqlDB CLI에서 SHOW문을 사용해 이 컬렉션들의 정보를 보자. 각 SQL문의 출력은 다음 코드에서 명령 바로 아래에 보인다.

```
ksql> SHOW TABLES ;

 Table Name | Kafka Topic | Format | Windowed
 -------------------------------------------------
 TITLES     | titles      | AVRO   | false
 -------------------------------------------------

ksql> SHOW STREAMS ;

 Stream Name        | Kafka Topic        | Format
 -----------------------------------------------------------
 PRODUCTION_CHANGES | production_changes | JSON
 -----------------------------------------------------------
```

보다시피 스트림과 테이블 목록 출력 내용은 매우 단순하다. 컬렉션에 대한 좀 더 많은 정보를 원하면 다음과 같이 SHOW문의 EXTENDED 변형을 사용할 수 있다.

```
ksql> SHOW TABLES EXTENDED; ❶

 Name : TITLES
 Type : TABLE
 Timestamp field : Not set - using <ROWTIME>
 Key format : KAFKA
 Value format : AVRO
 Kafka topic : titles (partitions: 4, replication: 1)
 Statement : CREATE TABLE titles (...) ❷

 Field | Type
 -------------------------------------
 ID    | INTEGER (primary key)
 TITLE | VARCHAR(STRING)
 -------------------------------------
```

```
Local runtime statistics ❸
-------------------------------------
messages-per-sec: 0.90 total-messages: 292 last-message: 2020-06-12…
```

(Statistics of the local KSQL server interaction with the Kafka topic titles)

❶ SHOW STREAMS EXTENDED도 지원한다. 그러나 출력 내용이 비슷해 스트림에 대한 예제는 생략했다.

❷ 원래는 완전한 DDL문이 출력되지만, 여기서는 지면 관계상 생략했다.

❸ 실행 시간 통계 consumer-total-message-bytes, failed-messages-per-sec, last-failed 등을 포함하며, 예제에는 없지만 더 많은 필드들이 포함될 수 있다. 이 정보는 스트림과 테이블의 처리율과 오류를 상위 수준에서 볼 때 유용하다. 이런 통계들은 측정이 되지 않았으면 생략된다(예: 스트림 또는 테이블에 아무런 활동이 없을 때).

SHOW 명령은 모든 스트림/테이블에 대한 정보를 볼 때 사용하므로, 현재 등록돼 있는 스트림/테이블에 대해 앞의 출력 내용을 반복할 것이다.

지금까지 클러스터 내의 모든 스트림과 테이블을 어떻게 보는지 배웠다. 이제, 특정 스트림이나 테이블의 상세한 설명을 어떻게 보는지 알아보자.

스트림과 테이블 설명 보기

컬렉션의 설명 보기는 SHOW 명령과 유사하다. 그러나 한 번에 하나의 스트림 또는 테이블만 지정할 수 있다. 스트림 또는 테이블의 설명 보기 문법은 다음과 같다.

```
DESCRIBE [EXTENDED] <identifier> ❶
```

❶ <identifier>는 스트림 또는 테이블의 이름이다. 이 명령에 STREAM 또는 TABLE 키워드가 생략된 것을 볼 수 있다. ksqlDB에서는 동일한 이름으로 스트림 또는 테이블을 만드는 것을 허용하지 않으므로, 이 명령에서는 컬렉션 종류를 구분할 이유가 없다. 단지 설명을 보고자 하는 스트림 또는 테이블의 고유한 식별자만 알면 된다.

예를 들어 다음과 같은 SQL로 **titles** 테이블의 설명을 볼 수 있다.

```
ksql> DESCRIBE titles ;

 Name                  : TITLES
  Field | Type
 ----------------------------------------
  ID    | INTEGER            (primary key)
  TITLE | VARCHAR(STRING)
 ----------------------------------------
```

예를 들어 실행 시간 통계와 같은 더 많은 정보를 원한다면, 다음 코드와 같이 **DESCRIBE EXTENDED** 변형을 사용할 수 있다. 이 글을 쓰는 시점에서 **DESCRIBE EXTENDED**가 ksqlDB 클러스터에 현재 등록돼 있는 모든 스트림과 테이블이 아닌 특정 스트림/테이블의 출력만 보여주는 것만 빼고는 **SHOW { STREAMS | TABLES } EXTENDED**의 출력과 **DESCRIBE EXTENDED**의 출력과 유사하므로 생략했다.

```
ksql> DESCRIBE EXTENDED titles ;
```

전통적인 데이터베이스에서는 필요 없는 데이터베이스 객체 삭제 작업도 자주 하는 일이다. 비슷하게 ksqlDB도 스트림과 테이블을 삭제할 수 있다. 이에 대해서는 다음 절에서 알아볼 것이다.

스트림과 테이블 변경

가끔 기존 컬렉션을 변경하고 싶을 때가 있다. ksqlDB에서는 **ALTER**문을 사용해 컬렉션을 변경한다. 문법은 다음의 코드와 같다.

```
ALTER { STREAM | TABLE } <identifier> alterOption [,...]
```

비록 향후 기능 확장이 되긴 하겠지만, ksqlDB 버전 0.14.0에서 **ALTER**문으로 수행할 수 있는 유일한 연산은 컬럼 추가다. **ALTER**문으로 컬럼을 추가하는 방법은 다음과 같다.

```
ksql> ALTER TABLE titles ADD COLUMN genre VARCHAR; ❶

 Message
 ----------------------
 Table TITLES altered.
 ----------------------
```

❶ titles 테이블에 VARCHAR 타입의 genre 컬럼 추가

스트림과 테이블 삭제

우리 부모님은 "우리가 널 이 세상에 데려왔고, 널 이 세상에서 데리고 나갈 수도 있어"라고 말하시곤 했다. 비슷하게, 여러분이 스트림과 테이블을 이 세상에 데려왔다면 다시 데리고 가고 싶을 수 있다. 스트림과 테이블을 생성했다면 삭제도 필요하다. DROP { STREAM | TABLE } 명령을 사용해 컬렉션을 삭제할 수 있다. 완전한 문법은 다음과 같다.

```
DROP { STREAM | TABLE } [ IF EXISTS ] <identifier> [DELETE TOPIC]
```

예를 들어 production_changes 스트림과 토픽을 삭제하고 싶었다면 다음과 같은 SQL을 실행할 수 있을 것이다.[4]

```
ksql> DROP STREAM IF EXISTS production_changes DELETE TOPIC ;

 Message
 ------------------------------------------------------------------------
 Source `PRODUCTION_CHANGES` (topic: production_changes) was dropped.
 ------------------------------------------------------------------------
```

ksqlDB는 DELETE TOPIC 절이 포함돼 있으면 토픽을 즉시 삭제할 것이기 때문에 선택 사항인 DELETE TOPIC 절을 사용할 때는 주의해야 한다. 스트림만 삭제하고 토픽은 그대로 두고 싶다면 DELETE TOPIC 절은 생략할 수 있다.

---

4 튜토리얼을 따라 하면서 이 SQL문을 실행하고자 한다면, 나머지 튜토리얼을 진행하기 전에 production_changes 스트림을 재생성해야 한다.

지금까지, 상위 수준에서 컬렉션으로 작업하는 방법에 대해 많은 내용을 다뤘다. 예를 들어 ksqlDB의 SHOW와 DESCRIBE문으로 컬렉션의 존재를 확인하고 메타데이터를 검사할 수 있다. 그리고 CREATE와 DROP문으로 컬렉션을 생성하거나 삭제할 수도 있다. 이제 기본적인 스트림 처리 패턴과 관련 SQL문들을 살펴보면서 스트림과 테이블로 작업할 수 있는 또 다른 방법들에 대해 알아보자.

기본 쿼리

이 절에서는 ksqlDB에서 데이터를 필터링하고 변환하는 기본적인 방법들을 알아볼 것이다. 10장의 튜토리얼을 다시 상기해보면, 변경-추적 애플리케이션은 두 카프카 토픽인 titles와 production_changes로부터 데이터를 소비한다. 우리는 이미 이 토픽들에 대해 소스 컬렉션들(titles 테이블과 production_changes 스트림)을 생성함으로써 애플리케이션의 1단계를 완료했다(그림 10-1 참조). 다음으로, production_changes 스트림에서 season-length 변경만 필터링하고, 데이터를 더 단순한 포맷으로 변환하고 필터링하고 변환한 스트림을 새 토픽인 season_length_changes 내보내는 애플리케이션의 2단계를 구현할 것이다.

개발 목적으로 특히 유용한 INSERT VALUES문으로 시작해보자.

값 삽입

스트림과 테이블에 값을 삽입하는 기능은 컬렉션에 데이터를 미리 채워 넣어야 할 때 아주 유용하다. 전통적인 데이터베이스에 익숙한 독자라면 삽입의 의미가 알고 있던 것과 조금 다르다는 것을 느낄 수 있다. 스트림과 테이블 모두 관련 카프카 토픽으로 레코드를 추가한다. 그러나 테이블만 각 키의 최신 상태를 저장하고 스트림은 그렇지 않다. 따라서 테이블에서는 INSERT가 UPSERT 연산처럼 동작한다(ksqlDB에 UPDATE문이 없는 이유다).

여러 종류의 SQL문을 실험하기 위해 10장 튜토리얼의 `titles` 테이블과 `production_changes` 스트림에 테스트 데이터를 미리 채워 넣을 것이다. 컬렉션에 값을 삽입하는 문법은 다음과 같다.

```
INSERT INTO <collection_name> [ ( column_name [, ...]] ) ]
VALUES (
    value [,...]
);
```

이 튜토리얼의 애플리케이션은 시즌 길이 변경에만 관심 있으므로 다음과 같이 레코드를 삽입해보자.

```
INSERT INTO production_changes (
    uuid,
    title_id,
    change_type,
    before,
    after,
    created_at
) VALUES (
    1,
    1,
    'season_length',
    STRUCT(season_id := 1, episode_count := 12),
    STRUCT(season_id := 1, episode_count := 8),
    '2021-02-08 10:00:00'
);
```

다른 종류의 변경은 필터링으로 버려야 하므로 개봉일 변경도 삽입해보자. 이 레코드는 나중에 필터 조건을 테스트할 때 유용하게 쓰인다. 이번에는 ROWKEY와 ROWTIME 값을 지정하는 INSERT문 변형을 사용할 것이다. 이 컬럼들은 ksqlDB가 자동으로 생성하는 특별한 의사 컬럼들pseudo columns이다.

```
INSERT INTO production_changes (
    ROWKEY,
```

```
        ROWTIME,
        uuid,
        title_id,
        change_type,
        before,
        after,
        created_at
) VALUES (
        '2',
        1581161400000,
        2,
        2,
        'release_date',
        STRUCT(season_id := 1, release_date := '2021-05-27'),
        STRUCT(season_id := 1, release_date := '2021-08-18'),
        '2021-02-08 10:00:00'
);
```

마지막으로 `titles` 테이블에도 데이터를 일부 삽입해보자. 이번에도 컬럼 이름들을 생략하는 `INSERT INTO VALUES`의 또 다른 변형을 사용할 것이다. 대신 각 컬럼의 값들을 스키마에 정의된 순서대로 입력해야 한다(예: 첫 번째 값은 id를 지정하고, 두 번째 값은 title에 해당된다).

```
INSERT INTO titles VALUES (1, 'Stranger Things');
INSERT INTO titles VALUES (2, 'Black Mirror');
INSERT INTO titles VALUES (3, 'Bojack Horseman');
```

지금까지 테스트 데이터로 테이블과 스트림을 미리 채웠다. 이제 컬렉션에 대고 쿼리를 실행하는 재미있는 주제에 대해 알아보자.

간단한 셀렉트(일시적인 내보내기 쿼리)

실행 가능한 가장 간단한 쿼리 형태를 일시적(즉, 영구적persistent이지 않음) 내보내기 쿼리transient push query라 한다. 이런 쿼리는 끝에 `EMIT CHANGES` 절을 포함한 단순 `SELECT`문이다.

일시적 내보내기 쿼리의 문법은 다음과 같다.

```
SELECT select_expr [, ...]
FROM from_item
[ LEFT JOIN join_collection ON join_criteria ]
[ WINDOW window_expression ]
[ WHERE condition ]
[ GROUP BY grouping_expression ]
[ PARTITION BY partitioning_expression ]
[ HAVING having_expression ]
EMIT CHANGES
[ LIMIT count ];
```

production_changes 스트림에서 모든 레코드를 가져오는 것으로 시작해보자.

```
ksql> SET 'auto.offset.reset' = 'earliest'; ❶
ksql> SELECT * FROM production_changes EMIT CHANGES ; ❷
```

❶ 이 설정은 토픽의 시작부터 읽도록 해준다. 이미 테스트 데이터를 몇 개 넣었기 때문에 이 설정을 해야 한다.

❷ 일시적 쿼리를 실행한다.

10장의 끝에서 살펴볼 영구적인 쿼리와 달리, 앞의 쿼리와 같이 일시적 내보내기 쿼리는 ksqlDB 서버를 재시작하면 모두 중지된다.

앞의 쿼리를 실행하면, 화면에 초기 쿼리 내용이 출력되는 것을 볼 수 있으며 쿼리는 계속 실행되고 새로운 데이터가 도착하기를 기다린다. 예제 10-1은 이 쿼리 출력 내용을 보여준다.

예제 10-1 일시적 내보내기 쿼리의 출력 결과

ROWKEY	UUID	TITLE_ID	CHANGE_TYPE	BEFORE	AFTER	CREATED_AT
2	2	2	release_date	{SEASON_ID=1, EPISODE_COUNT=null}	{SEASON_ID=1, EPISODE_COUNT=null}	2021-02-08...

```
|null    |1      |1           |season_length|{SEASON_ID=1,
                                            EPISODE_COUNT=12} |{SEASON_ID=1,          |2021-02-08...|
                                                                EPISODE_COUNT=8}
```

만약 다른 CLI 세션을 열어 production_changes 스트림에 INSERT VALUES문을 실행했다면, 출력 결과가 자동으로 갱신될 것이다.

테이블에 대한 일시적 내보내기 쿼리도 동일하게 동작한다. titles 테이블에 대고 SELECT문을 실행해 검증해볼 수 있다.

```
ksql> SELECT * FROM titles EMIT CHANGES ;
```

마찬가지로, 다음에서처럼 테이블의 초기 내용이 출력될 것이다. 또한 새로운 데이터가 도착하면 출력 내용이 자동으로 갱신될 것이다.

```
+----+----------------+
|ID  |TITLE           |
+----+----------------+
|2   |Black Mirror    |
|3   |Bojack Horseman |
|1   |Stranger Things |
```

이 절에서 살펴본 것과 같은 단순 SELECT문은 스트림 처리 애플리케이션을 구축하는 시작점으로 유용하다. 그러나 데이터를 처리할 때 종종 다른 방식으로 데이터를 변환할 필요가 있다. 이어지는 절들에서 기본적인 데이터 변환 작업에 대해 살펴볼 것이다.

프로젝션

아마도 가장 간단한 데이터 변환 형태는 스트림 또는 테이블에서 필요한 컬럼들만 선택해 하위 스트림 연산에 필요한 데이터 모델을 단순화하는 것일 것이다. 이를 프로젝션 PROJECTION이라 하고 SELECT * 문법에서 *을 필요한 컬럼 이름들로 명시적으로 지정해 변경하면 된다. 예를 들어 이 튜토리얼에서는 production_changes 스트림에서 title_id, before, after, created_at 컬럼만 필요하므로, 다음과 같은 SQL문으로 필요한 컬럼들을 선택해 새로운 단순 스트림으로 변환해 내보낼 수 있다.

```
SELECT title_id, before, after, created_at
FROM production_changes
EMIT CHANGES ;
```

이 쿼리의 출력은 단순화된 스트림을 보여준다.

```
+---------+--------------------+--------------------------------+--------------+
|TITLE_ID |BEFORE              |AFTER                           |CREATED_AT    |
+---------+--------------------+--------------------------------+--------------+
|2        |{SEASON_ID=1,       |{SEASON_ID=1,                   |2021-02-08...|
|         |  EPISODE_COUNT=null}   EPISODE_COUNT=null}                          |
|1        |{SEASON_ID=1,       |{SEASON_ID=1,                   |2021-02-08...|
|         |  EPISODE_COUNT=12}     EPISODE_COUNT=8}                             |
```

보는 것처럼, 10장의 튜토리얼 애플리케이션에서는 필요 없는 레코드가 여전히 포함돼 있다. 이 튜토리얼에서는 season_length 변경만 관심 있는데, 예제 10-1에서 봤던 것처럼 TITLE_ID=2 레코드는 release_date 변경이다. 이 문제를 어떻게 해결하는지 보기 위해 ksqlDB의 필터링 기능을 살펴보자.

필터링

ksqlDB의 SQL 방언은 어디서나 볼 수 있는 WHERE 절을 포함하고 있으며 이를 이용하면 스트림과 테이블의 필터링이 가능하다. 10장의 튜토리얼 애플리케이션은 넷플릭스의 특정 종류의 변경(season_length 변경)에만 관심이 있으므로 예제 10-2의 SQL문으로 관련 레코드를 필터링할 수 있다.

예제 10-2 레코드를 필터링하기 위해 WHERE 절을 사용하는 ksqlDB SQL문

```
SELECT title_id, before, after, created_at
FROM production_changes
```

```
WHERE change_type = 'season_length'
EMIT CHANGES ;
```

예제 10-3은 이 쿼리의 출력 결과를 보여준다.

예제 10-3 필터링 결과

```
+---------+--------------------+--------------------+----------------------+
|TITLE_ID |BEFORE              |AFTER               |CREATED_AT    |
+---------+--------------------+--------------------+----------------------+
|1        |{SEASON_ID=1,       |{SEASON_ID=1,       |2021-02-08...|
             EPISODE_COUNT=12}    EPISODE_COUNT=8}
```

이제, 다른 것을 알아보기 전에 **WHERE**문의 여러 변형에 대해 알아보자.

 이후 알아볼 WHERE문 외에도 현재 가져오기 쿼리(11장에서 배울 것이다)에서 IN 술어도 지원한다. 가까운 미래에 내보내기 쿼리에서도 IN 술어가 지원되기를 기대하고 있다. IN 술어의 목적은 여러 값을 일치시키는 것(예: WHERE id IN(1, 2, 3))이다. 만약 ksqlDB 0.14.0 이상의 버전을 사용 중이라면, 현재 사용 중인 ksqlDB가 내보내기 쿼리에서 IN 술어를 지원하는지 보려면 ksqlDB의 변경 로그(https://oreil.ly/QkAJm)를 확인할 수 있다.

와일드 카드

ksqlDB에서 와일드카드^wildcard 필터링도 지원하며 컬럼 값의 일부만 일치시키고자 할 때 유용하다. 이런 경우 0개 이상의 문자열을 표현하는 % 문자로 **LIKE** 연산자를 다음처럼 사용하면 강력한 필터 조건을 만들 수 있다.

```
SELECT title_id, before, after, created_at
FROM production_changes
WHERE change_type LIKE 'season%' ❶
EMIT CHANGES ;
```

❶ change_type 컬럼이 season으로 시작하는 레코드와 일치

논리 연산자

AND/OR 논리 연산자들을 사용해 여러 필터 조건들을 결합할 수 있다. 여러 필터 조건을 단일 논리식으로 묶을 때 괄호를 사용할 수도 있다. NOT 연산자를 사용해 조건들을 부정할 수도 있다. 다음의 SQL 변형은 이런 개념들을 보여준다.

```
SELECT title_id, before, after, created_at
FROM production_changes
WHERE NOT change_type = 'release_date' ❶
AND ( after->episode_count >= 8 OR after->episode_count <=20 ) ❷
EMIT CHANGES ;
```

❶ change_type의 값 중 release_date를 제외한 모든 레코드를 포함한다.

❷ 괄호 안에 두 조건을 함께 평가한다. 이 경우 새 에피소드 개수가 8에서 20(이하)인 변경만 필터링한다.

마지막으로, 두 번째 필터링 조건은 에피소드의 개수가 특정 범위 안(8에서 20)에 있는 레코드만 선택하고 있지만, 범위 필터를 구현하는 좀 더 나은 방법이 있다. 이에 대해서는 다음 절에서 알아볼 것이다.

BETWEEN(범위 필터)

특정 숫자 또는 알파벳 범위에 있는 레코드를 필터링해야 한다면, BETWEEN 연산자를 사용할 수 있다. 범위 값은 포함된다. 즉, BETWEEN 8 AND 20은 8에서 20 사이의, 8과 20을 포함한 값과 일치함을 의미한다. 예제 SQL문은 다음과 같다.

```
SELECT title_id, before, after, created_at
FROM production_changes
WHERE change_type = 'season_length'
AND after->episode_count BETWEEN 8 AND 20
EMIT CHANGES ;
```

이 튜토리얼에서는 예제 10-2의 필터링 조건으로도 충분할 것이나 다른 필터링 조건도 어떻게 사용하는지 배울 것이다.

스트림을 필터링했으나 예제 10-3의 출력 결과에서 보듯이 두 컬럼(before와 after)은 복합, 다변적 구조(예: {SEASON_ID=1, EPISODE_COUNT=12})를 포함하고 있다. 데이터 변환과 전처리에서 복합 구조의 평평화/중첩 구조 해체[flattening/unnesting]는 일반적으로 많이 하는 처리 중 하나다. 이런 사례에 대해서 다음 절에서 살펴볼 것이다.

복합 구조체의 평평화/중첩 구조 해체

값을 평평하게 만든다는 것은 복합 구조체(예: STRUCT) 안에 중첩돼 있는 필드들을 분해해 상위 수준의 단일 컬럼으로 만드는 것을 의미한다. 프로젝션처럼, 이 또한 하위 스트림의 데이터 모델을 단순화하는 방법 중 하나다.

예를 들어 이전 절에서, 단일 레코드에서 다음과 같은 복합 구조의 값을 봤다.

```
{SEASON_ID=1, EPISODE_COUNT=8}
```

다음의 쿼리에서처럼 -> 연산자를 사용해 중첩 구조의 필드들을 접근해 별도 컬럼으로 값을 꺼낼 수 있다.

```
SELECT
    title_id,
    after->season_id,
    after->episode_count,
    created_at
FROM production_changes
WHERE change_type = 'season_length'
EMIT CHANGES ;
```

이어지는 출력 부분에서 보듯이, 다변적 데이터({SEASON_ID=1, EPISODE_COUNT=8})가 이제 두 개의 별도 컬럼으로 표현되므로 평평화된 것을 알 수 있다.

```
+----------+----------+-------------+-------------------+
|TITLE_ID  |SEASON_ID |EPISODE_COUNT |CREATED_AT         |
+----------+----------+-------------+-------------------+
|1         |1         |8            |2021-02-08 10:00:00|
```

이후에 좀 더 고급 연산을 할 때 사용할 수 있도록 production_changes 스트림을 변환한 새 스트림을 만들었다. 변환 스트림을 카프카로 쓰기 전에 기본 스트림 처리 표현 중 하나인 조건식^{conditional expressions}에 대해 알아보자.

조건식

ksqlDB는 여러 조건식도 지원한다. 여러 상황에서 이 표현을 사용할 수 있지만 가장 일반적인 사례는 스트림 또는 테이블에서 NULL 컬럼에 대한 대체 값을 제공해 잠재적인 데이터 무결성 문제를 해결하는 것이다.

예를 들어 production_changes 스트림에서 다름 컬럼과 달리 before 또는 after의 session_id 컬럼의 값이 NULL이 될 가능성이 있으므로 잠재적인 데이터 무결성 문제를 해결하려 한다고 가정하자. 이 경우 이 예외 상황을 처리하기 위해 세 가지 조건식 중 하나를 사용해 필요하면 session_id 값을 다른 값으로 대체할 수 있다. 먼저 COALESE 함수부터 보자.

COALESCE

COALESCE 함수는 값 목록 중 첫 번째 NULL이 아닌 값을 반환할 때 사용할 수 있다. COALESCE의 함수 시그니처는 다음과 같다.

```
COALESCE(first T, others T[])
```

예를 들어 NULL이 아닌 season_id 값을 선택하는 차선책을 구현하고자 한다면 SELECT 문을 다음과 같이 변경할 수 있다.

```
SELECT COALESCE(after->season_id, before->season_id, 0) AS season_id
FROM production_changes
WHERE change_type = 'season_length'
EMIT CHANGES ;
```

이 경우, after->season_id가 NULL이면 차선책으로 before->season_id가 선택된다. 만약 before->season_id도 NULL이면 기본값을 0을 선택한다.

IFNULL

IFNULL 함수는 대체 값이 하나만 있는 것을 제외하고는 COALESCE와 유사하다. IFNULL의 함수 시그니처는 다음과 같다.

```
IFNULL(expression T, altValue T)
```

after->season_id가 NULL일 때 before->season_id로 대체하려 한다면, 다음과 같이 SQL을 변경할 수 있다.

```
SELECT IFNULL(after->season_id, before->season_id) AS season_id
FROM production_changes
WHERE change_type = 'season_length'
EMIT CHANGES ;
```

CASE문

ksqlDB의 모든 조건식 중에 CASE문이 가장 강력하다. 이 조건식을 사용하면 불리언 조건을 원하는 만큼 사용할 수 있으면 첫 번째로 true가 되는 조건의 값을 반환해준다. COALESCE와 IFNULL과 달리 CASE문에서 평가하는 조건들은 단순 NULL 검사만 하지 않는다.

CASE문의 문법은 다음과 같다.

```
CASE expression
    WHEN condition THEN result [, ...]
    [ELSE result]
END
```

예를 들어 다음과 같은 코드는 여러 대체 조건들을 포함하는 CASE문을 어떻게 사용하는 지 보여주고, 만약 after->season_id와 befofore->season_id 값이 NULL이면 0을 반환 하는 것을 보여준다.

```
SELECT
  CASE
    WHEN after->season_id IS NOT NULL THEN after->season_id
    WHEN before->season_id IS NOT NULL THEN before->season_id
    ELSE 0
  END AS season_id
FROM production_changes
WHERE change_type = 'season_length'
EMIT CHANGES ;
```

단순 NULL 검사를 하는 것이라면, COALESCE나 IFNULL을 사용하는 것이 낫다. 10장의 튜 토리얼에서는 IFNULL을 사용할 것이다.

이제, 마지막으로 필터링하고 변환한 production_changes 스트림을 카프카로 쓸 준비 가 됐다.

카프카로 결과 쓰기(영구적인 쿼리)

지금까지 일시적 쿼리에 대해 알아봤다. 이 쿼리들은 SELECT로 시작하고 결과는 클라이 언트로 보내지만 카프카로 내보내지는 않는다. 또한 일시적 쿼리는 서버 재시작 시 중 단된다.

ksqlDB도 결과를 카프카에 내보내고 서버 재시작 시에도 중단되지 않는 영구적인 쿼 리 생성이 가능하다. 이 쿼리는 필터링, 변환 또는 보강한 스트림을 다른 클라이언트에 제공하고자 할 때 유용하다. 쿼리 결과를 카프카로 내보낼 때, 파생 컬렉션 생성이 가능하다. 이에 대해서는 다음 절에서 다룰 것이다.

파생 컬렉션 생성

파생 컬렉션^{derived collections}은 다른 스트림 또는 테이블에서 생성한 스트림과 테이블이다. 컬럼 스키마를 지정하지 않으며 **AS SELECT** 절을 추가하므로 소스 컬렉션을 생성하는 문법과 다소 차이가 있다.

```
CREATE { STREAM | TABLE } [ IF NOT EXISTS ] <identifier>
WITH (
    property=value [, ... ]
)
AS SELECT select_expr [, ...]
FROM from_item
[ LEFT JOIN join_collection ON join_criteria ]
[ WINDOW window_expression ]
[ WHERE condition ]
[ GROUP BY grouping_expression ]
[ PARTITION BY partitioning_expression ]
[ HAVING having_expression ]
EMIT CHANGES
[ LIMIT count ];
```

파생 스키마 쿼리는 종종 두 가지 약자로 부르기도 한다.

- CSAS(씨사스라 발음) 쿼리는 (**CREATE STREAM AS SELECT**) 파생 스트림을 생성할 때 사용한다.

- CTAS(씨타스라 발음) 쿼리(**CREATE TABLE AS SELECT**)는 파생 테이블을 생성할 때 사용한다.

10장의 튜토리얼에서 필요한 변경 타입만 포함하는 **season_length_changes** 파생 스트림을 생성할 때 지금까지 배운 필터 조건, 데이터 변환, 조건식을 적용해보자.

```
CREATE STREAM season_length_changes ❶
WITH ( ❷
    KAFKA_TOPIC = 'season_length_changes', ❸
    VALUE_FORMAT = 'AVRO',
    PARTITIONS = 4,
    REPLICAS = 1
) AS SELECT ❹
    ROWKEY, ❺
    title_id, ❻
    IFNULL(after->season_id, before->season_id) AS season_id, ❼
    before->episode_count AS old_episode_count, ❽
    after->episode_count AS new_episode_count,
    created_at
FROM production_changes
WHERE change_type = 'season_length' ❾
EMIT CHANGES ;
```

❶ 파생 컬렉션 생성은 소스 컬렉션 생성(예: CREATE STREAM과 CREATE TABLE)과 문법적으로 유사하다.

❷ 파생 컬렉션을 생성할 때 WITH 절도 지원한다.

❸ season_length_changes 토픽에 파생 스트림을 내보낸다.

❹ SQL문의 AS SELECT 부분에는 파생 스트림 또는 테이블을 채우는 쿼리를 정의한다.

❺ 프로젝션에 키 컬럼을 포함해야 한다. 이렇게 하면 ksqlDB가 카프카 레코드에서 어떤 값을 키로 사용해야 할지 알 수 있다.

❻ 개별 컬럼을 지정하는 프로젝션을 이용해 원래 스트림이나 테이블의 모양을 변경한다.

❼ IFNULL 조건식을 이용하면 특정 형태의 데이터 무결성 문제를 처리할 수 있다. 여기서도 AS문(이어지는 두 줄에서도 사용)을 사용해 명시적으로 컬럼 이름을 붙인다.

❽ 중첩 또는 복합 객체 값을 평평화하는 작업은 하위 스트림 처리나 클라이언트에서 생성한 컬렉션으로 쉽게 작업할 수 있도록 해준다.

❾ 필터링으로 레코드의 일부만을 선택하는데 이는 일반적인 스트림 처리 중 하나다.

파생 컬렉션을 생성하면 쿼리 생성을 확인하는 메시지를 볼 수 있다.

```
 Message
 ------------------------------------------------
 Created query with ID CSAS_SEASON_LENGTH_CHANGES_0
 ------------------------------------------------
```

보다시피 앞의 CSAS문을 실행하면 ksqlDB는 지속적이며/영구적인 쿼리를 생성했다. ksqlDB가 생성한 쿼리(예: CSAS_SEASON_LENGTH_CHANGES_0)는 사실 ksqlDB가 제공한 SQL문을 처리하기 위해 동적으로 생성한 카프카 스트림즈 애플리케이션이다. 10장을 끝내기 전에, 내부 쿼리들과 상호 동작할 수 있는 몇 가지 SQL문을 빠르게 살펴보자.

쿼리 보기

파생 컬렉션을 생성하거나 단순한 일시적 쿼리를 실행 중이던, ksqlDB 클러스터의 현재 활성 쿼리들과 현재 상태를 보는 것은 유용할 때가 많다.

활성 쿼리를 보는 문법은 다음과 같다.

```
 { LIST | SHOW } QUERIES [EXTENDED];
```

지금까지 필터링하고 변환한 season_length_changes 파생 스트림을 생성했다. 다음 SQL문을 실행해 쿼리에 대한 일부 정보를 볼 수 있다.

```
ksql> SHOW QUERIES;

 Query ID                      | Query Type | Status    | .... ❶
 ------------------------------------------------------------------
 CSAS_SEASON_LENGTH_CHANGES_0  | PERSISTENT | RUNNING:1 | .... ❷
 ------------------------------------------------------------------
```

❶ SHOW QUERIES 결과 중 일부 컬럼들은 지면상 생략했다. 그러나 영구적인 쿼리의 목적지 카프카 토픽과 원본 쿼리 소스 등 추가 정보들을 출력하는 것을 볼 수 있다.

❷ Query ID(쿼리 식별자) 컬럼(CSAS_SEASON_LENGTH_CHANGES_0)은 특정 작업(예: 쿼리 중단 및 설명 보기[explain])을 할 때 필요하다. CSAS나 CTAS문을 실행했다면 Query Type(쿼리 타입) 컬럼 값은 PERSISTENT이며 일시적(예: CREATE 대신 SELECT문으로 시작) 쿼리라면 PUSH로 표시된다. 마지막으로, 이 쿼리의 Status(상태)는 RUNNING 상태로 표시돼 있다. 쿼리 상태의 값으로 ERROR와 UNRESPONSIVE가 있을 수 있다.

쿼리 설명 보기

SHOW QUERIES문이 제공하는 활성 쿼리에 대한 정보보다 더 많은 정보가 필요하다면 EXPLAIN문을 사용할 수 있다. EXPLAIN문의 문법은 다음과 같다.

```
EXPLAIN { query_id | query_statement }
```

예를 들어 이전 절에서 생성한 쿼리의 설명을 보려면, 다음과 같은 SQL문을 실행할 수 있다.

```
ksql> EXPLAIN CSAS_SEASON_LENGTH_CHANGES_0 ;
```

실제 실행되고 있지 않은 임의의 쿼리에 대한 설명을 보고자 할 때도 사용할 수 있다. 예를 들어 다음과 같다.

```
ksql> EXPLAIN SELECT ID, TITLE FROM TITLES ;
```

어떤 경우라도 출력 결과는 매우 장황하므로 여러분에게 연습 문제로 남겨두겠다. 이 SQL문을 실행하면 쿼리에 포함돼 있는 필드 이름과 타입, 쿼리를 실행 중인 ksqlDB 서버의 상태(가상의 쿼리에 EXPLAIN을 하지 않았다면) 그리고 쿼리를 실제 실행 중인 카프카 스트림즈의 토폴로지에 대한 설명을 볼 수 있다.

쿼리 종료

10장 초반에 실행 중인 스트림과 테이블을 삭제하는 방법에 대해 배웠다. 그러나 새로 생성한 season_length_changes 스트림을 삭제하려 한다면 다음과 같은 오류를 볼 수 있다.

```
ksql> DROP STREAM season_length_changes ;

Cannot drop SEASON_LENGTH_CHANGES.
The following queries read from this source: [].
The following queries write into this source: [CSAS_SEASON_LENGTH_CHANGES_0].
You need to terminate them before dropping SEASON_LENGTH_CHANGES.
```

오류 내용은 매우 명료하다. 어떤 쿼리가 현재 접근 중이라면(예: 컬렉션으로부터 읽거나 쓰는 경우) 컬렉션을 삭제할 수 없다. 따라서 현재 실행 중인 쿼리를 먼저 종료해야 한다.

쿼리 종료 문법은 다음과 같다.

```
TERMINATE { query_id | ALL }
```

쿼리가 여러 개라면 **TERMINATE ALL**로 한 번에 종료할 수 있다. 또한 이전에 생성한 쿼리 (ID가 CSAS_SEASON_LENGTH_CHANGES_0)만 종료하고자 한다면 다음과 같은 SQL문을 실행할 수 있다.

```
TERMINATE CSAS_SEASON_LENGTH_CHANGES_0 ;
```

쿼리가 종료되고 어떤 쿼리도 스트림이나 테이블을 접근하고 있지 않으면, 401페이지 DROP { STREAM | TABLE }문으로 컬렉션을 삭제할 수 있다.

모두 합치기

10장에서 여러 스트림 처리 사례와 SQL문을 살펴봤다. 그러나 10장 튜토리얼에서 만들 애플리케이션의 1단계와 2단계를 구축하는 데 필요한 실제 코드는 매우 간결하다. 예제

10-4는 10장 튜토리얼의 일부를 완성하는 데 필요한 완전한 쿼리들을 보여준다.

예제 10-4 넷플릭스에서 영감을 받은 변경-추적 애플리케이션의 1-2단계 쿼리

```
CREATE TYPE season_length AS STRUCT<season_id INT, episode_count INT> ;

CREATE TABLE titles (
    id INT PRIMARY KEY,
    title VARCHAR
) WITH (
    KAFKA_TOPIC='titles',
    VALUE_FORMAT='AVRO',
    PARTITIONS=4
);

CREATE STREAM production_changes (
    rowkey VARCHAR KEY,
    uuid INT,
    title_id INT,
    change_type VARCHAR,
    before season_length,
    after season_length,
    created_at VARCHAR
) WITH (
    KAFKA_TOPIC='production_changes',
    PARTITIONS='4',
    VALUE_FORMAT='JSON',
    TIMESTAMP='created_at',
    TIMESTAMP_FORMAT='yyyy-MM-dd HH:mm:ss'
);

CREATE STREAM season_length_changes
WITH (
    KAFKA_TOPIC = 'season_length_changes',
    VALUE_FORMAT = 'AVRO',
    PARTITIONS = 4,
    REPLICAS = 1
) AS SELECT
    ROWKEY,
    title_id,
```

```
      IFNULL(after->season_id, before->season_id) AS season_id,
      before->episode_count AS old_episode_count,
      after->episode_count AS new_episode_count,
      created_at
  FROM production_changes
  WHERE change_type = 'season_length'
  EMIT CHANGES ;
```

11장에서 ksqlDB를 사용해 데이터 보강, 집계 그리고 물리화하는지 계속 배울 것이다 (그림 10-1의 3-5단계).

요약

지금까지 데이터 필터링, 복합 구조체 평평화, 조건식 사용 등 많은 스트림 처리 작업을 ksqlDB로 어떻게 수행하는지 배웠다. 또한 스트림과 테이블의 생성과 삭제와 관련된 SQL문뿐만 아니라 스트림, 테이블의 상태를 검사하는 데 특히 도움이 되는 여러 SQL문에 대해 배웠다.

10장에서는 데이터 전처리와 변환에 중점을 뒀지만, ksqlDB에는 아직 살펴보지 않은 많은 기능들이 있다. 특히 데이터 보강과 집계가 그것이다. 11장에서는 이런 주제에 관해 자세히 살펴볼 것이며 이를 바탕으로 ksqlDB에서 사용할 수 있는 더 강력한 SQL문과 구조물에 대해 배울 것이다.

ksqlDB 중급, 고급 스트림 처리

10장에서는 ksqlDB를 사용해 기본적인 데이터 전처리와 변환 작업을 어떻게 하는지 배웠다. 지금까지 살펴봤던 SQL문은 상태가 없으며 데이터를 필터링하고, 복합 또는 중첩 구조 데이터를 평평하게 만들거나, 프로젝션을 사용해 데이터 모양 변경과 같은 작업을 했다. 11장에서는 데이터 보강과 집계 사례를 통해 ksqlDB를 더욱 깊이 이해해볼 것이다. 11장에서 배울 SQL문들은 모두 상태가 있고(예: 조인과 집계에 필요한 레코드들 보관), 시간-기반이며(예: 윈도우 연산), 내부적으로 좀 더 복잡하지만 더 강력하다.

11장에서는 다음과 같은 주제에 대해 배울 것이다.

- 데이터를 결합하고 보강할 때 조인 사용

- 집계 수행

- CLI를 사용해 물리화된 뷰에 대고 가져오기 쿼리(즉, 포인트 룩업) 실행

- 내장 ksqlDB 함수들(SCALA, AGGREGATE, TABLE 함수들)로 작업

- 자바로 사용자 정의 함수 생성

이런 많은 개념을 설명하기 위해 10장에서 소개했던 넷플릭스 변경-추적 튜토리얼 (384페이지 '튜토리얼: 넷플릭스의 변경 내용 모니터링' 참조)을 사용할 것이다. 그러나 ksqlDB 함수를 포함한 일부 주제에 대해서는 11장의 끝부분에서 별도로 소개할 것이다.

프로젝트 설정 단계를 복습하면서 시작해보자.

프로젝트 설정

토폴로지의 각 단계를 따라가면서 코드(https://github.com/mitch-seymour/mastering kafka-streams-and-ksqldb.git)를 참조하고 싶으면, 코드 저장소를 클론한 뒤 11장의 튜토리얼이 포함돼 있는 디렉터리로 이동하자. 다음 명령을 실행하면 이를 수행할 수 있다.

```
$ git clone git@github.com:mitch-seymour/mastering-kafka-streams-and-ksqldb.git
$ cd mastering-kafka-streams-and-ksqldb/chapter-11/
```

10장에서 알아봤듯이, 이 튜토리얼에 필요한 각 컴포넌트(카프카, ksqlDB 서버, CLI 등)를 돌리기 위해 도커 컴포즈를 사용할 것이다. 각 컴포넌트를 시작하려면 코드 저장소를 클론한 후 다음의 명령을 단순 실행하면 된다.

```
docker-compose up
```

별도 언급이 없다면, 11장에서 살펴보는 SQL문들을 ksqlDB CLI에서 실행할 것이다. 다음 명령으로 ksqlDB CLI에 로그인할 수 있다.

```
docker-compose exec ksqldb-cli \
    ksql http://ksqldb-server:8088 --config-file /etc/ksqldb-cli/cli.properties
```

지금까지, 설정 작업은 10장과 거의 같다. 그러나 11장의 튜토리얼은 10장의 튜토리얼을 기반으로 하므로 10장을 끝낼 때 설정했던 ksqlDB 환경이 필요하다. 다음 절에서 환경 설정에 유용한 특별한 ksqlDB문을 배울 것이다.

SQL 파일로 환경 설정하기

10장에서 넷플릭스의 변경-추적 애플리케이션을 만드는 데 필요한 일부분을 작업했다. 따라서 10장의 마지막 환경을 그대로 재현할 때 필요한 쿼리들을 이미 갖고 있다. 이 쿼리들은 이 튜토리얼에 특화돼 있으나, 환경 설정에 필요한 쿼리들을 실행하는 것은 일반적인 개발 절차이며, ksqlDB는 이를 쉽게 수행할 수 있게 해주는 특별한 SQL문을 가지고 있다.

이 SQL문의 문법은 다음과 같다.

```
RUN SCRIPT <sql_file> ❶
```

❶ SQL 파일은 실행에 필요한 여러 쿼리를 포함할 수 있다. 예를 들어 10장에서 사용했던 모든 쿼리를 /etc/sql/init.sql이라는 파일에 넣을 수 있다. 그리고 이전에 작업했던 컬렉션과 쿼리들을 재생성하려면 다음 명령을 실행하면 된다.

```
ksql> RUN SCRIPT '/etc/sql/init.sql' ;
```

RUN SCRIPT가 실행되면, SQL 파일에 포함돼 있는 모든 SQL문의 출력 결과를 클라이언트에서 볼 수 있다. CLI는 결과를 화면에 단순 출력한다. 10장 쿼리들의 출력 결과를 일부 발췌해서 보면 다음과 같다.

```
CREATE TYPE season_length AS STRUCT<season_id INT, episode_count INT> ;

-----------------------------
 Registered custom type ...
-----------------------------

CREATE TABLE titles ...

----------------
 Table created
----------------

CREATE STREAM production_changes …

----------------
 Stream created
----------------

CREATE STREAM season_length_changes …
```

```
--------------------------------------------------------
Created query with ID CSAS_SEASON_LENGTH_CHANGES_0
--------------------------------------------------------
```

보다시피 RUN SCRIPT는 ksqlDB 애플리케이션의 반복 작업 시간을 줄여주는 유용한 방법이다. CLI에서는 이런저런 SQL문을 실험해보고, 이후 실행할 파일에 SQL문을 추가할 수 있다. 상용 환경에 개발한 쿼리들을 배치할 준비가 되면, ksqlDB에서 헤드리스 모드로 SQL 파일을 실행하면 된다(그림 8-9 참조).

어떤 단계들을 RUN SCRIPT로 실행하는지 시각화하고, 11장에서 다룰 추가 단계들의 방향성을 잡기 위해 그림 11-1을 참조하자.

다음에 다룰 단계는 3단계로, 이 단계는 season_length_changes 스트림에 있는 필터링하고 변환한 데이터를 보강한다. 다음 절에서 이에 대해 자세히 알아볼 것이다.

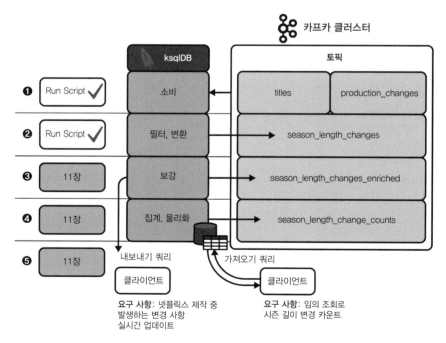

그림 11-1 넷플릭스 변경−추적 애플리케이션의 아키텍처 다이어그램. 1단계와 2단계는 10장에서 완료했고 RUN SCRIPT문으로 재실행했다.

데이터 보강

데이터 보강enrichment은 원시 데이터를 향상 또는 강화하는 처리를 말한다. 이 처리는 데이터 형식 또는 구조를 변경하는 데 초점이 맞춰져 있는 단순 데이터 변환보다 더 어려운 작업이다. 데이터 보강은 데이터에 새로운 정보를 추가하는 것이며, 데이터베이스 세계에서 가장 널리 사용하는 데이터 보강 기술은 조인join이다. 11장의 애플리케이션 3단계에서 season_length_changes 스트림을 titles 테이블 정보로 보강할 것이다. 다음 절에서 이것을 어떻게 하는지 살펴볼 것이다.

조인

데이터 조인은 조인 술어join predicate(관련 레코드를 찾으면 true이고 그렇지 않으면 false로 판단하는 불리언 식)로 여러 데이터 소스로부터 관련 레코드들을 결합한다. 종종 여러 소스로 데이터가 분산돼 있을 때가 많다. 그러나 데이터를 처리하거나 분석할 때 이 데이터들을 결합할 필요가 있으므로 조인은 관계형과 스트리밍 세계 모두에서 일반적으로 많이 사용하는 기술이다.

ksqlDB는 여러 조인 종류를 지원하며 두 개의 차원으로 이 조인 변형들을 분류할 수 있다.

- 조인에 사용하는 식(INNER JOIN, LEFT JOIN, FULL JOIN)
- 조인에 사용하는 컬렉션 종류(STREAM, TABLE)

첫 번째 내용부터 살펴보자. 표 11-1은 ksqlDB에서 사용 가능한 조인 종류를 설명하고 있다.

표 11-1 ksqlDB에서 사용 가능한 조인 식들

SQL 식	설명
INNER JOIN	INNER JOIN은 조인 양측의 입력 레코드가 동일 키를 공유할 때 작동한다.
LEFT JOIN	LEFT JOIN은 조인의 왼쪽 레코드를 받으면 작동한다. 조인 오른쪽에 동일 키로 일치하는 레코드가 없으면 오른쪽 값은 null이 된다.

SQL 식	설명
FULL JOIN	FULL JOIN은 조인의 어느 쪽의 레코드라도 받으면 작동한다. 조인의 반대편 측에 동일 키로 일치하는 레코드가 없다면, 관련 값은 null이 된다.

이전에 전통적인 데이터베이스로 작업해본 적이 있다면, 위에서 소개한 조인들이 익숙할 것이다. 그러나 전통적인 데이터베이스에서의 조인이 테이블에서만 가능한 반면, ksqlDB는 테이블과 스트림 두 컬렉션에서 모두 가능하다. 그리고 사용 가능한 조인 식의 종류(INNER JOIN, LEFT JOIN, 또는 FULL JOIN)는 조인에 참여하는 컬렉션(스트림 또는 테이블)이 무엇인지에 따라 달라진다. 표 11-2는 가능한 조합을 정리한 것으로 추가 컬럼(윈도우)은 조인이 시간 제약도 가지고 있어야 하는지를 표시한다.

표 11-2 ksqlDB의 조인 종류들

조인 종류	지원하는 식	윈도우
스트림-스트림	• INNER JOIN • LEFT JOIN • FULL JOIN	예
스트림-테이블	• INNER JOIN • LEFT JOIN	아니요
테이블-테이블	• INNER JOIN • LEFT JOIN • FULL JOIN	아니요

보다시피 스트림-스트림 조인은 윈도우돼야 한다. 스트림은 무한이기 때문에 사용자 정의 시간 범위로 관련 레코드들을 모아 놓고 검색해야 한다. 그렇지 않으면 두 개 이상의 무한하고 지속적인 스트림에서 관련 레코드들을 검색하는 것은 불가능하므로, ksqlDB는 이 종류의 조인에 윈도우를 필수로 정의하도록 했다.

이 요구 사항들을 명심하고, 조인 쿼리를 작성해보자. 11장의 튜토리얼에서 전처리된 데이터 스트림 season_length_changes는 title_id라는 컬럼을 포함하고 있다. 타이틀에 대한 좀 더 많은 정보(예를 들어 〈기묘한 이야기〉 또는 〈블랙 미러〉와 같이 titles 테이블에 저장돼 있는 타이틀의 이름)를 조회할 때 이 값을 사용할 것이다. 이를 INNER JOIN으로 표현하고자 한다면, 예제 11-1의 SQL문을 실행할 수 있을 것이다.

예제 11-1 두 컬렉션을 조인하는 SQL문

```
SELECT
    s.title_id,
    t.title,
    s.season_id,
    s.old_episode_count,
    s.new_episode_count,
    s.created_at
FROM season_length_changes s
INNER JOIN titles t ❶
ON s.title_id = t.id ❷
EMIT CHANGES ;
```

❶ titles 테이블에서 관련 레코드를 찾으면 조인이 작동하길 원하므로 INNER JOIN을 사용한다.

---

1 조인이 포함돼 있는 SQL문을 실행할 때 이 조건을 확인해야 한다. 만약 파티션 수가 일치하지 않으면 "Can't join S with T"와 같은 오류를 보게 될 것이다.

❷ 스트림은 조인할 때 아무 컬럼이나 사용해도 된다. 반면 테이블은 PRIMARY KEY라고 지정돼 있는 컬럼만 조인에 사용할 수 있다. 테이블은 키-값 저장소라는 것을 고려하면 테이블의 조인 요구 사항이 이해될 것이다. 스트림으로부터 새 레코드가 들어오면, 테이블의 내부 키-값 저장소에서 관련 레코드가 있는지 조회해야 한다. 내부 저장소에 레코드의 키에 따라 데이터가 저장돼 있으므로, PRIMARY KEY 사용은 내부 저장소에서 조회를 수행할 때 가장 효율적인 방법이다. 테이블에서 키는 유일해야 하는unique 제약 조건을 가지고 있으므로 스트림 레코드와 일치하는 테이블의 레코드는 하나밖에 없다는 것을 보장하기도 한다.

앞의 SQL을 실행하면 타이틀 이름(TITLE 컬럼 참조)을 포함하는 새롭게 보강한 레코드를 생성한다.

```
+---------+---------------+----------+-----------------+-----------------+------------+
|TITLE_ID |TITLE          |SEASON_ID |OLD_EPISODE_COUNT|NEW_EPISODE_COUNT|CREATED_AT  |
+---------+---------------+----------+-----------------+-----------------+------------+
|1        |Stranger Things|1         |12               |8                |2021-02-08...|
```

이 튜토리얼은 모든 조인 사전 요구 사항들을 이미 충족하고 있으므로 위 조인은 매우 간단했다. 그러나 실세계 애플리케이션에서 조인 사전 요구 사항들은 만족되기 쉽지 않다. 조인을 수행할 때 추가 단계들이 필요한 좀 더 복잡한 상황에는 어떤 것들이 있는지 빠르게 살펴보자.

타입 캐스팅

종종 조인하려는 데이터 소스들의 조인 속성(컬럼) 데이터 타입이 서로 다를 수 있다. 예를 들어 s.title_id이 실제로는 VARCHAR로 인코딩돼 있는데 INT로 인코딩돼 있는 ROWKEY에 대고 조인을 해야 한다면 어떻게 해야 할까? 이 경우, s.title_id를 CAST 식을 사용해 변환할 수 있으며, 425페이지 '조인'에서 살펴봤던 조인 데이터의 첫 번째 사전 요구 사항을 만족시킬 수 있다.

```
SELECT ... ❶
FROM season_length_changes s
INNER JOIN titles t
ON CAST(s.title_id AS INT) = t.id ❷
EMIT CHANGES ;
```

❶ 지면상 컬럼 이름들은 생략했다.

❷ 이 가상의 예제에서, s.title_id는 VARCHAR로 인코딩돼 있다면, 조인의 첫 번째 사
   전 요구 사항을 만족시키기 위해 s.title_id를 t.id (INT)의 타입과 동일하게 캐스
   팅해야 한다.

데이터 리파티셔닝

조인을 실행하기 전에 데이터 리파티셔닝이 필요할 수 있는 상황을 생각해보자. 427페
이지 '컬렉션 간 데이터 조인에 필요한 사전 요구 사항'에서 설명했던 마지막 두 조인
사전 요구 사항 중 하나가 만족되지 않을 때 발생할 수 있다. 예를 들어 titles 테이블
이 8개의 파티션을 가지고 있고 season_length_changes는 4개의 파티션을 가지고 있다
면 어떻게 해야 할 것인가?

이 경우, 조인을 수행하려면 컬렉션 중 하나를 리파티셔닝해야 한다. 이렇게 되게 하려
면 예제 11-2의 SQL문처럼 PARTITIONS 속성으로 새로운 컬렉션을 생성해야 한다.

예제 11-2 PARTITIONS 속성으로 데이터 리파티셔닝하는 예제

```
CREATE TABLE titles_repartition
WITH (PARTITIONS=4) AS ❶
SELECT * FROM titles
EMIT CHANGES;
```

❶ 기본적으로, 컬렉션 이름(TITLES_REPARTITION)과 동일한 새로운 토픽을 생성할 것
   이다. 리파티션 토픽에 사용자 정의 이름을 지정하려면 KAFKA_TOPIC 속성을 추가할
   수도 있다.

데이터를 리파티셔닝해 조인 양쪽의 파티션 개수가 일치하도록 만들었다면, 리파티셔닝한 컬렉션(titles_repartition)을 이용해 대신 조인을 수행할 수 있다.

영구적인 조인

지금까지 데이터 조인의 여러 사전 요구 사항들을 만족시키는 방법에 대해 배웠다. 계속해서 튜토리얼의 3단계를 구현해보자. 넷플릭스 변경-추적 애플리케이션에 필요한 조인 사전 요구 사항들은 이미 충족되기 때문에 앞으로 수행할 조인 쿼리의 시작 지점을 예제 11-1로 할 것이다.

10장에서 논의했듯이, SELECT로 시작하는 쿼리는 영구적이지 않다. 즉, 서버가 재시작되면 중지되고 결과를 카프카로 내보내지 않는다. 따라서 조인 쿼리의 결과를 CLI 콘솔로 단순 출력하는 대신 영구적으로 저장하고 싶다면 CREATE STREAM AS SELECT(CSAS)문을 사용해야 한다.

아래 SQL문은 보강한 데이터를 season_length_changes_enriched라는 새 토픽으로 내보내는 영구적인[persistent] 조인 쿼리를 보여준다.

```
CREATE STREAM season_length_changes_enriched ❶
WITH (
    KAFKA_TOPIC = 'season_length_changes_enriched',
    VALUE_FORMAT = 'AVRO',
    PARTITIONS = 4,
    TIMESTAMP='created_at', ❷
    TIMESTAMP_FORMAT='yyyy-MM-dd HH:mm:ss'
) AS
SELECT ❸
    s.title_id,
    t.title,
    s.season_id,
    s.old_episode_count,
    s.new_episode_count,
    s.created_at
FROM season_length_changes s
INNER JOIN titles t
```

```
ON s.title_id = t.id
EMIT CHANGES ;
```

❶ 쿼리를 영구적으로 만들기 위해 CREATE STREAM을 사용한다.

❷ 이 속성은 ksqlDB에게 created_at 컬럼이 타임스탬프 정보를 가지고 있음을 알려
준다. ksqlDB는 이 컬럼을 이용해 윈도우 집계와 조인에 필요한 시간-기반 연산을
수행한다.

❸ SELECT문은 이 줄에서부터 시작한다.

지금까지 ksqlDB의 데이터 조인에 대해 배웠으며 튜토리얼의 3단계를 완료했다. 조인
에 대해 정리하기 전에 스트림 처리 애플리케이션에서 일반적으로 사용하는 또 다른 조
인 종류에 대해 이야기해보자.

윈도우 조인

이 튜토리얼에서는 윈도우 조인^{windowed join}을 수행할 필요가 없다. 그러나 스트림-스트
림 조인할 때 필수이므로 이에 대해 최소한의 언급은 해야 아쉬움이 없을 것 같다. 윈도
우 조인은 추가 속성인 시간^{time}을 포함하므로 비윈도우 조인(예: 이전 절에서 생성한 조
인)과 다르다.

하나의 장 전체에서 윈도우와 시간에 대해 다루고 있으므로 이 주제에 대해 깊이 살펴
보려면 5장을 다시 보기 바란다. 그러나 해당 장에서 언급했듯이, 윈도우 조인은 그림
11-2와 같이 설정한 시간 범위 내에 존재하는 레코드들을 그룹핑하기 위해 내부적으로
슬라이딩 윈도우^{sliding windows}를 사용한다.

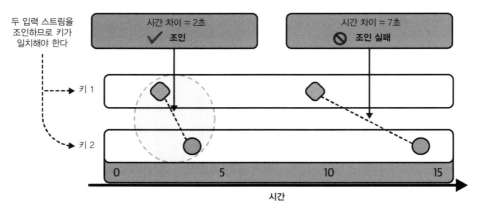

그림 11-2 슬라이딩 윈도우

윈도우 조인을 생성하려면, 조인 절에 `WITHIN` 식을 포함해야 한다. 문법은 다음과 같다.

```
WITHIN <number> <time_unit>
```

단수와 복수 형태를 포함해 지원하는 시간 단위들은 다음과 같다.

- DAY, DAYS

- HOUR, HOURS

- MINUTE, MINUTES

- SECOND, SECONDS

- MILLISECOND, MILLISECONDS

예를 들어 잠시 튜토리얼(윈도우 조인이 필요하지 않음)에 대해서는 생각하지 말고 다른 사례에 대해 고민해보자. 여러분은 현재 넷플릭스에서 일하고 있고 사용자의 시청 세션을 끝내기 전 시청 시간이 2분 이내인 모든 쇼와 영화를 수집하기로 결정했다. 이 가상의 예제에서 시청-시작start-watching 이벤트와 시청-중지stop-watching 이벤트를 각각 별도의 카프카 토픽으로 내보낸다. 이 사례는 `session_id`(시청 세션을 구분)와 이벤트 시간을 사용해 각 레코드를 조인해야 하므로 윈도우 조인에 최적이다. 이 예제를 SQL로 변환하려면 먼저 예제 11-3의 DDL을 사용해 두 소스 스트림을 생성해야 한다.

예제 11-3 시청-시작과 시청-중지 이벤트에 필요한 별도의 두 스트림 생성

```
CREATE STREAM start_watching_events ( ❶
    session_id STRING, ❷
    title_id INT,
    created_at STRING
)
WITH (
    KAFKA_TOPIC='start_watching_events',
    VALUE_FORMAT='JSON',
    PARTITIONS=4,
    TIMESTAMP='created_at',
    TIMESTAMP_FORMAT='yyyy-MM-dd HH:mm:ss' ❸
);

CREATE STREAM stop_watching_events ( ❹
    session_id STRING,
    title_id INT,
    created_at STRING
)
WITH (
    KAFKA_TOPIC='stop_watching_events',
    VALUE_FORMAT='JSON',
    PARTITIONS=4,
    TIMESTAMP='created_at',
    TIMESTAMP_FORMAT='yyyy-MM-dd HH:mm:ss'
);
```

❶ 시청-시작 이벤트에 대한 소스 스트림을 생성한다. 이 스트림은 사용자가 새로운 쇼나 영화를 시청할 때마다 새로운 레코드를 받는다.

❷ session_id는 조인 속성 중 하나다. 이 속성은 단일 시청 세션을 표현하며 두 소스 스트림 모두에서 참조할 수 있다.

❸ TIMESTAMP_FORMAT 속성은 카프카 토픽의 타임스탬프 포맷을 표현하는 문자열을 선택적으로 지정한다. 이 속성에 자바 DateTimeFormatter 클래스(https://oreil.ly/

A4v62)의 모든 값을 설정할 수 있다.

❹ 시청-중지 이벤트에 대한 소스 스트림을 생성한다. 이 스트림은 사용자가 쇼나 영화 시청을 중지할 때마다 새로운 레코드를 받는다.

이제, 두 개의 시청 세션에 대한 시청-시작과 시청-중지 이벤트(마치 서로 다른 두 시청자가 서로 다른 두 쇼를 시청하는 상황으로 생각할 수 있다)를 삽입해보자. 첫 번째 세션 session _123은 총 시청 시간이 90초일 것이다. 두 번째 세션 session_456은 총 시청 시간이 25분일 것이다.

```
INSERT INTO start_watching_events
VALUES ('session_123', 1, '2021-02-08 02:00:00');

INSERT INTO stop_watching_events
VALUES ('session_123', 1, '2021-02-08 02:01:30');

INSERT INTO start_watching_events
VALUES ('session_456', 1, '2021-02-08 02:00:00');

INSERT INTO stop_watching_events
VALUES ('session_456', 1, '2021-02-08 02:25:00');
```

마지막으로, 윈도우 조인으로 시청 시간이 2분 이내인 시청 세션들을 캡처해보자. 상위 수준에서 볼 때, 단순히 다음과 같은 질문을 쿼리로 알아보려 하는 것이다. 어떤 시청 세션이 시작 시간(시청-시작 타임스탬프로 표시) 이후로 2분 이내에 종료(시청-중지 타임스탬프로 표시)됐는가? 다음 SQL문은 ksqlDB에서 이 질문을 어떻게 표현하는지 보여준다.

```
SELECT
  A.title_id as title_id,
  A.session_id as session_id
FROM start_watching_events A
INNER JOIN stop_watching_events B
WITHIN 2 MINUTES ❶
ON A.session_id = B.session_id
EMIT CHANGES ;
```

❶ 타임스탬프 간격이 2분 이내이고 session_id가 동일한(이 조건은 다음 줄에 표현했다) start_watch_events와 stop_watching_events 스트림의 레코드를 조인한다. 2분 이내의 모든 시청 세션을 캡처할 것이다.

session_123의 시청 시간이 90초이므로 다음과 같은 출력을 볼 수 있다.

```
+-----------+-------------+
|TITLE_ID   |SESSION_ID   |
+-----------+-------------+
|1          |session_123  |
```

지금까지 윈도우 조인과 비윈도우 조인에 대해 알아봤다. ksqlDB에서 집계를 어떻게 하는지 배워보면서 튜토리얼(넷플릭스 변경 내용 추적 애플리케이션)을 계속 이어 나갈 것이다.

집계

ksqlDB에서 단일 레코드 작업은 데이터 필터링, 데이터 구조 변환 또는 한 번에 한 이벤트 보강과 같은 특정 작업에 유용하다. 그러나 데이터로부터 강력한 통찰력을 얻으려면 관련 레코드들을 그룹핑하고 집계해야 한다. 예를 들어 넷플릭스의 특정 기간 season-length 변경 개수를 세면 새 텔레비전 쇼 또는 영화와 관련된 계획을 세울 때 도움이 될 수 있으며 운영상 어려움을 겪고 있는 프로젝트의 지표를 제공할 수 있다.

스트림과 테이블 모두에서 집계 연산을 수행할 수 있으나, 결과는 항상 테이블이다. 이는 관련 레코드 그룹에 집계 함수를 적용하고 집계 함수(예: COUNT) 결과를 쉽게 조회하고, 새 레코드가 들어오면 갱신할 수 있도록 변경 가능한 저장 구조를 요구하기 때문이다.[2]

---

2   COUNT 연산의 경우, 특정 키에 대한 값을 0으로 초기화하고 동일 키로 새로운 키가 들어올 때마다 1씩 증가시킨다. 이전에 언급했듯이 이런 변경 가능 시맨틱은 내부적으로 스트림이 아닌 상태가 있는 테이블 구조를 필요로 한다.

집계는 크게 윈도우 집계와 비윈도우 집계 두 종류로 분류할 수 있다. 11장의 튜토리얼에서는 season_length_change_counts 테이블(그림 11-1의 4단계 참조)를 계산하기 위해 윈도우 집계를 사용할 것이다. 그 전에 다음 절에서 데이터 집계의 기초를 먼저 살펴보자.

집계 기초

ksqlDB에서 데이터를 집계하려면 두 가지 주요 단계를 거쳐야 한다.[3]

- 집계 함수를 사용하는 SELECT 식

- GROUP BY 절로 관련 레코드 그룹핑. 각 그룹에 집계를 적용한다.

예제 집계 쿼리는 예제 11-4와 같다.

예제 11-4 집계 함수(COUNT)와 GROUP BY 절 사용 예제

```
SELECT
  title_id,
  COUNT(*) AS change_count, ❶
  LATEST_BY_OFFSET(new_episode_count) AS latest_episode_count ❷
FROM season_length_changes_enriched
GROUP BY title_id ❸
EMIT CHANGES ;
```

❶ 각 tittle_id별로 레코드 개수를 세기 위해 COUNT 내장 집계 함수 사용

❷ 각 title_id별로 가장 최신의 에피소드 개수를 세기 위해 LATEST_BY_OFFSET 내장 집계 함수 사용

❸ title_id 컬럼으로 이 스트림의 레코드를 그룹핑한다.

---

3   다음 절에서 보겠지만 집계를 계산할 시간 윈도우를 지정하는 세 번째 단계를 선택적으로 사용할 수 있다.

예제 11-4의 쿼리는 내장함수인 COUNT를 사용하나, ksqlDB는 AVG, COUNT_DISTINCT, MAX, MIN, SUM 등의 집계 함수들을 포함하고 있다. 집계가 항상 수학적인 것은 아니다. 컬럼의 가장 오래된 값과 가장 최신 값을 각각 반환하는 EARLIEST_BY_OFFSET와 LATEST_BY_OFFSET 집계 함수가 대표적인 예다. 11장의 끝에서는 ksqlDB에서 사용 가능한 집계 함수 목록을 어떻게 볼 수 있는지 보여주고, 필요시 자신만의 함수를 어떻게 작성하는지 보여줄 것이다. 그러나 지금은 ksqlDB가 사용 가능한 많은 내장함수를 가지고 있다는 정도면 알면 된다.

두 번째 요구 사항은 GROUP BY 절로 레코드를 그룹핑하는 것이다. 이는 GROUP BY 절에서 지정한 컬럼들을 기반으로 하는 유일한 버킷들로 레코드들을 모은다. 예를 들어 예제 11-4의 쿼리는 동일 title_id 레코드들을 동일 그룹으로 그룹핑할 것이다.

마지막으로 SELECT 식에 추가적인 컬럼들을 포함할 수도 있다. 예를 들어 title_id와 session_id 컬럼을 쿼리에 추가해보자.

```
SELECT
  title_id,
  season_id, ❶
  COUNT(*) AS change_count,
  LATEST_BY_OFFSET(new_episode_count) AS latest_episode_count
FROM season_length_changes_enriched
GROUP BY title_id, season_id ❷
EMIT CHANGES ;
```

❶ 쿼리에 새로운 비집계 컬럼(season_id) 추가

❷ GROUP BY 절에 season_id 컬럼 추가

집계를 수행할 때 비집계 컬럼을 SELECT 식에 포함하려면, GROUP BY 절에 해당 컬럼을 포함시켜야 한다. 다음과 같이 쿼리를 실행했다고 하자.

```
SELECT
  title_id,
  season_id, ❶
```

```
  COUNT(*) AS change_count,
  LATEST_BY_OFFSET(new_episode_count) AS latest_episode_count
FROM season_length_changes_enriched
GROUP BY title_id ❷
EMIT CHANGES ;
```

❶ SELECT 식(즉, 프로젝션)에 season_id를 포함했다.

❷ 그러나 GROUP BY 절에는 포함되지 않았다.

다음과 같은 오류를 볼 수 있다.

```
Non-aggregate SELECT expression(s) not part of GROUP BY: SEASON_ID
Either add the column to the GROUP BY or remove it from the SELECT
```

오류 메시지에도 불구하고 선택적으로 GROUP BY 절에 포함되지 않은 컬럼에 집계 함수를 적용해 이 문제를 해결할 수 있는 방법이 있다.

> GROUP BY 절에 포함하는 각 필드는 내부적으로 생성되는 테이블의 키의 일부분이 될 것이다. 예를 들어 GROUP BY title_id는 각 고유한 title_id를 키로 하는 테이블을 생성할 것이다. 또 다른 예로 GROUP BY title_id, season_id와 같이 여러 컬럼을 GROUP BY하면, 내부적으로 생성되는 테이블은 복합 키를 포함하는데, 이 키의 값은 |+|(예: 1|+|2)로 구분돼 있다.
>
> 물리화된 테이블에 대고 가져오기 쿼리를 실행할 때 복합 키로 테이블을 쿼리한다면 쿼리에 구분자를 포함(예: SELECT * FROM T WHERE COL='1|+|2')해야 한다는 것을 유념해야 한다. 향후 ksqlDB 버전에서는 복합 키 쿼리 방법을 향상시킬 것으로 기대한다. 그러나 가장 최신 버전인 0.14.0에서는 위와 같이 동작한다.

앞의 각 집계는 비윈도우 집계 예제이다. GROUP BY 절에 있는 필드들로 만들어진 버킷에만 레코드들이 들어가며 별도의 시간-기반 윈도우 조건을 사용하지 않으므로 비윈도우라 할 수 있다. 그러나 ksqlDB는 윈도우 집계도 지원한다. 이에 대해서는 다음 절에서 살펴보자.

윈도우 집계

가끔씩 특정 기간의 레코드들을 집계하고 싶을 때가 있다. 예를 들어 24시간마다 season-length 변경이 얼마나 발생하는지 알고 싶을 수 있다. 이를 위해 집계에 또 다른 차원인 시간을 추가해야 한다. 다행히 이런 문제도 고려해 설계한 ksqlDB는 윈도우 집계를 지원한다. 5장에서 카프카 스트림즈의 세 가지 종류의 윈도우에 대해 알아봤다 (복습이 필요하면 227페이지 '윈도우 종류' 참고). ksqlDB에서도 동일한 종류의 윈도우를 사용할 수 있으며 각 윈도우 종류와 관련 ksqlDB 식은 표 11-3과 같다.

표 11-3 ksqlDB 윈도우 종류들

윈도우 종류	예제
텀블링 윈도우(Tumbling Window)	WINDOW TUMBLING (　　SIZE 30 SECONDS)
호핑 윈도우(Hopping Window)	WINDOW HOPPING (　　SIZE 30 SECONDS, 　　ADVANCE BY 10 SECONDS)
세션 윈도우(Session Window)	WINDOW SESSION (60 SECONDS)

쿼리에서 윈도우 식을 함께 사용하려면, 다음처럼 GROUP BY 절 앞에 윈도우 식을 포함하기만 하면 된다.

```
SELECT
  title_id,
  season_id,
  COUNT(*) AS change_count,
  LATEST_BY_OFFSET(new_episode_count) AS latest_episode_count
FROM season_length_changes_enriched
WINDOW TUMBLING (SIZE 1 HOUR) ❶
GROUP BY title_id, season_id ❷
EMIT CHANGES ;
```

❶ 한 시간 길이의 버킷에 레코드들을 그룹핑한다.

❷ title_id와 season_id로 레코드를 그룹핑한다.

위 쿼리는 다음과 같은 결과를 출력한다.

```
+----------+---------+-------------+---------------------+
|TITLE_ID  |SEASON_ID |CHANGE_COUNT |LATEST_EPISODE_COUNT |
+----------+---------+-------------+---------------------+
|1         |1        |1            |8                    |
```

비록 ksqlDB의 윈도우 식을 사용하면 윈도우 작업이 매우 쉽지만, 다음과 같이 시간 차원과 관련해 추가로 고려해야 할 것들이 있다.

- 언제 하위 스트림 프로세서로 데이터를 내보내야 하는가?

- 지연되거나 순서가 바뀐 데이터를 어떻게 처리할 수 있나?

- 얼마나 오랫동안 각 윈도우를 보관해야 하는가?

이어지는 절에서 이 고려 사항들에 대해 알아볼 것이다.

지연 데이터

ksqlDB나 카프카 스트림즈에서 데이터 지연에 대해 얘기할 때, 벽시계 기준wall clock time으로 지연된 이벤트에 대해서만 얘기하는 것은 아니다. 예를 들어 이벤트가 오전 10:02에 발생했으나 오전 10:15까지 스트림 처리 애플리케이션에서 처리하지 않았다면, 전통적인 관점에서 지연된 것이라 생각할 수도 있다.

그러나 5장에서 배웠듯이 카프카 스트림즈(그리고 확장해 ksqlDB)는 스트림 시간stream time이라는 내부 시계를 유지하고 있으며 이 시계는 소비하는 레코드로부터 타임스탬프를 추출해 항상 증가한다. 예제 11-3에서 봤던 것처럼 타임스탬프는 레코드의 메타데이터 또는 레코드 안에 포함돼 있는 값에서 TIMESTAMP 또는 TIMESTAMP_FORMAT 속성들을 사용해 추출할 수 있다.

타임스탬프 순서가 바뀐 레코드를 소비할 때, 레코드가 현재 스트림 시간보다 오래된 타임스탬프를 갖고 도착했다면 지연됐다고 간주할 수 있다. 윈도우 집계를 수행할 때, 지연 레코드를 윈도우에 포함할지(이럴 경우 집계 연산에 포함된다) 여부 또는 일정 시간 경과한 레코드는 단순히 무시할지를 제어할 수 있으므로 지연 레코드에 특별히 관심을 기울여야 한다. 허용하는 지연 시간을 유예 기간$^{grace\ period}$이라고 하고, ksqlDB에서 유예 기간을 정의하는 문법은 다음과 같다.

```
WINDOW <window_type> ( ❶
    <window_properties>, ❷
    GRACE PERIOD <number> <time_unit> ❸
)
```

❶ 윈도우 타입은 HOPPING, TUMBLING, 또는 SESSION이 될 수 있다.

❷ 각 윈도우 종류별로 필요한 속성은 표 11-3을 참조하기 바란다.

❸ 유예 기간을 정의한다. 유예 기간에서도 슬라이딩 윈도우에서 설명했던 동일한 시간 단위를 지원한다. 자세한 것은 431페이지 '윈도우 조인'을 참고하기 바란다.

예를 들어 10분 지연을 허용하는 윈도우 집계를 수행하고, 이 임계 시간을 초과하는 레코드를 무시하려면 다음과 같은 쿼리를 사용할 수 있다.

```
SELECT
    title_id,
    season_id,
    COUNT(*) AS change_count,
    LATEST_BY_OFFSET(new_episode_count) AS episode_count
FROM season_length_changes_enriched
WINDOW TUMBLING (SIZE 1 HOUR, GRACE PERIOD 10 MINUTES) ❶
GROUP BY title_id, season_id
EMIT CHANGES ;
```

❶ 레코드를 1시간 길이의 버킷으로 그룹핑하고 10분간 지연을 허용한다.

위 쿼리에서 유예 기간을 10분으로 정의했으므로, 스트림 시간 변화와 열려 있는 윈도우에 지연된 레코드가 포함되는지 명시적으로 보기 위해 또 다른 콘솔 탭에서 레코드를 추가 생성할 수 있다(이전 쿼리는 여전히 실행 중). 예제 11-5는 이런 레코드들을 생성하는 SQL문들을 보여준다.

예제 11-5 또 다른 CLI 세션에서 스트림 시간의 변화를 관찰할 수 있도록 여러 타임스탬프를 가진 레코드들을 생성한다.

```
INSERT INTO production_changes VALUES (
    '1', 1, 1, 'season_length',
    STRUCT(season_id := 1, episode_count := 12),
    STRUCT(season_id := 1, episode_count := 8),
    '2021-02-24 10:00:00' ❶
);

INSERT INTO production_changes VALUES (
  '  1', 1, 1, 'season_length',
    STRUCT(season_id := 1, episode_count := 8),
    STRUCT(season_id := 1, episode_count := 10),
    '2021-02-24 11:00:00' ❷
);

INSERT INTO production_changes VALUES (
    '1', 1, 1, 'season_length',
    STRUCT(season_id := 1, episode_count := 10),
    STRUCT(season_id := 1, episode_count := 8),
    '2021-02-24 10:59:00' ❸
);

INSERT INTO production_changes VALUES (
    '1', 1, 1, 'season_length',
    STRUCT(season_id := 1, episode_count := 8),
    STRUCT(season_id := 1, episode_count := 12),
    '2021-02-24 11:10:00' ❹
);

INSERT INTO production_changes VALUES (
    '1', 1, 1, 'season_length',
    STRUCT(season_id := 1, episode_count := 12),
```

```
    STRUCT(season_id := 1, episode_count := 8),
    '2021-02-24 10:59:00' ❺
);
```

❶ 스트림 시간이 오전 10시가 되고 이 레코드는 오전 10시-오전 11시 윈도우에 추가 될 것이다.

❷ 스트림 시간이 오전 11시가 되고 이 레코드는 오전 11시-오후 12시 윈도우에 추가 될 것이다.

❸ 이 레코드는 현재 스트림 시간보다 늦으므로 스트림 시간은 변하지 않았다. 이 레코 드는 유예 기간이 아직 유효하므로 오전 10시-오전 11시 윈도우에 추가될 것이다.

❹ 스트림 시간이 11시 10분이 되고 이 레코드는 오전 11시-오전 12시 윈도우에 추가 될 것이다.

❺ 이 레코드는 11분 늦었으므로 어떤 윈도우에도 포함되지 않을 것이다. 다시 말해 스트림 시간(오전 11시 10분)-현재 시간(오전 10시 59분) = 11분으로 10분 유예 기 간보다 크다.

어떤 레코드가 늦게 도착해(예를 들어 예제 11-5의 마지막 레코드) 무시됐을 때, 다음처럼 ksqlDB 서버 로그에서 도움이 될 만한 정보가 출력된다.

```
WARN Skipping record for expired window.
key=[Struct{KSQL_COL_0=1|+|1}]
topic=[...]
partition=[3]
offset=[5]
timestamp=[1614164340000] ❶
window=[1614160800000,1614164400000)❷
expiration=[1614164400000] ❸
streamTime=[1614165000000] ❹
```

❶ 이 레코드와 연관돼 있는 현재 타임스탬프는 2021-02-24 10:59:00이다.

❷ 이 레코드가 포함돼야 했던 윈도우는 `2021-02-24 10:00:00` - `2021-02-24 11:00:00` 범위를 갖는다.

❸ 만료 시간은 `2021-02-24 11:00:00`으로 환산된다. 이 시간은 스트림 시간으로부터 유예 기간(10분)을 빼서 계산(다음 설명 참조)했다.

❹ ksqlDB가 관찰한 가장 큰 타임스탬프인 스트림 시간은 `2021-02-24 11:10:00`으로 환산된다.

유예 기간 설정은 선택적이므로(하지면 설정할 것을 강력히 권장), 순서가 바뀐/지연된 데이터를 어떻게 처리할지에 따라 설정 여부가 결정된다. 유예 기간을 설정하지 않으면 보관 기간retention이 만료돼 닫힐 때까지 윈도우가 열려 있게 될 것이다.

윈도우 보관 기간 또한 설정 가능하며, 이 설정이 윈도우한 데이터를 쿼리할 수 있는 시간을 제어하므로 ksqlDB에서 또 다른 역할을 갖고 있다. 따라서 다음 절에서는 보관 기간을 어떻게 제어하는지 살펴보자.

윈도우 보관 기간

앞에서처럼 윈도우 집계 결과를 쿼리할 계획을 갖고 있다면, ksqlDB에서 오래된 윈도우를 얼마나 보관할지 제어하고 싶을 것이다. 윈도우는 한 번 삭제되면 더 이상 쿼리할 수 없다. 윈도우의 보관 기간을 명시적으로 설정하는 또 다른 이유는 상태 저장소를 작게 유지하기 위함이다. 윈도우를 많이 유지할수록 상태 저장소는 더 커진다. 6장에서 배웠듯이 상태 저장소를 작게 유지하면 리밸런싱의 영향과 애플리케이션의 리소스 사용을 줄일 수 있다.[4]

윈도우의 보관 기간을 설정하려면 윈도우 식에 단순히 RETENTION 속성을 지정하기만 하면 된다. 문법은 다음과 같다.

4　기본적으로 상태 저장소는 RocksDB라는 임베디드 키-값 저장소를 사용한다. 이 저장소는 메모리에 데이터를 저장하고 키 공간이 커지면 선택적으로 데이터를 디스크에 내린다. 따라서 큰 상태 저장소를 사용할 때 디스크와 메모리 사용률에 대해 의식하고 있어야 한다.

```
WINDOW { HOPPING | TUMBLING | SESSION } ( ❶
    <window_properties>, ❶
    RETENTION <number> <time_unit> ❸
)
```

❶ 각 윈도우 종류별로 필요한 윈도우 속성들에 대해서는 표 11-3을 참고하기 바란다.

❷ 윈도우의 보관 기간을 설정한다. 윈도우 보관 기간 설정에서도 슬라이딩 윈도우에서 설명했던 동일한 시간 단위를 지원한다. 431페이지 '윈도우 조인'을 참고하라.

 윈도우 보관 기간은 윈도우 크기와 유예 기간을 더한 기간보다 크거나 같아야 한다. 또한 보관 기간은 윈도우를 유지하는 하한선이다. 보관 기간이 만료되더라도 대부분은 윈도우를 바로 삭제하지 않는다.

예를 들어 2일의 윈도우 보관 기간을 설정하도록 쿼리를 리팩토링해보자. 예제 11-6의 SQL문은 이를 어떻게 작성할 수 있는지 보여준다.

예제 11-6 윈도우에 보관 기간을 명시적으로 설정하는 ksqlDB SQL문

```
SELECT
    title_id,
    season_id,
    LATEST_BY_OFFSET(new_episode_count) AS episode_count,
    COUNT(*) AS change_count
FROM season_length_changes_enriched
WINDOW TUMBLING (
    SIZE 1 HOUR,
    RETENTION 2 DAYS, ❶
    GRACE PERIOD 10 MINUTES
)
GROUP BY title_id, season_id
EMIT CHANGES ;
```

❶ 2일의 윈도우 보관 기간을 설정한다.

중요한 것 가운데 하나는 보관 기간은 카프카 스트림즈와 ksqlDB의 내부 시계인 스트림 시간을 따른다. 벽시계 시간을 따르지 않는다.

예제 11-6은 튜토리얼(그림 11-1 참고)의 4단계를 거의 모두 요약한 것이라 할 수 있다. 마지막으로 해야 할 것은 이 쿼리로부터 물리화된 뷰를 생성하는 것이다. 다음 절에서 이에 대해 알아보자.

물리화된 뷰

물리화된 뷰는 오랫동안 데이터베이스 세계에 존재했었다. 그리고 쿼리 결과를 저장하는 데 물리화된 뷰를 사용했다(이것을 물리화materialization라고 한다). 사전에 연산된 쿼리 결과는 쿼리에 사용 가능하며 배치 방식으로 한 번에 많은 로우들을 연산하는 전통적인 데이터베이스에서 값비싼 쿼리의 성능을 향상시키는 데 이상적이다.

ksqlDB도 전통적인 데이터베이스와 비슷한 성격의 물리화된 뷰 개념을 가지고 있다.

- 물리화된 뷰는 다른 컬렉션을 쿼리해 파생된다.
- 물리화된 뷰는 룩업-스타일 방식으로 쿼리(ksqlDB에서 가져오기 쿼리)한다.

ksqlDB의 물리화된 뷰는 몇 가지 차이점도 있다.

- 이 책을 쓰는 시점에 ksqlDB의 물리화된 뷰는 집계 쿼리로만 생성한다.
- 새로운 데이터가 들어오면 자동 갱신된다. 정해진 시간 또는, 명령을 내릴 때, 또는 데이터가 존재하지 않을 때 갱신되는 전통적인 시스템과 비교해보길 바란다.

ksqlDB에서 물리화된 뷰에 대해 얘기할 때, 실제로는 가져오기 쿼리를 실행할 수 있는 특정 종류의 테이블을 얘기하는 것이다. 이 책에서 이미 봤던 것처럼 테이블은 카프카 토픽 위에서 직접 생성하거나(394페이지 '소스 컬렉션 생성' 참고) 또는 비집계 쿼리(예: 예제 11-2)로부터 생성할 수 있다. 이 책을 쓰고 있는 시점에, ksqlDB는 이런 종류의 테이블들에 대해서는 키-룩업(가져오기 쿼리)을 지원하지 않는다(이런 제약이 ksqlDB의 향후 버전에서는 없을 수도 있다).

그러나 집계 쿼리로부터 생성한 테이블 객체인 물리화된 뷰에 대고는 가져오기 쿼리를 실행할 수 있다.[5]

예를 들어 예제 11-6에서 생성했던 윈도우 집계 쿼리로부터 물리화된 뷰를 생성해보자. 예제 11-7에 보이는 SQL문은 이 방법을 보여준다.

예제 11-7 집계 쿼리를 사용해 물리화된 뷰 생성

```
CREATE TABLE season_length_change_counts
WITH (
    KAFKA_TOPIC = 'season_length_change_counts',
    VALUE_FORMAT = 'AVRO',
    PARTITIONS = 1
) AS
SELECT
    title_id,
    season_id,
    COUNT(*) AS change_count,
    LATEST_BY_OFFSET(new_episode_count) AS episode_count
FROM season_length_changes_enriched
WINDOW TUMBLING (
    SIZE 1 HOUR,
    RETENTION 2 DAYS,
    GRACE PERIOD 10 MINUTES
)
GROUP BY title_id, season_id
EMIT CHANGES ;
```

이제 쿼리 가능한 season_length_change_counts라는 물리화된 뷰를 가지게 됐다. 11장의 튜토리얼(그림 11-1 참조)의 4단계를 완료했으며 마지막 단계인 다양한 클라이언트에서 쿼리 실행을 어떻게 하는지 알아볼 차례다.

---

5 뷰라는 명명법은 전통적인 시스템으로부터 채택했다. 그러나 ksqlDB에는 별도의 뷰 객체가 있지는 않다. 그래서 ksqlDB 관련해 뷰라는 단어를 들었을 때, 룩업-스타일의 가져오기 쿼리에 사용하는 테이블 컬렉션으로 생각할 수 있다.

클라이언트

11장 튜토리얼의 마지막 단계는 ksqlDB로 처리한 데이터를 다양한 클라이언트에서 쿼리 가능하도록 하는 것이다. 이제 물리화된 뷰(season_length_change_counts)에 대고 쿼리를 실행하고 보강된 스트림(season_length_changes_enriched)에 대고 내보내기 쿼리를 실행하는 방법에 대해 알아보자. 각 쿼리 종류를 CLI와 curl을 통해서 살펴볼 것이다.

여러분이 curl이라는 명령행 도구를 사용해 상용 클라이언트를 만들 거라는 기대를 하지는 않는다. 그러나 여러분이 선택한 언어에서 RESTful 클라이언트를 구현할 때 참고할 수 있으므로 사용해볼 것이다. curl을 사용하면 간단한 문법으로 HTTP 요청에 필요한 HTTP 메소드 종류와 HTTP 헤더 그리고 요청 페이로드[payload]를 전달할 수 있다. 또한 ksqlDB가 반환하는 응답 포맷을 명확히 이해하기 위해 curl이 반환하는 원시 응답을 분석할 수도 있다.

이 글을 쓰는 시점에, 자바 클라이언트 초기 버전이 릴리스됐다. 11장의 소스 코드는 이 클라이언트를 사용하는 방법을 보여주는 예제가 포함돼 있다. 이 책에서는 자바 클라이언트 인터페이스가 머지않아 변경될지 여부가 확실하지 않아 생략했다. 또한 자바 클라이언트와 ksqlDB REST API가 변경될 가능성이 있으며, 파이썬이나 GO로 작성한 새 공식 클라이언트들도 소개될 가능성이 있다고 언급하는 ksqlDB 개선안(KLIP)(https://oreil.ly/TOurV)이 이 책을 쓰는 시점에 논의 중이었다.

이제 가져오기 쿼리에 대해 상세히 알아보자.

가져오기 쿼리

우리가 생성한 물리화된 뷰로부터 가져오기 쿼리[pull query]를 실행할 수 있다. 가져오기 쿼리 문법은 다음과 같다.

```
SELECT select_expr [, ...]
FROM from_item
WHERE condition
```

보다시피 가져오기 쿼리는 매우 단순하다. 이 글을 쓰는 시점에, 가져오기 쿼리 자체에서는 조인이나 집계를 지원하지 않는다(그러나 예제 11-7에서처럼 물리화된 뷰를 생성할 때는 이런 연산 수행이 가능하다). 대신, 가져오기 쿼리는 키 컬럼을 참조하는 단순 룩업으로 생각할 수 있으며, 윈도우 뷰에 대해서는 특정 윈도우의 시간 범위 하한선을 포함하고 있는 WINDOWSTART 의사 컬럼을 선택적으로 참조할 수 있다(상한선은 WINDOWEND라는 의사 컬럼에 저장돼 있지만, 쿼리 조건으로는 사용이 불가능하다).

그럼 룩업을 수행할 때 참조하는 키 컬럼 이름이란 무엇인가? 경우에 따라 다르다. GROUP BY 절에서 단일 필드로 그룹핑을 했다면, 키 컬럼의 이름은 그룹핑한 필드의 이름과 일치한다. 예를 들어 여러분의 쿼리에 다음과 같은 식이 포함돼 있다고 가정해보자.

```
GROUP BY title_id
```

title_id 컬럼으로 룩업을 수행하는 가져오기 쿼리를 실행할 수 있다. 그러나 11장의 튜토리얼의 쿼리는 GROUP BY 절에 있는 두 개의 컬럼을 참조한다.

```
GROUP BY title_id, season_id
```

이 경우 ksqlDB는 KSQL_COL_? 형식으로 키 컬럼을 생성할 것이다(이 키 컬럼은 현재 ksqlDB 구현이 생성하는 결과물이며 향후 변경 가능성이 있다). DESCRIBE 명령의 출력에서 컬럼 이름을 확인할 수 있다.

```
ksql> DESCRIBE season_length_change_counts ;

Name :              SEASON_LENGTH_CHANGE_COUNTS
 Field         | Type
---------------------------------------------------------------------
 KSQL_COL_0    | VARCHAR(STRING) (primary key) (Window type: TUMBLING)
 EPISODE_COUNT | INTEGER
 CHANGE_COUNT  | BIGINT
---------------------------------------------------------------------
```

이 경우, 예제 11-8처럼 가져오기 쿼리를 사용해 season_length_change_counts에 대고 룩업을 수행할 수 있다.

예제 11-9 가져오기 쿼리 예제

```
SELECT *
FROM season_length_change_counts
WHERE KSQL_COL_0 = '1|+|1' ;  ❶
```

❶ 여러 필드로 그룹핑할 때, 키는 복합 값으로 각 컬럼의 값이 |+|으로 구분돼 있다. 단
일 필드로 그룹핑할 경우(예: title_id), WHERE title_id=1을 사용하게 될 것이다.

> IN 술어는 여러 가능한 키 값을 일치시키기 위해 가져오기 쿼리에서 사용할 수 있다(예: WHERE
> KSQL_COL_0 IN ('1|+|1', '1|+|2')).

위 쿼리를 CLI에서 실행하면, 다음과 같은 결과를 출력한다.

```
+------------+----------------+----------------+---------------+---------------+
|KSQL_COL_0  |WINDOWSTART     |WINDOWEND       |CHANGE_COUNT   |EPISODE_COUNT  |
+------------+----------------+----------------+---------------+---------------+
|1|+|1       |1614160800000   |1614164400000   |2              |8              |
|1|+|1       |1614164400000   |1614168000000   |2              |12             |
```

보다시피 두 의사 컬럼 WINDOWSTART와 WINDOWEND가 결과에 포함돼 있다. WINDOWSTART
컬럼은 유닉스 타임스탬프나 읽기 가능한 날짜 시간 문자열을 사용해 쿼리 조건으로 사
용할 수도 있다. 아래 두 SQL문은 두 종류의 쿼리를 보여준다.

```
SELECT * FROM
season_length_change_counts
WHERE KSQL_COL_0 = '1|+|1'
AND WINDOWSTART=1614164400000;

SELECT *
```

```
FROM season_length_change_counts
WHERE KSQL_COL_0 = '1|+|1'
AND WINDOWSTART = '2021-02-24T10:00:00';
```

위 쿼리의 결과는 다음과 같다.

```
+-----------+--------------+--------------+--------------+-------------+
|KSQL_COL_0 |WINDOWSTART   |WINDOWEND     |CHANGE_COUNT  |EPISODE_COUNT|
+-----------+--------------+--------------+--------------+-------------+
|1|+|1      |1614160800000 |1614164400000 |2             |8            |
```

물리화된 뷰로부터 데이터를 쿼리할 때, CLI 외의 클라이언트로 쿼리를 수행하고 싶을 수 있을 것이다. curl 예제는 파이썬, 고, 기타 언어로 작성한 사용자 클라이언트로 확장 가능하므로, curl을 사용해 가져오기 쿼리를 수행하는 방법에 대해 알아보자.

CURL

CLI 외부에서 ksqlDB 서버에 쿼리를 할 수 있는 가장 쉬운 방법은 아마도 널리 사용 중인 명령행 도구 curl일 것이다. 다음의 명령은 명령행에서 예제 11-8과 동일한 가져오기 쿼리를 어떻게 실행하는지 보여준다.

```
curl -X POST "http://localhost:8088/query" \ ❶
    -H "Content-Type: application/vnd.ksql.v1+json; charset=utf-8" \ ❷
    --data $'{ ❸
  "ksql":"SELECT * FROM season_length_change_counts WHERE KSQL_COL_0=\'1|+|1\';",
  "streamsProperties": {}
}'
```

❶ 쿼리 엔드포인트로 POST 요청을 제출해 가져오기 쿼리를 실행할 수 있다.

❷ Content-Type 헤더는 API 버전 v1과 직렬화 포맷(json)을 포함한다.

❸ POST 데이터로 가져오기 쿼리를 넘긴다. 쿼리는 JSON 객체 안에 ksql이라는 이름의 키 값으로 포함돼 있다.

앞의 명령의 출력은 다음과 같다. 여기에는 두 컬럼 이름과(header.schema 참조) 하나 이
상의 로우들을 포함하고 있다.

```
[
  {
    "header": {
      "queryId": "query_1604158332837",
      "schema": "`KSQL_COL_0` STRING KEY, `WINDOWSTART` BIGINT KEY, `WINDOWEND`
        BIGINT KEY, `CHANGE_COUNT` BIGINT, `EPISODE_COUNT` INTEGER"
    }
  },
  {
    "row": {
      "columns": [
        "1|+|1",
        1614160800000,
        1614164400000,
        2,
        8
      ]
    }
  }
  … ❶
]
```

❶ 지면 관계상 추가 로우들은 생략했다.

보다시피, CLI 밖에서도 ksqlDB 서버를 쿼리하는 것은 매우 쉽다. 이제 내보내기 쿼리
를 실행하는 방법에 대해 배워보자.

내보내기 쿼리

이 책에서 이미 여러 가지 내보내기 쿼리 예제를 봤었다. 예를 들어 CLI에서 season_
length_change_counts 스트림에 대고 쿼리를 실행하는 것은 다음 SQL문 실행처럼 간
단하다.

```
ksql> SELECT * FROM season_length_changes_enriched EMIT CHANGES ;
```

따라서 이 절에서는 curl로 내보내기 쿼리^{push query}를 실행하는 것에 초점을 맞출 것이다.

CURL로 내보내기 쿼리 실행

curl을 사용해 내보내기 쿼리를 실행하는 것은 가져오기 쿼리 실행과 유사하다. 예를 들어 다음과 같은 명령으로 내보내기 쿼리를 실행할 수 있다.

```
curl -X "POST" "http://localhost:8088/query" \
    -H "Content-Type: application/vnd.ksql.v1+json; charset=utf-8" \
    -d $'{
  "ksql": "SELECT * FROM season_length_changes_enriched EMIT CHANGES ;",
  "streamsProperties": {}
}'
```

위 예제의 응답은 다음과 같다.

```
[{"header":{"queryId":"none","schema":"`ROWTIME` BIGINT, `ROWKEY` INTEGER,
 `TITLE_ID` INTEGER, `CHANGE_COUNT` BIGINT"}},


{"row":{"columns":[1,"Stranger Things",1,12,8,"2021-02-24 10:00:00"]}},
{"row":{"columns":[1,"Stranger Things",1,8,10,"2021-02-24 11:00:00"]}},
{"row":{"columns":[1,"Stranger Things",1,10,8,"2021-02-24 10:59:00"]}},
{"row":{"columns":[1,"Stranger Things",1,8,12,"2021-02-24 11:10:00"]}},
{"row":{"columns":[1,"Stranger Things",1,12,8,"2021-02-24 10:59:00"]}},

]
```

주의: 아무런 출력 결과를 볼 수 없다면 컨슈머의 오프셋이 최신(latest)으로 설정된 것일 수 있다. 이럴 경우 검증을 위해 예제 11-5의 SQL문들을 다시 실행해야 할 수 있다.

가져오기 쿼리와 달리, 쿼리 실행 후 즉시 연결이 끊어지지 않는다. 새로운 데이터가 도착하면 결과를 계속 내보낼 수 있게 오랜 시간 유지되는 연결을 통해 쿼리 결과를 일련의 청크^{chunk} 스트림으로 출력할 것이다.

지금까지 ksqlDB에서 보강하고 집계한 데이터를 어떻게 쿼리하는지 알아봤다. 넷플릭스 변경 내용 추적 튜토리얼의 마지막 단계도 완료했다. 11장을 끝내기 전에 마지막 주제인 함수와 연산자에 대해 알아보자.

함수와 연산자

ksqlDB는 다양한 함수와 연산자를 포함하고 있어서 데이터 작업 시 사용 가능하다. 먼저 몇 가지 연산자들에 대해 빠르게 살펴보자.

연산자

ksqlDB는 여러 연산자를 포함하고 있으며 이 연산자들은 SQL문에서 사용 가능하다.

- 산술 연산자(+, -, /, *, %)
- 문자열 결합 연산자(+, ||)
- 배열의 색인 또는 맵의 키를 접근하는 첨자^{subscript} 연산자([])
- 구조체 참조 연산자(->)

이 가운데 일부는 이미 예제(예제 8-1 참조)를 통해 봤다. 이 책에서는 연산자들에 대해 깊이 알아보는 데 시간을 낭비하지 않을 것이다. 그러나 전체 연산자 목록과 예시는 ksqlDB가 공식 문서(https://docs.ksqldb.io)에서 찾을 수 있다. 이제 좀 더 흥미로운 주제인 함수에 대해 알아보자.

함수 목록 보기

ksqlDB의 가장 흥미로운 기능 중 하나는 내장함수 라이브러리다. 우리는 이미 함수 중 하나인 COUNT 예제를 봤었다. 그러나 더 많은 함수가 추가되고 함수 라이브러리는 계속해서 커지고 있다. 사용 가능한 함수 목록을 보려면, SHOW FUNCTIONS SQL문을 사용할 수 있다.

예를 들어,

```
ksql> SHOW FUNCTIONS ;
```

SHOW FUNCTIONS 명령의 출력은 상당히 크므로, 이 책에서는 일부만 잘라서 보여줄 것이다.

```
 Function Name          | Type
---------------------------------------
 ...

 AVG                    | AGGREGATE
 CEIL                   | SCALAR
 CHR                    | SCALAR
 COALESCE               | SCALAR
 COLLECT_LIST           | AGGREGATE
 COLLECT_SET            | AGGREGATE
 CONCAT                 | SCALAR
 CONCAT_WS              | SCALAR
 COUNT                  | AGGREGATE
 COUNT_DISTINCT         | AGGREGATE
 CUBE_EXPLODE           | TABLE
 DATETOSTRING           | SCALAR
 EARLIEST_BY_OFFSET     | AGGREGATE
 ELT                    | SCALAR
 ENCODE                 | SCALAR
 ENTRIES                | SCALAR
 EXP                    | SCALAR
 EXPLODE                | TABLE
```

내장 ksqlDB 함수 목록을 볼 때, TYPE 컬럼에 세 가지 분류가 있음을 눈치챘을 것이다. 다음 표에서 각 종류에 대한 설명을 보여주고 있다.

함수 종류	설명
SCALAR	한 번에 한 로우에 대해 연산을 수행하고 하나의 결과를 반환하는 무상태 함수
AGGREGATE	데이터 집계에 사용하는 유상태 함수. 이 함수 또한 하나의 결과를 반환한다.
TABLE	하나의 입력을 받아 0개 이상의 결과를 출력하는 무상태 함수. 이 함수는 카프카 스트림즈의 flatMap의 동작과 유사하다.

함수 라이브러리를 통해 보듯이, 특정 함수에 대한 좀 더 많은 정보를 원할 것이다. 다음 절에서 이것을 어떻게 할 수 있는지 알아볼 것이다.

함수 설명

만약 ksqlDB 함수에 대해 좀 더 많은 정보를 원한다면, ksqlDB 웹사이트의 공식 문서(https://ksqldb.io)를 언제든지 방문할 수 있다. 그러나 함수의 설명을 보기 위해 CLI를 떠나 브라우저에서 탐색할 필요가 없다. ksqlDB는 여러분이 필요로 하는 정보를 제공하는 특별한 SQL문을 제공하기 때문이다. 이 SQL문의 문법은 다음과 같다.

```
DESCRIBE FUNCTION <identifier>
```

예를 들어 내장함수 EARLIEST_BY_OFFSET에 대한 정보를 보고 싶다면, 예제 11-9의 SQL문을 실행할 수 있다.

예제 11-9. ksqlDB의 함수의 설명을 보는 방법 예제

```
ksql> DESCRIBE FUNCTION EARLIEST_BY_OFFSET ;

Name        : EARLIEST_BY_OFFSET
Author      : Confluent
Overview    : This function returns the oldest value for the column,
              computed by offset. ❶
```

```
Type         : AGGREGATE ❷
Jar          : internal ❸
Variations  : ❹

        Variation   : EARLIEST_BY_OFFSET(val BOOLEAN)
        Returns     : BOOLEAN
        Description : return the earliest value of a Boolean column

        Variation   : EARLIEST_BY_OFFSET(val INT)
        Returns     : INT
        Description : return the earliest value of an integer column

        ...
```

❶ 함수에 대한 설명

❷ 함수의 종류(가능한 함수 종류는 표 11-3 참고)

❸ ksqlDB에 포함돼 있는 내장함수를 볼 때는 Jar값이 internal로 보인다. 다음 절에서 디스크에 Jar 파일이 실제 존재하는 경로가 있는 사용자 정의 함수를 어떻게 만들 수 있는지 볼 것이다.

❹ Variations 부분은 함수의 유효한 메소드 시그니처 목록을 포함하고 있다. 이 부분은 지면상 일부분을 생략했다. 그러나 이 함수는 최소 두 가지 변형이 있음을 볼 수 있다. 첫 번째 변형은 BOOLEAN 인자를 받아 BOOLEAN 값을 반환하고, 두 번째 변형은 INT를 받아 INT를 반환한다.

ksqlDB는 꽤 많은 내장함수들을 포함하고 있으나, 필요에 따라 사용자가 직접 구현할 수 있는 자유도 제공한다. 따라서 SHOW FUNCTIONS의 출력에서 목적에 맞는 함수를 찾지 못하더라도 조바심 내지 말기 바란다. 다음 절에서 여러분만의 함수를 어떻게 생성하는지 설명할 것이다.

커스텀 함수 생성

가끔씩 ksqlDB 쿼리에서 사용을 위해 커스텀 함수를 생성하고자 할 것이다. 예를 들어 특별한 수학 함수를 컬럼에 적용하거나 데이터 스트림의 입력 데이터를 사용해 기계 학습 모델을 호출하고 싶을 수 있다. 연산이 얼마나 간단한지 혹은 복잡한지에 상관없이, ksqlDB는 여러분의 사용자 정의 함수들로 내장함수를 확장할 수 있도록 해주는 자바 인터페이스를 포함하고 있다.

ksqlDB에는 세 종류의 사용자 정의 함수가 있다. 각각은 앞의 절에서 설명했던 내장함수 종류(SCALA, AGGREGATE, TABLE 함수)와 관련이 있다. 다음 표는 사용자 정의 함수 종류를 요약해주고 있다.

종류	설명
User–Defined Function 또는 UDF	커스텀 SCALA 함수이다. UDF는 무상태이며 정확히 하나의 값만 반환한다.
User–Defined Aggregate Function 또는 UDAF	커스텀 AGGREGATE 함수이다. UDAF는 유상태이며 정확히 하나의 값만 반환한다.
User–Defined Table Function 또는 UDTF	커스텀 TABLE 함수이다. UDTF는 무상태이며 0개 이상의 값을 반환한다.

커스텀 함수가 어떻게 동작하는지 좀 더 잘 이해하기 위해, 텍스트 문자열에서 불용어 stop-words를 제거하는 UDF를 구현할 것이다. 11장의 소스 코드(https://oreil.ly/rJN5s)에는 예제 UDAF와 UDTF 소스 코드도 포함돼 있으나 구현하고자 하는 함수 종류와 관계없이 개발과 배포 과정이 거의 똑같으므로 여기에서는 생략했다. UDF, UDAF, UDTF의 구현은 다소 차이가 있으며 11장의 소스 코드에서는 이런 차이점을 강조했다.

이제 사용자 정의 함수를 어떻게 생성하는지 배워보자.

불용어 삭제 UDF

일반적인 데이터 전처리 작업 중 하나는 텍스트 문자열에서 흔히 불용어 stop-words라고 부르는 단어를 제거하는 것이다. 불용어는 일반적인 단어들("a," "and," "are," "but," "or," "the," 등)로 텍스트에서 큰 의미를 가지지 않는다. 만약 텍스트로부터 정보를 추출하는 기계 학습이나 자연어 모델을 가지고 있다면, 먼저 모델의 입력으로부터 불용어를 제거하는 것이 일반적이다. 따라서 REMOVE_STOP_WORDS이라는 UDF를 생성할 것이다. 어떤 유형의 사용자 정의 함수라도 생성하는 절차는 간단하다. 다음은 이에 필요한 단계들을 보여준다.

1. 함수 코드를 포함할 자바 프로젝트 생성

2. UDF 클래스에 필요한 어노테이션annotation을 포함하는 **io.confluent.ksql:ksql-udf**를 프로젝트에 의존 라이브러리 추가

3. 함수 구현에 필요한 추가 라이브러리를 의존 라이브러리에 추가. 예를 들어 만약 함수 구현 코드에서 사용하고 싶은 서드-파티 메이븐 라이브러리가 있다면, 빌드 파일에 추가한다.

4. 필요한 어노테이션들(이에 대해서는 간단히 살펴볼 것이다)을 사용해 UDF 로직을 작성

5. 함수의 소스 코드와 함수가 의존하고 있는 모든 서드-파티 코드를 결합한 위버uber JAR로 코드를 빌드하고 패키징

6. 위버 JAR를 ksqlDB 확장 디렉터리에 복사. 이 디렉터리는 ksqlDB 서버의 설정에서 **ksql.extension.dir** 속성으로 지정할 수 있다.

7. ksqlDB 서버 재시작. ksqlDB 서버가 다시 온라인 상태가 되면 새 함수를 적재해 SQL문에서 사용 가능하도록 만들 것이다.

이제 이 지시들을 따라 함수를 구현해보면서 어떻게 작업하는지 보여줄 것이다. 먼저 그레이들의 **init** 명령으로 새 자바 프로젝트를 생성하자. 다음 코드를 실행하면 이를 수행할 수 있다.

```
mkdir udf && cd udf

gradle init \
```

```
--type java-library \
--dsl groovy \
--test-framework junit-jupiter \
--project-name udf \
--package com.magicalpipelines.ksqldb
```

빌드 파일(build.gradle)에 **ksql-udf**를 의존성 라이브러리로 추가한다. 이 의존 라이브러리는 컨플루언트의 메이븐 저장소에 있으므로 repositories 부분도 변경해야 한다.

```
repositories {
    // ...
    maven {
        url = uri('http://packages.confluent.io/maven/')❶
    }
}

dependencies {
    // ...
    implementation 'io.confluent.ksql:ksqldb-udf:6.0.0' ❷
}
```

❶ ksql-udf 라이브러리가 있는 컨플루언트 메이븐 저장소를 추가한다.

❷ ksql-udf 라이브러리를 프로젝트에 추가한다. 이 산출물은 함수 구현 코드에 추가할 모든 어노테이션을 포함하고 있으며, 이에 대해서는 곧 살펴볼 것이다.

우리가 구현할 UDF는 서드-파티 코드가 필요 없으나, 필요했다면 UDF에 필요한 추가 산출물들을 dependencies 부분에 추가했을 것이다.[6] 이제, 함수의 비즈니스 로직을 구현할 차례다. 이 경우 RemoveStopWordsUdf.java라는 파일을 생성하고 다음과 같은 코드를 추가할 수 있다.

---

6 의존성 라이브러리들은 com.github.johnrengelman.shadow 같은 플러그인을 사용해 위버 JAR로 패키징해야 한다. 더 자세한 정보는 UDF 문서(https://oreil.ly/1g847)를 참고하기 바란다.

```
public class RemoveStopWordsUdf {

  private final List < String > stopWords =
      Arrays.asList(
        new String[] { "a", "and", "are", "but", "or", "over", "the" });

  private ArrayList < String > stringToWords(String source) { ❶
    return Stream.of(source.toLowerCase().split(" "))
        .collect(Collectors.toCollection(ArrayList < String > ::new));
  }

  private String wordsToString(ArrayList < String > words) { ❷
    return words.stream().collect(Collectors.joining(" "));
  }

  public String apply(final String source) { ❸
    ArrayList < String > words = stringToWords(source);
    words.removeAll(stopWords);
    return wordsToString(words);
  }
}
```

❶ 이 메소드는 텍스트 문자열을 단어 리스트로 변환한다.

❷ 이 메소드는 단어 리스트를 문자열로 다시 변환한다.

❸ 이 메소드는 소스 문자열에서 불용어를 제거하는 이 함수의 비즈니스 로직을 포함
하고 있다. 함수 이름은 마음대로 지어도 되지만, 반드시 nonstatic이며 public 가
시성을 가지고 있어야 한다.

불용어 제거 UDF에 필요한 비즈니스 로직을 작성했다. 이제 ksql-udf 의존성 라이브러
리에 포함돼 있는 어노테이션들을 추가해야 한다. ksqlDB는 JAR 파일을 적재할 때 이
어노테이션들을 검색해 함수의 이름, 설명 그리고 파라미터를 포함하는 상세한 함수 정
보를 읽어들인다. 곧 보게 되겠지만, 어노테이션에서 제공하는 값은 DESCRIBE FUNCTION
명령의 출력에서 볼 수 있게 된다.

```
@UdfDescription( ❶
    name = "remove_stop_words", ❷
    description = "A UDF that removes stop words from a string of text",
    version = "0.1.0",
    author = "Mitch Seymour")
public class RemoveStopWordsUdf {
  // …

  @Udf(description = "Remove the default stop words from a string of text") ❸
  public String apply(
      @UdfParameter(value = "source", description = "the raw source string") ❹
      final String source
  ) { ... }
}
```

❶ UdfDescription 어노테이션은 ksqlDB에게 이 클래스는 ksqlDB 시작 시 ksqlDB 라이브러리로 적재할 함수를 포함하고 있다고 알려준다. 만약 UDAF 또는 UDTF를 구현 중이라면 UdafDescription/UdtfDescription을 사용해야 한다.

❷ 이 함수의 이름으로 함수 라이브러리에서 보여야 한다. 나머지 속성들(description, version 그리고 author)은 DESCRIBE FUNCTION 명령의 출력에서 볼 수 있다.

❸ Udf 어노테이션은 ksqlDB가 호출할 public 메소드에 적용해야 한다. 단일 UDF에 여러 메소드들이 있을 수 있으며 EARLIEST_BY_OFFSET 함수(예제 11-9 참고)에 대해 알아볼 때 봤던 것처럼 각각은 별도의 함수 변형으로 생각할 수 있다. UDTF와 UDAF는 다른 어노테이션(Udtf와 UdafFactory)을 사용한다. 자세한 것은 11장의 소스 코드(https://oreil.ly/rJN5s)를 참고하기 바란다.

❹ UdfParameter는 UDF의 각 파라미터에 도움이 될 정보를 제공할 때 사용할 수 있다. 이 정보도 DESCRIBE FUNCTION 명령의 출력 결과 중 Variations에서 볼 수 있다.

UDF 비즈니스 로직을 작성하고 클래스-수준과 메소드-수준의 어노테이션을 추가했다면, 위버 JAR를 생성할 차례다. 그레이들을 이용해 다음과 같은 명령으로 이를 수행할 수 있다.

```
./gradlew build --info
```

위 명령은 이 자바 프로젝트 루트 디렉터리의 상대적인 위치인, 아래 위치에 JAR 파일을
생성할 것이다.

```
build/libs/udf.jar
```

ksqlDB에게 새 UDF에 대해 알리고자 한다면, 이 JAR 파일을 `ksql.extension.dir` 설
정으로 지정한 위치에 놓아야 한다. 이 설정은 ksqlDB 서버 설정 파일에 정의할 수
있다. 예를 들어,

```
ksql.extension.dir=/etc/ksqldb/extensions
```

ksqlDB 확장 디렉터리 위치를 설정하고 나면, 다음과 같이 JAR 파일을 확장 디렉터리
위치로 복사하고 ksqlDB를 재시작할 수 있다.

```
cp build/libs/udf.jar /etc/ksqldb/extensions

ksql-server-stop
ksql-server-start
```

재시작하고 나면, `SHOW FUNCTIONS` 명령으로 추가한 UDF를 볼 수 있어야 한다.

```
ksql> SHOW FUNCTIONS ;

 Function Name    | Type
-----------------------------------
 ...
 ...
 REMOVE_STOP_WORDS | SCALAR ❶
 ...
 ...
```

❶ `UdfDescription` 어노테이션에서 정의한 함수 이름으로 알파벳순의 함수 목록에서
볼 수 있다.

내장함수의 설명을 보기 위해 사용했던 동일한 SQL문으로 커스텀 함수의 설명을 볼 수도 있다.

```
ksql> DESCRIBE FUNCTION REMOVE_STOP_WORDS ;

Name        : REMOVE_STOP_WORDS
Author      : Mitch Seymour
Version     : 0.1.0
Overview    : A UDF that removes stop words from a string of text
Type        : SCALAR
Jar         : /etc/ksqldb/extensions/udf.jar ❶
Variations  :

        Variation   : REMOVE_STOP_WORDS(source VARCHAR)
        Returns     : VARCHAR
        Description : Remove the default stop words from a string of text
        source      : the raw source string
```

❶ 지금 Jar값은 디스크상에 있는 UDF JAR의 물리적 위치를 가리키고 있다.

마지막으로, ksqlDB의 여타 내장함수들과 마찬가지로 커스텀 함수를 사용할 수 있다. model_inputs라는 스트림을 생성하고 추가한 커스텀 함수를 실행해볼 수 있도록 테스트 데이터를 삽입해보자.

```
CREATE STREAM model_inputs (
    text STRING
)
WITH (
    KAFKA_TOPIC='model_inputs',
    VALUE_FORMAT='JSON',
    PARTITIONS=4
);

INSERT INTO model_inputs VALUES ('The quick brown fox jumps over the lazy dog');
```

이제 함수를 적용해보자.

```
SELECT
  text AS original,
  remove_stop_words(text) AS no_stop_words
FROM model_inputs
EMIT CHANGES;
```

다음에 나오는 출력 결과에서 볼 수 있듯이, 새로 추가한 함수가 기대하는 것처럼 동작한다.

```
+------------------------------------------+-----------------------------+
|ORIGINAL                                  |NO_STOP_WORDS                |
+------------------------------------------+-----------------------------+
|The quick brown fox jumps over the lazy dog |quick brown fox jumps lazy dog |
```

추가 참고 자료

커스텀 ksqlDB 함수 생성은 커다란 주제이므로 여러 장을 할애했을 수도 있었다. 그러나 나는 ksqlDB 함수에 관해 여러 곳에서 많은 시간 강연을 하고 관련 글도 작성했으며 공식 문서에도 이 기능에 대한 다양한 정보를 포함하고 있다. 커스텀 ksqlDB 함수에 관한 다음 참고 자료들을 확인해보길 바란다.

- The Exciting Frontier of Custom KSQL Functions(https://oreil.ly/HTb-F), (미치 시모어, 카프카 서밋 2019)

- ksqlDB UDFs and UDAFs Made Easy(https://oreil.ly/HMU9F), (미치 시모어, 컨플루언트 블로그)

- 공식 ksqlDB 문서(https://oreil.ly/qEafS)

요약

단순한 인터페이스임에도 불구하고 ksqlDB는 서로 다른 컬렉션들의 조인, 데이터 집계, 키-룩업으로 쿼리 가능한 물리화된 뷰 생성 등 중급에서 고급 스트림 처리를 지원한다. 또한 ksqlDB는 광범위한 데이터 처리와 보강 사례에 사용 가능한 확장성 있는 내장함수 라이브러리를 제공한다. ksqlDB는 일반적인 수학 함수(AVG, COUNT_DISTINCT, MAX, MIN, SUM, 등), 문자열 함수(LPAD, REGEXP_EXTRACT, REPLACE, TRIM, UCASE, 등) 또는 지리 공간 함수(GEO_DISTANCE)까지 독자 여러분이 찾는 많은 함수를 갖고 있다.

ksqlDB이 진짜 빛나는 이유는 개발자들에게 커스텀 자바 함수로 내장함수 라이브러리를 확장할 수 있는 여지를 주면서 이런 것들을 상위-수준의 인터페이스로 제공하기 때문이다. 여러분의 애플리케이션이 자신만의 비즈니스 로직을 필요로 하더라도 ksqlDB는 단순한 SQL 방언으로 스트림 처리 애플리케이션을 계속 만들 수 있도록 해주므로 이는 매우 중요하다. 커스텀 함수 구현에는 자바에 대한 지식이 필요하므로 다소 고급 주제일 수 있으나 11장에서 봤듯이, ksqlDB에서는 이 절차조차도 단순화했다.

이제 ksqlDB로 초급, 중급, 고급 스트림 처리를 어떻게 하는지 알게 됐다. 이 책의 마지막 장인 12장에서는 카프카 스트림즈와 ksqlDB 애플리케이션의 테스트, 배포 그리고 모니터링을 어떻게 하는지 배워볼 것이다.

## 4부

상용화

테스트, 모니터링, 배포

지금까지 카프카 스트림즈와 ksqlDB로 다양한 종류의 스트림 처리 애플리케이션을 만드는 방법에 대해 배웠다. 마지막 장인 12장에서는 애플리케이션을 상용화하는 데 필요한 여러 단계를 배울 것이다. 카프카 스트림즈와 ksqlDB 애플리케이션의 상용화를 하나의 장으로 통합한 이유가 있다. 비록 테스트 방법에 약간의 차이가 있지만, 상용화 절차는 큰 틀에서 거의 유사하며 소프트웨어 상용화에 대한 멘탈 모델을 단순화하면 오랜 시간 수행해야 하는 유지 보수 향상에 많은 도움이 될 수 있다(특히 카프카 스트림즈와 ksqlDB를 사용하는 하이브리드 환경에서 더욱 그렇다).

12장에서는 다음과 같은 질문에 답할 것이다.

- 카프카 스트림즈와 ksqlDB 쿼리를 어떻게 테스트하는가?
- 카프카 스트림즈 토폴로지의 벤치마크 테스트를 어떻게 할 것인가?
- 어떤 종류의 모니터링을 준비해야 하는가?
- 카프카 스트림즈와 ksqlDB의 내장 JMX 메트릭들을 어떻게 접근해야 하는가?
- 카프카 스트림즈와 ksqlDB 애플리케이션을 어떻게 컨테이너화하고 배포하는가?
- 운영 시 직면할 수 있는 문제에는 어떤 것들이 있는가?

먼저 스트림 처리 애플리케이션의 테스트 방법부터 배워보자.

테스트

ksqlDB 쿼리 또는 카프카 스트림즈 애플리케이션 개발이 완료되더라도 코드 변경은 계속 발생할 것이다. 예를 들어 비즈니스 요구 사항 변경으로 코드 변경을 요청할 수 있고, 버그를 발견하거나 성능 문제가 발생해 고쳐야 할 수도 있고 소프트웨어의 버전을 변경하고 싶을 수도 있다.

그러나 애플리케이션에 변경이 일어날 때마다 정합성 문제나 애플리케이션 성능에 영향을 미치는 퇴행이 갑자기 발생하지 않도록 보장하려면 몇 가지 작업을 수행해야 한다. 이를 위한 가장 좋은 방법은 테스트 워크플로우를 잘 확립하는 것이다. 이 절에서는 스트림 처리 애플리케이션의 진화를 매끄럽게 되도록 도와주는 여러 테스트 전략에 대해 알아볼 것이다.

ksqlDB 쿼리 테스트

ksqlDB 쿼리 테스트는 매우 직관적이다. ksqlDB 개발자들은 다음과 같은 세 인자 값을 받는 `ksql-test-runner` 도구를 개발했다.

- 하나 이상의 테스트 SQL문을 포함하는 파일

- 소스 토픽으로 보낼 하나 이상의 입력 데이터를 지정하는 파일

- 싱크 토픽에서 기대하는 하나 이상의 출력 데이터를 지정하는 파일

이 테스트가 어떻게 동작하는지 예제를 실행해보면서 알아보자. 먼저 `users` 토픽에서 데이터를 읽는 SQL문을 생성하고 각 로우를 인사말로 변환할 것이다. 다음에는 테스트할 쿼리들을 보여주며 statements.sql이라는 파일에 저장할 것이다.

```
CREATE STREAM users (
  ROWKEY INT KEY,
  USERNAME VARCHAR
) WITH (kafka_topic='users', value_format='JSON');
```

```
CREATE STREAM greetings
WITH (KAFKA_TOPIC = 'greetings') AS
SELECT ROWKEY, 'Hello, ' + USERNAME AS "greeting"
FROM users
EMIT CHANGES;
```

ksqlDB 쿼리들을 생성하고 나면 테스트에 사용할 입력 데이터를 지정해야 한다. 이 예제에서는 users라는 단일 토픽만 가지고 있다. 따라서 input.json이라는 파일에 다음의 내용을 저장할 것이다. 이 파일의 내용은 테스트 실행 시 ksql-test-runner에게 두 개의 레코드를 users 토픽에 삽입하라고 지시한다.

```
{
  "inputs": [
    {
      "topic": "users",
      "timestamp": 0,
      "value": {
        "USERNAME": "Isabelle"
      },
      "key": 0
    },
    {
      "topic": "users",
      "timestamp": 0,
      "value": {
        "USERNAME": "Elyse"
      },
      "key": 0
    }
  ]
}
```

마지막으로, 테스트할 ksqlDB 쿼리들이 기대하는 출력 데이터를 지정해야 한다. 테스트 쿼리들이 greetings 토픽에 데이터를 쓰므로 output.json라는 파일에 다음의 내용들을 저장해 이 출력 토픽(테스트 쿼리들이 테스트 데이터를 처리한 후)에 어떤 데이터가 보여야 하는지 선언^{assertion}할 것이다.

```json
{
  "outputs": [
    {
      "topic": "greetings",
      "timestamp": 0,
      "value": {
        "greeting": "Hello, Isabelle"
      },
      "key": 0
    },
    {
      "topic": "greetings",
      "timestamp": 0,
      "value": {
        "greeting": "Hello, Elyse"
      },
      "key": 0
    }
  ]
}
```

이제, 다음과 같이 앞에서 생성한 세 개의 파일을 지정해 명령을 테스트를 실행할 수 있다.

```
docker run \
    -v "$(pwd)":/ksqldb/ \
    -w /ksqldb \
    -ti confluentinc/ksqldb-server:0.14.0 \
    ksql-test-runner -s statements.sql -i input.json -o output.json
```

이 책을 쓸 시점에 테스트 도구의 실행 결과는 매우 길었다. 그러나 결과 내용 어딘가에서 다음과 같은 텍스트가 보여야 한다.

```
>>> Test passed!
```

이후 쿼리 변경 시 실수가 발생하면 테스트는 실패할 것이다. 예를 들어 greeting 컬럼의 생성 방식을 변경해보자. 사용자에게 Hello라고 인사하는 대신, Good morning이라고 인사할 것이다.

```
CREATE STREAM greetings
WITH (KAFKA_TOPIC = 'greetings') AS
SELECT ROWKEY, 'Good morning, ' + USERNAME AS "greeting"
FROM users
EMIT CHANGES;
```

테스트를 다시 실행하면 실패할 것이다. 물론 이것은 output.json에 선언을 변경하지 않고 쿼리를 변경했으므로 예상했던 결과다.

```
>>>>> Test failed: Topic 'greetings', message 0:
   Expected <0, {"greeting":"Hello, Isabelle"}> with timestamp=0
   but was <0, {greeting=Good morning, Isabelle}> with timestamp=0
```

비록 위 예제는 평범하지만 전체적인 개념을 아는 것이 중요하다. 이렇게 ksqlDB 쿼리를 테스트하면 갑작스러운 애플리케이션의 퇴행을 막을 수 있으므로 코드 변경을 상용에 반영하기 전에 꼭 수행할 것을 권장한다.

커스텀 ksqlDB 함수를 사용한다면(즉 UDF, UDAF 그리고 UDTF), 함수의 자바 코드를 단위 테스트하고 싶을 것이다. 함수의 단위 테스트 절차는 이후에 볼 예제 12-1의 단위 테스트 전략과 매우 유사하다. 그러나 좀 더 많은 정보를 알고 싶다면 컨플루언트 블로그에 있는 나의 글 'ksqlDB UDFs and UDAFs Made Easy(https://oreil.ly/PUmD7)'를 참고하기 바란다.

이제 카프카 스트림즈 애플리케이션의 테스트를 어떻게 하는지 알아보자. 이 테스트는 다소 복잡하다(그러나 다른 것에 비하면 상대적으로 단순하다).

카프카 스트림즈 테스트

카프카 스트림즈 애플리케이션을 테스트할 때, 테스트를 위해 자동화된 테스트 프레임워크가 필요할 것이다. 어떤 프레임워크를 사용하는 가는 전적으로 독자 여러분의 몫이다. 그러나 이 절의 예제에서는 테스트 실행에 JUnit을 사용하고 선언의 가독성을 향상시키기 위해 AssertJ를 사용한다.

테스트 프레임워크 외에 카프카 프로젝트의 일부분으로 유지 관리하고 배포되는 kafka-streamstest-utils 라이브러리를 사용하고 싶을 것이다. 이 라이브러리는 다음과 같은 것들을 포함하고 있다.

- 카프카 스트림즈 토폴로지 실행에 필요한 시뮬레이션 실행 환경

- 테스트 카프카 토픽에서 데이터를 읽고 쓸 때 사용할 헬퍼 메소드들

- Processor와 Transformer를 단위 테스트할 때 사용할 수 있는 목[mock] 객체들

다른 카프카 스트림즈 프로젝트와 마찬가지로, 서드-파티 패키지를 사용하려면 프로젝트의 빌드 파일(build.gradle)에 의존성 라이브러리들을 단순 추가기만 하면 된다. 따라서 앞에서 언급한 라이브러리들을 테스트 카프카 스트림즈 프로젝트에 포함하려면, 다음과 같이 빌드 파일을 변경해야 한다.

```
dependencies {
  testImplementation "org.apache.kafka:kafka-streams-test-utils:${kafkaVersion}"
  testImplementation 'org.assertj:assertj-core:3.15.0'
  testImplementation 'org.junit.jupiter:junit-jupiter:5.6.2'
}

test {
  useJUnitPlatform()
}
```

테스트 의존성 라이브러리들을 프로젝트에 포함했으면, 테스트를 작성할 준비가 완료된 것이다. 카프카 스트림즈 애플리케이션을 테스트할 방법은 여러 가지가 있기 때문에, 이 절을 더 작은 절들로 나누고, 각 절에서는 각각 다른 테스트 전략에 집중해 설명할 것이다. 특별히 지정하지 않는 한 테스트 코드는 프로젝트의 src/test/java[1] 디렉터리에 있으며 다음 명령으로 테스트를 실행할 수 있다.

```
./gradlew test -info
```

---

1   예를 들어 토폴로지 테스트는 src/test/java/com/magicalpipelines/GreeterTopologyTest.java 파일에 정의돼 있다.

단위 테스트

단위 테스트는 코드의 부분부분을 테스트한다. 카프카 스트림즈 토폴로지를 구축할 때, 가장 일반적으로 테스트하는 단위는 토폴로지를 구성하는 각 프로세서다. 프로세서는 DSL을 사용하거나 Processor API를 사용하느냐에 따라 정의하는 방식이 다르기 때문에 테스트도 어떤 API를 사용하느냐에 따라 다르다. 먼저, DSL의 스트림 프로세서 단위 테스트를 살펴보자.

DSL. DSL을 사용할 때 일반적인 관행은 내장 카프카 스트림즈 연산자에 람다를 넘기는 것이다. 예를 들어 다음의 토폴로지 정의에서, selectKey 연산자의 로직은 람다 함수를 이용해 인라인으로 정의했다.

```
public class MyTopology {

  public Topology build() {
    StreamsBuilder builder = new StreamsBuilder();
    builder
        .stream("events", Consumed.with(Serdes.String(), Serdes.ByteArray()))
        .selectKey(
            (key, value) -> { ❶
              // … ❷
              return newKey;
            })
        .to("events-repartitioned");

    return builder.build();
  }
}
```

❶ selectKey 로직은 람다 안에서 정의했다.

❷ 지면 관계상 로직은 생략했다.

람다 안쪽의 코드가 간결하고 직관적이면, 이 코드는 잘 동작한다. 그러나 더 크고 복잡한 코드의 로직을 전용 메소드로 분리해 애플리케이션의 테스트 가능성을 향상시킬 수 있다. 예를 들어 selectKey 연산에 정의하고자 하는 로직이 여러 줄로 돼 있고, 토폴로지로부터 고립된 상태에서 이 로직을 테스트하고자 한다고 가정하자. 이럴 경우 다음 코드처럼 람다를 메소드 참조로 바꿀 수 있다.

```
public class MyTopology {
  public Topology build() {
    StreamsBuilder builder = new StreamsBuilder();
    builder
        .stream("events", Consumed.with(Serdes.String(), Serdes.ByteArray()))
        .selectKey(MyTopology::decodeKey) ❶
        .to("events-repartitioned");

    return builder.build();
  }

  public static String decodeKey(String key, byte[] payload) {
    // ... ❷
   return newKey;
  }
}
```

❶ 람다를 메소드 참조로 교체했다.

❷ 람다에서 초기에 정의했던 로직을 전용 메소드로 옮겼다. 이런 변경은 코드의 테스트 가능성을 향상시킨다. 마찬가지로, 지면 관계상 실제 로직은 생략했다.

로직을 전용 메소드로 옮긴 후, 테스트가 훨씬 쉬워졌다. 사실, 이 메소드는 예제 12-1과 같이 테스트 프레임워크만으로 단위 테스트가 가능하므로, 이 코드를 테스트할 때 kafka-streams-test-utils 패키지는 필요하지 않다.

예제 12-1 selectKey 토폴로지 단계를 테스트하는 단순 단위 테스트로 MyTopology.decodeKey라는 전용 메소드에 의존한다.

```
class MyTopologyTest {
  @Test
  public void testDecodeId() {
    String key = "1XRZTUW3";
```

```
        byte[] value = new byte[] {};
        String actualValue = MyTopology.decodeKey(key, value); ❶
        String expectedValue = "decoded-1XRZTUW3"; ❷
        assertThat(actualValue).isEqualTo(expectedValue); ❸
    }
}
```

❶ 위 테스트는 selectKey 프로세서에서 사용할 동일 메소드를 호출할 것이다. 테스트에서는 하드 코드된 키와 값을 넘긴다. 여러 키-값 쌍으로 이 메소드를 여러 번 반복 실행하고 싶다면, JUnit의 파라미터화된 테스트^{parameterized tests}(https://oreil.ly/0FYD9) 기능을 사용할 수도 있다.

❷ 메소드가 출력해야 할 기대 결과를 정의한다.

❸ MyTopology.decodeKey 메소드가 반환한 실제 값이 기대한 값과 일치하는지 확인하는 선언에 AssertJ을 사용한다.

이런 방법으로 처리 로직을 테스트함으로써, 코드의 동일성을 유지하고 퇴행을 방지할 수 있는 상세하고 좁은 범위의 테스트 케이스를 만들 수 있다. 또한 카프카 스트림즈 애플리케이션은 프로세서 외의 다른 것들과 결합할 때가 많다. 다양한 헬퍼 메소드들, 유틸리티 클래스들, 또는 커스텀 Serdes 구현은 토폴로지와 결합해 동작한다. 여기서 설명하는 방식으로 이 코드들을 단위 테스트하는 것도 중요하다.

DSL을 사용하는 애플리케이션에서는 이런 형태의 테스트가 매우 잘 동작한다. 그러나 Processor API를 사용 중이라면, 테스트를 어떻게 구성하고 실행할지에 대한 추가적인 고민이 필요하다. 이에 대해서는 다음 절에서 설명할 것이다.

Processor API.   Processor API를 사용하면 스트림 프로세서 로직을 정의할 때 람다나 메소드 참조를 사용하지 않는다. 대신 Processor 또는 Transformer 인터페이스를 구현한 클래스를 사용한다. 따라서 카프카 스트림즈가 하위-수준 스트림 프로세서로 넘기는 ProcessorContext를 흉내 내는 목^{mock}이 필요하므로 Processor API 테스트 전략은 DSL, 테스트 전략과 약간 다르다.

스트림 프로세서를 가리킬 때 Processor 인터페이스를 가리키지 않는다. 프로세서라는 용어는 입력 스트림 데이터의 처리/변환 로직을 적용하는 책임을 가지고 있는 코드를 가리키는 좀 더 넓은 범위의 의미로 사용한다. Processor API를 사용할 때, 스트림 프로세서는 Processor 또는 Transformer 인터페이스일 수 있다. 만약 이 인터페이스 간의 차이점에 대해 다시 알고 싶으면 319페이지 '프로세서와 트랜스포머'를 참고하기 바란다.

하위-수준의 스트림 프로세서 테스트를 어떻게 하는지 보여주기 위해 각 고유 키별로 몇 개의 레코드를 처리했는지 추적하는 상태가 있는 Transformer를 구현해보자. 테스트할 Transformer 구현은 다음 코드와 같다.

```java
public class CountTransformer
  implements ValueTransformerWithKey<String, String, Long> {

  private KeyValueStore<String, Long> store; ❶

  @Override
  public void init(ProcessorContext context) {
    this.store =
      (KeyValueStore<String, Long>) context.getStateStore("my-store"); ❷
  }

  @Override
  public Long transform(String key, String value) { ❸
    // 툼스톤 처리
    if (value == null) {
      store.delete(key);
      return null;
    }

    // 이 키의 이전 카운트를 가져오거나
    // 만약 이 키에 대해서 첫 번째 처리라면 0을 설정
    Long previousCount = store.get(key);
    if (previousCount == null) {
      previousCount = 0L;
    }

    // 새 카운트 계산
    Long newCount = previousCount + 1;
```

```
    store.put(key, newCount);
    return newCount;
  }

  @Override
  public void close() {}
}
```

❶ Processor와 Transformer 구현은 `ProcessorContext`를 받는 초기화 함수를 가지고 있다. 상태 저장소를 가져오거나 주기적인 함수 스케줄링 같은 여러 작업에 이 컨텍스트를 사용한다.

❷ 이 Transformer는 고유 키마다 카운트를 기억해야 하므로 상태가 있다. 따라서 상태 저장소에 참조를 저장해야 한다.

❸ `transform` 메소드는 이 스트림 프로세서의 로직을 포함하고 있다. 이 코드의 주석은 구현 상세 내용을 설명한다.

Transformer가 준비됐으니 단위 테스트 작성을 시작할 수 있다. 이전 절에서 구현했던 단순 메소드-수준 테스트와 달리, 이 테스트는 `kafka-streams-test-utils` 패키지에 있는 몇몇 헬퍼들을 사용해야 한다. 무엇보다도 이 패키지는 `MockProcessorContext` 객체를 생성할 수 있게 해준다. 이 객체는 실제로 토폴로지를 실행하지 않고도 상태를 접근하거나 스케줄링이 가능하게 해준다.

일반적으로 단위 테스트가 실행되기 전에 호출되는 setup 함수에서 `MockProcessorContext`를 생성한다. 만약 프로세서가 상태가 있다면, 상태 저장소도 초기화하고 등록해야 한다. 또한 토폴로지가 영구적인 상태 저장소를 사용하는 경우라면, 단위 테스트에서는 인-메모리 저장소를 사용할 것을 추천한다. 다음 예제 코드는 `MockProcessorContext`를 생성하고 상태 저장소를 등록하는 방법을 보여준다.

```
public class CountTransformerTest {
  MockProcessorContext processorContext; ❶
```

```
    @BeforeEach ❷
    public void setup() {
      Properties props = new Properties(); ❸
      props.put(StreamsConfig.APPLICATION_ID_CONFIG, "test");
      props.put(StreamsConfig.BOOTSTRAP_SERVERS_CONFIG, "dummy:1234");
      processorContext = new MockProcessorContext(props); ❹

      KeyValueStore<String, Long> store = ❺
          Stores.keyValueStoreBuilder(
                  Stores.inMemoryKeyValueStore("my-store"),
                  Serdes.String(), Serdes.Long())
              .withLoggingDisabled()
              .build();

      store.init(processorContext, store); ❻
      processorContext.register(store, null);
    }
  }
```

❶ MockProcessorContext 객체를 인스턴스 변수로 저장해 테스트에서 나중에 사용할
  것이다.

❷ setup 메소드에는 JUnit의 BeforeEach 어노테이션이 있어서 각 테스트 전에 실행
  될 것이다.

❸ MockProcessorContext를 생성하려면, 카프카 스트림즈 속성 일부를 제공해야 한다.
  여기서는 두 필수 속성만 제공했다.

❹ MockProcessorContext 인스턴스 생성

❺ 이 Transformer는 상태가 있으므로, 이후 사용할 인-메모리 상태 저장소를 생성
  한다.

❻ 상태 저장소를 생성하고 등록하면 테스트에서 사용 가능하다.

MockProcessorContext가 생성되면, 이 객체로 Processor 또는 Transformer 클래스
를 생성, 초기화해 단위 테스트를 수행할 수 있다. 다음 코드에서, 이런 방식으로 Count

Transformer를 테스트하는 것을 보여준다. 이 테스트에는 기본적인 카운트 동작과 툼스톤 처리 동작이 포함돼 있다.

```java
public class CountTransformerTest {
  MockProcessorContext processorContext;

  @BeforeEach
  public void setup() {
    // 이전 절 참조
  }

  @Test ❶
  public void testTransformer() {
      String key = "123";
      String value = "some value";
      CountTransformer transformer = new CountTransformer(); ❷
      transformer.init(processorContext); ❸

      assertThat(transformer.transform(key, value)).isEqualTo(1L); ❹
      assertThat(transformer.transform(key, value)).isEqualTo(2L);
      assertThat(transformer.transform(key, value)).isEqualTo(3L);
    assertThat(transformer.transform(key, null)).isNull(); ❺
      assertThat(transformer.transform(key, value)).isEqualTo(1L);
  }
}
```

❶ JUnit의 Test 어노테이션은 이 메소드가 테스트를 실행한다는 것을 표시한다.

❷ CountTransformer를 생성한다.

❸ setup 메소드에서 생성한 MockProcessorContext로 CountTransformer 인스턴스를 초기화한다.

❹ CountTransformer의 동작을 테스트한다. CountTransformer는 각 키의 데이터 개수를 카운트하므로, 카운트가 기대하는 것처럼 증가하는지 확인하기 위해 여러 테스트를 수행한다.

❺ CountTransformer는 툼스톤(키와 null값을 가진 레코드) 처리 로직도 포함하고 있다. 카프카 스트림즈에서 툼스톤은 상태 저장소에서 해당 키의 데이터를 삭제하라는 신호로 사용된다. 이 줄과 그다음 줄은 툼스톤이 정확히 처리됐는지 확인한다.

MockProcessorContext를 사용하면 추가적인 테스트도 가능하다. 예를 들어 하위 스트림 프로세서로 레코드를 내보내기 위해 구두점 함수에 의존하는 프로세서를 테스트할 수도 있다. 하위-수준 프로세서의 다른 단위 테스트 예제들을 보려면 공식 문서(https://oreil.ly/3YAbM)를 확인하길 바란다.

행동 테스트

단위 테스트도 도움이 되지만, 카프카 스트림즈 토폴로지는 보통 함께 동작하는 여러 프로세서들로 구성돼 있다. 그럼, 전체 토폴로지의 행동을 테스트하려면 어떻게 해야 할까? 다시 말하지만 답은 kafka-streams-test-utils가 제공한다. 우리는 이 라이브러리에 있는 시뮬레이션 실행 환경을 이용할 것이다.

예제 테스트에서 사용할 아주 간단한 토폴로지를 생성하자.

다음 코드는 간단한 카프카 스트림 토폴로지로 users라는 토픽에서 사용자 이름을 읽고 greettings라는 토픽으로 인사말을 내보낸다. 그러나 한 가지 예외가 있는데, 만약 사용자 이름이 Randy이면 인사말을 생성하지 않는다. 이 필터 조건은 다소 흥미로운 테스트 시나리오를 만들어준다(그러나 Randy라는 이름을 가진 사람들을 불쾌하게 만들 의도는 아니다).

```
class GreeterTopology {

  public static String generateGreeting(String user) {
    return String.format("Hello %s", user);
  }

  public static Topology build() {
    StreamsBuilder builder = new StreamsBuilder();
```

```
builder
    .stream("users", Consumed.with(Serdes.Void(), Serdes.String()))
    .filterNot((key, value) -> value.toLowerCase().equals("randy"))
    .mapValues(GreeterTopology::generateGreeting)
    .to("greetings", Produced.with(Serdes.Void(), Serdes.String()));

    return builder.build();
  }
}
```

다음으로, 카프카 스트림즈 라이브러리에 포함돼 있는 TopologyTestDriver라는 테스트 드라이버를 사용하는 단위 테스트를 작성하자. 이 테스트 드라이버는 데이터를 카프카 스트림즈 토폴로지로 흘려보내고(이 경우, 방금 정의한 GreeterTopology), 출력 토픽에 추가된 결과 데이터를 분석할 수 있게 해준다. 다음과 같이 테스트 드라이버 인스턴스를 생성, 제거하는 setup과 teardown 메소드를 정의해 시작할 것이다.

```
class GreeterTopologyTest {
  private TopologyTestDriver testDriver;
  private TestInputTopic<Void, String> inputTopic;
  private TestOutputTopic<Void, String> outputTopic;

  @BeforeEach
  void setup() {
    Topology topology = GreeterTopology.build(); ❶

    Properties props = new Properties(); ❷
    props.put(StreamsConfig.APPLICATION_ID_CONFIG, "test");
    props.put(StreamsConfig.BOOTSTRAP_SERVERS_CONFIG, "dummy:1234"); ❸

    testDriver = new TopologyTestDriver(topology, props); ❹

    inputTopic =
        testDriver.createInputTopic( ❺
            "users",
            Serdes.Void().serializer(),
            Serdes.String().serializer());
```

```
    outputTopic =
        testDriver.createOutputTopic( ❻
          "greetings",
          Serdes.Void().deserializer(),
          Serdes.String().deserializer());
    }

    @AfterEach
    void teardown() {
      testDriver.close(); ❼
    }
  }
```

❶ 카프카 스트림즈 토폴로지 구축

❷ 두 필수 설정 파라미터를 제공해 카프카 스트림즈 설정

❸ 시뮬레이션 실행 환경에서 토폴로지가 실행되므로, 부트스트랩 서버 주소는 무엇이 되든 상관없다.

❹ TopologyTestDriver를 생성한다. 테스트 드라이버는 여러 헬퍼 메소드들을 포함하고 있어 쉽게 토폴로지를 테스트하게 해준다.

❺ 테스트 드라이버는 입력 토픽을 생성하는 헬퍼 메소드를 포함하고 있다. 여기서는 users 토픽을 생성한다.

❻ 테스트 드라이버는 출력 토픽을 생성하는 헬퍼 메소드도 포함하고 있다. 여기서는 greetings 토픽을 생성한다.

❼ TopologyTestDriver.close() 메소드를 호출해 각 테스트 후 사용한 자원들을 정리하도록 한다.

각 테스트 케이스마다 TopologyTestDriver 인스턴스 생성하므로, 이제 토폴로지 테스트들을 작성할 수 있다. 테스트는 입력 토픽으로 메시지를 흘려보내고 기대하는 레코드가 출력 토픽에 있는지 확인한다. 다음은 이 전략의 예제를 보여준다.

```
class GreeterTopologyTest {
  // …

  @Test
  void testUsersGreeted() {
    String value = "Izzy"; ❶

    inputTopic.pipeInput(value); ❷

    assertThat(outputTopic.isEmpty()).isFalse(); ❸

    List<TestRecord<Void, String>> outRecords =
    outputTopic.readRecordsToList(); ❹
    assertThat(outRecords).hasSize(1); ❺

    String greeting = outRecords.get(0).getValue(); ❻
    assertThat(greeting).isEqualTo("Hello Izzy");
  }
}
```

❶ 입력 토픽으로 흘려보낼 레코드를 생성할 것이다.

❷ 테스트 레코드를 입력 토픽으로 흘려보낸다. 키와 값을 받는 pipeInput 메소드의 오버로드된 버전도 있다.

❸ isEmpty() 메소드를 사용해 출력 토픽이 최소 하나의 레코드를 포함하는지 선언 한다.

❹ 출력 토픽의 레코드를 읽는 방법에는 여러 가지가 있다. 여기서는 readRecordsTo List() 메소드를 사용해 출력 레코드를 모두 리스트에 넣었다. readValue(), read KeyValue(), readRecord() 그리고 readKeyValuesToMap()과 같은 다른 메소드들도 확인해보길 바란다.

❺ 오직 하나의 출력 레코드만 있는지 선언한다(flatMap 연산자를 사용하는 토폴로지는 1:N 비율의 입력과 출력 레코드를 가지고 있을 것이다).

❻ 출력 레코드의 값을 읽는다. getKey(), getRecordTime() 그리고 getHeaders()처럼 좀 더 많은 레코드 데이터에 접근할 수 있는 메소드들이 추가로 있다.

TestOutputTopic.readRecordsToList() 메소드는 모든 출력 이벤트를 포함하므로 스트림즈를 테스트할 때 유용하다. 반면, TestOutputTopic.readKeyValuesToMap() 메소드는 스트림즈와 반대로 각 키의 최신 값만을 포함하므로 테이블을 테스트할 때 유용하다. 사실, 105페이지 '스트림/테이블 이중성'에서 스트림과 리스트(둘 다 삽입 시맨틱을 사용한다) 그리고 테이블과 맵(둘 다 업데이트 시맨틱을 사용한다)의 관계가 밀접하다는 것에 대해 알아봤었다. TestOutputTopic의 메소드들도 이런 관계를 반영해 설계했다.

벤치마킹

ksqlDB가 여러분을 대신해 카프카 스트림즈 토폴로지를 구축해주는 반면, 카프카 스트림즈 DSL이나 Processor API를 사용하면 성능 저하를 일으키는 요소들이 직접 추가될 수 있다. 예를 들어 계산이 느린 단계를 갑자기 추가하거나 토폴로지의 효율을 떨어뜨리도록 재작업했을 때, 상용 환경에 변경 사항을 올리기 전에 성능 저하를 감지할 수 있다면 문제를 해결하는 데 드는 수고를 줄여줄 것이다.

성능 저하를 방지하려면 카프카 스트림즈 애플리케이션에 변경이 발생할 때마다 애플리케이션 코드를 벤치마킹해야 한다. 다행히 이런 목적으로 사용하는 JMH처럼 벤치마킹 프레임워크를 포함하는 kafkastreams-test-utils 패키지가 제공하는 시뮬레이션 실행 환경을 결합할 수 있다.

먼저 해야 할 것은 me.champeau.gradle.jmh 플러그인을 build.gradle 파일에 추가하고 이 플러그인이 생성하는 jmh 태스크를 설정하는 것이다. 다음 예제 코드는 이 두 가지를 어떻게 하는지 보여준다.

```
plugins {
  id 'me.champeau.gradle.jmh' version '0.5.2'
}
```

```
jmh {  ❶
  iterations = 4
  benchmarkMode = ['thrpt']
  threads = 1
  fork = 1
  timeOnIteration = '3s'
  resultFormat = 'TEXT'
  profilers = []

  warmupIterations = 3
  warmup = '1s'
}
```

❶ jmh 플러그인은 여러 설정 파라미터를 지원한다. 이 파라미터들에 대한 전체 목록
과 설명을 보려면 플러그인의 문서(https://oreil.ly/vBYCb)를 참고하기 바란다.

이제 벤치마크를 실행할 클래스를 생성하자. 지금까지 개발했던 다른 카프카 스트림즈
테스트 코드와 다르게, 벤치마킹 코드는 src/jmh/java 디렉터리에 있어야 한다. 여기서
생성할 벤치마킹 클래스는 다음과 같다.

```
public class TopologyBench {
  @State(org.openjdk.jmh.annotations.Scope.Thread)
  public static class MyState {
    public TestInputTopic<Void, String> inputTopic;

    @Setup(Level.Trial)  ❶
    public void setupState() {
      Properties props = new Properties();
      props.put(StreamsConfig.APPLICATION_ID_CONFIG, "test");
      props.put(StreamsConfig.BOOTSTRAP_SERVERS_CONFIG, "dummy:1234");
      props.put(StreamsConfig.CACHE_MAX_BYTES_BUFFERING_CONFIG, 0);

      // 토폴로지 구축
      Topology topology = GreeterTopology.build();

      // 테스트 드라이버 생성. 데이터를 토폴로지로 흘러보낼 때 이 드라이버를 사용할 것이다.
      TopologyTestDriver testDriver = new TopologyTestDriver(topology, props);
```

```
        testDriver = new TopologyTestDriver(topology, props);

        // 입력 토픽 생성
        inputTopic =
            testDriver.createInputTopic(
                "users", Serdes.Void().serializer(), Serdes.String().serializer());
    }
}

@Benchmark ❷
@BenchmarkMode(Mode.Throughput) ❸
@OutputTimeUnit(TimeUnit.SECONDS)
public void benchmarkTopology(MyState state) {
    state.inputTopic.pipeInput("Izzy"); ❹
}
}
```

❶ Setup 어노테이션은 이 메소드가 벤치마크 전에 실행돼야 한다고 알릴 때 사용한다. 여기서는 `TopologyTestDriver` 인스턴스를 설정하고 입력 토픽을 생성할 때 이 메소드를 사용한다. `Level.Trial` 인자는 JMH에게 이 메소드는 각 벤치마크 실행 전에 실행돼야 한다고 알려준다(주의: 매 반복마다 설정setup 메소드가 실행되는 것을 의미하지는 않는다).

❷ Benchmark 어노테이션은 JMH에게 이것이 벤치마크 메소드라는 것을 알려준다.

❸ 여기서는 벤치마크 모드를 `Mode.Throughput`로 설정했다. 이 모드는 벤치마크 메소드가 실행될 수 있는 초당 횟수를 측정할 것이다.

❹ 테스트 레코드를 입력 토픽으로 흘려보낸다.

벤치마킹 코드를 생성했고, 이제 다음 명령으로 그레이들로 벤치마크를 실행할 수 있다.

```
$ ./gradlew jmh
```

위 명령을 실행하면 다음과 유사한 출력을 볼 수 있을 것이다.

```
Benchmark                           Mode Cnt    Score      Error Units
TopologyBench.benchmarkTopology thrpt   4 264794.572 ± 39462.097 ops/s
```

위 결과가 애플리케이션이 초당 264k 메시지를 처리할 수 있다는 것을 의미하는 것일까? 확실하지 않다. 기억해야 할 것은 이전 절의 토폴로지 테스트들처럼 벤치마크도 시뮬레이션 실행 환경에서 실행된다는 것이다. 또한 상용 환경의 애플리케이션처럼 외부의 카프카 클러스터로 네트워크 호출도 하지 않고 있고 벤치마크는 보통 상용 환경과 다른 장비에서 실행된다(예: 지속적 통합 서버). 따라서 이 숫자는 토폴로지의 성능 기준을 세우고 향후 실시할 벤치마크 결과와 비교할 때만 사용해야 한다.

카프카 클러스터 벤치마킹

카프카 스트림즈로 작업하던 ksqlDB로 작업하던 간에, 카프카 클러스터 수준에서 성능 테스트도 하고 싶을 수 있다. 카프카는 이를 도와줄 수 있는 몇몇 콘솔 스크립트를 포함하고 있다. 이 스크립트들은 읽기/쓰기 처리율 측정, 카프카 클러스터에서 부하와 스트레스 테스트를 실행 그리고 어떤 클라이언트 설정(배치 크기, 버퍼 메모리, 프로듀서 수신 확인, 컨슈머 스레드 개수)과 입력 특징(레코드 크기, 메시지 볼륨)이 클러스터의 성능에 영향을 주는지 결정하는 데 도움을 준다.

토픽의 데이터 생성 성능을 분석하고자 한다면 kafka-producer-perf-test 명령을 사용할 수 있다. 많은 옵션들이 있으며 다음 예제는 그중 몇 가지를 보여준다.

```
kafka-producer-perf-test \
  --topic users \
  --num-records 1000000 \
  --record-size 100 \
  --throughput -1 \
  --producer-props acks=1 \
  bootstrap.servers=kafka:9092 \
  buffer.memory=67108864 \
  batch.size=8196
```

이 명령은 페이로드 파일을 지정할 수도 있다. 지정한 토픽으로 지정한 파일의 레코드들을 생성할 것이다. 다음 코드는 input.json 파일에 세 개의 테스트 레코드를 추가한다.

```
cat <<EOF >./input.json
{"username": "Mitch", "user_id": 1}
{"username": "Isabelle", "user_id": 2}
{"username": "Elyse", "user_id": 3}
EOF
```

이제 하드 코드된 레코드들을 사용해 성능 테스트를 실행할 수 있도록 --record-size 플래그를 --payload-file input.json으로 교체할 수 있다.

```
kafka-producer-perf-test \
  --topic users \
  --num-records 1000000 \
  --payload-file input.json \
  --throughput -1 \
  --producer-props acks=1 \
  bootstrap.servers=kafka:9092 \
  buffer.memory=67108864 \
  batch.size=8196
```

다음은 위 예제의 성능 보고서다.

```
1000000 records sent, 22166.559528 records/sec (0.76 MB/sec),
58.45 ms avg latency, 465.00 ms max latency,
65 ms 50th, 165 ms 95th, 285 ms 99th, 380 ms 99.9th.
```

컨슈머 성능 테스트를 실행할 수 있는 콘솔 스크립트도 있다. 다음은 이를 실행하는 예제를 보여준다.

```
kafka-consumer-perf-test \
  --bootstrap-server kafka:9092 \
  --messages 100000 \
  --topic users \
  --threads 1
```

```
# example output (modified to fit)
start.time                    end.time                    data.consumed.in.MB
2020-09-17 01:23:41:932    2020-09-17 01:23:42:817    9.5747

MB.sec    data.consumed.in.nMsg    nMsg.sec
10.8189    100398
```

테스트 자동화

애플리케이션 코드에 변경이 발생할 때마다 테스트를 실행할 수 있도록 자동화된 워크플로우를 구축하는 것을 고려해야 한다. 예를 들어 다음과 같이 워크플로우를 만들 수 있다.

- 모든 코드 변경은 사용 중인 버전 관리 시스템(예: 깃허브, 빗버킷)의 별도 브랜치로 푸시push해야 한다.

- 개발자는 코드 변경을 병합하고자 할 때, 풀 요청pull request을 열어야 한다.

- 풀 요청이 열리면 젠킨스Jenkins, 트래비스Travis, 깃허브 액션즈Github Actions 등의 시스템을 사용해 테스트를 자동 실행한다.

- 하나 이상의 테스트가 실패하면 병합을 막아야 한다. 그렇지 않고 모두 성공하면 코드를 리뷰할 준비가 된다.

많은 독자들에게 이와 같은 워크플로우는 이미 익숙할 수 있다. 그러나 자동화된 테스트는 코드 퇴행을 막는 데 있어 중요한 역할을 하므로, 여기서 제시하는 테스트 방식과 워크플로우를 검토해볼 가치가 있다.

지금까지 ksqlDB와 카프카 스트림즈를 어떻게 테스트하는지 배웠다. 이제 소프트웨어를 상용에 올릴 때 다음으로 중요한 사전 요구 사항인 모니터링에 대해 알아보자.

모니터링

모니터링은 광범위한 주제로 보통 많은 종류의 기술이 관련돼 있다. 따라서 이 절은 모든 방식을 자세히 다루지는 않을 것이나, 모니터링 대상마다 필요한 점검 목록과 사용 가능한 몇몇 기술들을 예제로 제공할 것이다.

그러나 카프카 스트림즈와 ksqlDB 모니터링에서 기술적으로 상세하게 알아봐야 할 것이 있다. 두 기술 모두 내장 JMX 메트릭스들[2]을 포함하고 있고, 이 메트릭들을 추출하면 애플리케이션과 쿼리의 관찰 가능성을 크게 향상시킬 수 있다. 메트릭 추출에 대한 기술적 상세 내용은 나중에 다룰 것이다. 먼저 모니터링 점검 목록부터 살펴보자.

모니터링 점검 목록

다음 표는 상용 카프카 스트림즈와 ksqlDB 애플리케이션에 필요한 몇 가지 모니터링 전략들을 보여준다.

모니터링 전략	모니터링 대상	기술 예시
클러스터 모니터링	• 복제 중인(under-replicated) 파티션들 • 컨슈머 랙 • 오프셋 변화 • 토픽 처리량	카프카 익스포터(kafka_exporter)[a]
로그 모니터링	• 총 로그 발생 속도 • 에러 로그 발생 속도	ELK, 일래스트얼럿(ElastAlert), 클라우드 로깅(Cloud Logging)
메트릭 모니터링	• 메시지 소비 속도 • 메시지 생산 속도 • 처리 지연 • 폴(poll) 시간	프로메테우스(Prometheus)
커스텀 메트릭[b]	• 비즈니스 메트릭들	오픈센서스(OpenCensus)

---

2   JMX는 Java Management Extensions의 약자로 자원을 모니터링하고 관리할 때 사용한다. 카프카 스트림즈 라이브러리는 여러 JMX 메트릭을 등록하고 갱신해 애플리케이션의 실행 상태에 대한 통찰력을 제공한다. ksqlDB는 카프카 스트림즈 위에서 만들어졌으므로, 이 JMX 메트릭들을 기본적으로 가지고 있다.

모니터링 전략	모니터링 대상	기술 예시
프로파일링	• 데드락 • 핫 스팟	유어킷(YourKit)
시각화	• 위 내용 모두	그라파나(Grafana)
알림	• SLO(서비스 수준 목표, service-level-objective)	얼럿매니저(Alertmanager)

a. https://github.com/danielqsj/kafka_exporter 참조
b. 주로 카프카 스트림즈에 사용

JMX 메트릭 추출

카프카 스트림즈와 ksqlDB 모두 자바 관리 확장JMX, Java Management Extensions으로 메트릭들을 노출한다. 카프카 스트림즈 애플리케이션이나 ksqlDB 서버를 실행할 때, JConsole 도구를 통해 이 메트릭들을 접근할 수 있으며 대부분의 튜토리얼에서도 이 도구로 설명한다. 카프카 스트림즈와 ksqlDB와 동일한 장비에서 별도의 인자 없이 jconsole 명령을 실행하면 JMX 메트릭을 살펴볼 수 있다.

예를 들어 다음 코드는 원격 JMX 모니터링(https://oreil.ly/JK4pg)을 활성화하기 위해 필요한 여러 시스템 속성들을 설정하고, JMX를 활성화해 ksqlDB를 실행하는 방법을 보여준다.

```
docker-compose up ❶

MY_IP=$(ipconfig getifaddr en0); ❷

docker run \ ❸
    --net=chapter-12_default \ ❹
    -p 1099:1099 \
    -v "$(pwd)/ksqldb":/ksqldb \
    -e KSQL_JMX_OPTS="\ ❺
        -Dcom.sun.management.jmxremote \
        -Djava.rmi.server.hostname=$MY_IP \
        -Dcom.sun.management.jmxremote.port=1099 \
```

```
        -Dcom.sun.management.jmxremote.rmi.port=1099 \
        -Dcom.sun.management.jmxremote.authenticate=false \
        -Dcom.sun.management.jmxremote.ssl=false" \
    -ti confluentinc/ksqldb-server:0.14.0 \
    ksql-server-start /ksqldb/config/server.properties ❻
```

❶ 소스 코드에 카프카 클러스터를 설치하는 도커 컴포즈가 포함돼 있다. 다음에서 실행할 ksqlDB 서버 인스턴스는 이 카프카 클러스터와 통신한다.

❷ IP를 환경변수로 저장한다. 아래의 JMX 속성에서 이 변수를 참조하게 되며, 이 IP를 통해 JMX 메트릭들을 노출할 것이다.

❸ JMX를 활성화해 ksqlDB 서버 인스턴스를 실행한다.

❹ 도커 컴포즈 외부에서 ksqlDB 서버를 실행하므로, --net 플래그로 도커 네트워크를 연결할 수 있다.

❺ JMX 메트릭을 접근할 때 필요한 시스템 속성들을 설정한다.

❻ ksqlDB 서버 인스턴스를 시작한다.

다음 명령으로 JConsole을 열 수 있다.

```
jconsole $MY_IP:1099
```

MBeans 탭을 클릭하면, 카프카 스트림즈 또는 ksqlDB 애플리케이션이 노출한 모든 메트릭을 볼 수 있을 것이다. 예를 들어 그림 12-1은 ksqlDB 서버의 메트릭 목록을 보여준다. ksqlDB는 카프카 스트림즈를 기반으로 만들었고, 카프카 스트림즈는 하위-수준의 카프카 컨슈머와 카프카 프로듀서 클라이언트를 기반으로 만들었으므로 내부적으로 사용하는 각 라이브러리들이 노출하는 메트릭들을 모두 볼 수 있을 것이다.

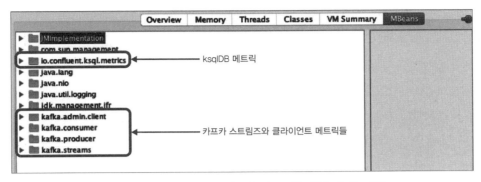

그림 12-1 JConsole에서 볼 수 있는 카프카 스트림즈 관련 메트릭 그룹들

그림 12-2처럼 그룹을 드릴 다운해 각 그룹의 메타데이터와 각 메트릭의 값을 볼 수 있다.

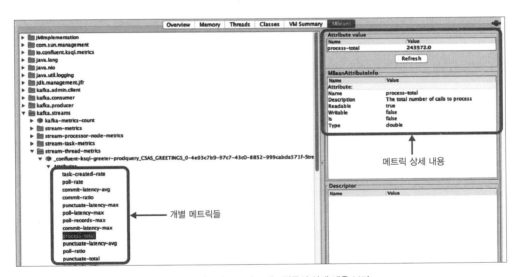

그림 12-2 카프카 스트림즈 메트릭들의 상세 내용 보기

JConsole이 테스트나 개발 환경에서 손쉽게 메트릭들을 살펴보기에는 좋으나, 상용 환경으로 소프트웨어를 배포하려면 데이터 셋 이력을 저장하고, 이 데이터에 대고 쿼리를 수행하며 알림 시스템과 통합할 수 있는 좀 더 견고한 솔루션이 필요하다.

이 책을 쓰는 시점에, 카프카 스트림즈와 ksqlDB JMX 메트릭과 함께 사용을 추천하는 기술은 프로메테우스^Prometheus이다. 프로메테우스에서 메트릭을 보내려면 HTTP 엔드포인트로 메트릭을 노출할 익스포터^exporter가 필요하다. 카프카 스트림즈와 ksqlDB 인스턴스에서 익스포터를 설치하는 방법은 비슷하다. 다음의 방법으로 익스포터를 설치할 수 있다.

- 프로메테우스 JMX 익스포터 JAR 다운로드(https://oreil.ly/t-7Lg)

- 다음 플래그로 카프카 스트림즈 또는 ksqlDB를 시작한다.

```
-javaagent:./jmx_prometheus_javaagent-0.14.0.jar=8080:config.yaml
```

- 프로메테우스가 HTTP 엔드포인트에서 메트릭을 수집할 수 있도록 카프카 스트림즈 또는 ksqlDB 애플리케이션이 실행 중인 IP 주소 또는 호스트 이름과 뒤에 JMX 메트릭을 노출하도록 설정한 포트 번호를 설정한다.

12장의 소스 코드에는 카프카 스트림즈와 ksqlDB와 프로메테우스를 사용하는 완전한 예제를 포함하고 있다. 여기서는 프로메테우스의 기술적인 상세 내용을 생략했으나, 꼭 알아야 할 것은 프로메테우스 또는 다른 모니터링 시스템으로 카프카 스트림즈와 ksqlDB의 내장 메트릭들을 외부 시스템으로 노출해 애플리케이션의 관찰 가능성을 향상시켜야 한다는 것이다.

배포

카프카 스트림즈와 ksqlDB는 베어-메탈 장비, 가상 머신 또는 컨테이너에서 실행 가능하다. 그러나 도커로 애플리케이션을 컨테이너화하는 것을 추천한다. 이 방식의 장점은 다음과 같다.

- 컨테이너는 여러분의 코드가 경량의 고립된 환경에서 실행될 수 있는 환경을 제공한다.

- 사설 또는 공개 컨테이너 레지스트리 사용으로 여러 버전의 컨테이너를 쉽게 저장, 관리 공유, 유지 보수할 수 있다.[3]
- 컨테이너는 코드와 내부 인프라를 분리시켜준다. 이는 동일 컨테이너를 온-프레미스, 콜로케이션 서버[colocated servers], 다양한 클라우드 플랫폼, 또는 로컬 머신에서도 쉽게 실행할 수 있음을 의미한다.

컨테이너를 사용해 카프카 스트림즈와 ksqlDB를 어떻게 배포하는지 알아보자.

ksqlDB 컨테이너

컨플루언트는 ksqlDB 서버와 CLI의 공식 컨테이너 이미지를 이미 공개했다. 여러분의 쿼리를 상용으로 배포할 준비가 됐다면, 공식 ksqlDB 서버 컨테이너 이미지, 또는 실행 환경 조정이 필요할 때는 파생 이미지[derivative image][4]를 사용할 수 있다.

환경변수를 사용해 공식 ksqlDB 서버 이미지에 ksqlDB 속성 어느 것이나 지정할 수 있다. 그러나 여기에는 몇 가지 단점이 있다.

- 모든 설정은 버전을 관리해야 한다. 환경변수로 모든 ksqlDB 속성을 설정하면 버전 관리가 어려워진다.
- 설정이 많은 애플리케이션이라면 컨테이너 이미지의 실행 명령이 장황해지고 다루기 어려워진다.
- 환경변수 설정은 컨테이너 내에 실제 설정 파일을 마운트하는 대신해 사용하는 방법이다. 만약 ksqlDB를 헤드리스 모드로 실행 중이거나 특정 데이터 통합 기능을 사용 중이라면 컨테이너에 설정 파일을 마운트해야 한다.

---

3   유명한 컨테이너 레지스트리에는 도커 허브, 아티팩토리(Artifactory) 그리고 구글 컨테이너 레지스트리가 있다.

4   Dockerfile의 최상단에 FROM 지시어로 기반 이미지를 공식 ksqlDB 이미지를 지정하면 파생 이미지가 된다. Dockerfile 안에서 커스텀 환경 설정이 가능하다.

따라서 상용 ksqlDB 서버 인스턴스 설정을 환경변수로 설정하는 것에 의존하는 대신, 컨테이너 안에서 버전 관리 가능한 설정 파일을 마운트할 것을 추천한다. 예를 들어 로컬 장비의 config/server.properties라는 파일에 ksqlDB 서버 설정을 저장하자. 예제 목적이므로 파일의 내용은 단순하게 할 것이나, ksqlDB 속성 아무것이나 설정 파일에 포함할 수 있다(부록 B 참조).

```
bootstrap.servers=kafka:9092
ksql.service.id=greeter-prod
```

이 설정을 공식 컨테이너 이미지에 마운트하고 ksql-server-start 명령을 호출할 수 있다.

```
docker run \
  --net=chapter-12_default \ ❶
  -v "$(pwd)/config":/config \ ❷
  -ti confluentinc/ksqldb-server:0.14.0 \
  ksql-server-start /config/server.properties ❸
```

❶ 이 플래그는 도커 컴포즈 환경에서 실행 중인 카프카 클러스터에 연결할 수 있게 해주는 설정으로 이 튜토리얼에 특화된 것이다.

❷ 호스트 시스템에서 실행 중인 컨테이너로 설정을 마운트한다.

❸ 마운트한 설정 파일로 ksqlDB 서버 인스턴스를 시작한다.

ksqlDB 몇몇 설정은 또 다른 파일 경로를 참조하는 것을 기억할 것이다.

ksql.connect.worker.config
   카프카 커넥트를 임베디드 모드로 실행할 때 카프카 커넥트 워커 설정을 지정하는 선택적인 설정(그림 9-3 참조)

`queries.file`

    ksqlDB 서버를 헤드리스 모드로 실행할 때 이 설정은 실행할 쿼리의 위치를 지정한다.

ksqlDB 서버 설정이 위 두 설정 중 하나라도 포함하고 있다면, 컨테이너 안의 설정에서 참조하는 파일도 마운트해야 한다. 이제 카프카 스트림즈 애플리케이션을 컨테이너에서 실행하는 방법을 알아보자.

카프카 스트림즈 컨테이너

카프카 스트림즈를 컨테이너 내부에서 실행하는 것은 다소 복잡하나, 그래도 여전히 단순하다. 하위-수준의 베이스 이미지로 여러분만의 도커 이미지를 쉽게 생성할 수 있다.[5] 그러나 구글에서 개발하고 자바 애플리케이션을 컨테이너화와 배포를 단순화해주는 Jib(https://oreil.ly/xjvpR)라는 유명한 이미지 빌더를 사용하는 더 간단한 방법이 있다.

Jib를 사용하려면, Jib 라이브러리를 빌드 파일에 추가해야 한다. 이 책에서는 빌드 시스템으로 그레이들을 사용하고 있으므로, build.gradle 파일에 다음 내용을 추가할 것이다.

```
plugins {
  id 'com.google.cloud.tools.jib' version '2.1.0'
}

jib {
  to {
    image = 'magicalpipelines/myapp:0.1.0'
  }
  container {
    jvmFlags = []
    mainClass = application.mainClassName
    format = 'OCI'
```

---

5   openjdk:8-jdk-slim이 이런 예제로 적합하다.

```
    }
  }
```

Jib가 이미지를 컨테이너 레지스트리로 자동으로 내보낼게 할지 여부와 도커 이미지를 어떤 컨테이너 레지스트리로 내보낼지에 따라 다양한 이미지 명명 방식^{naming scheme} 사용이 가능하다. 공식 Jib 문서(https://oreil.ly/3C-09)에 지정 가능한 컨테어너 레지스트리들과 명명 방식 있으며, 이 책을 쓰는 시점에 다음과 같은 컨테이너 레지스트리들을 지원한다.

- 도커 허브^{Docker Hub}

- 구글 컨테이너 레지스트리^{GCR, Google Container Registry}

- 아마존 일래스틱 컨테이너 레지스트리^{ECR, Amazon Elastic Container Registry}

- 애저 컨테이너 레지스트리^{ACR, Azure Container Registry}

빌드 파일을 변경하고 나면 아래 태스크 중 하나를 실행할 수 있다.

`./gradlew jib`

이 태스크는 컨테이너 이미지를 빌드하고 결과 컨테이너 이미지를 컨테이너 레지스트리로 내보낸다. 희망하는 컨테이너 레지스트리에 인증한 후 이 작업을 수행해야 한다.

`./gradlew jibDockerBuild`

이 태스크는 로컬 도커 데몬을 사용해 컨테이너 이미지를 빌드하고 이미지를 이미지 레지스트리로 내보내지 않는다. 이 방법은 이미지가 빌드 가능한지 테스트하는 가장 쉬운 방법이다.

다음 명령을 실행하면 로컬에 도커 이미지를 간단히 빌드할 수 있다.

```
./gradlew jibDockerBuild
```

다음과 비슷한 결과가 출력돼야 한다.

```
Built image to Docker daemon as magicalpipelines/myapp:0.1.0
```

실행 결과에서 가리키는 도커 이미지 태그는 카프카 스트림즈 애플리케이션을 포함하며, 컨테이너 실행 가능한 모든 장비에서 실행할 수 있다. ksqlDB 또는 카프카 스트림즈 애플리케이션 어느 것이나 실행 가능하므로 이 부분은 ksqlDB에도 동일하게 적용된다. 그럼, 이 컨테이너들을 어떻게 실행해야 할까? 다음 절에서 추천하는 컨테이너 실행 방법에 대해 알아볼 것이다.

컨테이너 오케스트레이션

카프카 스트림즈 또는 ksqlDB 애플리케이션을 실행하는 가장 좋은 방법은 쿠버네티스 같은 컨테이너 오케스트레이션 시스템을 사용하는 것이라는 것을 우리 모두 잘 알고 있다. 이 방법은 다음과 같은 장점들을 가지고 있다.

- 실행 중인 노드가 실패하면 오케스트레이터가 정상 노드로 컨테이너를 자동으로 옮길 것이다.

- 컨테이너 복제 개수를 늘려 워크로드를 수평 확장하기가 쉽다.

- 내부 인프라는 추상화돼 가려져 있다. 그러나 컨테이너가 실행될 장비를 제어하길 원한다면 노드 선택자$^{node\ selector}$나 친화도^{affinity} 규칙으로 좀 더 세세한 제어가 가능하다.

- 다음과 같은 서비스들을 제공하기 위해 카프카 스트림즈 또는 ksqlDB 컨테이너 옆에 붙어 실행되는 사이드카^{sidecar}라는 컨테이너를 쉽게 배포할 수 있다.
  - 메트릭을 수집하고 모니터링 시스템으로 노출
  - 로그 전송
  - 통신 프록시(예: 대화형 쿼리가 가능한 카프카 스트림즈 앱 앞에 인증 계층을 추가.

이 방법이 카프카 스트림즈 애플리케이션에 인증과 권한 부여 계층을 구축하는 것보다 훨씬 쉽다)

- 변경한 코드를 반영할 때 애플리케이션을 순차적으로 재시작하도록 조정하는 것이 쉽다.

- 스테이트풀셋^{StatefulSet} 리소스 지원은 영구적이고 상태가 있는 토폴로지에 필요한 안정적인 저장소를 제공한다.

쿠버네티스에 대한 자세한 내용은 이 책의 범위를 넘어간다. 그러나 브렌던 번스 외 저자들이 지은 『쿠버네티스 시작하기 2/e』(에이콘, 2020)(https://oreil.ly/3YzEh)를 포함해 이 주제에 대한 훌륭한 참고 자료들이 많다.

운영

이 마지막 절에서는 카프카 스트림즈나 ksqlDB 애플리케이션을 유지 보수하면서 직면할 운영 작업들에 대해 다룰 것이다.

카프카 스트림즈 재설정

종종 카프카 스트림즈 애플리케이션을 재설정해야 할 때가 있다. 일반적으로 시스템에서 버그를 발견하거나 카프카 토픽의 전체 또는 일부 데이터를 재처리할 때 재설정을 한다. 이를 쉽게 하기 위해 카프카 개발자들은 애플리케이션 재설정 도구를 만들었으면 카프카 소스(https://oreil.ly/zNwrL)와 함께 배포된다.

이 도구는 이론적으로 ksqlDB에서도 사용 가능하다. 그러나 이 도구를 사용하려면 컨슈머 그룹을 알아야 한다. 카프카 스트림즈는 application.id 설정을 컨슈머 그룹 식별자로 직접 매핑한다. 그러나 ksqlDB에서는 service.id와 컨슈머 그룹 식별자 사이의 직접 매핑이 없다.

따라서 이 절의 설명에 따라 ksqlDB 애플리케이션을 재설정하려면, 특별히 주의해야 하며 애플리케이션의 정확한 컨슈머 그룹을 알아야 한다(kafka-consumer-groups 콘솔 스크립트의 도움을 받아 알 수 있다).

이 도구는 다음과 같은 기능을 가지고 있다.

- 소스 토픽에 대한 컨슈머 오프셋을 특정 지점으로 갱신한다.

- 중간 토픽^{intermediate topic}의 끝으로 이동한다.

- 내부 변경 로그와 리파티션 토픽을 삭제한다.

 이 도구는 애플리케이션의 상태를 재설정하지 않으므로, 상태가 있는 애플리케이션을 다룰 때는 특별한 주의가 필요하다. 다음에 있는 설명을 빠짐없이 읽고, 중요한 단계를 생략하지 않도록 해야 한다.

재설정 도구를 사용하려면 다음 단계들을 따라야 한다.

1. 모든 애플리케이션 인스턴스를 중지한다. 컨슈머 그룹이 비활성화될 때까지 다음 단계를 진행하면 안 된다. 다음 명령을 실행해 컨슈머 그룹이 비활성화됐는지 결정할 수 있다. 비활성화된 컨슈머 그룹의 상태는 빈 값으로 출력된다.

```
kafka-consumer-groups \
  --bootstrap-server kafka:9092 \ ❶
  --describe \
  --group dev \ ❷
  --state
```

❶ 여러분의 브로커 중 하나의 호스트/포트 쌍으로 --bootstrap-server을 변경한다.

❷ 카프카 스트림즈는 application.id 설정으로 컨슈머 그룹을 지정한다. 아쉽게도 ksqlDB의 service.id 파라미터와 컨슈머 그룹 이름과의 직접적인 연관 관계가 없다.

2. 적당한 파라미터들로 애플리케이션 재설정을 실행한다. 전체 파라미터 목록과 상세한 사용 정보는 다음 명령을 실행하면 볼 수 있다.

```
kafka-streams-application-reset --help
```

예를 들어 12장 초반에 만들었던 greeter 애플리케이션을 재설정한다면 다음과 같이 실행할 수 있다.

```
kafka-streams-application-reset \
  --application-id dev \
  --bootstrap-servers kafka:9092 \
  --input-topics users \
  --to-earliest
```

출력은 다음과 유사하게 될 것이다.

```
Reset-offsets for input topics [users]
Following input topics offsets will be reset to (for consumer group dev)
Topic: users Partition: 3 Offset: 0
Topic: users Partition: 2 Offset: 0
Topic: users Partition: 1 Offset: 0
Topic: users Partition: 0 Offset: 0
Done.
Deleting all internal/auto-created topics for application dev
Done.
```

3. 애플리케이션이 상태가 없다면, kafka-streams-application-reset 명령 실행 후 애플리케이션 인스턴스를 재시작할 수 있다. 그렇지 않고 애플리케이션이 상태가 있다면, 애플리케이션 상태도 재시작 전에 재설정해야 한다.

   애플리케이션 상태를 재설정하는 두 가지 방법이 있다.

   • 수동으로 각 상태 디렉터리를 삭제한다.

   • KafkaStreams.cleanUp 메소드를 코드로 실행한다(카프카 스트림즈만 가능). 재설정 도구를 실행하고 나서 애플리케이션을 재시작할 때 한 번만 이 작업을 해야 한다.

위 방법 중 하나를 사용해 애플리케이션 상태를 정리하고 나면, 애플리케이션을 재시작할 수 있다.

애플리케이션 출력 속도 제한

카프카 스트림즈와 ksqlDB는 높은 처리량으로 실행 가능하나 출력 토픽을 처리하는 하위 시스템이 이 속도를 따라잡지 못하는 상황을 경험할 수 있다. 이 경우, 레코드 캐시 record-cache로 애플리케이션 출력 속도를 제한rate-limit할 수 있다.

카프카 스트림즈 DSL 또는 ksqlDB를 사용할 때 레코드 캐시는 상태 저장소로 내보내는 출력 레코드 수와 하위 시스템 프로세서로 전달하는 레코드 수를 줄이는 데 도움이 된다. Processor API를 사용할 때, 레코드 캐시는 상태 저장소로 내보내는 레코드 수만 줄일 수 있다.

각 스트림 스레드(num.stream.threads 파라미터로 제어)는 전체 캐시 크기를 균등하게 할당받는다. 따라서 전체 캐시 사이즈가 10485760(즉, 10MB)이고 애플리케이션을 10개의 스레드로 돌아가도록 설정했다면, 각 스레드는 약 1MB 메모리를 레코드 캐시로 할당받는다.

이 설정은 애플리케이션 성능뿐만 아니라 애플리케이션이 카프카로 내보내는 데이터에 의존하는 하위 시스템에게도 아주 중요하다. 이유를 이해하기 위해 키별로 메시지 개수를 세는 토폴로지를 생각해보자. 만약 다음과 같은 일련의 이벤트들을 가지고 있다면,

- `<key1, value1>`

- `<key1, value2>`

- `<key1, value3>`

레코드 캐시를 비활성화(즉, with cache.max.bytes.buffering을 0으로 설정)하면 개수를 세는 집계를 수행하는 토폴로지는 다음과 같은 집계 결과를 생성할 것이다.

- `<key1, 1>`

- `<key1, 2>`

- `<key1, 3>`

그러나 이 업데이트들이 충분히 빨리 발생한다면(예: 각각 몇 밀리초 또는 몇 초 안에), 모든 중간 결과(<key1, 1>와 <key1, 2>)를 실제로 알 필요가 있을까? 이 질문에 대한 맞고 틀린 답은 없다. 여러분의 사용 사례와 여러분이 달성하고자 하는 시맨틱에 따라 다르다. 애플리케이션을 속도-제한해 중간 상태의 개수를 줄이고자 한다면 레코드 캐시를 사용해야 한다.

이 설정으로 레코드 캐시에 필요한 메모리를 할당한다면 카프카 스트림즈와 ksqlDB는 집계 개수를 간단히 줄일 수 있다.

- `<key1, 3>`

캐시를 비우는 시점과 메시지가 도착하는 시점을 포함해 여기에 관여하는 많은 요소들이 있으므로, 레코드 캐시가 출력 레코드 수를 항상 완전히 줄이지 못할 수 있다. 그러나 애플리케이션의 출력을 줄일 때 중요한 지렛대 역할을 한다. 애플리케이션이 레코드를 적게 내보내면 토폴로지 자체의 하위 스트림 프로세서와 카프카 스트림즈와 ksqlDB 외부에서 동작하는 하위 시스템이 처리할 데이터가 줄어든다.

레코드 캐시 설정의 좀 더 많은 정보를 원하면 공식 문서(https://oreil.ly/ddP7x)를 참고하기 바란다.

카프카 스트림즈 업그레이드

이 책을 쓰는 시점에도 아파치 카프카(카프카 스트림즈 포함)는 릴리스 일정이 계획돼 있었다. 따라서 카프카 스트림즈는 4개월마다 새 버전을 릴리스한다고 예상할 수 있다. 버전 표기 형식은 다음과 같다.

```
major.minor.bug-fix
```

4개월마다 릴리스되는 버전은 대부분 마이너 버전을 변경한다. 예를 들어 2020년 4월에 2.5.0 버전이 릴리스됐고, 4개월 후인 2020년 8월에 2.6.0 버전이 릴리스됐다. 영향을 많이 미치는 변경(예: 카프카 메시지 포맷 변경 또는 공개 API의 주요 변경) 또는 프로젝트의 주요 마일스톤에 도달할 때는 메이저 버전을 변경하는 것을 볼 수 있다. 버그 수정은 늘 존재하며 일상적으로 발생한다.

카프카 스트림즈를 업그레이드할 때마다 각 릴리스의 공식 카프카 웹사이트(https://oreil.ly/DohxP)에 있는 업그레이드 안내서를 반드시 따라야 한다. 경우에 따라서는 upgrade.from 파라미터를 더 예전 버전으로 설정하고 업그레이드가 안전하게 수행되도록 차례로 재시작할 필요가 있을 수 있다. 만약 업그레이드 전에 공백기가 있었다면 (예: 2.3.0에서 2.6.0으로 업그레이드해야 한다면) 더욱 이런 방식을 따라야 한다.

다음의 방법들을 이용해 새 버전 릴리스에 대한 소식을 계속 받을 수 있다.

- 릴리스 발표 공식 메일링 리스트(https://oreil.ly/LkcYH)에 가입
- 아파치 카프카의 공식 깃허브 저장소에 방문해 프로젝트를 "watch"(알림 수를 줄이고 릴리스 알림만 받는 선택 사항도 있다)한다. 카프카 스트림즈와 카프카 생태계를 위해 공헌하는 사람들을 응원하려면 프로젝트에 별점을 줄 수도 있다.
- 트위터의 @apachekafka 계정(https://oreil.ly/3cblY) 팔로우

ksqlDB 업그레이드

ksqlDB는 빠르게 진화 중이며 시간이 지날수록 갑작스러운 변경이 발생해 업그레이드가 다소 힘들어질 수 있다. 다음은 ksqlDB 문서에서 발췌한 내용이다.

> ksqlDB 1.0까지 각 마이너 릴리스는 갑작스러운 변경을 포함할 수 있으며, 이는 ksqlDB 업그레이드와 서버 재시작이 쉽지 않을 수 있다는 것을 의미한다.
>
> ksqlDB에서 사용하는 데이터 모델과 바이너리 포맷은 유동적이다. 이는 로컬의 데이터부터 각 ksqlDB 노드와 내부 카프카 토픽에 저장돼 있는 데이터까지 배포하려는 새 버전과 호환되지 않을 수 있음을 의미한다.
>
> — ksqldb.io

사실, 아직까지도 공식 문서에서는 한 번 ksqlDB를 상용 환경에 배포한 후에는 하위 호환성이 보장될 때까지 업그레이드하지 말 것을 권고하고 있다.[6] 그러나 꼭 업그레이드를 하지 말아야 한다는 것을 의미하는 것은 아니며 일부 업그레이드에서 수반될 수 있고 업그레이드 방식 그리고 업그레이드로 인해 발생하는 갑작스러운 변경으로 인해 발생할 수 있는 불확실성을 강조하는 것이다. ksqlDB 클러스터를 업그레이드하기 전에 항상 공식 ksqlDB 문서(https://docs.ksqldb.io)를 참조하기 바란다.

요약

카프카 스트림즈와 ksqlDB는 코드를 상용에 올리기 전에 코드를 신뢰할 수 있게 하고, 애플리케이션의 코드를 변경하고 향상시키면서 발생하는 의도치 않은 코드 퇴행을 피할 수 있게 도와주는 테스트 도구들을 포함하고 있다. 또한 어떤 기술을 사용하던 내장 JMX 메트릭들을 이용해 애플리케이션 운영에 대한 가시성을 쉽게 확보할 수 있다. 또한 카프카 스트림즈 애플리케이션에 특화된 도커 이미지 또는 컨플루언트가 유지 보수하는 ksqlDB 서버와 CLI 인스턴스 이미지를 컨테이너화된 환경에서 실행하므로 높은 이식성을 제공하기도 한다.

이 책을 끝까지 읽은 것을 축하한다. 모니터링, 벤치마킹, 속도-제한 그리고 애플리케이션을 재설정할 때 제시했던 방법들은 스트림 처리 애플리케이션 상용화와 유지 보수에 도움이 될 것이다. 이 책에서 제공하는 지식은 두 스트림 처리 기술을 사용하는 다양한 비즈니스 문제를 해결하는 데 도움이 될 것이라 확신한다.

---

6   문서에는 정확히 다음처럼 기술하고 있다. "ksqlDB를 상용 환경에서 실행 중이고, 새 버전의 기능이나 수정 사항이 필요하지 않다면 필요한 기능이나 수정 사항을 포함하는 다른 릴리스 또는 하위 호환성을 보장하는 1.0 버전이 될 때까지 업그레이드를 지연시킬 것을 고려하기 바란다."

카프카 스트림즈는 많은 설정 가능한 속성을 갖고 있으며, 이 속성들의 기본값을 비롯해 각 속성에 대해 알아보는 것이 부록의 목표다. 이 부록의 설정 속성들을 시작으로 여러 설정 속성과 친숙해지기를 기대하며, 카프카 스트림즈 속성들의 최신 정보는 공식 문서(https://oreil.ly/-dIwr)를 참조하길 바란다.

설정 관리

이 책의 예제들에서는 Properties 인스턴스를 생성하고 직접 여러 속성을 설정해 카프카 스트림즈 애플리케이션에 넘겼었다. 다음은 이 전략의 예제를 보여준다.

```
class App {
  public static void main(String[] args) {
    Topology topology = GreeterTopology.build();

    Properties config = new Properties();
    config.put(StreamsConfig.APPLICATION_ID_CONFIG, "dev-consumer");
    config.put(StreamsConfig.BOOTSTRAP_SERVERS_CONFIG, "kafka:9092");

    KafkaStreams streams = new KafkaStreams(topology, config);

    // ....
  }
}
```

그러나 애플리케이션을 상용으로 올릴 때는 하드 코드된 값들을 애플리케이션에서 직접 사용하는 대신 파일로부터 설정을 읽도록 고려해야 한다. 코드 변경 없이 설정을 변경하는 것이 오류를 덜 일으키며, 만약 설정 파일을 실행 시점에 덮어쓸 수 있다면(예: 시스템 플래그), 애플리케이션의 다중 배포 관리가 쉬워진다.[1]

자바 애플리케이션(카프카 스트림즈 포함)의 설정 관리 전략들을 모두 설명하는 것은 이 책의 범위를 넘어서나, 이 부록의 소스 코드는 Typesafe Config(https://oreil.ly/i42AO) 라이브러리를 사용해 카프카 스트림즈 애플리케이션의 다중 설정을 어떻게 관리하는지 보여줄 것이다.

설정 관리를 어떻게 하는지에 관계없이, 카프카 스트림즈 또는 ksqlDB에서 설정으로 제공하는 값들은 애플리케이션의 성능에 영향을 미칠 수 있다. 따라서 이 절의 대부분은 설정 속성 자체에 초점을 맞출 것이다. 먼저 카프카 스트림즈에 특화된 설정들부터 살펴보자.

설정 속성

무엇보다 카프카 스트림즈 애플리케이션을 설정하려면 두 개의 속성이 필요하다.

application.id

> 카프카 스트림즈 애플리케이션의 고유 식별자. 워크로드를 많은 장비/프로세스로 분배할 때 동일 application.id로 여러 애플리케이션 인스턴스 실행이 가능하다. 다음처럼 내부적으로 이 식별자를 여러 용도로 사용한다.
>
> - 컨슈머 그룹 ID
> - 내부 토픽 이름들의 접두사(즉, 카프카 스트림즈가 생성하는 리파티션과 변경 로그 토픽들)

---

[1] 여러 카프카 클러스터에서 데이터를 처리해야 한다든지 애플리케이션을 다른 환경에 배포해야 한다든지 할 때 다중 배포할 수 있다.

- 카프카 스트림즈 라이브러리가 사용하는 내부 프로듀서와 컨슈머의 `client.id`의 접두사
- 영구적인 상태 저장소의 하위 디렉터리(예제 6-1 참조)

bootstrap.servers

하나 이상의 카프카 브로커의 호스트와 포트 쌍 목록. 이 값은 카프카 클러스터와 연결을 맺을 때 사용한다.

이 외에도 여러 선택적인 속성들이 있다.

acceptable.recovery.lag

카프카 스트림즈 태스크를 할당할 때 "warm"과 준비[ready] 상태로 판단할 수 있는 태스크 입력 파티션의 최대 허용 랙[lag](즉, 읽지 않은 레코드 수). 상태가 있는 애플리케이션 인스턴스는 부분 또는 모든 상태를 복구해야 한다. 따라서 복구 중에 카프카 스트림즈가 인스턴스를 할당하지 않기를 원할 수 있다. 이럴 때는 애플리케이션 인스턴스의 랙이 이 임곗값 밑으로 떨어질 때만 태스크를 할당받도록 이 속성을 설정할 수 있다.

cache.max.bytes.buffering

이 속성은 카프카 스트림즈의 레코드 캐시의 크기를 제어한다. 505페이지 '애플리케이션 출력 속도 제한'에서 레코드 캐시에 대해 자세히 다루고 있다. 이 값을 0보다 크게 설정하면 레코드 캐시가 활성화되고 애플리케이션의 속도-제한에 영향을 줄 수 있다.

default.deserialization.exception.handler

역직렬화 오류를 처리할 때 사용하는 클래스. 이에 대해서는 127페이지 '카프카 스트림즈에서 역직렬화 오류 처리'에서 다뤘다. 카프카 스트림즈는 내장 클래스인 `LogAndContinueExceptionHandler`와 `LogAndFailExceptionHandler`를 선택 값으로 포함하고 있다. 전자는 좀 더 관대하며 카프카 스트림즈에서 역직렬화 오류가 발생

하더라도 레코드 처리를 계속할 수 있게 해준다. 후자는 카프카 스트림즈가 예외를 로그로 남기고 처리를 중단하도록 한다. 여러분만의 오류 처리를 정의하려면 카프카 스트림즈 라이브러리에 포함돼 있는 `DeserializationExceptionHandler` 인터페이스를 직접 구현할 수도 있다.

default.production.exception.handler

카프카로 데이터를 내보낼 때 발생하는 오류를 처리하는 클래스. 예를 들어 레코드가 너무 크다면 내부의 프로듀서는 예외를 발생시키고 애플리케이션은 이를 처리해야 한다. 기본적으로 내장된 `DefaultProductionExceptionHandler` 클래스를 사용하며, 이 클래스는 카프카 스트림즈를 실패시키고 중단시킬 것이다. 또 다른 선택 사항으로는 `AlwaysContinueProductionExceptionHandler` 클래스를 사용하는 것이 있다. 이 클래스는 카프카 스트림즈가 데이터 처리를 계속하도록 해준다. 만약 여러분만의 로직을 제공하길 원한다면 `ProductionExceptionHandler` 인터페이스를 구현할 수도 있다.

default.timestamp.extractor

레코드와 타임스탬프를 연관지을 때 사용하는 클래스. 이에 대해서는 221페이지 '타임스탬프 추출자'에서 자세히 다뤘다.

default.key.serde, default.value.serde

레코드 키(default.key.serde)와 값(default.value.serde)을 직렬화하고 역직렬화할 때 사용하는 기본 클래스. 이 책에서는 대부분 Serdes 클래스를 인라인으로 정의했었다. 예를 들어 다음과 같다.

```
KStream<byte[], Tweet> stream =
    builder.stream(
        "tweets",
        Consumed.with(Serdes.ByteArray(), JsonSerdes.Tweet())); ❶
```

❶ 이 예제에서 키 Serdes(Serdes.ByteArray())와 값 Serdes(JsonSerdes.Tweet()) 모

두 인라인으로 정의됐다.

기본 Serdes 클래스들을 이 두 속성으로 대신 설정하고 `Consumed.with(...)` 줄은 생략해 카프카 스트림즈가 이 두 속성으로 지정한 기본 클래스들을 사용하도록 요청할 수도 있다.

max.task.idle.ms

스트림 태스크의 모든 파티션 버퍼가 데이터를 포함하기를 기다리는 최대 시간. 이 값이 크면 지연이 증가하나 태스크가 여러 입력 파티션으로부터 데이터를 읽을 때 순서가 바뀌는 것을 방지할 수 있다(예: 조인할 때).

max.warmup.replicas

태스크를 워밍업할 때 사용 가능한 복제본 개수(num.standbys 외)

metrics.recording.level

카프카 스트림즈가 메트릭을 수집하는 상세 수준. 이 속성의 기본값은 `INFO`이나, 애플리케이션의 가시성을 좀 더 높이고 싶으면 `DEBUG`로 덮어쓸 수 있다. 메트릭들은 JMX가 생성하고 이 메트릭들을 어떻게 수집하는지는 493페이지 'JMX 메트릭 추출'에서 다뤘다.

num.standby.replicas

각 상태 저장소마다 생성할 복제본의 개수. 상태가 있는 태스크가 중지되면 카프카 스트림즈는 복제 상태를 가지고 있는 또 다른 애플리케이션 인스턴스로 작업을 재할당해 바닥부터 태스크의 상태를 재구축하는 비싼 연산을 피할 수 있으므로, 이 속성을 설정하면 다운타임을 줄일 수 있다. 대기 복제본에 대해서는 258페이지 '대기 복제본'에서 깊이 다뤘다.

num.stream.threads

86페이지 '태스크와 스트림 스레드'에서 봤듯이, 스트림 스레드는 카프카 스트림즈 태스크를 실행한다. 스레드 수를 늘리면 태스크를 실행할 장비의 가용 CPU 자원을 충분히 사용할 수 있도록 해주며 성능도 향상시킬 수 있다. 예를 들어 카프카 스트림즈 애플리케이션이 여덟 개의 파티션을 포함하는 단일 토픽으로부터 데이터를 읽는다면, 여덟 개의 태스크를 생성할 것이다. 원하면(스레드 개수는 태스크 개수보다 작거나 같은 범위에서 선택할 수 있다) 이 태스크들을 하나, 둘, 또는 네 개의 스레드에서 실행할 수 있다. 그러나 여덟 개의 코어가 있는 장비에서 카프카 스트림즈 애플리케이션을 실행한다면, 스레드 개수를 여덟 개로 늘리면 모든 가용 CPU 코어들로 작업을 병렬화시킬 수 있다.

이 설정은 애플리케이션의 처리량을 최대화할 때 특히 중요하다.

processing.guarantee

다음과 같은 값들을 지원한다.

at_least_once

특정 장애 상황(예: 네트워크 문제 또는 프로듀서가 소스 토픽으로 메시지를 재전송하도록 하는 브로커 장애) 동안에도 레코드가 전달될 수 있다. 그러나 레코드 유실은 발생하지 않는다. 이 값은 카프카 스트림즈의 기본 처리 보장 값이고 중복 레코드 재처리로 인한 정확성 문제가 영향을 미치지 않는 지연에 민감한 애플리케이션에 이상적이다.

exactly_once

트랜잭션 프로듀서와 격리 수준[isolation level]이 read_committed[2]인 임베디드 컨슈머를 사용해 단 한 번만 레코드를 처리한다. 이 처리 보장을 설정한 애플리케이션은 컨슈머 랙에 더 취약할 수 있으나(트랜잭션 쓰기에 약간의 성능상 불이익이 있다), 정확성을 요구하는 애플리케이션은 exactly-once 처리가 필요하다. 이 값을 사용하려면 카프카 브로커의 버전이 0.11.0 이상이어야 한다.

---

2   이 격리 수준은 실패 또는 중단된 트랜잭션의 메시지를 컨슈머가 읽지 않는 것을 보장한다.

exactly_once_beta

이 값을 사용하면 exactly-once 처리를 보장하면서 스트림즈 애플리케이션의 수평 확장성을 향상시키고 오버헤드를 감소시킬 수 있다.[3]

replication.factor

카프카 스트림즈가 생성하는 내부 변경 로그 또는 리파티션 토픽에 사용할 복제 계수. 모든 토폴로지가 내부 토픽을 생성하는 것은 아니라는 것을 주의해야 하나, 만약 레코드의 키를 재생성[rekey]하거나 상태가 있는 집계를 수행(그리고 명시적으로 변경 로그 기능을 비활성화)한다면, 내부 토픽이 생성될 것이다(토픽 이름에는 application.id 가 접두사로 붙는다). 권장하는 값은 3으로 두 개의 브로커에 실패가 발생하더라도 장애 시 견딜 수 있다.

rocksdb.config.setter

RocksDB 상태 저장소를 설정할 때 사용하는 커스텀 클래스. 이 설정은 상태가 있는 애플리케이션을 정교하게 튜닝하려는 사람들이 관심을 가질 만한 설정 중 하나이다. 커스텀 클래스로 RocksDB를 설정하는 것은 일반적으로 필요하지 않으나, 관심이 있다면 공식 문서(https://oreil.ly/AdQah)의 예제를 참고하길 바란다. 성능을 최적화 할 때 처음부터 이 설정을 고려할 필요는 없으나, 애플리케이션의 성능을 좀 더 올리고 RocksDB에서 병목이 발생했다고 판단했다면 이 설정을 알아야 하므로 여기에 포함시켰다.

state.dir

상태 저장소가 생성되는 디렉터리 이름(절대 경로로 표현, 예: /tmp/kafka-streams). 252페이지 '영구적인 저장소 디스크 레이아웃'에서 이 설정에 대해 다루고 있다. 기억해야 할 것은 동일 application.id를 쓰는 여러 애플리케이션 인스턴스가 같은 상태 저장소 디렉터리를 사용하면 안 된다는 것이다.

---

3   exactly_once 처리 보장은 각 입력 파티션마다 트랜잭션 프로듀서를 생성한다. exactly_once_beta는 스트림즈 스레드마다 트랜잭션 프로듀서를 생성한다. exactly_once_beta 사용은 더 적은 프로듀서로 exactly_once 시멘틱을 달성하므로 애플리케이션의 메모리 사용량과 브로커들과의 네트워크 연결 개수를 줄일 수 있다.

`topology.optimization`

카프카 스트림즈가 내부적인 최적화(예: 리파티션 토픽 수를 줄여 네트워크 통신을 절약, 또는 소스 토픽으로부터 KTable을 생성할 때 불필요한 변경 로그 토픽 생성을 방지)를 수행해 코드를 좀 더 효율적으로 실행하도록 하고 싶다면 이 속성을 `StreamsConfig.OPTIMIZE`로 설정한다.

`upgrade.from`

카프카 스트림즈를 업그레이드할 때 사용하는 설정. '카프카 스트림즈 업그레이드'(p.506)에서 이 설정에 대해 자세히 다루고 있다.

컨슈머 설정

다음의 설정 접두사를 사용해 카프카 스트림즈가 사용하는 여러 컨슈머를 설정할 수도 있다.

`main.consumer.`

스트림 소스에서 사용하는 기본 컨슈머의 설정에 사용하는 접두사

`restore.consumer.`

변경 로그 토픽으로부터 상태 저장소를 복구할 때 사용하는 복구 컨슈머restore consumer의 설정에 사용하는 접두사

`global.consumer.`

`GlobalKTable`을 채울 때 사용하는 글로벌 컨슈머의 설정에 사용하는 접두사

ksqlDB는 카프카 스트림즈와 카프카 클라이언트(즉, 프로듀서와 컨슈머) 설정을 수용한다. 권장하는 방식은 모든 카프카 스트림즈와 카프카 클라이언트 설정에 ksql.streams 접두사를 붙이는 것이다. 예를 들어 카프카 스트림즈의 cache.max.bytes.buffering로 레코드 캐시를 설정하고자 한다면, server.properties 파일에 ksql.streams.cache.max.bytes.buffering 속성으로 설정하면 된다. 또한 카프카 컨슈머의 auto.offset.reset 속성을 설정하고자 한다면, 같은 방식으로 접두사를 붙인 ksql.streams.auto.offset.reset이 될 것이다. 기술적으로, 접두사는 선택적인 것이나 ksqlDB 제작자들(컨플루언트)이 추천하는 방식이다.

표준 카프카 스트림즈와 카프카 클라이언트 설정 외에, ksqlDB의 데이터 통합 기능(예: CREATE {SOURCE|SINK} CONNECTOR문을 실행할 때마다)을 사용하고자 한다면 카프카 커넥트 설정도 지정할 수 있다. 367페이지 '커넥트 워커 설정'에서 관련 내용을 다루고 있으므로, 좀 더 자세한 것은 해당 절을 참조하기 바란다.

마지막으로, ksqlDB에 특화된 여러 설정들이 있다. 여기서는 꼭 알아야 할 중요한 설정들을 쿼리 설정과 서버 설정으로 분류했다. 부록 B는 ksqlDB를 설정하는 시작점으로 사용해야 한다. ksqlDB 설정 속성의 전체 목록은 공식 문서를 참조하기를 바란다.[1]

---

1   공식 문서는 https://docs.ksqldb.io에 위치하고 있다. 이 부록에 포함돼 있는 일부 설정 설명은 이 문서로부터 직접 발췌했다.

쿼리 설정

다음의 설정들은 ksqlDB가 실제 쿼리 실행의 여러 부분을 제어한다.

ksql.service.id

이 필수 속성은 카프카 스트림즈의 application.id 속성과 유사한 목적을 가지고 있다. 이 속성은 협업하는 애플리케이션 그룹을 식별하고 동일 식별자를 공유하는 모든 인스턴스로 작업을 분배하게 해준다. 카프카 스트림즈의 application.id와 다르게, ksqlDB의 service.id와 컨슈머 그룹 식별자와는 직접적인 연관성이 없다.

기본값: 없음

ksql.streams.bootstrap.servers

이 필수 속성은 카프카 클러스터로 초기 연결을 맺을 때 사용할 카프카 브로커들의 호스트/포트 쌍을 지정한다.

기본값: 없음

ksql.fail.on.deserialization.error

만약 레코드를 역직렬화할 수 없을 때 ksqlDB의 레코드 처리를 중단하고 싶다면, 이 값을 true로 설정한다. 기본적으로, 이 속성은 false로 설정돼 있으며, 이는 ksqlDB 에게 역직렬화 오류를 로그로 남기고 처리를 계속하라고 지시한다. 만약 이 설명이 카프카 스트림즈의 default.deserialization.exception.handler 설명과 비슷하다고 느낀다면 그 생각이 맞다. ksqlDB는 이 설정을 내부적으로 적절한 예외 처리 클래스를 설정하기 위해 사용한다.

기본값: false

ksql.fail.on.production.error

드물게 카프카 토픽으로 데이터를 내보낼 때 어떤 문제에 직면할 수 있다. 예를 들어 일시적 네트워크 문제로 인해 프로듀서에 예외가 발생할 수 있다. 프로듀서에 예외가 발생하더라도 데이터 처리를 계속하고 한다면(대부분의 경우 권장하지 않음), 이 속성을 false로 설정하면 된다. 그 외에는 기본값을 유지하는 것이 좋다.

기본값: true

ksql.schema.registry.url

여러분의 쿼리가 컨플루언트 스키마 레지스트리가 필요한 데이터 직렬화 포맷(이 직렬화 포맷 목록은 표 9-1 참조)을 사용한다면, 이 속성을 스키마 레지스트리 인스턴스가 실행되고 있는 URL로 설정해야 한다.

기본값: 없음

ksql.internal.topic.replicas

ksqlDB 서버가 사용하는 내부 토픽의 복제 계수. 상용 환경에서, 이 값을 2 이상으로 설정할 것을 권장한다.

기본값: 1

ksql.query.pull.enable.standby.reads

대기 복제본의 수가 1 이상이면[2], 이 속성은 활성 태스크(이 태스크가 보통 읽기 트래픽을 처리)가 죽었을 때 대기 복제본이 읽기 요청 서비스를 제공할지 여부를 제어한다. 이 값을 true로 하면 가져오기 쿼리pull query의 고가용성을 보장하는 데 도움이 된다.

기본값: false

ksql.query.pull.max.allowed.offset.lag

테이블에 대한 가져오기 쿼리가 견딜 수 있는 최대 랙(즉, 특정 파티션에서 읽지 못한 오프셋 개수)을 제어한다. 이 속성은 활성과 비활성 태스크 모두에 적용한다. 이 속성은 ksql.lag.reporting.enable이 true일 때만 활성화된다.

기본값: Long.MAX_VALUE

---

2   이 값은 카프카 스트림즈가 제어하고 ksql.streams.num.standby.replicas 속성으로 설정할 수 있다.

서버 설정

다음 설정은 ksqlDB의 서버 인스턴스를 설정할 때 사용한다.

ksql.query.persistent.active.limit

　대화형 모드에서 동시에 실행 가능한 영구적인 쿼리의 최대 개수. 실행 중인 영구적인 쿼리 개수가 이 값에 도달하면, 새로운 영구적인 쿼리를 시작하기 위해 실행 중인 영구적인 쿼리 중 하나를 종료시켜야 한다.

　기본값: Integer.MAX_VALUE

ksql.queries.file

　ksqlDB를 헤드리스 모드로 실행하고자 한다면, ksqlDB 서버에서 실행하고자 하는 쿼리를 포함하는 파일의 절대 경로를 이 속성으로 설정한다. 좀 더 자세한 정보는 352페이지 '배치 모드'를 참고하길 바란다.

　기본값: 없음

listeners

　ksqlDB 서버가 대기하는 REST API 엔드포인트.

　기본값: 기본 listeners는 http://0.0.0.0:8088으로 모든 IPv4 인터페이스에 바인드된다. 모든 IPv6 인터페이스에 바인드하려면 이 listeners를 http://[::]:8088 설정한다. 단일 인터페이스에 바인드하려면 특정 인터페이스로 이 설정을 변경한다.

ksql.internal.listener

　인터모드 통신을 위해 바인드하는 주소. 이 속성은 내부와 외부 엔드포인트 주소를 별도로 바인드하려고 할 때(예: 보안을 위해 네트워크 수준에서 엔드포인트를 별도로 분리할 때) 유용하다.

　기본값: listeners 속성으로 정의한 첫 번째 리스너

`ksql.advertised.listener`

내부 통신을 위해 클러스터의 ksqlDB 노드 간에 공유하는 이 노드의 리스너. IaaS 환경에서, 이 속성은 서버가 바인드 하는 인터페이스와 달라야 한다.

기본값: `ksql.internal.listener` 값 또는 그렇지 않으면, `listeners` 속성에 정의돼 있는 첫 번째 리스너

`ksql.metrics.tags.custom`

JMX로 내보내는 메트릭에 포함할 태그 목록으로 쉼표로 구분된 키-값 쌍의 문자열 형식으로 설정한다. 예를 들어 `key1:value1,key2:value2`.

기본값: 없음

보안 설정

ksqlDB의 빠르게 진화하고 있어, 보안은 최신 정보를 참조해야 하는 중요한 영역이다. 이 책에서는 보안 설정에 대해 다루지는 않을 것이다. 대신, ksqlDB의 보안 기능은 공식 문서(https://oreil.ly/7RVCJ)를 참조하기 바란다.

찾아보기

ㄱ

가용성   159

가져오기 쿼리   333, 339, 345, 448, 519

가지치기   109, 129

개인 정보 데이터 법   85

갱신   102

격리 수준   514

견고성   346

결정적   220

고가용성   160, 346, 519

고립성   346

고정 멤버십   263

공격적 토픽 압축   270

관계   75

관계형 데이터베이스   37

관리형 스키마   381

관찰 가능성 문제   177

구글 컨테이너 레지스트리   500

구두점 타입   307

구조체 참조 연산자   454

궁극적인 일관성   346

그라파나   493

그레이들   92

그룹 관리 프로토콜   254

그룹 리더   259

그룹 코디네이터   53, 259

그룹핑   164, 185, 195, 435

그림자 복사본   160

깃허브 액션즈   491

깊이-우선 전략   82

깊이-우선 처리   82

ㄴ

낙타 표기법   124

내결함성   50, 65, 71, 160, 183

내고장성   254, 346

내보내기 쿼리   333, 339, 345

내부 조인   183

내장 연산자   285

내장함수   335, 343

노드   78

노드 선택자   501

ㄷ

다중 접근 모드   159

단위 테스트   475

단일 실패 지점   159

단일종   47

단일 파티션 그룹   244

대기 복제본   254, 257, 282

대화형 모드   352
대화형 쿼리   77, 196, 281, 313
더티 상태   271
데이터 무결성   411
데이터 변환   77
데이터 보강   425
데이터 웨어하우스   37
데이터 윈도잉   156
데이터 적재   362
데이터 정의 언어   338
데이터 조인   156
데이터 조작 언어   338
데이터-주도 시스템   40
데이터 중심적   77
데이터 집계   156
데이터 추출   362
데이터 필터링   127
데이터 흐름 프로그래밍   77
데이터 흐름 프로그래밍 모델   85
도커   54
도커 컴포즈   55
도커 허브   500
독립형 프로그램   72
동기화   346
동시성 문제   158

ㄹ

라운드-로빈 방식   163
람다   128
람다 아키텍처   74
래퍼 클래스   125, 294
레디스   105
레지스트리-인식   143

레코드 그룹핑   216
레코드 메타데이터   310
레코드의 위치   45
레코드 캐시   505
로컬 상태 저장소   159, 346
룩업   386
룩업-스타일 쿼리   345
룩업 조회   167
룩업 테이블   393
리더   52, 344
리더-기반 복제   344
리밸런스   53, 205
리밸런싱   259, 264
리밸런싱 상태   282
리파티셔닝   186, 429
리파티션 토픽   179, 183, 184

ㅁ

마이크로-배치   73
마이크로서비스   159
말단 연산   320
맵   104
메이븐   92
메타데이터   286
멘탈 모델   155
명령 토픽   344, 352
목   477
목 객체   474
무한 데이터셋   338
문자열   117
문자열 결합 연산자   454
문자열 함수   343
문장-기반   344

문장-기반 복제　352, 354
물리화　104, 155, 446
물리화된 뷰　343, 446

ㅂ

바이트 배열　116
발행-구독 패턴　40
방향성 그래프　85
방향성 비순환 그래프　78
배치 모델　72
버퍼 풀 전략　239, 240
범위 스캔　198, 200, 247
벽시계 기준　440
벽시계 시간　308
변경 로그　101
변경 로그 토픽　160, 183, 184, 254, 255
변환　63, 362
병렬화　85, 86
병합　109
보강　63, 109, 164
보관 기간　256, 269, 444
복구 컨슈머　516
복제　50
복제 계수　51, 519
부울 표현　128
부하 탄력적　70
분산　104
분산 로그　47
분산 모드　366
분산 추적　311
분산 파일 시스템　37
불변　104
불변 로그　105

불변의 이벤트 열　393
브로드캐스트　302
브로커　50
비결정적　219
비동기 일관성　346
비압축 토픽　168
비호환 전이　145
비활동 간격　230

ㅅ

사실　153, 155
사실-주도　155
사이드카　501
삭제 표시　268
산술 연산자　454
삽입　102
상위-수준 DSL　68, 90
상위-수준 추상화　90
상태가 없는 처리　109
상태가 있는 스트림　153
상태 복제본　258
상태 저장소　157, 323
샤딩　173
서브-토폴로지　80, 81, 253
서비스-수준 계약　236
설정 토픽　354
섭　40
성능 향상　159
세그먼트　271
세션 시간 초과　263
세션 윈도우　227, 230, 439
셧다운 훅　118
소스 커넥터　363

소스 프로세서   79

속도-제한   511

속도-제한 업데이트   240

수학적 집계   103

수학 함수   343

순차적 재시작   263

술어   128

스냅숏   154, 345, 392

스레드   86, 87

스케줄링   307

스키마   343

스키마 레지스트리   136, 345

스키마 레지스트리 엔드포인트   145

스테이트풀셋   502

스톱-더-월드   264

스트림   68, 90, 101, 102, 338

스트림과 테이블의 조인   68

스트림-관계형   75

스트림 병합   135

스트림 시간   308, 440

스트림-전용   75

스트림 처리 계층   38

스트림 프로세서   79

슬라이딩 윈도우   431

슬라이딩 조인 윈도우   231, 243

슬라이딩 집계 윈도우   232

시간 동기화   169, 195

시간 의미   213

시간적 근접성   227

시간-중심 스트림 처리   214

시간 함수   343

시뮬레이션 실행 환경   474

신뢰성   50, 68, 69, 71

싱크   246, 340

싱크 커넥터   363

싱크 프로세서   79, 101

ㅇ

아마존 일래스틱 컨테이너 레지스트리   500

아파치 빔   74

아파치 스파크   66

아파치 스파크 스트리밍   65, 72, 73

아파치 카프카   38

아파치 플링크   65, 66, 72

압축   102, 168

애저 컨테이너 레지스트리   500

애플리케이션 인스턴스   70

얼럿매니저   493

에폭   228, 247

엣지   78

역직렬화   119, 165

연산자   343, 454

열성적인 리밸런싱   264

영구 상태 저장소   161, 252

영구 저장소   158

영구적인 조인 쿼리   430

예비 복사본   160, 162

오프셋   46

오프셋 재설정 전략   296

오픈센서스   492

와일드카드 필터링   408

완결성   235

외부 모드   364

워커   70, 363

워터마크   237

원격 프로시저 호출   202

원자성   346

윈도우 보관 기간   444

윈도우 상태 저장소   269

윈도우 조인   156, 431

윈도우 집계   157, 216, 227, 233

윈도우 처리   68

윈도우 키-값 저장소   246

윈도잉   77, 110, 227

유어킷   493

유예 기간   232, 238, 441

유지 보수성   68, 69, 71

유효 시간   267

이기종   47

이벤트   42, 49

이벤트 시간   213, 218

이벤트-시간 의미   235

이벤트-우선 사고방식   155

이벤트-주도 마이크로서비스   162

이중성   105

익스포터   496

인-메모리 LRU 캐시   273

인-메모리 상태 저장소   161, 252

인-메모리 저장소   158, 161

인 메모리 키-값 저장소   105

인입 계층   38

인입 시간   213, 218

일관성   346

일관성 모델   346

일급 시민   75

일래스트얼럿   492

일래스틱서치 싱크 커넥터   373

일반 레코드   137

일시적인 내보내기 쿼리   404

읽기 전용 모드   197

임베디드 모드   366, 369

임베딩   158

임시 저장소   255

ㅈ

자동 장애 복구   71

자동-증분 컬럼   375

자연어 처리   140

작업 단위   70

장애 복구   346

장애 복구 탄력성   254

재생   42, 255

재생성   216

저장 계층   104, 254

저장소   157, 247

저지연   155, 235

전달 보증   40

전용 읽기 래퍼   159

전용 클러스터   72

전진 간격   229

점진적 협력 리밸런싱   265

점착성   265

젠킨스   491

조인   77, 110, 164

조인 술어   425

주기적인 함수   68, 286

주키퍼   56

중간 결과 제거 버퍼   281

중첩 구조 해체   410

지리 공간 함수   343

지속적 진화   143

지속적 정제   237

지연   236, 440

직렬화   119, 165

집계   110, 435
집계 함수   435
짧은 생명   345

ㅊ

처리   63
처리 시간   213, 219
처리율   74
첨자 연산자   454
최대 허용 랙   511
추가-전용   44, 104, 105
추가-전용 파일   105
추상 문법 트리   348
추상화   68, 89, 285
친화도   501

ㅋ

카디널리티   169
카운트 쿼리   198
카파 아키텍처   74
카프카 부트스트랩 서버   118
카프카 생태계   64
카프카 스트림즈 빔 러너   75
카프카 익스포터   492
카프카 커넥트   340
커넥터   333, 344, 363
커넥트 클러스터   363
커밋 로그   43
커밋 수신 확인   346
커스텀 타임스탬프 추출자   224, 225
커스텀 타입   390

컨버터   363
컨슈머   41
컨슈머 그룹   41, 48, 53, 96, 203
컨테이너 복제 개수   501
컨테이너 오케스트레이션 시스템   501
컨플루언트 스키마 레지스트리   345, 381
컨플루언트 플랫폼   57
컨플루언트-허브   373
컬렉션   392
코디네이터   265
코-파티셔닝   175, 195, 216
쿠버네티스   501
쿼리 패턴   159
클라우드 로깅   492
클라이언트-서버 모델   38
키   50
키-값 저장소   339
키 공간   167, 195
키-기반   160
키-룩업   447
키 변경   109
키 재생성   242

ㅌ

타임스탬프   45
타임스탬프 추출자   213, 217
태스크   86, 363
텀블링 윈도우   227, 439
테이블   68, 75, 90, 101, 102
테이블 추상화   154
테이블 함수   343
템플릿   85
토픽   47

토픽 리파티션 326
토픽 압축 273
토픽 패턴 296
툼스톤 201, 268, 273, 394
트라이던트 73
트래비스 491
트랜스포머 320
트레이싱 컨텍스트 311
특정 레코드 137
특정 시점 상태 표현 154

ㅍ

파라미터화된 테스트 477
파생 이미지 497
파생 컬렉션 393, 414
파티셔닝된 173
파티셔닝 전략 427
파티션 47, 70
파티션 리밸런스 71
팔로워 52, 344
펍 40
페이로드 142
평평화 141, 410
포인트 룩업 198, 199, 323, 386
푸시 491
풀 요청 491
프로듀서 41
프로메테우스 277, 492, 496
프로세서 320
프로세서 토폴로지 79
프로젝션 123, 342, 406
필터링 77, 109, 216, 407

ㅎ

하위-수준의 Processor API 68, 90
하이브리드 시스템 74
하트비트 53
한 번에 한 이벤트 73
함수적 인터페이스 128
함수형 프로그래밍 방식 90
핫 스탠바이 인스턴스 258
핫 파티션 276
행동 153, 155
헤드 레코드 244
헤드리스 모드 353, 520
헬퍼 메소드 474
호핑 윈도우 229, 439
확장성 68, 69
환경변수 497
활동 기간 227, 230

A

acceptable.recovery.lag 511
ack 346
ACR 500
act-driven 155
activity period 227
add 191
Adder 188, 190
addProcessor 297
addSource 296
advance interval 229
affinity 501
aggregate 156, 157, 188
AGGREGATE 456

aggregation   110

Aggregator   190

all()   200, 249

allMetadataForStore   209

ALTER   400

AlwaysContinueProductionExceptionHandler
    512

Amazon Elastic Container Registry   500

AND   409

ANTLR   348

AOF, Append–Only File   105

Apache Beam   74

Apache Flink   65

Apache Kafka   38

Apache Spark Streaming   65

application.id   510, 518

ARRAY   389

AS   415

AssertJ   473

AST   348

async consistency   346

at_least_once   514

Atomicity   346

auto–incrementing   375

AVG   437

Avro   113, 117, 136, 371, 388

AvroConveter   380

Avro Serdes   143

Azure Container Registry   500

B

BeforeEach   480

behavior   153, 155

Benchmark   488

BETWEEN   409

BIGINT   389

BOOLEAN   389

Boolean expression   128

bootstrap.servers   511

branch   131, 302

branching   109, 129

broker   50

BufferConfig.maxBytes()   240

BufferConfig.maxRecords()   240

BufferConfig.unbounded()   240

buffer full   239, 240

C

cache.max.bytes.buffering   511

Camel Case   124

Cancellable   309

cardinality   169

CASE   412

CAST   428

changelog   160, 183

changelog topic   255

changelog 스트림   101

client–server model   38

close   99, 299

COALESE   411

collections   392

command topic   344, 352

commit log   43

compact   102

compacted   168

Comparable   191

compareTo   192

completeness   236

config topic   354

confluent-hub   373

Connect API   64

Connect Cluster   363

connector   333, 344, 363

connectProcessorAndState   304

Consistency   346

Consumed   225

Consumer   41

Consumer API   64

consumer group   41

continuous refinement   237

Converter   363

co-partitioning   175

count   111, 156, 157, 188, 189

COUNT   436

COUNT_DISTINCT   437

CREATE SOURCE CONNECTOR   375

CREATE STREAM   358

CreateTime   220

CSAS   414, 417, 430

CTAS   414, 417

curl   349, 350, 451

D

DAG, Directed Acyclic Graph   78

data-centric   77

Data Definition Language   338

Data Manipulation Language   338

DateTimeFormatter   433

DDL   338, 342

ddStateStore   322

DECIMAL   389

default.deserialization.exception.handler
        511, 518

default.key.serde   512

default.production.exception.handler   512

default.timestamp.extractor   512

default.value.serde   512

delete markers   268

DELETE TOPIC   401

DELIMITED   388

Delivery Guarantee   40

depth-first   82

derivative image   497

derived collections   393, 414

describe   256

DESCRIBE   449

DESCRIBE CONNECTOR   377

DESCRIBE FUNCTION   456, 461, 462

DeserializationExceptionHandler   512

deserialize   119

Deserializer   123, 124, 294

DESTROYED   376

DFP, DataFlow Programming   77

dirty   271

distributed mode   366

distributed tracing   311

DML   338, 342

Docker Compose   55

Docker Hub   500

DOUBLE   389

DoubleConverter   371

DROP CONNECTOR   378

DSL   95

Durabilty   346

E

eager rebalancing   264

EARLIEST_BY_OFFSET   437

ECR   500

Edge   78

elastic   70

ELK   492

embedded   158

EMIT CHANGES   404

emitEarlyWhenFull   240

endpoint   145

enrich   63, 109

enrichment   425

ephemeral store   255

epoch   228

ERROR   417

ETL   362

event   49

event-at-a-time   73

event-first thinking   155

event time   213

Event Time   218

eventually consistency   346

evolution   143

exactly_once   514

exactly-once   514, 515

exactly_once_beta   515

EXPLAIN   417

exporter   496

external mode   364

Extraction   362

F

fact   153, 155

FAILED   376

FailOnInvalidTimestamp   222

fault tolerant   254

filter   79, 109, 111, 128, 349

filterNot   128, 129

first-class citizens   75

flatMap   79, 113, 140, 301, 315, 326

flatMapValues   140, 150

flattening   141

flatTransform   321

flatTransformValues   321

follower   52

forward   301, 302

FROM   342

FULL JOIN   425, 426

Functional Interface   128

G

gaps of inactivity   230

GCR   500

GDPR   85

Generic Record   137

getHeaders()   486

getKey()   486

getRecordTime()   486

getStateStore   306

Github Actions   491

global.consumer.   516

GlobalKTable   107, 153, 169, 170

Google Container Registry   500

grace period   232, 238, 441
Gradle   92
groupBy   185, 186, 187, 233, 436, 449
groupByKey   185, 186, 233
group coordinator   53, 259
Grouped   186
group leader   259
Gson   122

H

headless mode   353
head records   244
heartbeats   53
heterogeneous   47
homogeneous   47
HOPPING   441
Hopping Window   439
hot partition   276
hot standby   258

I

IFNULL   412, 415
immutable   104
immutable sequence of events   393
Incremental cooperative rebalancing   265
incrementing   375
Ingestion Layer   38
Ingestion time   213, 218
init   99, 299
Initializer   188, 189
in-memory   158

in-memory state store   252
INNER JOIN   425, 426, 427
INSERT   102, 402, 403
INSERT VALUES   402
INT   389
IntegerConverter   371
interactive mode   352
Interactive query   77, 196
IN 술어   450
Isolation   346
isolation level   514
Iterator   200

J

Javalin   202
JConsole   493
JDBC 소스 커넥터   375
Jenkins   491
Jib   499
JMH   486
JMX 메트릭   281
JMX 메트릭스   492
join   79, 110, 156, 157, 175, 342
join predicate   425
JoinWindows   231
JSON   117, 371, 388
JSON 직렬화 라이브러리   165
JUnit   473

K

Kafka Ecosystem   64

kafka–producer–perf–test   489

kafka–streams–application–reset   504

Kafka Streams Beam Runner   75

kafka–streams–test–utils   476, 479, 482

KAFKA_TOPIC   358, 396, 429

Kappa   74

KEY   390

keyspace   167

KeyValueMapper   186

KeyValueStore   283

keyValueStoreBuilder   303

KGroupedStream   187

KGroupedTable   187

KSQL   336

ksql.advertised.listener   521

ksqlDB   332

ksqlDB CLI   350

ksql.fail.on.deserialization.error   518

ksql.fail.on.production.error   518

ksql.internal.listener   520

ksql.internal.topic.replicas   519

ksql.lag.reporting.enable   519

ksql.metrics.tags.custom   521

ksql.queries.file   520

ksql.query.persistent.active.limit   520

ksql.query.pull.enable.standby.reads   519

ksql.query.pull.max.allowed.offset.lag   519

ksql.schema.registry.url   519

ksql–server–start   498

ksql.service.id   518

ksql.streams.bootstrap.servers   518

ksql–test–runner   471

KStream   106, 115, 167, 173

KTable   106, 153, 168, 169, 173

L

lag   511

Lambda   74

latency   236

LATEST_BY_OFFSET   436, 437

leader   52

leftJoin   156, 175, 349

LEFT JOIN   425, 426

LevelDB   159

Level.Trial   488

LIKE   408

LIST   376

listeners   349, 520

Load   362

LogAndContinueExceptionHandler   511

LogAndFailExceptionHandler   511

LogAndSkipOnInvalidTimestamp   222

LogAppendTime   220

LongConverter   371

lookup   167, 386

lookup–style   345

lookup table   393

LSM   201

M

main.consumer.   516

Maintainability   69

managed schema   381

map   79, 104, 132, 133

MAP   389

mapValues   132, 134

materialization   446

Materialized   104, 155, 196, 255, 269, 302

Maven   92

MAX   437

max.task.idle.ms   513

max.warmup.replica   513

mental model   155

merge   135, 173, 304

merging   109

metadata   208

metrics.recording.level   513

Micro-Batch   73

MIN   437

mock   474, 477

MockProcessorContext   479

Mode.Throughput   488

N

NLP   140

Node   78

node selector   501

nondeterministic   219

NOT   409

nriched   191

num.standby.replicas   513

num.stream.threads   513

O

observability   177

offset   46

offset reset strategies   296

OkHttp   202

onBatchRestored   280

onRestoreEnd   280

onRestoreStart   280

OOM   240

OR   409

outerJoin   156, 175

OutOfMemoryError   240

P

parameterized tests   477

Partition   47

partition group   244

PARTITIONS   395, 396, 429

PAUSED   376

payload   142

periodic functions   68

periods of activity   230

persisted state store   252

PERSISTENT   158, 417, 430

Plain Old Java Object   123

Point Lookup   199, 323, 386

POJO   123

Predicate   128

PRIMARY KEY   390, 394, 428

process   63, 99, 100, 299, 320, 322, 323

processing.guarantee   514

Processing time   213, 219

Processor   100, 299, 320, 322, 326

Processor API   285

ProcessorContext   100, 301, 477

ProcessSupplier   298

Producer   41

Producer API   64

ProductionExceptionHandler   512

PROJECTION   342, 406

Prometheus   496

PROTOBUF   117, 371, 388

pub   40

publish-subscribe   40

pull query   333, 339, 345, 448, 519

punctuation   291, 307

PUSH   417

push query   333, 339, 345

put   306

Q

queries.file   353

QueryableStoreTypes   198

queryMetadataForKey   206, 209

R

Range Scan   200

rate-limit updates   240

read_committed   514

readKeyValue()   485

readKeyValuesToMap()   485

ReadOnlyKeyValueStore   198

readRecord()   485

readRecordsToList()   485

readValue()   485

rebalance   53, 71, 205

Record   100

record-cache   505

Redis   105

reduce   156, 188

Registryaware   143

rekeying   109, 216

Relation   75

Reliability   69

repartition   146, 183

replay   42, 255

REPLICAS   395, 396

replication   50

replication factor   51

replication.factor   515

resilient to failure   254

REST   349

RESTful 마이크로서비스   164

restore consumer   516

restore.consumer.   516

REST 서비스   202, 348

retention   256, 444

RETENTION   444

RocksDB   104, 159, 161, 201, 281, 283,
         339, 515

rocksdb.config.setter   515

rolling bounce   263

ROWKEY   358, 403

ROWTIME   403

RPC   202

RUNNING   376, 417

RUN SCRIPT   423

S

Scalability   69

SCALAR   456

schedule   307

Schema Registry   136

segments   271

SELECT   123, 180, 342, 404, 436

selectKey   178, 186, 475

Serdes   120, 294

serialize   119

Serializer   294

service.id   518

SESSION   441

SessionStore   283

session windows   227, 230, 439

setup   480, 481, 483

Setup   488

shadow copies   160

short-lived   345

SHOW   376

SHOW CONNECTORS   376

SHOW FUNCTIONS   455

SHOW QUERIES   417

SHOW TOPICS   358

Shutdown Hook   118

shutDownWhenFull   240

sidecar   501

single point of failure   159

SINK   340, 376

Sink Processor   79

SLA   236

Sliding Aggregation Windows   232

Sliding join windows   231

sliding windows   431

snapshot   154

SOURCE   376

Source Processor   79

Specific Record   137

SQL   332, 342

SQL 엔진   348

standby replica   160, 162, 254, 257

state.dir   515

StatefulSet   502

Stateful Stream   153

stateless processing   109

StateListener   277

statement-based   344

statement-based replication   352

StateRestoreListener   279

StateStore   283

stickiness   265

StickyTaskAssignor   260

stop-the-world   264

StoreSupplier   283, 302

Stores 팩토리 클래스   302

STREAM   425

Stream-Only   75

StreamPartitioner   313

Stream Processing Layer   38

Stream Processor   79

Stream-Relational   75

StreamsBuilder   296

StreamsException   222

stream time   440

STRING   389

StringConverter   380

STRUCT   389

sub   40

Sub-Topology   80

Subtractor   188, 192

SUM   437

suppress   214, 216, 237, 239, 275

Suppressed   239

Suppressed.untilTimeLimit   239

Suppressed.untilWindowCloses   239

suppression buffer   281

T

TABLE   425, 456

Task   363

teardown   483

Temporal proximity   227

terminal operation   320

TERMINATE   418

TERMINATE ALL   418

through   146

time-centric   214

time semantics   213

TIMESTAMP   396, 397, 440

TimestampExtractor   213, 217, 224

TIMESTAMP_FORMAT   396, 397, 440

tombstone   201, 394

Tombstones   268

topic()   312

topology.optimization   516

tracing context   311

transform   63, 320, 323, 324

Transformation   362

Transformer   320, 321

transformValues   321, 323

transitive   145

Travis   491

Trident   73

try-with-resources   200, 310

TTL   308

TUMBLING   441

Tumbling Windows   227, 439

Typesafe Config   510

U

UDAF   458

UdafFactory   462

UDF   458, 462

UdfDescription   462, 463

UdfParameter   462

Udtf   462

UDTF   458

UNASSIGNED   376

unbounded   240

uncompacted   168

UNION   135, 173

UNRESPONSIVE   417

UPDATE   102

upgrade.from   516

UPSERT   402

V

VALUE_DELIMITER   397

VALUE_FORMAT   370, 396

ValueJoiner   180

ValueTransformer   321

ValueTransformerWithKey   321, 323, 324

VARCHAR   389

W

wall clock time 440

watermark 237

WHERE 342, 349, 407

wildcard 408

windowed aggregation 157

windowedBy 156, 233, 234

windowed join 156, 431

WINDOWEND 449

windowing 110, 227

WINDOWSTART 449

WindowStore 283

WITH 358, 375, 395, 396

WITHIN 432

withRetention 256, 269

Worker 363

wrapper 125, 159

카프카 스트림즈와 ksqlDB 정복

실시간 데이터 처리

발 행 | 2023년 1월 3일

옮긴이 | 오 세 봉
지은이 | 미 치 시 모 어

펴낸이 | 권 성 준
편집장 | 황 영 주
편 집 | 김 다 예
　　　　임 지 원
디자인 | 윤 서 빈

에이콘출판주식회사
서울특별시 양천구 국회대로 287 (목동)
전화 02-2653-7600, 팩스 02-2653-0433
www.acornpub.co.kr / editor@acornpub.co.kr

한국어판 ⓒ 에이콘출판주식회사, 2022, Printed in Korea.
ISBN 979-11-6175-692-9
http://www.acornpub.co.kr/book/kafka-ksqldb

책값은 뒤표지에 있습니다.